Georg Popp
Die Großen der Menschenrechte

Georg Popp

Die Großen der Menschenrechte

Herausgegeben unter der Mitarbeit von
Dieter Böhler, Rainer Brand,
Christian Feldmann,
Hans Martin Große-Oetringhaus,
Charles Hallgarten, Isolde Heyne,
Klaus Klöckner, Joachim Molsdorff,
Heinrich Pleticha, Bruno Rottenbach,
Max Schäfer, Esther Schöler,
Hermann Schreiber, Karl Rolf Seufert,
Rüdiger Siebert und Uwe Weller

Arena

Herrn Bürgermeister Fritz Ruß

und den Mitgliedern
des Rates der Stadt
Volkach am Main

CIP-Titelaufnahme der Deutschen Bibliothek

Die **Großen der Menschenrechte** / Georg Popp, Hrsg. unter d.
Mitarb. von Dieter Böhler ... – 1. Aufl. – Würzburg : Arena, 1988
ISBN 3-401-04198-3
NE: Popp, Georg [Hrsg.]; Böhler, Dieter [Mitverf.]

1. Auflage 1988

Schutzumschlaggestaltung: Karl Müller-Bussdorf unter Verwendung eines
Fotos von dpa
Bildnachweis: Bildarchiv Preußischer Kulturbesitz, Berlin: Tafeln I, II, III, IV,
V, VI, VII, VIII, IX, X, XI, XII (oben rechts und links), XV. Keystone, Hamburg:
Tafeln XII (unten), XIII, XIV, XVI.
Gesamtherstellung: Pfälzische Verlagsanstalt, Landau/Pfalz
ISBN 3-401-04198-3

Inhalt

Alphabetisches Verzeichnis

Vorwort

Der Gedanke zu diesem Buch entstand unmittelbar nach der Rückkehr Andrej D. Sacharows aus der Verbannung. Was hatte dieser Mann an Verfolgung und Unfreiheit, an Schmähungen, seelischen Verletzungen und körperlichen Schädigungen auf sich nehmen müssen ...
Nun ist er nach 17jähriger Verbannung zurück. Hat er sich angepaßt? Ist er niedergeduckt? Zerbrochen?
Nichts von alledem. Unerschrocken tritt er vor die Kameras der östlichen und westlichen Fernsehanstalten und streitet weiter. Für die Rechte seines Volkes. Für die Freiheit seiner Mitbürger. Für die Wahrheit in den Medien.
Ein Mann hat ein Beispiel gegeben. Er hat standgehalten und durchgehalten. Und er kämpft weiter. Gegen Willkür, Unfreiheit, Lüge und Ungerechtigkeit.
Glauben wir nicht, daß alle diese Behinderungen nur bei bestimmten Staatsformen vorkommen. Sicher in besonders schlimmer und furchtbarer Art bei Diktaturen aller Richtungen.
Aber es gibt nicht nur die Diktatur des Staates. Auch einzelne Personen können ihre Macht beweisen und andere ihre Unterlegenheit spüren lassen wollen.
Der Kampf um die Menschenrechte ist heute aktueller denn je. In unseren Gemeinden, an unseren Arbeitsplätzen, im Umgang miteinander.
Wie Menschen in allen Jahrhunderten diesen Kampf gegen Unfreiheit und Willkür, für Gerechtigkeit, Freiheit und Wahrheit geführt und Schritt um Schritt sich ihre Rechte erkämpft haben, das zeigen die 47 faszinierenden Lebensbilder. Bedeutende Autoren und hervorragende Fachleute haben die Texte verfaßt. Möge das Buch nicht nur ein packender Lesestoff für jeden einzelnen sein, sondern auch eine wichtige Grundlage für weitere Diskussionen bilden. Das ist mein aufrichtiger Wunsch.

Georg Popp

Hammurapi, König von Babylon
Gesetze gegen die Gewalt

von Hermann Schreiber

Nicht im großen Jahrhundert der Archäologie, im neunzehnten Jahrhundert, sondern erst im Winter von 1901 auf 1902 gelang jener Fund, der König Hammurapi berühmter machte als dies alle Schlachten vermocht hätten: Der französische Archäologe Jean-Vincent Scheil, ein Lothringer, fand bei Susa, wo er mit anderen Gelehrten seit Jahren Ausgrabungen durchführte, einen zweieinhalb Tonnen wiegenden Inschriftenstein, den er sogleich als die schon unter den Zeitgenossen des Königs berühmte Stele (Schrift-Pyramide) des Hammurapi erkannte. Scheil hatte vier Jahre zuvor die Korrespondenz dieses Herrschers auf Tontafeln herausgegeben und ließ sich nicht dadurch irritieren, daß einige Zeilen der Keilschrift getilgt waren, so daß kein Name mehr lesbar war.

Verblüffender war der Fundort des steinernen Gesetzbuchs am Fuß des Zagros-Gebirges und mehr als fünfhundert Kilometer vom Zentrum des Hammurapi-Reiches am mittleren Euphrat entfernt. Natürlich war kein gewöhnlicher Dieb auf den Einfall gekommen, eine so unhandliche Beute so weit zu transportieren: König Sutruk Nahunte I. von Elam, ein nicht sonderlich bedeutender Herrscher, hatte sechshundert Jahre nach Hammurapi die Stele als Kriegsbeute aus Babylon wegschleppen lassen und einen Steinmetz beauftragt, die Zeilen, die Hammurapi als den Urheber des berühmten Gesetzeswerkes auswiesen, tilgen zu lassen. Dies geschah, aber der Räuber kam nicht mehr dazu, seinen eigenen Namen eingraben zu lassen und damit zum Plagiator zu werden.

Immerhin geht aus diesen Tatsachen hervor, daß im Zweistromland, der Wiege unserer Zivilisation, Gesetz und Ordnung als hohe Güter galten. Der Übergang zum zivilisierten Leben bedingte den Schutz der Menschen gegen gewalttätige Übergriffe, bedingte eine Ordnung, in der Handel und Wirtschaft ungefährdet gedeihen konnten. In den alten kleinen Gemeinschaften wandernder Herdenbesitzer mochte es noch genügt haben, wenn der Älteste oder der Reichste für Recht und Ordnung sorgten; in den Großreichen, wie sie im zweiten vorchristlichen Jahrtausend entstanden, mußte das Recht des einzelnen auf Leben, Besitz und Erwerb durch die Institution des geschriebenen Rechts garantiert werden.

Das Beispiel des Hammurapi zeigt, daß die Menschenrechte zunächst nicht selbstverständlich waren; das, was wir heute als natürlich oder als gottgegeben ansehen, mußte erst abgegrenzt und definiert werden. Insofern sind die ältesten Gesetzbücher der Menschheit die Grundlagen des Begriffes der Menschen-Rechte.

Vergißt man diese Grundtatsachen, so wird man das in vielen Bestimmungen sehr harte Gesetzeswerk des Königs Hammurapi stets ungerecht beurteilen. Selbst ein hartes Gesetz ist besser als gar keines, selbst ein Gesetz, das fundamentale Unterschiede zwischen den Klassen der Bevölkerung macht, ist einem gesetzlosen Zustand bei weitem vorzuziehen. Und selbst der Schutz eines Sklaven als einer wertvollen Sache ist wichtig nach Jahrtausenden, in denen Sklaven völlig schutzlos waren. Es ist nicht schwer, einen Hammurapi-Paragraphen herauszugreifen und entsetzt auszurufen: O Gott, welche Grausamkeit.

»Wenn ein Mann«, heißt es zum Beispiel in Artikel 25, »das Unglück hat, daß in seinem Hause Feuer ausbricht, und es kommt ein anderer, um zu löschen, wobei er aber etwas von der Habe des Hausherrn an sich nimmt, so soll dieser *Dieb unter Feuersnot* selbst ins Feuer geworfen werden.«

Gewiß, eine sehr radikale Maßnahme. Hammurapi war wie die meisten Großkönige des Orients an unumschränkte Macht gewöhnt und tagtäglich, in jeder Minute seiner Existenz, Herr über Leben und Tod. Mitleid kannte er allenfalls mit dem Hausbesitzer, dem das Haus niedergebrannt war, keinesfalls aber mit jenem anderen, der sich an dem Unglück des Nachbarn noch bereichern wollte oder vielleicht sogar das Haus angesteckt hat, um in der Verwirrung plündern zu können.

Ebenso gefährlich war das betrügerische Einschenken, denn Artikel 108 bestimmt: »Wenn eine Schankwirtin nicht Silber für

Bier annimmt, sondern Getreide im Tausch, und sie verringert die Menge des ausgeschenkten Bieres auf ungebührliche Weise, so soll sie, sofern sie überführt ist, in den Fluß geworfen werden.«
Der Gerstensaft, *Schikarum* genannt, schien auch so manchen Gauner anzuziehen, woraus sich schon vor viertausend Jahren Verbrecherkneipen entwickelten: »Wenn sich in dem Haus einer Schankwirtin Betrüger zusammenschließen und sie diese Betrüger nicht ergreift und zum Palast bringt, so soll diese Schankwirtin sterben.«
Gleich im nächsten Paragraphen wird bestimmt, daß jede Priesterin und jedes Gottesweib (*naditum*, das heißt keusch, unfruchtbar), die in einer Schenke angetroffen würde, mit dem Tod durch Verbrennen zu bestrafen sei.
Das sind Beispiele für uns heute absonderlich erscheinende Härte. Aber ihnen stehen sehr viele Bestimmungen gegenüber, die den einzelnen gegen Übervorteilung, Ausbeutung, private Gewalt oder Betrug schützen und die angestammte, traditionelle Erwartungen, wie zum Beispiel die Hoffnung auf das Erbe, gesetzlich regeln. Die vielen vermögensrechtlichen Bestimmungen dürfen uns nicht zu der Annahme verleiten, die Stele sei partienweise ein Handels-Gesetzbuch. Hammurapi herrschte über ein Reich, in das im Laufe seiner Regierungszeit zahlreiche semitische Wandergruppen eingeströmt waren, mit der ihnen eigenen Betriebsamkeit, mit ihrem seither weltgeschichtlich wirksam gewordenen Erwerbssinn. Es gehörte zu den Lebensvoraussetzungen dieser Menschen, daß sie nicht in einer Staatswirtschaft lebten, sondern ihrer Natur nach kaufen und verkaufen, mit den Waren wandern und jene Gewinne erzielen durften, in denen sie einen Lebensinhalt sahen. Die ansässigen nichtsemitischen Untertanen, ein Kriegervolk von begrenzter geistiger Regsamkeit, aber fromm und seinen Traditionen verpflichtet, mußte nach dem gleichen neuen Recht leben, es durfte nicht einfach schwertschwingend über die erfolgreichen Neubürger herfallen. Das führt uns auf die vermutliche Entstehungsursache dieses bedeutenden Gesetzwerkes:
Gesetze haben nur einen Sinn, sie haben nur eine Chance der Befolgung, wenn sie dem Charakter und den Gewohnheiten des Volkes entsprechen, für das sie erlassen werden. Viele Bestim-

mungen der Hammurapi-Stele sind nichts anderes als die schriftliche Fixierung bereits geltenden, nicht selten sehr alten Rechtsbrauches. Ihn mußte man nun keilschriftlich aufzeichnen, um jenen Bevölkerungsteilen, die anderen Traditionen verpflichtet waren, eine Richtschnur zu geben. Aufgezeichnetes Recht schafft Rechtssicherheit auch für Fremde. In allen alten Handelsverträgen wird des langen und breiten erörtert, nach welchem Recht der grenzüberschreitende Handel abgewickelt wird. Wo sich solche zwischenstaatlichen Normen noch nicht durchgesetzt hatten, da wählte man von der Natur isolierte, exterritoriale Gebiete für den Warenaustausch: die Bahreins im Persischen Meerbusen, die Insel Delos im Ostmittelmeer, im germanischen Bereich Bornholm oder auch Helgoland.

Versteht man unter den Menschenrechten auch den Anspruch auf gefahrlose Ausübung des Berufs und des Erwerbs, dann diente ihnen auch die Sicherung von Leben und Eigentum der Staatsbürger über den privaten Bereich hinaus ins weite Feld der geschäftlichen Tätigkeiten.

Wir sehen, daß der geheimnisvolle schwarze Stein des Hammurapi ein Menschheitsdokument von besonderer Art ist. Seine Spitze zeigt zwei Gestalten im Halbrelief. Die eine sitzt, in prächtige Gewänder gehüllt, und reicht der stehenden Figur einen Stab. Der Sitzende ist als der Sonnengott Schamasch gedeutet worden, der das Recht hütet, weil ihm nichts verborgen bleibt. Der Stehende, der die rechte Hand anbetend und ehrfürchtig hebt, ist König Hammurapi selbst. Mit dem Stab übergibt der Gott offensichtlich die richterliche Gewalt an den König und erinnert uns an die alte Redensart »über jemandem den Stab brechen«. Die kleine Szene will gegenüber allen, welche die Stele nach ihrer Aufrichtung betrachten werden, den König legitimieren und seinen Gesetzen die höchste Autorität verleihen: Urteilt selbst, meine Gesetze kommen letztlich von Gott Schamasch her, der am Himmel dahinzieht und alles sieht.

Von solch einem gleichsam allerhöchsten Auftrag verpflichtet, hat Hammurapi sich die Arbeit, Menschenrecht und Sachenrecht zu formulieren, nicht leicht gemacht. Nur wenige der Gesetze sind schon in seinen ersten Regierungsjahren aufgezeichnet worden. Die meisten wurden erst jahre-, ja jahrzehntelang erprobt und wiederholt abgeändert, ehe sie so endgültig dastanden, daß sie in Stein gemeißelt werden konnten. Denn Gesetze müssen sich einprägen, und das können sie nicht von heute auf morgen, und sie müssen sich bewähren, das lehrt nur die Zeit.

Vor- und Schlußwort des berühmten Textes lassen erkennen, daß König Hammurapi tatsächlich das Beste wollte, daß er nicht an sich dachte – *er* hatte ja seine Armee, seine Palastgarde, seine Vorräte –, sondern an die die Lebensrechte und Daseinsformen seiner Untertanen. Er bekennt, daß sein höchster Ehrgeiz darin besteht, ein König des Friedens und ein guter Landesvater zu sein: »Ich bin der heilbringende Hirte meiner Untertanen. Guter Schatten ist über meine Stadt gebreitet, an meiner Brust hege ich die Untertanen dieses Landes. In meinem Schutz habe ich sie ihre Tätigkeiten in Frieden ausüben lassen, in meiner Weisheit sie geborgen. Damit der Starke dem Schwachen nicht schade, habe ich meine kostbaren Worte auf meinen

Hammurapi von Babylonien

wurde um 1770 v.Chr. geboren und gelangte spätestens 1740 auf den Thron seines Vaters. Seine Regierungszeit betrug mindestens 43, höchstens aber fünfzig Jahre, was einer Lebenszeit bis 1690 v.Chr. entspräche. Doch sind auch andere Daten in der Literatur zu finden. Er war der sechste König der tatkräftigen Ersten Dynastie von Babylon. Liegt seine historische Bedeutung auch in erster Linie in seinem großen Gesetzeswerk, so war er doch auch politisch und militärisch ein sehr erfolgreicher Monarch. Er vollendete die von seinen Vorgängern begonnene Eroberung von Sumer und Akkad und zerschlug das Königreich Mari, wo sich in den Ruinen der Hauptstadt wichtige Quellen über ihn fanden. Marduk, den Stadtgott von Babylon, erhob er in solchem Maß über die anderen Götter, daß man darin die Begründung des vorderasiatischen Monotheismus sieht. Er war ein ausgezeichneter Verwalter seines großen Reiches und hatte auch viel Sinn für die Wirtschaft und den Verkehr, was den Wohlstand seiner Untertanen und der eroberten Gebiete bedeutend anhob. Seine Regierungszeit gilt als eine Art goldenen Mittelalters innerhalb des mesopotamischen Altertums.

Denkstein geschrieben unter meinem Bildnis als dem eines Königs der Gerechtigkeit. Der Bedrückte soll vor mein Bildnis hintreten; er wird sein Recht finden, und sein Herz wird wieder froh werden (und bei sich sagen): Hammurapi ist ein Herr, der wie ein Vater für die Untertanen ist und der das Land in seine Ordnung gesetzt hat.«

Wenn ein mächtiger König dies aufschreiben läßt und solchen Ehrgeiz hat, ein König, der ohne alle Gesetze aus purer Machtvollkommenheit hätte herrschen können, dann ist damit für alle Herrscher, die nach ihm kommen, eine große und wichtige Verpflichtung proklamiert; aber wie wenige sind ihr gefolgt und haben sie eingelöst!

Hammurapi vor dem Sonnengott I

II *Mose*

Mose
Befreier und Gesetzgeber

von Georg Popp

Um die überragende Bedeutung des Mose, wie er in der Bibel geschildert wird, zu erahnen, muß man die Verhältnisse der damaligen Zeit kennen: Nach einer großen Hungersnot waren hebräische Nomaden nach Ägypten ausgewandert. Josef, der jüngste Sohn des Patriarchen Jakob, war dort zu hohen Ehren gekommen, weil er dem Pharao zwei Träume auslegen konnte und damit die Ägypter vor langem Elend bewahrte.
Inzwischen waren Jahrhunderte ins Land gezogen. Mit dem Ablauf der Zeit schwand auch die Erinnerung an die Verdienste des hebräischen Josef, und die Israeliten wurden wie andere Fremdvölker zu billigen Hilfsarbeitern für die Ägypter. Man brauchte für die vielen Bauvorhaben ein Riesenheer von Arbeitskräften. Wo sollte man sie leichter und billiger bekommen als bei den im Land siedelnden Hebräern.
Wieviele Arbeiter benötigt wurden, zeigt das Beispiel der Pyramiden von Gizeh, wo allein 100 000 Sklaven 20 Jahre lang beschäftigt waren.
Die in der Zeit vor oder um Mose erstellten Tempelanlagen und Palastbauten sind auch für heutige Verhältnisse unvorstellbar. Nach der Vertreibung der Hyksos im 16. Jahrhundert v.Chr. hatte für Ägypten eine große außen- und innenpolitische Glanzzeit begonnen, die auch in den Bauten und Denkmälern ihren Ausdruck finden sollte. Der bekannte Ägyptologe Kurt Lange schreibt:
»Man muß im Umkreis von Luxor die gewaltigen Zeugnisse des Selbstgefühls jener Zeit mit eigenen Augen gesehen haben, um voll ermessen zu können, was jene Geschlechter sich zugetraut und was sie in titanischer Arbeit auch bewältigt haben. Das Riesenmaß der Bauglieder und Bildwerke übertrifft alle noch so hochgespannten Erwartungen: Auf jedem der Papyruskapitelle

des Mittelschiffes der großen Säulenhalle von Karnak könnten 100 Menschen stehend Platz finden, und die den Baukomplex des Amunheiligtums umschließende Mauer würde zehn abendländische Dome ohne Schwierigkeit zu fassen vermögen.«
In dieser Glanzzeit Ägyptens vermehrten sich die Israeliten so stark, daß der Pharao Angst bekam, sie könnten den Ägyptern gefährlich werden. Also ließ er die Israeliten noch stärker mit Zwangsarbeit unter Druck setzen und von ihnen die Vorratsstädte Piton und Ramses bauen. Trotzdem wurden die Israeliten immer zahlreicher. Den Ägyptern wurde das unheimlich. Sie mißhandelten die Israeliten und machten ihnen das Leben zur Hölle. Als auch dies nicht half, befahl der Pharao schießlich, daß die männlichen Nachkommen unter den Israeliten sofort nach der Geburt umzubringen seien. Nur die Mädchen durften am Leben bleiben.

In dieser Zeit wurde Mose geboren. Er war »ein gesundes, schönes Kind«, und seine Mutter hielt ihn zunächst drei Monate versteckt, bis sie ihn in einem abgedichteten Binsenkorb am Ufer des Nils aussetzte. Dort fand ihn die Tochter des Pharao, die ihn adoptierte und aufzog. Zur Erinnerung an seine Herkunft wird er »Mose«, »der aus dem Wasser gezogene«, genannt.
Als Mose erwachsen war, sah er, wie schwer seine Stammesbrüder arbeiten mußten. Einmal kam er gerade dazu, als ein Ägypter einen Hebräer totschlug. Da rächte er diesen, erschlug den Ägypter und verscharrte ihn im Sand.
Diese Rachetat zwang ihn zur Flucht nach Midian, wo er viele Jahre lebte und die Schafe und Ziegen seines Schwiegervaters Jitro hütete. Er hatte inzwischen Zippora, die Tochter des Priesters von Midian, geheiratet und einen Sohn bekommen.
Damals, weit von seinem Volk entfernt, hatte Mose auf dem Berg Horeb eine einschneidende Begegnung mit Gott. Dieser gab ihm den Auftrag, die Israeliten aus der Gefangenschaft des Pharao zu befreien.
Mose wehrte sich zunächst mit allen seinen Kräften: »Wer bin ich denn ... ich kann doch nicht einmal gut reden ...« (Mose hatte einen Sprachfehler und fürchtete sich wegen des ungesühnten Mordes vor den Ägyptern.) Gott aber beharrte auf seinem Auftrag: »Wer hat dem Menschen den Mund gegeben?

Wer macht den Menschen stumm oder taub? Wer macht ihn sehend oder blind? Ich bin es, der Herr! Genug jetzt, geh! Ich werde dir helfen und dir sagen, was du reden sollst.«

Mose war zwar in seiner Jugendzeit am Hof des Pharao großgezogen worden. Aber dann lebte er doch lange Jahre – man nimmt vier Jahrzehnte an – als einfacher Schafhirte in der Wüste. Und dieser Hirte mit seinem Sprachfehler sollte zu dem gewaltigen Pharao gehen, um die Israeliten aus der Gefangenschaft herauszuführen?

Wie sehr ihm Gott bei diesem Auftrag beigestanden hat, können wir in der Bibel im Buch Exodus nachlesen. Wie sehr aber Mose dabei auch an sich arbeiten, sich in Disziplin nehmen und alle seine Kräfte und seinen ganzen Mut aufbieten mußte, können wir heute kaum noch verstehen.

»Groß an Gewalt, unsere Sonne, von dessen Ausspruch alles lebt«, so schildert ein Hymnus den Pharao. Der Ehrgeiz und die Selbsteinschätzung dieses Herrschers (vermutlich Ramses II.) waren an seiner üppigen Hofhaltung und seiner massiven Bautätigkeit ablesbar.

Mose mußte nicht nur alle seine Ängste vor diesem hochstilisierten »Menschen-Gott« überwinden. Er mußte sich auch mit dem riesigen Verwaltungsapparat des Pharao aueinandersetzen, um überhaupt bis zu ihm vordringen zu können.

Aber schließlich nahm er all seinen Mut zusammen und trat vor den gewaltigen Herrscher: »Der Herr, der Gott Israels, läßt dir sagen: ›Laß mein Volk ziehen, damit es in der Wüste ein Fest für mich feiern kann.‹«

»Der Herr? Wer ist das?« erwiderte der Pharao. »Was hat er mir zu befehlen? Ich kenne keinen ›Herrn‹ und denke gar nicht daran, die Israeliten gehen zu lassen.«

Schon diese Antwort zeigt, mit wem es Mose, der Schafhirte aus der Wüste, zu tun hatte. Zehnmal mußte er zum Pharao. Zehnmal neu seine Ängste überwinden, seine Bedenken zurückstellen und den Verheißungen seines Gottes glauben, der ihm seinen Beistand versprochen hatte.

Aber Mose schaffte es. Nach dem zehnten Besuch, nach der zehnten Plage, die Mose dem Pharao ankündigt und Gott dann auch schickt, dürfen die Israeliten ziehen.

Aber nicht nur vor dem Pharao brauchte Mose Mut. Er mußte die Israeliten auch erst einmal zu einer Einheit führen, sie zu einem Volk werden lassen. Als umherziehende Nomaden waren sie nach Ägypten gekommen. Familien waren sie, die in Sippen zusammenlebten. Aber kein Volk.
In der langen Wanderschaft der Wüste wird Mose, der Befreier der Israeliten aus der Gefangenschaft, auch zum Gründer des Volkes Israel. Gegen alle Widerstände – sie finden in der Wüste zunächst nichts zu essen und zu trinken und wollen deswegen lieber wieder in die Gefangenschaft zurück – führt Mose sie vierzig Jahre lang. Wie oft muß er das Murren und das Mißtrauen seines Volkes ertragen und sich gegen Ängste und Verdächtigungen seiner eigenen Leute durchsetzen.
Jetzt, in der Freiheit der Wüste, fangen die Israeliten an, ihre eigene Freiheit zu gebrauchen. Wie alle Menschen zu allen Zeiten fallen sie von einem Extrem in das andere; hier von dem Extrem der Gefangenschaft in das Extrem der Zügellosigkeit.
Mose erkennt die Gefährlichkeit der Situation, und im Gespräch mit Gott auf dem Berg Sinai entstehen die Zehn Gebote, das einmalige Gesetz, das in seiner Einfachheit und Klarheit bis zum heutigen Tag Bestand hat. Zehn Gebote verkündet Mose seinem Volk, zehn Gebote, die mehr eine Orientierung, eine Wegweisung sind. Es sind keine Verbote, wie oft fälschlicherweise geglaubt wird:
»Wenn mich, den Herrn, deinen Gott, jemand liebt und meine Gebote befolgt, dann werde ich ihm und seinen Nachkommen Liebe und Treue erweisen über Tausende von Generationen hin ...«
»Vergiß nicht den Tag der Ruhe, er ist ein besonderer Tag, der dem Herrn gehört. Sechs Tage in der Woche hast du Zeit, um deine Arbeit zu tun. Der siebte Tag aber soll ein Ruhetag sein ...«
»Ehre Vater und Mutter, dann wirst du lange leben ...«
»Morde nicht ... Zerstöre keine Ehe ... Beraube niemand seiner Freiheit und seines Eigentums ... Sage nichts Unwahres über deinen Mitmenschen ...«

Wo soll ein Volk größeren Wohlstand finden als dort, wo es den Herrn, seinen Gott, anerkennt, seine Eltern ehrt und Achtung

vor der Freiheit und der Ehre seiner Mitmenschen hat?
Wo soll es einem Volk besser gehen als dort, wo es im Rhythmus der Schöpfung lebt, den Tag der Ruhe einhält und das Leben der Geschöpfe und der Schöpfung bewahrt?
Niemand zuvor hatte mit so wenigen Sätzen eine so klare Ordnung für die Menschen geschaffen.
Immer wieder hat sein Volk Mose mißtraut. Immer wieder wollten sie ihm davonlaufen. Aber er wußte den Herrn, seinen Gott, auf seiner Seite. Von ihm singt er in seinem großen Abschiedslied: »Der ewige Gott ist deine Zuflucht, Israel, in seinen Armen fängt er dich auf ... Du kannst dich auf ihn verlassen, er ist für dich wie ein schützender Schild ...«

Mose

Unsere Kenntnisse von Mose beruhen in erster Linie auf den Berichten des Alten Testaments. Aus dieser Sicht ist auch der vorliegende Beitrag geschrieben. Inwieweit alle Ereignisse dem Leben des historischen Mose zuzuordnen sind, kann die Geschichtsschreibung nicht eindeutig feststellen.
Vermutlich wurde er im 13. Jahrhundert v.Chr. in einer levitischen Familie in Ägypten geboren, von der Tochter des Pharaos adoptiert und am Königshof der Ägypter erzogen und ausgebildet. Im Alter von 40 Jahren tötet er einen Ägypter, der einen seiner hebräischen Brüder erschlagen hat. Aus Furcht vor der Rache der Ägypter flieht er nach Midian, wo er Zippora, die Tochter des dortigen Priesters, zur Frau nimmt.
Beim Hüten der Schafe begegnet ihm Gott auf dem Berg Horeb und gibt ihm den Auftrag, die Hebräer aus der Gefangenschaft Ägyptens zu befreien. Zehnmal muß er zum Pharao, bis dieser die Israeliten ziehen läßt.
40 Jahre dauert die Wüstenwanderung, während der es Mose gelingt, aus umherziehenden Nomadenstämmen das Volk Israel zu gründen. Er gibt ihm die Zehn Gebote als das große Gesetz, das auch heute, nach über 3000 Jahren, noch die gleiche Gültigkeit wie damals hat und inzwischen von vielen Völkern und allen christlichen Konfessionen geachtet wird.
Mose war nach der Bibel 120 Jahre alt, als er im 12. Jahrhundert v.Chr. in Moab starb.

Die Bibel berichtet, daß Mose 120 Jahre alt war, als er starb. Bis zuletzt war er rüstig geblieben, und seine Sehkraft hatte nicht nachgelassen. Dreißig Tage lang hielten die Israeliten im moabitischen Steppengebiet für ihn die Totenklage ... Nie mehr gab es in Israel einen Propheten wie Mose ... Kein anderer hat solche erstaunlichen Wunder getan wie er, als er die Ägypter, den Pharao, seine Minister und sein ganzes Land die Macht des Herrn spüren ließ. Kein anderer hat vor den Augen aller Israeliten solche mächtigen und schreckenerregenden Taten vollbracht wie er.

Solon
Für das Wohl des Volkes

von Heinrich Pleticha

In Athen herrschten harte Zeiten. Um 600 v.Chr. hatte sich die wirtschaftliche Lage so zugespitzt, daß ein Teil der Bevölkerung kaum mehr Lebensmöglichkeiten sah. Der Adel, in dessen Händen die Regierung des kleinen Stadtstaates lag, wachte nicht nur eifersüchtig über seine Rechte, sondern hatte sich auch alle erdenklichen wirtschaftlichen Vorteile gesichert. Reicher Landbesitz und zahlreiche Sklaven boten ihm ein gutes Auskommen, die Masse der kleinen Bürger und Handwerker dagegen lebte von der Hand in den Mund. Mühsam bestellten sie ihr kleines Stückchen Land, stets besorgt, daß Krieg, Krankheit und schlechte Ernten ihre Not noch vergrößerten.
Natürlich waren die reichen Grundbesitzer jederzeit bereit, ihre in Not geratenen ärmeren Landsleute zu unterstützen – vorausgesetzt allerdings, diese zahlten hohe Zinsen für geliehenes Geld und boten entsprechende Sicherheiten. Das aber waren die Äcker und Olivenhaine, und wenn das noch nicht reichte, waren es die Bauern selbst und ihre Kinder. Wehe, wenn sie nicht zahlen konnten! Dann setzten die Gläubiger zuerst die Schuldsteine auf ihre Äcker, rissen unbarmherzig die Väter und Ernährer von ihren Familien, Kinder von ihren Eltern und verkauften sie als Sklaven; entweder in Athen selbst oder an andere Orte Griechenlands, manchmal gar über das Meer in Kolonialstädte in Kleinasien oder Unteritalien. Verzweiflung und nackte Angst hatten sich breitgemacht; denn strenge neue Gesetze, wie sie Drakon erlassen hatte, setzten allein schon auf den Felddiebstahl, also den Mundraub, wie wir heute sagen würden, die Todesstrafe.
Aber war es nicht besser, gleich zu sterben, als miterleben zu müssen, wie die eigenen Kinder in die Sklaverei verkauft wurden? Aus dieser Not schien es nur noch einen Ausweg zu geben

– und das war Gewalt, ein Aufstand der Armen und Geknechteten gegen die Reichen und Herrschenden. Es grenzt fast an ein Wunder, daß sich in dieser Situation ein Mann fand, der eine Lösung aufzeigte. Es bleibt aber auch bemerkenswert, daß beide Parteien bereit waren, sich seinen Vorschlägen zu beugen, die Armen wie die Reichen.

Dieser Mann war Solon, der Sohn des Exekaestides, aus altem adligem Geschlecht, der sich schon durch sein kluges Auftreten und seine maßvollen, wohlüberlegten politischen Ideen einen Namen gemacht hatte. Er war kein adliger Nichtstuer, der von seinem Vermögen lebte. Vielmehr hatte seine Familie ihren Besitz eingebüßt, er selbst war deshalb Kaufmann geworden und hatte sich mit Erfolg in der Fremde umgesehen. 45 Jahre mochte er alt gewesen sein, als man ihm die schwierige, fast unlösbar erscheinende Aufgabe übertrug, die verworrenen wirtschaftlichen und sozialen Verhältnisse im Staat zu ordnen.

Er wurde deshalb zum Archon gewählt, zu einem jener neun höchsten Beamten, die für ein Jahr die Geschicke des Staates lenkten und die Gesetze gaben. Dieses eine Jahr aber mußte Solon nützen, mußte vor allem auch seinen Mitbürgern ausreichen. Solon war kein Mann unüberlegter Entschlüsse, die Sorge um das Wohl des Staates bedrückte ihn schwer. Trotzdem handelte er rasch. So ließ er als erstes die Schuldbeträge drastisch herabsetzen. Da aber durch die hohen Zinssätze, die bis zu 36 Prozent betrugen, eine rasche Neuverschuldung zu befürchten war, verlangte er auch eine Herabsetzung des Zinsfußes um ein Viertel. Und schließlich änderte er als drittes den Geldwert; er ließ neue Münzen prägen, wobei 73 neue Drachmen 100 alten entsprachen. Da Schulden nur nach dem neuen Münzwert zurückgezahlt werden mußten, verminderten sie sich nochmals um 30 Prozent. Nicht genug damit, ging Solon noch einen Schritt weiter, suchte schon begangenes Unrecht wieder gutzumachen und setzte durch, daß auf Kosten des Staates Männer und Kinder zurückgekauft wurden, die in Schuldknechtschaft geraten waren.

Das klingt alles so leicht und selbstverständlich, trotzdem verwundert es, daß die Wohlhabenden diesen Währungsschritt wohl murrend, aber letzten Endes doch widerspruchslos hinnahmen. Man hätte annehmen dürfen, daß wenigstens die Armen zufrieden gewesen wären, aber gerade sie murrten am lautesten gegen Solons Maßnahmen, weil sie sich eine gleichmäßige Aufteilung aller Ländereien erhofft hatten. Bitter stellte Solon selbst in einem seiner Gedichte fest:

»Vormals war die Stadt voll Jubel, aber alle schielen jetzt
Nach mir mit erzürnten Blicken, hassen mich als ihren Feind.«

Dazu kam noch Ärger mit alten Freunden, die sein Vertrauen mißbraucht hatten. Denn als er sich mit ihnen beraten und ihnen dabei mitgeteilt hatte, daß er Veränderungen am Landbesitz vorzunehmen gedenke, liehen sie sich rasch Geld und kauften beträchtliche Güter, für die sie nach Bekanntwerden der neuen Gesetze nur noch einen Bruchteil ihres Wertes zurückzahlen mußten. Selbstverständlich wurde Solon mit solchen Machenschaften in Verbindung gebracht. Aber er konnte die gegen ihn erhobenen Vorwürfe entkräften, indem er nachwies, daß er durch den Schuldenausgleich selbst fünf Talente an ausstehenden Schulden verloren hatte, was bei einem Silbergewicht von 26 Kilogramm je Talent für damalige Verhältnisse eine ungeheuere Summe darstellte.

Was mag in dem Manne vorgegangen sein, der innerhalb weniger Wochen so einen erheblichen Teil seines mühsam erworbenen Vermögens verlor, der sich von seinen Freunden enttäuscht sah, von seinen Standesgenossen abgelehnt und von den Armen, denen er doch geholfen hatte, gehaßt wurde?

Und doch gab er nicht auf, krönte in der Folgezeit dieses großartige Werk der Schuldenbefreiung oder »seisachtheia«, wie es die Griechen nannten, noch mit einer Neuordnung der politischen Verhältnisse. Auch dies erwies sich dringend notwendig; denn die wirtschaftliche Entwicklung hatte allmählich auch das soziale und politische Gefüge verändert. Im athenischen Staat gab es zur Zeit Solons nur zwei Klassen von Bürgern, eine verhältnismäßig kleine Gruppe von Vollberechtigten, denen natürlich vorab und vor allem der Adel angehörte, und eine weitaus größere von Bürgern ohne politische Rechte, die nur ihre persönliche Freiheit und Rechtsschutz genossen. Letztere war im 7. vorchristlichen Jahrhundert stark gewachsen, ihr gehörten nun die zahlreichen kleinen Handwerker und Händler an, auf deren Arbeit letztlich der Wohlstand des Stadtstaates beruhte.

Auch hier ging Solon nicht den einfachsten Weg, indem er allen Bürgern nun gleiche politische Rechte und Pflichten zubilligte, wie das später in der Demokratie geschah, sondern er entwikkelte ein für den ersten Augenblick kompliziert erscheinendes System von Abstufungen, das sich nach dem persönlichen Besitz des einzelnen richtete. Damit schaltete er zwar alte Vorrechte des Adels aus, verteilte die Rechte aber nach dem Grundbesitz, der nun zur Vorbedingung für jeden politischen Einfluß wurde.
In Athen mußte jeder den jährlichen Ertrag seiner Äcker, Weinberge und Olivenhaine selbst angeben. Und auf der Grundlage dieser Erträge teilte nun Solon die Bürger in drei Vermögensklassen ein. Zur ersten gehörten jene, die mindestens 500 Maß (zu 52 ½ Liter) Getreide oder ebenso viele Maße (zu 39 ⅖ Liter) Öl bzw. Wein ernteten und die deshalb Fünfhundertscheffler genannt wurden. Für die zweite Gruppe waren 300 Maß und für die dritte noch 200 Maß erforderlich. Nur die Angehörigen der ersten Gruppe durften die höchsten Staatsämter bekleiden, hatten aber auch die größte Verantwortung und die höchsten Lasten im Kriegsdienst zu tragen. Sie mußten ihren Beitrag zur Ausrüstung des Heeres und der Flotte leisten oder in Friedenszeiten die Kosten für die öffentlichen Theateraufführungen übernehmen. Die Mitglieder der beiden anderen Klassen mußten sich mit niederen Ämtern begnügen, aber auch sie kämpften im athenischen Heer. Neben diesen drei Vermögensgruppen gab es noch eine vierte, besitzlose Klasse, deren Angehörige nur an der allgemeinen Volksversammlung teilnehmen und die Gerichte anrufen durften.
Dem flüchtigen Betrachter mag scheinen, Solon sei von einem Extrem ins andere verfallen. Hatte er bei der Schuldenaufhebung die Armen begünstigt, so jetzt bei der Neuordnung des Staatswesens die Reichen. Das aber wäre falsch. Gewiß band er die wichtigsten Ämter an den Grundbesitz, nicht aber an das Bargeld; denn sonst wären Kaufleute, Reeder oder gar Wucherer zu mächtig geworden. Von ihnen konnte er wenig Bereitschaft erwarten, im Kriege zu kämpfen, wohl aber von jenen, die ihren Boden verteidigten. Und die Rechnung hier war ganz einfach: Wer viel besaß, mußte auch die Lasten des Krieges tragen. Eine Regel, die sich später genau in das Gegenteil umkehrte.
Ganz entscheidend aber war der Schritt hin zu einer Demokra-

tie, wie sie später noch beispielhaft in Athen sein sollte. Die freien Bürger Athens, also die Mitglieder aller vier Vermögensklassen – auch der vierten – nahmen an der Volksversammlung teil, die ursprünglich viermal im Jahr auf der Pnyx, einem Hügel gegenüber der Akropolis, tagte. Sie entschied über Krieg und Frieden, Bündnisse mit anderen Staaten, Festsetzung und Eintreibung von Steuern, vor allem aber auch über die Einführung neuer Gesetze. Zwar kamen die Beamten aus der obersten Klasse, aber sie waren bei ihrer Wahl auf die Zustimmung des Volkes, also aller freien Bürger angewiesen. Damit fühlte sich der unbedeutendste und ärmste Freie mit an den Entscheidungen des Staates beteiligt. Solon sagte selbst von diesem Reformwerk:

»Ich erteilte dem Volk soviele Gewalt, als ihm nützte,
Ehre raubt' ich ihm nicht, gab ihm auch keine dazu.
Aber den mächtigen Bürgern, die sich durch Reichtum erhoben,
Ließ ich nicht freie Gewalt, was sich nicht ziemet zu tun.
Und so schütz' ich denn beide mit starkem sicherem Schilde,
Daß nicht mit Unrecht ein Teil würde von anderm bedrückt.«

Allein schon die breit angelegte Entschuldung der Bürger Athens war eine Leistung gewesen, die die Kräfte eines einzelnen beinahe übertraf. Dazu kam dann noch eine Verfassungsreform, wie sie in dieser Art später in anderen Staaten gewöhnlich nur nach langwierigen Verhandlungen geschaffen werden konnte. Aber Solon gab sich damit immer noch nicht zufrieden, sondern bettete seine Reformen in einen Kranz neuer Gesetze und Ausführungsbestimmungen, wie wir heute sagen würden. Dabei kümmerte er sich selbst um scheinbar nebensächlichste Dinge. So entschied er beispielsweise, daß in der Volksversammlung nicht sprechen durfte, wer Vater oder Mutter geschlagen oder sie im Alter nicht versorgt hatte, wer seinen Kriegsdienst nicht geleistet oder sich im Kriege feige erwiesen hatte. Er legte fest, daß zuerst die Älteren, dann die Jüngeren sprechen durften. In einem ganz modernen Geiste führte er Geschworenengerichte ein, an die jeder appellieren konnte, der sich durch einen willkürlichen Spruch eines Einzelrichters ungerecht behandelt

sah. Er kümmerte sich um das Testamentsrecht, beschränkte die Hausmacht des Vaters, der seine Kinder nicht mehr verpfänden oder gar verkaufen durfte, beschäftigte sich mit dem Problem der kinderlosen Ehen. Sogar in Erziehungsfragen griff er öffentlich ein, indem er entschied, jeder Bürger müsse seinen Sohn in der Musik und in Gymnastik unterrichten lassen.
Wieder muß man über den ungeheueren Einfluß dieses Mannes staunen, dem seine Mitbürger trotz mancher Widersprüche letzten Endes doch so stark vertrauten, daß sie seine Entscheidungen billigten. Mehr aber noch bewundert man, daß Solon Macht und Vertrauen nicht für sich selbst ausnutzte. Er erlag nicht der Versuchung, sich zum Alleinherrscher über die Stadt aufzuwerfen. Im Gegenteil, als er sein Reform- und Gesetzeswerk abgeschlossen hatte, ließ er die Athener schwören, die neuen Gesetze und die Verfassung hundert Jahre lang beizubehalten. Dann verließ er die Heimat und hielt sich einige Jahre in anderen Ländern auf. Als er wieder zurückkehrte, mußte er feststellen, daß die wankelmütigen Athener sich längst nicht mehr an die gegebenen Versprechen hielten und wieder neue Gesetze eingeführt hatten.

Solon

entstammte einem der vornehmsten Geschlechter Athens und wurde hier um 640 v.Chr. geboren. Da die Familie aber verarmt war, erlernte er den Beruf eines Kaufmanns und unternahm schon als junger Mann weite Geschäftsreisen, auf denen er ein beträchtliches Vermögen erwarb. Trotzdem fand er auch genügend Zeit, sich für das Wohl seiner Vaterstadt einzusetzen.
Etwa im Alter von 45 Jahren erhielt er von seinen Mitbürgern den Auftrag, in Athen die politischen und sozialen Verhältnisse von Grund auf neu zu ordnen. Sein politischer Weitblick, seine Autorität und sein Organisationstalent erleichterten ihm diese ungemein schwierige Aufgabe. Danach verließ er wieder für einige Jahre seine Heimat und ging erneut auf Reisen durch die Mittelmeerländer, um auch andere Staatsformen kennenzulernen. Nach der Rückkehr lebte er als Privatmann ohne politischen Einfluß in Athen. Hier starb er im hohen Alter von etwa 80 Jahren um 560 v.Chr.

Zenon von Kition
Alle Menschen sind unsere Mitbürger

von Rainer Brand

Als Alexander der Große im Jahr 333 v.Chr. das Heer des persischen Großkönigs Dareios III. bei Issos vernichtend schlug, entschied sich damit das Schicksal des bis dahin mächtigen Perserreiches. Mehr als 200 Jahre wurden griechische Sprache und Kultur im vorderen Orient bestimmend; von der Adria bis zum Indus, vom Schwarzen Meer bis zum Süden Ägyptens waren griechische Macht und griechisches Denken ausschlaggebend. Gerade durch die ungeheure Ausdehnung der griechischen Welt wurden aber auch ägyptisches und asiatisches Gedankengut in immer stärkerem Maß von den Griechen selbst übernommen, und vieles, was wir heute mit dem antiken Griechenland verbinden, hat seinen Ursprung in dieser Epoche des Hellenismus.

Etwa 300 Kilometer von Issos entfernt wurde vermutlich im Jahr der entscheidenden Schlacht der spätere Philosoph Zenon in Kition auf der Insel Zypern geboren. Man weiß nicht viel über seine Herkunft, nur daß sein Vater Händler war. Dies hilft uns genauso wenig weiter wie die Tatsache, daß Zenon später mehrfach »der Phöniker« genannt wurde, was nur darauf hinweist, daß Kition genauso wie Karthargo als phönikische Kolonie entstanden war. Allerdings spricht die Überlieferung dafür, daß Zenon kein Grieche gewesen sein muß, da er angeblich das Griechische nie vollkommen sprechen oder schreiben konnte. Auf der anderen Seite gab es auch auf Zypern schon lange vor Alexanders Zeiten Griechen, und die Frage, ob seine Eltern Phöniker oder Griechen waren, spielte in der Welt des Hellenismus kaum eine Rolle.

Um das Jahr 311 v.Chr., Zypern gehörte inzwischen zum Einflußbereich des in Ägypten herrschenden Ptolemaios, kam Zenon dann nach Athen. Noch immer war diese einst so mächtige

Stadt der Mittelpunkt der griechischen Gelehrsamkeit. Hier lehrten die bekanntesten Philosophen, und hier hatten sich die verschiedenen philosophischen Schulen entwickelt.
Auch Zenon hörte dort viele bekannte Lehrer: etwa den Kyniker Krates aus Theben, Stilpon und Diodoros Kronos aus Megara und den Athener Polemon. All die Gedanken, die er dort aufnahm, sollten die Grundlage seiner eigenen Ideen bilden.
Am wichtigsten waren dabei wohl die Überlegungen der Kyniker, die vor allem von Diogenes formuliert wurden, obwohl diese keine eigene organisierte Schule bildeten und auch kein geschlossenes Lehrgebäude aufweisen konnten. Sie beschäftigten sich mit der menschlichen Lebensführung. Ihr Gedanke war es, »im Einklang mit der Natur zu leben«, eine Forderung, die uns heute – wenn auch vor anderem Hindergrund – gar nicht so fremd vorkommt. Für die Kyniker bedeutete dies, möglichst einfach zu leben, möglichst wenige Bedürfnisse und möglichst wenig Eigentum zu haben, sich wie ein Tier, wie ein Hund, sagten die Kyniker, mit Wenigem zu begnügen. Kein Wunder, daß man die Anhänger dieser Lehre bald nach dem griechischen Wort für Hund, »kynos«, benannte. Da die Kyniker auch bald für ihre unverblümte Sprache und ihren beißenden Spott bekannt waren, wird es verständlich, daß sich unser Wort »zynisch« auch von ihnen ableitet.
Zenon, der bei Krates, dem Schüler des Diogenes, studiert hatte, begann etwa im Jahr 300 v.Chr. mit eigenen Vorlesungen. Dazu benutzte er die »Bunte Säulenhalle«, die »stoa poikile«, auf dem Markt von Athen, die mit farbigen Fresken ausgemalt war. Nach dieser Halle hat seine Schule auch ihren Namen erhalten, ihre Mitglieder wurden »die von der Halle«, die »Stoiker« genannt.
Zenon übernahm von den Kynikern die Lehre vom naturgemäßen Leben, wobei er den Begriff »Natur« jedoch anders interpretierte: Sie war für ihn ein Ausdruck der göttlichen Vernunft oder der Vorsehung. Und damit war die Pflicht des Menschen, im Einklang mit der Natur zu leben, gleichzeitig auch die Forderung nach einem tugendhaften Leben. Nur in der Tugend, in der Harmonie mit dem »göttlichen Willen«, sei das Glück zu finden.
Um dieses Glück zu erreichen, solle man »einstimmig leben«. Das heißt, man muß eine »Einstimmigkeit« von Wollen und Kön-

nen anstreben. Nur so tritt der innere Frieden ein, der für das Glück ausschlaggebend ist. Denn der Mensch ist unglücklich, wenn er nicht das erreicht, was er will. Später hat man diesen Gedanken in die einprägsame Formel gefaßt: »Damit wir können, was wir wollen, müssen wir wollen, was wir können.« Unzufrieden ist also nur der, der seine Ziele zu hoch steckt.

Um sich die Ziele seines Lebens selbst setzen zu können, braucht der Mensch die Freiheit der Entscheidung; dazu muß er frei von Affekten sein, die seine natürlichen Wünsche überlagern. Nach Meinung der Stoiker entstehen die Affekte bei einer richtigen Vernunfthaltung überhaupt nicht. Die Vernunft urteilt sozusagen von Geburt an richtig und natürlich, nur durch die verführerische Macht der Außenwelt und die schlechte Unterweisung durch die Mitmenschen kann die Vernunft in eine falsche Bahn gelenkt werden.

Von Natur aus hat der Mensch nach Meinung Zenons Gefühle und Triebe, die in erster Linie der Selbsterhaltung dienen; die einzigen Güter eines Kleinkindes sind die »ersten naturgemäßen Dinge«, solange die Vernunft noch nicht entwickelt ist. Schon bei der Geburt nimmt der Mensch nicht nur die Umwelt wahr, sondern zugleich sich selbst. Da er sich »zugehörig« fühlt, erwacht sofort die Selbstfürsorge. Aus diesen Überlegungen entstand die Lehre der »Zueignung« (griech. »oikeiosis«).

Der natürliche Trieb der Selbstfürsorge schließt aber auch die anderen mit ein, was sich an der Fürsorge, die jedes Lebewesen für seine Nachkommen zeigt, leicht beweisen lasse. Auch wenn ich damit letztlich nicht den anderen meine, sondern in ihm nur mich selbst erkenne, folgt daraus eine Rücksichtnahme auf den Mitmenschen.

Die Lehre der »Zueignung« begründet damit, daß das Verhalten im Einklang mit Recht und Gesetz dem Menschen naturgegeben sei; diese Naturgegebenheit schloß aber auch ein, daß die »Zueignung« nicht an den Grenzen des eigenen Staates, der eigenen Gesellschaft haltmachen könne, sondern alle Vernunftwesen umfasse. So wuchs daraus die Vorstellung eines Weltstaates, einer »kosmopolis« aus Göttern und Menschen, dem alle kraft ihrer Vernunft angehören und in dem es keinen Unterschied zwischen Griechen und Barbaren, Rassen und Nationen, Männern und Frauen, Freien und Sklaven geben könne. Schon

vor Beginn seiner Lehrtätigkeit hatte dies Zenon in seiner Schrift *Der Staat* formuliert: »Wir wollen nicht in Staaten und Bevölkerungen getrennt leben, die je ihr besonderes Recht haben, sondern glauben, daß alle Menschen unsere Volksgenossen und Mitbürger seien; es solle nur eine Lebensform und nur eine Staatsordnung geben, gleichwie eine zusammen weidende Herde nach gemeinsamem Gesetz aufgezogen wird.«
Noch 200 Jahre zuvor wäre ein solches Denken für einen Griechen nahezu unmöglich gewesen, reichte doch damals der Blick kaum über die Grenzen des eigenen Staates, wurde jeder, der nicht die eigene Sprache sprach, verächtlich als »Stammler«, als »Barbar«, bezeichnet. Jetzt aber war die Welt des Griechentums offener geworden, das Zusammenleben mit fremden Völkern und Kulturen ließ alte Denkweisen verblassen.
Daß diese Gedanken nicht nur in der theoretischen Diskussion der »stoa poikile« Einfluß gewannen, zeigen die Beispiele vieler Politiker und Könige, die sich Stoiker als Berater verpflichteten; Antigonos II. Gonatas, der von 283 bis 239 als König von Phrygien und Makedonien regierte, war selbst ein Schüler Zenons gewesen. Gerade die stoische Grundforderung, die Einsicht in das Erreichbare, bewirkte sicher keine revolutionären Veränderungen zum »Weltstaat«, in dem alle Menschen gleich waren, die Forderung nach dem »naturgemäßen« Leben der Vernunft wurde aber nicht mehr vergessen.
Als Zenon, vermutlich im Jahr 262 v.Chr. starb, veranstaltete ihm Athen ein Staatsbegräbnis, begleitet von einem außergewöhnlichen Dekret, das mit folgenden Worten endete: »Er machte aus seinem Leben ein Vorbild für uns alle, denn er folgte seinen eigenen Lehren.«
Der Tod Zenons bedeutete keineswegs das Ende der stoischen Lehre. Wie kaum eine andere Richtung der Philosophie beeinflußte sie das Denken und manchmal auch das Handeln der Menschen. Der Gedanke der Gleichheit aller Menschen konnte nicht einfach beiseitegeschoben werden. Im Namen der Stoa kämpften viele Politiker gegen die Tyrannei oder setzten sich für Reformen ein, die einen Schritt weiter zur Gleichheit oder zum »Weltstaat« bedeuten konnten.
Die Stoa half auch bei der Verbesserung der Stellung der Frau. Viele Philosophen zählten Frauen zu ihren Hörern, Frauen

Solon

Zenon v. Kition

IV Der Tod des Tiberius Gracchus

bekamen für die gleichen Verdienste wie ihre Männer in manchen Städten das Bürgerrecht, und aus der Zeit des Hellenismus sind uns auch die ersten Frauen als Staatsbeamte bekannt.
Selbst wenn diese Veränderungen in erster Linie in den gehobenen Gesellschaftsschichten stattfanden, wirkte sich die Lehre der Stoa auch auf die Haltung gegenüber Sklaven aus. Allmählich begann man diese besser zu behandeln, und vor allem in Philosophenkreisen nahmen die Freilassungen von Sklaven zu. Daß viele der ärmsten Sklaven, gerade die Bergwerkssklaven, weiterhin unter unmenschlichen Bedingungen zu leben hatten, ließ sich allerdings auch mit der Lehre der Stoa vereinbaren, denn selbst ein Sklave konnte ja im Bereich seiner Seele frei sein! Die Menschen sind danach trotz allem gleich, im Bereich der Seele kann auch ein Bettler König sein.
Auch für das Christentum schufen die Gedanken der Stoiker einen fruchtbaren Boden. Sie erkannten eine höchste Macht an, sie forderten das Gewissen und die Pflicht als Fundamente ihrer Ethik. Für die Seele des Tugendhaften nahm die Stoa ein begrenztes Nachleben bis zum Ende der Weltepoche an. Zenon erregte Anstoß, als er die Armen, die zu ihm kamen, nicht zurückwies, sie waren ja von Natur aus gleich; der Gedanke der Liebe zu diesen Menschen aber war ihm fremd.

Zenon von Kition

wurde 333/2 v.Chr. in Kition auf Zypern als Sohn eines Händlers geboren. Um 311 kam er nach Athen, wo er bei dem Kyniker Krates hörte. Um 300 begann er selbst Vorlesungen in der »stoa poikile«, der »Bunten Halle«, zu halten und begründete so die Lehre der Stoa.

Obwohl nur Fragmente seiner Schriften erhalten sind, kennen wir viele seiner Gedanken aus Äußerungen seiner Schüler und der späteren Stoiker. In seinem Werk »Der Staat« fordert er ein Zusammenleben der Menschen nach den Prinzipien der Gleichheit, die in der Natur begründet sei. Zenon starb 262/1 in Athen.

Tiberius und Gaius Gracchus
Das Widerstandsrecht des Volkstribuns

von Heinrich Pleticha

Was ist ein Volkstribun? Welche Rolle spielte er im Alten Rom? Mit der Beantwortung dieser Fragen sollte eigentlich jeder Bericht über die Brüder Tiberius und Gaius Gracchus und ihr Reformwerk beginnen; denn nur dann, wenn man etwas näher über dieses wichtige Amt Bescheid weiß, wird man auch richtig das tragische Geschehen um die gescheiterten Pläne der beiden Brüder verstehen können.

Die Römer, diese klugen Taktiker der Macht, hatten das Amt des Volkstribuns schon 494 v.Chr. geschaffen, als die Spannungen zwischen den herrschenden Patriziern und den Plebejern, dem einfachen Volk, unerträglich geworden waren. Erst waren es zwei, später fünf und schließlich zehn Männer, die für ein Jahr nur aus den Kreisen der Plebejer gewählt wurden und die Rechte des Volkes gegenüber den Senatoren und den aus ihren Kreisen stammenden Konsuln verteidigen sollten. Mit ihrem Einspruch (Veto = lat. ich verbiete) konnten sie Maßregeln, Verordnungen, aber auch Gerichtsurteile verhindern; Beschlüsse des Senats oder der Volksversammlung wurden nicht rechtskräftig, wenn sie sich dagegen wandten. Gleichzeitig hatten sie das Recht, ihrerseits in der Volksversammlung Gesetzesanträge einzubringen. Um ihnen die nötige Sicherheit für die Ausübung ihrer Tätigkeit zu garantieren, galten sie als unverletzlich, durften während ihrer Amtszeit weder zur Rechenschaft gezogen, noch verhaftet, angegriffen oder gar getötet werden.

Es war ein eigenartiges Amt, einmalig in einem antiken Staatswesen und besonders wichtig, weil hier gegen die Staatsgewalt ein Widerstandsrecht geschaffen wurde, das vor allem Übergriffe der allmächtigen Konsuln verhindern sollte. Es war aber auch gefährlich, weil diese Volkstribunen ja nur ihrem Gewissen gegenüber Rechenschaft schuldig waren. Wehe, wenn sie selbst vom Boden des Gesetzes abwichen, im Gefühl ihrer Macht den Sinn für das Mögliche und Gerechte verloren oder sich gar bestechen ließen und so manchmal Recht in Unrecht umkehrten. Nicht immer war es möglich, hier klare Grenzen zu ziehen, zu wissen, wo die Sorge um das Gemeinwohl aufhörte, die subjektive Entscheidung oder unbewußte Rechthaberei aber begann.

Trotzdem funktionierte das System über Jahrhunderte hinweg auch noch in einer Zeit, in der sich die sozialen Verhältnisse längst geändert hatten. Rom war groß geworden, hatte immer neue Kriege geführt und sie siegreich beendet. Unermeßliche Reichtümer waren dabei in die Stadt geflossen. Trotzdem herrschte keineswegs ein allgemeiner Wohlstand. Im Gegenteil, stärker als je zuvor prallten die sozialen Gegensätze aufeinander; die Reichen waren noch reicher, die Armen noch ärmer geworden, einen Mittelstand gab es nicht. Die Reichen nutzten die Arbeitskraft ihrer zahlreichen Sklaven aus, um ihren Besitz noch zu vermehren und das Land der einfachen Bauern aufzukaufen. Diese wiederum waren durch die langen Kriege gegen Karthago verarmt, und während sie in den Kriegen dienen mußten, verfielen in der Heimat ihre Felder. Kehrten sie zurück, blieb ihnen oft nur noch der Verkauf ihres Besitzes. Sie selbst zogen dann mit ihren Familien in die Hauptstadt, wo sie in übervölkerten Armenvierteln lebten, das Proletariat vermehrten und nur darauf hofften, daß die Getreidespenden der reichen Parteiführer sie vor dem Verhungern schützten.

In dieser für sie so verzweifelten Lage wurde Tiberius Gracchus zum Volkstribunen gewählt. Er war 29 Jahre alt, hatte vor Karthago gekämpft und in Spanien bereits ein wichtiges Verwaltungsamt innegehabt. Gerade auf der Reise dorthin hat er in Mittel- und Oberitalien die brachliegenden Felder und verfallenen Höfe gesehen und dabei den Entschluß gefaßt, das Übel an der Wurzel zu packen, den Bauern zu helfen und gleichzeitig ihre soziale Lage von Grund auf zu ändern. Deshalb ließ er sich auch 133 v.Chr. zum Volkstribunen wählen. Er war ein ehrgeiziger, tatkräftiger und ungemein redegewandter junger Mann. Das beweisen nicht zuletzt seine berühmten, später von Plutarch überlieferten Worte: »Die Tiere Italiens haben ihr Lager, und jedes weiß, wo es hingehört. Die Männer aber, die für Italien kämpfen und fallen, haben nur leere Luft, sonst nichts. Ohne Haus und Dach, irren sie mit Weib und Kind umher. Es ist eine Lüge, wenn die Soldaten von den Feldherrn aufgerufen werden, für ihre heiligen Stätten zu kämpfen. Sie sterben für fremden Reichtum und Überfluß, angeblich die Herren der Welt, in Wirklichkeit haben sie aber keinen Fuß Erde!«

Man spricht von der »Revolution der Gracchen«; dabei ging Tiberius Gracchus zuerst alles andere als revolutionär vor. Maßvoll forderte er das Mögliche, das Vertretbare. So griff er ein altes Ackergesetz wieder auf und beantragte in der Volksversammlung, daß das dem Staat gehörende Land, das sich die Großgrundbesitzer im Laufe der Kriege angeeignet hatten, neu verteilt werden solle. Niemand dürfe mehr als 250 Hektar für sich und nochmals die gleiche Fläche für zwei seiner Söhne behalten. Kein nachweislicher Privatbesitz solle darüber hinaus angetastet werden. Aus dem zurückgegebenen Land aber sollten Siedlerstellen zu sieben Hektar geschaffen und an besitzlose Bauern und Kriegsveteranen verteilt werden.

Man muß sich dieses Verhältnis 7 zu 500 Hektar vor Augen halten und dabei bedenken, daß der oft erhebliche Privatbesitz ja weiterhin in den Händen der Reichen verblieb, um zu erkennen, wie maßvoll die Anträge des Tribuns waren. Allerdings war dieses Staatsland durchwegs seit mehr als hundert Jahren in den Händen seiner neuen Besitzer und von diesen oft mit großem Aufwand – aber doch wiederum stets mit Hilfe der Sklaven – urbar gemacht oder bewirtschaftet worden. Aber auch dafür suchte Tiberius einen Ausweg und beantragte eine entsprechende Entschädigung aus dem Staatsschatz.

Trotzdem wandten sich die Betroffenen gegen die Vorschläge, klagten laut, daß hier ihre alten Rechte mißachtet würden. Und als alles nichts half, bestachen sie einen der anderen Volkstribunen, der bei einer Volksabstimmung sein Veto einlegte. In dieser unerhörten Situation, die den Sinn des Volkstribunats umkehrte, stand Tiberius vor einer schwerwiegenden Entscheidung: entweder die jahrhundertealten Gesetze, auf die er sich ja letztlich selbst stützte, anzuerkennen und damit seine Pläne aufzugeben, oder sich gegen seine Amtskollegen zu wenden und so gegen die bestehende Ordnung zu revoltieren. Zögernd entschloß er sich für das letztere. Noch einmal beschwor er den anderen, von seinem Veto abzulassen. Als dieser aber darauf beharrte, stellte Tiberius der Volksversammlung die Frage zur Abstimmung, ob ein Tribun, der offensichtlich gegen das Wohl des Volkes gehandelt habe, noch weiter sein Amt ausüben dürfe. Als die Versammlung das verneinte, erklärte er ihn für abgesetzt. Damit hatte er den ersten revolutionären Schritt getan. Trotzdem verlief alles nach seinen Plänen. Das Ackergesetz wurde beschlossen und vom Senat gebilligt. Eine Kommission, bestehend aus Tiberius, seinem Schwiegervater Appius Claudius und seinem erst zwanzigjährigen Bruder Gaius, sollte die schwierige Aufgabe meistern.

In Athen war fünfhundert Jahre zuvor Solon nach der Festlegung seiner Gesetze freiwillig zurückgetreten und hatte sogar die Heimat verlassen. Tiberius mißtraute mit Recht dem Senat und den Anhängern der Reichen, und in Sorge um sein Reformwerk wagte er einen zweiten ungesetzlichen und damit weiteren revolutionären Schritt, indem er sich nach einem Jahr erneut um das Amt des Tribunen bewarb. Der Zustimmung des Volkes konnte er sicher sein. Im Senat dagegen kam es zu Tumulten. Schon sah man ihn dort auf dem Wege zum Alleinherrscher. Noch lehnte der besonnene Konsul ein gewaltsames Vorgehen gegen ihn und seine Anhänger ab.
Die Ereignisse spitzten sich aber rasch und dramatisch zu. Während Tiberius in einer Versammlung auf dem Kapitol über seine Wiederwahl abstimmen ließ, bewaffneten sich die Senatoren und ihr Anhang unter der Führung Nasica Serapius, eines der reichsten Großgrundbesitzer. Mit Knütteln und Keulen zogen sie die wenigen Schritte vom Senatsgebäude hinauf zum Kapitol. Dort suchte die völlig überraschte und unbewaffnete Menge vergeblich, Tiberius zu schützen. Er wurde von einem seiner eigenen Kollegen erschlagen, und in dem Tumult fanden noch dreihundert seiner Anhänger mit ihm den Tod, während seine bewaffneten Gegner kein einziges Opfer zu beklagen hatten. Nach diesem Blutbad wagte es der Senat aber nicht, das Ackergesetz wieder zu Fall zu bringen. Für den Augenblick schien es, als habe die Reformidee gesiegt. Brachland wurde wieder in Weide und Acker umgewandelt, die Zahl der freien Bauern

wuchs seit vielen Jahrzehnten erstmals wieder um 80 000 – und damit natürlich ebenso die Zahl der Wehrfähigen, die Roms Armee verstärken konnten.
Aber bald zeichneten sich neue Schwierigkeiten ab; denn auch das Land der italischen Bundesgenossen sollte in die neue Ordnung einbezogen werden. Nun waren diese aber besonders empfindlich, weil sie zwar Militärdienst leisteten, also im Krieg ihre Haut zu Markte tragen mußten, aber nicht das begehrte römische Bürgerrecht erhielten.
An diese schwierige Aufgabe wagte sich Gaius Gracchus, der jüngere Bruder des Tiberius heran, der schon mehrere Jahre bei der Acker-Kommission mitgearbeitet und dann für eine Zeitlang als höherer Beamter in Sardinien gewirkt hatte. Er zeigte sich nun fest entschlossen, das Reformwerk des Bruders weiterzuführen. Noch begabter, noch redegewandter und energischer als dieser, schien er der Garant für einen erfolgreichen Abschluß. Sein Einfluß war ebenso groß wie sein politisches Geschick. So hatte er noch vor seiner eigenen Wahl zum Volkstribunen die Wiederwahl gesetzlich durchgesetzt. Woran Tiberius gescheitert war, fiel ihm fast nebenbei in den Schoß.

Gaius führte nicht nur das Werk des Bruders weiter, sondern schuf noch eine Reihe zusätzlicher Maßnahmen, die ganz bewußt die Macht des Senats beschränken und dessen Stellung im Staat schwächen sollten. Als er deshalb im Jahre 123 zum Volkstribunen gewählt wurde, ließ er zwar als erstes das Ackergesetz erneuern; dann aber schlug er die Einrichtung neuer Städte vor mit Ackerbürgern als Siedler. Eine solche Kolonie, wie sie genannt wurde, sollte auf den Trümmern des zerstörten Karthago im Bereich der heutigen Stadt Tunis in Nordafrika errichtet werden. Für die Rom benachbarten Latiner in Mittelitalien beantragte er das römische Vollbürgerrecht, für die übrigen italischen Bundesgenossen das Stimmrecht in der Volksversammlung. In einem geschickten Schachzug wandte er sich gegen den Senat, indem er den Rittern, den nichtadligen Angehörigen der höchsten Einkommens- und Vermögensklasse die gleiche Zahl von Geschworenenrichtern zubilligen ließ wie den Senatoren, obwohl sie bisher politisch nicht tätig waren. Damit aber hatte er einen Keil zwischen den senatorischen Adel und

den Geldadel getrieben. Das Volk wiederum suchte er durch Getreidespenden und vor allem durch Baumaßnahmen, die vielen Arbeit und Brot brachten, bei Laune zu halten.
Und doch gelang es dem Senat durch ein ganz einfaches Mittel, das Volk gegen ihn aufzubringen. Zum einen streute man das Gerücht aus, durch die Übertragung des Bürgerrechts auf die Latiner würden sich bei den Getreidespenden die Verteilerverhältnisse für die bisherigen Bürger wesentlich verschlechtern. Dann gewannen die Senatoren wieder, wie schon bei Tiberius Gracchus, einen anderen Volkstribunen, der auf höchst raffinierte Art vorging, indem er Gaius mit Gegenanträgen übertrumpfte. Hatte dieser die Gründung von zwei Kolonialstädten beantragt, so forderte er zwölf, obwohl er genau wußte, daß die Mittel höchstens zum Aufbau von zweien ausreichten. Durch solche und ähnliche Anträge, bei denen er immer wieder betonte, sie seien nur möglich, weil sie auch der Senat befürworte, untergrub dieser bald das Vertrauen des Volkes in Gaius Gracchus.

Dann beging Gaius in seinem Eifer einen verhängnisvollen taktischen Fehler, als er sich vom Senat den Aufbau der Kolonie in Karthago übertragen ließ. Denn seine Gegener nutzten die mehrmonatige Abwesenheit, um gegen ihn zu schüren. Das Interesse der eher wankelmütigen Masse ließ nach, und als Gaius wieder nach Rom zurückkehrte, sah er sich weitgehend isoliert und als Privatmann der Rache der Aristokratie preisgegeben. Dazu kam, daß sein ärgster Feind Lucius Opimius zum Konsul gewählt worden war und nur darauf wartete, daß Gaius einen Fehler beging. In einer gewissen Panik verschanzte sich dieser mit seinen Anhängern auf dem Aventin, der alten Hochburg der Volkspartei. Für die geübte Truppe des Konsuls war es nicht schwer, sie zu überrennen. Gaius, der unbewaffnet geblieben war, ließ sich von einem Sklaven töten, sein Kopf wurde dem Überbringer vom Senat mit Gold aufgewogen. Dreitausend seiner Anhänger fanden bei diesen Kämpfen den Tod oder wurden gefangengenommen und hingerichtet.
Die Aristokratie Roms hatte gesiegt, aber die Auseinandersetzung noch nicht gewonnen. Mochte der Konsul Opimius auch der Concordia, der Göttin der Eintracht, einen Tempel weihen,

so wagten er und seine Parteifreunde es doch nicht, alle neuen Gesetze wieder rückgängig zu machen. Ein gewaltiger Schritt vorwärts in eine neue Richtung war getan, nicht in eine bessere Zukunft. Auch nicht zur Eintracht, denn für ein Jahrhundert erschütterten nun Bürgerkriege immer wieder Rom, bis endlich mit Augustus ein neuer Mann die alten Gegensätze überwand.

Tiberius und Gaius Sempronius Gracchus

stammten mütterlicherseits von dem berühmten römischen Feldherrn P.C. Scipio Africanus ab, dessen Enkel sie waren. Sie gehörten damit zu einer der vornehmsten Familien Roms. Ihre Mutter Cornelia gab ihnen eine so sorgfältige Erziehung, daß ihr Name in Rom deshalb mit Hochachtung genannt wurde. Tiberius wurde 162 v.Chr. geboren, schon als Sechzehnjähriger kämpfte er im 3. Punischen Krieg vor Karthago, mit 25 Jahren ging er als Quästor (Finanzverwalter) nach Spanien. 133 v.Chr. ließ er sich zum Volkstribunen wählen und leitete in diesem Amt wichtige Reformen in Rom ein. Dadurch zog er sich aber die Gegnerschaft der Senatspartei zu, und während eines Tumults erschlugen ihn seine Gegner noch im gleichen Jahr auf dem Kapitol.

Sein jüngerer Bruder Gaius, 154 v.Chr. geboren, übertraf ihn noch an staatsmännischem Geschick und Rednergabe. Er unterstütze den Bruder voll in dessen politischen und reformerischen Plänen. Schon mit 21 Jahren wurde er ebenfalls Volkstribun und bestimmte trotz seiner Jugend für die folgenden zwei Jahre weitgehend die römische Politik. Erst durch die Intrigen des Senats verlor er an Popularität und politischem Einfluß und fand während bürgerkriegsähnlicher Auseinandersetzungen 121 v.Chr. zusammen mit seinen Anhängern in Rom den Tod.

Jesus von Nazaret
Die Botschaft der Liebe

von Georg Popp

Wer hat mehr für die Rechte der Menschen getan als Jesus, der Zimmermanns-Sohn aus Nazaret? Er setzte sich nicht für die Reichen und Tüchtigen oder die Erfolgreichen und Mächtigen ein. Weder die Männer des Staates noch die der Religion begünstigte er.
Wenn er jemand bevorzugte, dann die Armen und Entrechteten, die Kleinen und die Kranken, die Gefangenen und die Mißhandelten. Bereits zu Beginn seines Wirkens hat er sich in der Synagoge von Nazaret klar und deutlich zu seinem Auftrag und zum Ziel seines Wirkens bekannt:
»Der Herr hat mich bevollmächtigt und mir den Auftrag gegeben, den Armen gute Nachricht zu bringen – den Gefangenen zu verkünden, daß sie frei sein sollen – und den Blinden, daß sie sehen werden. Den Mißhandelten soll ich die Freiheit bringen ...«

Einfach und schlicht war sein Leben. Auf der Wanderschaft seiner Eltern kommt er in einem kalten, zugigen Stall zur Welt. Dreißig Jahre lang bleibt er zu Hause.
Die Eltern und die Bibel waren seine Lehrmeister. Aus den Büchern des Mose und der Propheten, aus den Psalmen und Weisheitsbüchern des Salomo bezog er seine Kenntnisse. Als er mit zwölf Jahren zum erstenmal mit seinen Eltern zum Passafest nach Jerusalem darf, da finden wir ihn im Tempel mitten unter den Schriftgelehrten: »Er saß bei den Gesetzeslehrern, hörte ihnen zu und diskutierte mit ihnen. Alle, die dabei waren, staunten über sein Verständnis und seine Antworten.«

Jesus von Nazaret wendete sich meist an Menschen, die wie er aus einfachen Verhältnissen stammten. Dementsprechend klar

und für jeden verständlich sind seine Worte, die uns die Evangelien überliefert haben.
»*Behandelt die Menschen so, wie ihr selbst von ihnen behandelt werden wollt* – das ist alles, was das Gesetz und die Propehten fordern.« Dieses einfache, aber ausdrucksstarke Wort steht am Anfang seiner Verkündigung. Und gegen Ende seines Wirkens gibt er den Menschen *»ein neues Gebot«:* »Ihr sollt einander genau so lieben, wie ich euch geliebt habe.«
Wo hat der Mensch mehr Rechte und mehr Freiheit als dort, wo er so behandelt wird, wie er selbst behandelt werden möchte? Und wo erfährt er mehr Achtung und mehr Zuneigung – und damit Geborgenheit und Sicherheit – als dort, wo er selbstlos und ohne Vorbehalte geliebt wird?

Jesus brauchte keine großen Worte und langen Erklärungen wie die Menschen unserer Zeit. (Allein die Menschenrechts-Konvention vom 4. 11.1950 ist 13 Seiten lang und umfaßt 53 Artikel. Wenn wir im Anhang dieses Buches alle heute relevanten Menschenrechts-Vereinbarungen in vollem Umfang abgedruckt hätten, wäre dieser Band doppelt so stark geworden.)

Der französische Präsident de Gaulle wurde einmal gefragt, ob es denn stimmen könne, daß man zur Leitung der Menschheit gar nicht die vielen staatlichen Gesetze und Vorschriften bräuchte, sondern die Zehn Gebote des Mose ausreichen würden. Da meinte er, daß das »nicht ganz richtig« sei. Denn eigentlich bräuchten die Menschen nicht einmal diese Zehn Gebote. Es würde genügen – und die Menschheit würde in Glück und Frieden, in Wohlstand und in Freiheit leben –, wenn alle nur diesen einen Satz von Jesus befolgen würden: »Behandelt die Menschen so, wie ihr selbst von ihnen behandelt werden wollt.«

Aber Jesus beließ es nicht bei dieser einen, manchen vielleicht sehr allgemein scheinenden Regel. Das ganze Gewicht seiner Persönlichkeit und den Ernst des letzten Abends vor seinem Leidensweg setzte er ein, um seinen Jüngern noch einmal klar und deutlich vor Augen zu stellen, wie sehr das Wohl aller Menschen Mittelpunkt seiner Verkündigung und seiner Taten war.

So überrascht und bestürzt er seine Zuhörer, als er ihnen beim Gleichnis vom Weltgericht gleichsam einen letzten Willen hinterläßt:
»Was ihr einem meiner geringsten Brüder getan habt« – wenn ihr ihm zu essen und zu trinken gegeben habt, wenn ihr euch um seine Nacktheit und seine Krankheiten gekümmert und wenn ihr ihn nicht im Gefängnis allein gelassen habt – *»das habt ihr für mich getan.«*
Aber *wehe euch* – geht mir aus den Augen. Gott hat euch verflucht« – schließt er seine harten Worte über die, denen das Wohl und die Rechte ihrer Mitmenschen gleichgültig sind.
»Ich war hungrig, aber ihr habt mir nichts zu essen gegeben; ich war durstig, aber ihr habt mir nichts zu trinken gegeben; ich war fremd, aber ihr habt mich nicht aufgenommen; ich war nackt, aber ihr habt mir keine Kleider gegeben; ich war krank und im Gefängnis, aber ihr habt euch nicht um mich gekümmert ...«
Und als die Zuhörer nicht verstehen wollen, wann sie denn Jesus nichts zu essen und zu trinken, wann sie sich denn nicht um seine Nacktheit und um seine Gefangenschaft gekümmert haben, da läßt er sie noch einmal deutlich wissen: *»Was ihr an einem meiner geringsten Brüder zu tun versäumt habt, das habt ihr an mir versäumt.«*

Den Armen und Hilflosen, den Kleinen und den Entrechteten galt sein Wirken und Reden. »Nicht zu den Gerechten bin ich gekommen«, sagte er einmal.
Der Unfreiheit des Menschen – deren Ursprung er letztlich in der Abkehr von Gott und der Zuwendung zum Bösen sah – galt sein Kampf. Zu den Sündern und Armen, zu den Kranken und Hilflosen ist Jesus barmherzig. Seine ganze Schärfe und sein Zorn aber gelten den Pharisäern und Gesetzeslehrern:
»Ihr selbst seid innerlich voll von Raub und Schlechtigkeit ... Weh euch Pharisäern! Ihr gebt Gott den zehnten Teil von allem ... Aber ihr vergeßt dabei, Gerechtigkeit zu üben ... Weh auch euch Gesetzeslehrern! Ihr ladet den Menschen untragbare Lasten auf, macht aber selbst keinen Finger krumm, um sie zu tragen.«

Weil für Jesus die Gesetze zum Wohl der Menschen bestimmt

sein müssen und nicht der Mensch für die Gesetze erschaffen ist und weil er die Menschen von der Last der vielen israelitischen Vorschriften befreien will, greifen ihn die Pharisäer und Schriftgelehrten sehr bald an. Weniger als drei Jahre kann er Menschen heilen, sie aus ihren Abhängigkeiten befreien und ihnen die Botschaft von Gottes großer, barmherziger Liebe verkünden. Schon bald lassen ihn die Gesetzeslehrer und Pharisäer vor Gericht schleppen und zum Tod verurteilen.
Jesus wehrt sich nicht gegen seine Verfolger. Indem er seinen Tod auf sich nimmt, den schmählichsten Tod der damaligen Zeit, die Kreuzigung, glaubt er am besten das vorleben zu können, was er versucht hat zu verkünden: Gehorsam gegenüber Gott, Gerechtigkeit und Liebe gegenüber den Mitmenschen.
Über seinem ganzen Leben stand die Botschaft seiner Liebe, die er uns – durch Verleumdung und Peinigung hindurch bis zum Tod am Kreuz – vorgelebt hat:
»Ihr sollt einander so lieben, wie ich euch geliebt habe.« Seid rücksichtsvoll im Umgang miteinander, helft einander, steht den Armen bei, liebt die Kinder und die Kranken, die Entrechteten und die Hilflosen.
Das hat er mit seinem ganzen Leben verkündet, mit seinen Reden, noch mehr mit seinem Tun.

Unzählbar sind inzwischen Frauen und Männer, die auf der ganzen Welt nach Jesu Botschaft der Liebe leben und sich für die Rechte der Menschen einsetzen. Viele Schulen und Krankenhäuser – in Europa wie in der Dritten Welt – verdanken ihre Gründung christlichen Missionaren. Evangelische Diakonissen und katholische Ordensschwestern pflegen Schwerkranke ohne Rücksicht auf ihre eigenen Gesundheit.
Ein Franziskus ließ den Reichtum seiner Eltern hinter sich, eine Elisabeth von Thüringen gab sich als »hochgeborene Adelige« mit »Menschen aus den niederen Ständen« ab, eine Jeanne d'Arc, kämpfte für die Freiheit ihres Volkes. Ein Nikolaus von Flüe rettete seinem Volk den Frieden, ein Maximilian Kolbe opferte sein Leben für einen Familienvater, und ein Martin Luther King starb für die Menschenwürde der Schwarzen.
Ein Johann Hinrich Wichern und ein Friedrich von Bodelschwingh verschrieben sich ebenso dem Dienst an den Kranken

und Aussätzigen wie eine Schwester Teresa in Kalkutta. Als ein reicher Amerikaner einmal ihre Arbeit unter den Verschmutzten und Schwerkranken Indiens »auch nicht für eine Million Dollar am Tag« tun wollte, da antwortete ihm Mutter Teresa: »Für eine Million würde ich es auch nicht tun!«

Nicht für Geld, nicht für Ansehen und Ruhm: aus Liebe zu den Menschen setzen sich Christen in aller Welt für die Rechte der Armen und Unterdrückten, der Kranken und Hilflosen ein.

Aus Liebe zu den Menschen: Weil Jesus von Nazaret es ihnen so gelehrt und vorgelebt hatte.

Jesus von Nazaret

Nach ihm teilte man in unserem Kulturbereich die Zeitrechnung neu ein: in die Zeit »vor Christi Geburt« und in die »nach Christus«. Allerdings verrechneten sich die Kalendermacher um 6-7 Jahre, so daß Jesus vermutlich um das Jahr 6 in Bethlehem in Judäa geboren wurde.
Jesus war Jude. Zu seinen direkten Vorfahren zählten nach der Bibel David und Abraham. Über seine Jugendzeit weiß man sehr wenig. »Als Jesus sein Werk begann, war er etwa 30 Jahre alt«, berichtet uns Lukas. Er zieht sich zunächst in die Einsamkeit der Wüste zurück, bevor er selbst seine Verkündigung beginnt. Grundlage seines Wirkens sind die Bücher des Alten Testaments und der unmittelbare Kontakt mit Gott, zu dem er sich immer wieder zurückzieht.
Er heilt Menschen von ihren Krankheiten, befreit sie von ihren Abhängigkeiten und Bindungen und verkündet die Gottes- und die Nächstenliebe als die beiden wichtigsten Gebote. Er will die Zehn Gebote nicht aufheben, aber er faßt sie alle in einem neuen Gebet zusammen: »Ich gebe euch nur dieses eine Gebot: Ihr sollt einander lieben!«
Weil er die Pharisäer und Schriftgelehrten angreift, lassen ihn diese wegen Gotteslästerung anklagen und um 30 n.Chr. zum Tod verurteilen. Nach christlicher Überzeugung überwindet Jesus den Tod in seiner Auferstehung.

Gregor von Tours
Christentum statt Blutrache

von Hermann Schreiber

Nach einem Halbjahrtausend so gut wie ungetrübten Friedens unter der römischen Herrschaft – der *Pax Romana* – wurden die Zeiten im heutigen Frankreich unruhig. Wandervölker brachen von Osten her in Gallien ein und durchstreiften es raubend, mordend und vor allem plündernd immer wieder, da sich die römische Besatzung als zu schwach erwies. Zu Beginn des fünften Jahrhunderts waren es Vandalen und Sueben auf dem Wag nach Spanien. In der Jahrhundertmitte waren es Hunnen und Ostgoten, die erst beim heutigen Chalons-sur-Marne in der großen Schlacht auf den Katalaunischen Feldern zur Umkehr gezwungen wurden.

Schon beim Hunneneinfall zeigte sich, daß neben den römischen Soldaten eine neue Macht eine Rolle zu spielen begann: die Kirche. An sich machtlos, übten die Bischöfe von Reims, von Orléans, von Metz oder auch von Chalons Einfluß dadurch aus, daß ihre Gegner tief in ihrem Aberglauben befangen waren. Die »heiligen Männer«, wie die Barbaren unterschiedslos die Kirchenfürsten nannten, schienen besondere Kräfte zu haben, vor denen sich vor allem die Reiterhorden aus dem Osten fürchteten. Es ist bekannt, daß König Attila den Bischof Wolf von Troyes viele Monate lang nicht von seiner Seite ließ, weil er ihn für zauberkundig hielt. Bischöfe waren es, die Städte wie Chalons oder Orléans retteten, und in dieser Tradition wuchs Gregor von Tours auf, dessen Familie so viele Bischöfe und hohe weltliche Würdenträger hervorgebracht hatte.

Das Frankreich jener Zeit reichte von Bordeaux bis an den Niederrhein und war nominell ein christlicher Staat, seit König Chlodwig 496 zum katholischen Christentum übergetreten war. Aber seine Söhne, die so schöne Namen trugen wie Theoderich, Chlodomer, Childebert und Chlotar, herrschten nicht mehr über das ganze Land, sondern erscheinen in den Stammestafeln als »König von Reims«, »König zu Orléans oder auch »König zu Soissons«, und diesen verringerten Herrschaftsbereichen entsprechen um so längere Listen von Konkubinen und unehelichen Kindern.

Als Gregor Bischof wurde, war der Kampf jeder gegen jeden bereits im vollen Gange. Theoderichs Enkel Chramm wurde ermordet, dazu dessen Frau und alle Töchter des Paares; Chlotars Schwiegertochter Audovera wurde verstoßen und bald darauf ermordet, ebenso Chlotars Sohn Sigebert und sein Schwiegersohn Alboin. Die christlichen Fürsten, die mit großem Gepränge zur Kirche schritten und sich dabei die Reliquien vorantragen ließen, hatten drei bis vier Frauen, Chlotar I. sogar deren sieben, und die vielen ehelichen oder unehelichen, legitimen oder sehr zweifelhaften Prinzen machten einander mit dem Schwert, mit Gift, mit Hilfe von Meuchelmördern, Hinterhalten, Eidbrüchen und anderen Intrigen die Herrschaft streitig. Zu keiner Zeit zwischen den Druiden und Robespierre ist in Frankreich mehr Blut geflossen, zu keiner Zeit war die Unsicherheit größer, die Angst begründeter, das Recht des Einzelmenschen auf ein arbeitsames Leben in Frieden und Sicherheit weniger gegeben als damals.

Die Diener der Kirche machten entweder gemeinsame Sache mit den Mächtigen, die ja kein geächtetes Verbrechersyndikat waren, sondern eben fürstliche Familien, oder sie erhoben kraft ihres Amtes und im Auftrag ihrer Religion ihre mahnende, drohende, zürnende Stimme – solange die Fürsten sich dies gefallen ließen. Denn wenn Neffen und Nichten, Gemahlinnen und Schwägerinnen ermordet wurden, dann machte man begreiflicherweise auch vor einem Erzpriester nicht halt. Die Oberschicht bestand eben aus Germanen, und die waren seit alten Zeiten gewöhnt, ihre Fehden nach den Gesetzen der Blutrache auszutragen. Daß dieses unmenschliche Recht zu Mord-Serien über Generationen hinweg führt, haben uns die Verhältnisse in Korsika, Sardinien und Sizilien bis in unsere Tage herauf vorgeführt.

Hatte einer der mutigen Männer der Kirche einen schon bedeutenden Ruf oder ein große, treue Gemeinde, auf die er sich stützen konnte, so kam er oft mit einer Verwarnung und der Androhung von Strafen davon; war er – wie viele Missionare jener Zeit – aber lediglich ein eifriger Wanderprediger, der keinen Rückhalt im Lande hatte wie die irischen Mönche, so machten die merowingischen Fürsten nicht viel Federlesens mit ihm, sondern wandten eine jener einfallsreichen Todesstrafen an, die das germanische Strafrecht auszeichnen.

In einer alten Hauptstadt des Christentums wie Tours, geheiligt durch das Andenken von Sankt Martin, den ganz Frankreich verehrte, hatte die Kirche freilich auch gewisse Möglichkeiten, gegen die weltliche Macht und damit gegen die Blutrache und das gegenseitige Abschlachten aufzutreten. Es ging ja in der Regel darum, Zeit zu gewinnen, den Verfolgten für ein paar Wochen zu schützen, dann begann seine Sippe ohnedies mit Verhandlungen, oder es ergaben sich neue Zwischenfälle, die eine veränderte Lage schufen.

Einer der Fälle, in denen Bischof Gregor sein Leben und seine Kirche auf Spiel setzte, war der des Herzogs Gunthramn Boso. Der hatte im Kampf einen Grafen Theudebert getötet (um die geringeren Toten kümmerte sich niemand), und König Chilperich entsandte seinen Hauptmann Roccolen nach Tours, wo Gunthramn Asyl in der Kathedrale gefunden hatte. Das Asylrecht heiliger Stätten ging noch auf heidnische Zeiten zurück, in denen die Tempel den waffenlosen Flüchtling schützten, und es schuf einen sicheren Bezirk von bis zu sechzig Schritt vom Gotteshaus weg. In diesen Raum einzudringen, wagte kaum jemand, aber man versuchte durch Druck und Drohungen den Bischof zu bewegen, den Flüchtling auszuliefern.

Hauptmann Roccolen verheerte die Ländereien der Kirche am nördlichen Loire-Ufer, zerschlug ein Haus, das dem Bischof gehörte, und hätte wohl seine Drohung wahrgemacht, die ganze Stadt Tours niederzubrennen, hätte ihn nicht eine schwere Gelbsucht ereilt. Da man dieser Krankheit damals noch nicht gewachsen war und Roccolen ungehemmt weiter aß und trank, führte sie auch bald zu seinem Tod. »So kamen«, schreibt Bischof Gregor im fünften Buch seines Werkes, »sein Stolz und sein Übermut zur Ruhe.« (Gregor war selbstverständlich überzeugt, daß es das bischöfliche Gebet um Rettung gewesen sei, das dem Hauptmann diese Krankheit eingebracht habe.)

Gregor war und blieb in seinem Bestreben, Wehrlose zu schüt-

zen, völlig unparteiisch. Als einige Zeit nach dem geschilderten Vorfall Herzog Gunthramn Boso es war, der einen anderen verfolgte, also jener Mann, den Gregor gegen den Hauptmann Roccolen geschützt hatte, zauderte der Bischof von Tours nicht, nun die Soldaten des Herzogs Gunthramn zurückzuweisen und den Verfolgten zu retten. Es war Marileif, der Leibarzt König Childeberts II. von Austrasien, also des nördlichen, tief nach Deutschland hineinreichenden Teilreiches.
»Marileif«, berichtete Gregor, »wurde schwer mißhandelt, verlor sein Gold, Silber und alles, was er sonst bei sich führte, und behielt nur das nackte Leben. Und er wäre getötet worden, wenn er nicht den Händen seiner Peiniger entkommen wäre und die Hauptkirche (das heißt die Kathedrale von Tours) erreicht hätte. Nachher gaben wir ihm Kleider, erwirkten ihm Sicherheit für sein Leben und sandten ihn nach Poitiers heim.«
Besonders gefährdet waren in jenen rauhen Zeiten die überzähligen Prinzen, konnte doch jeder von ihnen, wenn eine Oppositionsgruppe dies als günstig erachtete, zu einem Gegenkönig und damit zu unmittelbarer Gefahr werden. Es mußte Gregor von Tours einige Nervenkraft gekostet haben, den Prinzen Merovech, einen mutigen jungen Mann, monatelang in der Kathedrale zu schützen, während König Chilperich vor Tours stand:
»Das Heer König Chilperichs rückte bis vor Tours, plünderte die Umgegend und verwüstete alles; es verschonte nicht einmal das Eigentum des heiligen Martinus: Alles, was ihm in die Hände fiel, raubte es ohne alle Scheu und Furcht vor Gott. Merovech aber wohnte fast zwei Monate in der erwähnten Kirche, dann begab er sich auf die Flucht und entkam glücklich zu Königin Brunichildis.«

Nun hatte natürlich auch die Geistlichkeit schwarze Schafe in ihren Reihen, und vor allem, wenn ein Graf hohe Ehren wie einen Bischofsstuhl versprechen konnte, weil der Papst weit weg und noch nicht mächtig genug war, dann waren falsche Anschuldigungen schnell ersonnen. Eine heikle Lage für den Chronisten und Bischof Gregor trat ein, als sich Graf Leudast, den er wiederholt in die Schranken gewiesen hatte, mit einem Geistlichen des Domkapitels zusammentat. Gregor, der seiner

Aufzeichnungen wegen hinter vielen Geschichten und Gerüchten her war, hatte erfahren, daß sein Amtsbruder in Bordeaux und die schöne Königin Fredegunde ein mehr als freundschaftliches Verhältnis hatten. In einer Zeit, da alle Könige ihre Konkubinen hatten, wäre das nicht sehr verwunderlich gewesen, war Bischof Bertram von Bordeaux doch ein ansehnlicher, kultivierter und dem König in vielen Dingen überlegener Mann. Aber König Childebert durfte den Schimpf eben nicht auf sich sitzen lassen. Die Ankläger, Graf Leudast und sein priesterlicher Zuträger, flüchteten, als es in Berny-Rivière zur hochnotpeinlichen Verhandlung kam. Einige andere Zeugen wurden teils gefoltert, teils geschont, und schließlich murrte das Volk, das seinen Bischof liebte, weil es überzeugt war, ein Gregor von Tours sei zu falschem Zeugnis gar nicht fähig.
Da verfiel der König auf einen Ausweg, den wohl sein germanisches, nicht aber das kirchliche Recht kannte: Gregor solle sich durch einen Eid von den Vorwürfen reinigen und an drei Altären Messen lesen. Und da auch die Tochter der beschuldigten Königin die Partei Gregors ergriff, ging der heikle Fall noch einmal gut für ihn aus. Zu Schaden gekommen war nur jener intrigante Priester: Während Graf Leudast das Weite gesucht hatte, war der Priester im Vorgefühl seines Sieges schon wie der neue Bischof in Tours eingezogen. Nach Gregors Reinigungseid wurde er verhaftet und wäre hingerichtet worden, hätte Gregor ihm nicht das Leben erwirkt. Die Foltern aber konnte er nicht von ihm abwenden, und es verrät eine gewisse Befriedigung, wenn Gregor sie ausführlich schildert.
Gewiß war Gregor nicht der einzige Oberhirte, der in diesen unsicheren Zeiten durch Mut und persönliches Beispiel die Willkür der Mächtigen einzudämmen suchte, aber von ihm besitzen wir eben den unschätzbaren Bericht über eine jener schwierigen Zeiten, in denen das Racherecht durch ein Sittengesetz abgelöst wird. Die Selbstverständlichkeit, mit der damals gemordet wurde, zeigt uns, wie wenig das Lebensrecht des einzelnen galt. Selbst die einfachsten und primitivsten Verhältnisse des familiären Lebens waren ungesichert, die natürlichen Rechte des einzelnen und der Seinen waren durch nichts garantiert oder auch nur öffentlich anerkannt, sie waren eine Hoffnung der Einsichtigen, nicht mehr. Jeder Totschlag zog andere

nach sich, nicht selten Dutzende. Man lauerte einander auf, wo der Weg vorbeiführen mußte, vornehmlich an Brücken, an Kreuzungen, und die mächtigsten dieser Mörder konnten nach altem germanischen Brauch mit dem sogenannten Wergeld selbst die Blutschuld tilgen.
Bischof Gregor ließ es nicht beim Kanzelwort bewenden, wenn es darum ging, seinen Gläubigen ein neues Bewußtsein vom Wert des Lebens und jedes einzelnen Menschen zu geben. Er zeigte ihnen auch durch das Beispiel seiner persönlichen Unerschrockenheit, daß ein Graf, ein Herzog, ein König nicht das

Gregor von Tours

wurde am 30. November 538 oder 539 in Clermont-Ferrand (Mittelfrankreich) geboren und starb sehr wahrscheinlich am 17. November 594. Sein Nachfolger wird im Juli 596 erstmals erwähnt.
Gregor, der nach Vater und Großvater richtig Georgius Florentius hieß, entstammte einer angesehenen Patrizier- und Senatorenfamilie, die sich von dem Märtyrer Vectius Epagatus herleitet, der 177 in Lyon starb. Sein Vater war Senator in der Auvergne, dessen Bruder Bischof von Clermont, zwei Onkel seiner Mutter Bischöfe in Lyon respektive Langres. Gregor entstammte also jener neu entstandenen gebildeten Adelsschicht, die – ohne selbst zu herrschen – doch Verwaltung von Reich und Kirche praktisch in die Hand bekommen hatte. Sie verfügte über all jene Kenntnisse, die der germanischen Oberschicht fehlten, und der Konflikt zwischen Königsfamilie und Bischöfen regiert auch das Leben des Bischofs Gregor, seit er 573 sein hohes Amt antrat.
Mit großer Offenheit und beträchtlichem Mut tritt er für das christliche Moralgesetz ein und weist die Fürsten in die Schranken, bis diese ihn als Hochverräter vor Gericht stellen, wegen seiner vornehmen Herkunft aber den sogenannten Reinigungseid zulassen müssen. Seither gewarnt, wirkt Gregor mehr im Stillen und vertraut seine Kritik an einer halbbarbarischen Staatsführung den berühmten »Zehn Büchern fränkischer Geschichten« an, unserer wichtigsten Quelle über das sechste Jahrhundert. Deutschlands großer Historiker Wilhelm von Giesebrecht nannte Gregors großes Werk »eines der wichtigsten Erzeugnisse der gesamten geschichtlichen Literatur«.

Recht hätten, sich über das gottgegebene Recht des einzelnen auf Leben und Freiheit hinwegzusetzen. Und als Gregor dann selbst in Not war, kamen ihm die Bürger zu Hilfe und umringten die Residenz, in der ihr Bischof unter ungerechter Anklage stand und um seinen Kopf fürchten mußte.

Magna Charta Libertatum
Präludium des Parlamentarismus

von Uwe Weller

»Das Politische ist nicht das Despotische, sondern etwas Höheres.« Dieser einigermaßen prinzipielle Satz stammt von Thomas von Aquin, dem letzten Lehrer der noch ungeteilten Christenheit, und er ist nachzulesen in dessen Schrift *De regimine principum.* In dieser Schrift wie in manchen anderen Publikationen des heiligen Thomas wird der Einfluß des aristotelischen Denkens außerordentlich deutlich; es wird zugleich aber auch der Umstand bewußt, daß Thomas nicht nur ein Mann der Kirche, sondern auch ein politisch interessierter Mensch gewesen ist, der sich wiederholt grundsätzlich zu politischen Fragen geäußert hat. Daß das Politische nicht das Despotische, sondern etwas Höheres sei, könnte auch von Aristoteles gesagt worden sein, dem ersten Empiriker der Wissenschaft von der Politik, aber daß es ausgerechnet Thomas gewesen ist, mitten im 13. Jahrhundert, läßt zumindest die Vermutung zu, daß es neben einem allgemein-politischen Interesse auch tagespolitische Probleme gewesen sind, die ihn dazu veranlaßt haben, eine derartige Formulierung zu prägen.

In seinem kleinen, unvollendeten Fürstenspiegel setzte sich Thomas mit der unausrottbaren Frage nach dem Sinn und Zweck des Staates, aber auch nach dessen Letztbegründung auseinander, um nach ebenso geistreichen wie umständlichen Überlegungen zu der Erkenntnis zu gelangen, daß der Staat sich in der göttlichen Ordnung gründe, also wie der Mensch ein Teil der Schöpfung sei – und damit nichts Absolutes. Der Staat sei dem Gemeinwohl verpflichtet, welches wiederum mehr als die Summe des individuellen Wohlergehens sei. Als die beste Staatsform nennt Thomas die Monarchie, weil sie am ehesten sicherstelle, daß der Tyrannis vorgebeugt werde. Der Staat stellt seiner Meinung nach so etwas wie eine natürliche Herrschaftsform dar, um die gesellschaftlichen Interessen auszugleichen, was einer überaus modernen Einsicht über die Aufgabe des Staates gleichkommt. Auch ist nicht zu übersehen, daß ausgerechnet Thomas von Aquin einen Prozeß der allmählichen und behutsamen Entsakralisierung der politischen Herrschaft vorausgedacht hat, der im Investiturstreit des Mittelalters zu den heftigsten Auseinandersetzungen zwischen Staat und Kirche führen sollte.

Die Begründung des Gemeinwesens aus der Natur war für das Hochmittelalter ein durchaus revolutionärer Gedanke, vor allem, wenn er von einem Mann der Kirche ausgesprochen wurde. Immerhin deutet sich in einer derartigen Interpretation ein tiefgreifender Wandel des Staatsverständnisses an, wie auch die Frage der Legitimität staatlicher Gewalt neu gestellt werden mußte. Schließlich wird auch hier, wenigstens andeutungsweise, der göttliche *ordo*-Gedanke zur Disposition gestellt, also die Frage nach der gerechten Ordnung von Gesellschaften schlechthin aufgeworfen, ein Problem, das die politische Philosophie seither nicht mehr außer Atem gelassen hat.

Thomas von Aquin gilt nicht zu Unrecht als bedeutendster Schüler von Aristoteles. Dieser hatte, eineinhalb Jahrtausende vor dem Dominikanermönch, in seiner *Politeia* ebenfalls Fragen von grundsätzlicher Bedeutung aufgeworfen, als deren wichtigste ihm die Frage nach der Verfassung zu sein schien: »Welches ist denn nun die beste Verfassung«, fragte er in seinem Standardwerk. »Und welches ist die beste Lebensform für die Mehrzahl der Staaten und für die Mehrzahl der Menschen, wenn man weder eine Tugend zum Maßstab nimmt, die für die Normalbürger nicht erreichbar ist, noch eine Erziehung, die glückliche Naturanlagen und Lebensbedingungen voraussetzt? Wie kann eine Lebensform aussehen, die der großen Masse die Teilnahme ermöglicht, und eine Verfassung, die die Mehrzahl der Staaten übernehmen kann?«

Ausgehend von dem Gedanken, daß die Struktur des Staates der einer Hausgemeinschaft vergleichbar sei, diskutiert Aristoteles lange vor der Gründung halbwegs intakter und funktionsfähiger Verfassungsstaaten die Prinzipien staatlicher Gebilde, die von dem Hausgemeinschaftsgedanken zu den Typen von Herrschaftsformen verallgemeinert werden können. Im Gegensatz zu

Platon etwa, der einen Idealstaat, eine Utopie, entwarf, beschäftigte sich Aristoteles mit den konkreten politischen und gesellschaftlichen Problemen konkreter Menschen, um dann zu einer Theorie des »relativ besten Staates« vorzustoßen, der selbstverständlich nur ein Verfassungsstaat sein kann. Dabei spricht es unter anderem für ihn, daß er sich nicht mit einer monokausalen Antwort auf die Frage nach dem besten Staat begnügt, sondern verschiedene Herrschaftsformen miteinander vergleicht und auch Mischformen durchdiskutiert. Dabei gelangt er zu der Erkenntnis, daß der beste Staat derjenige sei, der aufgrund seiner Verfaßtheit das Gemeinwohl aller gewährleiste. Es sei eben die Aufgabe der Verfassung, die Bildung von »Abarten« zu verhindern, daß etwa aus dem Königtum die Tyrannis oder aus der Aristokratie die Oligarchie und aus der Politeia (womit er alle Verfassungen auf einen gemeinsamen Nenner bringt) die Demokratie hervorgingen.

Auch Aristoteles kannte bereits den Begriff der politischen Ordnung, der sich nicht mehr ausschließlich aus dem *ordo*-Gedanken herleitete, und sein Schüler Thomas von Aquin hat sich gründlich nicht nur in den Texten des alten Griechen umgesehen, sondern wohl auch in seinem eigenen politischen Umfeld, um zu der beinahe banalen Einsicht zu gelangen, daß der Weg zu Verfassungsstaaten in Europa noch lange nicht beschritten war. So lag es nahe, daß er sich in seinem Fürstenspiegel nicht nur mit Verfassungsproblemen auseinandersetzte, sondern ebenso mit dem konkreten politischen Personal, den Politikern also, von denen es stets im wesentlichen abhängt, wie die politischen Strukturen und Kulturen eines Landes dimensioniert sind. »Der von berufenen Männern zum König erhobene Mann muß vor allem Eigenschaften besitzen, die es kaum wahrscheinlich machen, daß er sich einer Gewaltherrschaft zukehrt«, schrieb Thomas mit geradezu verblüffender Blauäugigkeit. »Ferner muß seine Macht so eingeschränkt werden, daß er gar nicht imstande ist, sich leichthin der Tyrannei zuzuwenden.«

Daß es sich bei derartigen Überlegungen keineswegs nur um philosophische Fragen handelte – so interessant und wichtig diese auch sein mögen –, sondern um eminent aktuelle, zeigt im Grunde jeder Blick auf die Geschichte des alten Europa, wo sich zwar mittlerweile überall Verfassungsstaaten etabliert haben, aber der Widerspruch zwischen Verfassungsnorm und Verfassungswirklichkeit in manchen Staaten noch übergroß ist. Im Jahrhundert vor Thomas von Aquin war ausgerechnet England das Land mit einer einigermaßen desolaten politischen Kultur, nicht zuletzt deshalb, weil die Normannen 1066 das Land erobert hatten und Wilhelm der Eroberer zu König William I. gekrönt worden war. In den folgenden Generationen war das politische Leben des Landes geprägt von dem Versuch der Wiederherstellung der politischen Autonomie, und die englischen Könige haben in dem Bemühen, das politische Chaos zu beenden, zugleich Initiativen zur Wiederherstellung und später zur Stärkung der königlichen Gewalt unternommen – nicht ohne Erfolg, wie man seit den entsprechenden Initiativen König Heinrichs II. weiß.

Heinrichs II. Sohn, Richard I., war ein romantischer Ritter, der im Heiligen Land wie auch um seine französischen Besitzungen kämpfte und 1199 in Frankreich fiel. Sein Nachfolger war sein jüngerer Bruder Johann I. ohne Land (1199-1216), von dem eine moderne Dokumentargeschichte Großbritanniens lakonisch zu berichten weiß, er sei »vielleicht eine der erbärmlichsten Gestalten auf dem englischen Thron überhaupt« gewesen. In jedem Fall benutzte er den Zugewinn an königlicher Macht, um rücksichtslos das Land finanziell zu erpressen; er leistete sich Übergriffe auf die Privilegien des Adels und der Kirche; er stritt mit dem Papst um die Ernennung eines Erzbischofs und konnte sich gegen die päpstliche Gewalt nur deshalb behaupten, indem er sich als Vasall des Papstes demütigte, diesem Abgaben zusicherte und 1213 sein Königreich sogar dem Heiligen Stuhl als Lehen andiente. Alle diese Fehlleistungen demütigten nicht nur den König selbst, sondern auch die Adeligen, die dem Treiben des Monarchen nicht länger mehr zusehen wollten. Obwohl diese schließlich dem König die Verbriefung ihrer Rechte abgetrotzt hatten, hinderte dies Johann I. nicht, seinen Eid zu brechen und das Land in einen Bürgerkrieg zu stürzen, so daß der Adel ihn auch noch vertreiben mußte, um ihn endlich loszuwerden. Es paßt zu diesem Musterexemplar dumm-gefährlichen Absolutismus, daß er nicht im Kampf starb, sondern auf eben dieser Flucht, und gesicherten Berichten zufolge soll die Todesursache darin bestanden haben, daß sich Johann I. schlicht überfressen hatte ...

Dieses sind in aller Kürze die historischen Zusammenhänge, in denen die *Magna Charta Libertatum* zu verstehen ist. Das Dokument, das der Adel Johann I. abgetrotzt hat, ist keineswegs der Beginn der modernen Verfassungsgeschichte, geschweige denn der Demokratie. Zunächst einmal stellt es lediglich die Rechte der Feudalherren sicher; aber das waren – und das ist das Entscheidende – Rechte, die *gegen* den König verteidigt werden mußten, und insofern trugen sie naheliegenderweise zur Verringerung der königlichen Macht bei, oder anders gesagt: Die *Magna Charta* machte dem Monarchen deutlich, daß auch dieser Gesetzen unterworfen war und nicht willkürlich gegen die Interessen des Adels herrschen durfte. Daß sich später die Bürger von London, der englische Klerus und die sogenannten *liberi homines*, die Freien, der Freiheitsbestimmungen der *Magna Charta* bedienten, ist eine andere Sache, die mehr mit deren Wirkungsgeschichte als mit der Textgeschichte zusammenhängt.

Die *Magna Charta Libertatum*, was soviel heißt wie der große Freiheitsbrief, bestätigte zunächst einmal in 63 Artikeln die früheren Gesetze Eduards des Bekenners sowie die Veränderungen, die William I. vorgenommen hatte. Ihre Bedeutung, die in der Verfassungsgeschichte nur zu oft übertrieben worden ist, liegt darin, daß sie einerseits die Grundlage der englischen Verfassungsgeschichte schuf, wobei dies im wesentichen darauf zurückzuführen ist, daß die *Magna Charta* erstmals für die gesamte Nation Gültigkeit beanspruchte und die Prinzipien der alten angelsächsischen persönlichen Freiheit mit den ständigen Rechten der normannischen Lehnsherrschaft verknüpfte. So legte sie fest, daß es zur außerordentlichen Gelderhebung der Einwilligung einer allgemeinen Reichsversammlung bedürfe (Anfang des Budget-Denkens!); daß die Rechte, die der König seinen Baronen gewährte, auch den Untervasallen zugute kommen sollten; daß die Gerichte jedermann offenstehen und daß die Forsten und Gewässer jedermann zugänglich sein müßten.

Es kann hier nicht darum gehen, die einzelnen Bestimmungen der *Magna Charta* aufzulisten, aber ein Punkt, der 14., soll doch herausgegriffen werden, um auf den anderen Aspekt dieses gewiß einzigartigen Dokuments zu verweisen. Dort heißt es: »Um einen allgemeinen Reichstag unseres Königreiches zu halten, der eine Beihilfe in anderen als den drei vorgenannten Fällen bewilligen oder eine Umlage bewilligen soll, werden wir die Erzbischöfe, Bischöfe, Äbte, Grafen und größeren Herren durch unsere versiegelten Briefe entbieten lassen. Und außerdem werden wir durch unsere Landrichter und Amtsleute alle die, die von uns unmittelbar abhängig sind, im allgemeinen entbieten lassen an einen bestimmten Tag und binnen einer Frist von mindestens 40 Tagen und an einen bestimmten Ort. Und wir werden in allen Aufgebotsbriefen den Grund des Aufgebots angeben. Und nachdem das Aufgebot so geschehen ist, wird an dem bezeichneten Tag die Verhandlung nach dem Rat derer, die anwesend sein werden, vor sich gehen.«

Mit der Interpretation dieser Textstelle beginnt das, was man neben der konkret-historischen Leistung der *Magna Charta* deren Mythos nennen muß. Gewiß beginnt mit ihr die Vorgeschichte des Parlamentarismus in England und später in ganz Europa, und gewiß berufen sich bis in unsere Tage hinein Parlamentarismustheoretiker immer wieder auf die *Magna Charta* als ein Dokument der Gewaltenteilung. Gleichwohl kann man nicht widersprechen, wenn der Verfassungsrechtler Karl Loewenstein schreibt: »An sich ist die Urkunde lediglich ein beschworener Vertrag, wie er gleichzeitig auch anderswo vorkam, der, ohne sich irgendwie gegen die Monarchie als solche zu richten, den König band, die verbrieften Rechte seiner Vasallen zu achten. Von den jener Zeit völlig unbekannten allgemeinen Menschenrechten ist in ihr mit keinem Wort die Rede. Da aber die Opposition der Barone und Prälaten sich der Unterstützung weiter Volkskreise versichern wollte, fiel für alle etwas ab, für die Kirche, für die Stände, die Städte und Flecken, die kommerziellen und landwirtschaftlichen Interessen, für den Freien und selbst den Leibeigenen, dem ein gewisser Schutz gegen die Ausbeutung durch die Krone zugestanden wurde.«

So sehr viel ist es demnach nicht, was für die Menschenrechte bei der *Magna Charta* herausschaute, aber es war eben auch nicht wenig. Im Hinblick auf die Wirkungsgeschichte, auf den Mythos, kann man trotz alledem durchaus von einer bahnbrechenden Wirkung dieses hochmittelalterlichen Dokuments sprechen. Gewiß war Aristoteles mit seinem verfassungsrechtlichen Denken ungleich weiter und vor allem genauer als die Magna Charta, und ebenso gewiß ist, daß der heilige Thomas sich mit seinen politischen Überlegungen mehr in die politische Zukunft Europas vordachte, als dies bei dem angelsächsischen Verfassungsinstrument der Fall gewesen ist. Aber es ist ebenso wenig zu bestreiten, daß die *Magna Charta*, die 1507 erstmals gedruckt wurde, als Mythos politischer Verfaßtheit eine unabsehbare historische Bedeutung erlangt hat, weil von ihr aus der Weg zum modernen parlamentarischen System ebenso gezeichnet wurde wie zum liberalen Rechtsstaat. Beiden, der *Magna Charta* wie dem Rechts- und Verfassungsstaat von heute, ist der Grundgedanke Thomas von Aquins eigen, wonach das Politische nicht das Despotische, sondern etwas Höheres sei.

Magna Charta Libertatum

der große Freibrief, gilt in England als Staatsgrundgesetz, welches am 15. Juni 1215 dem König Johann I. ohne Land durch Adel und Geistlichkeit abgenötigt wurde. Die »Magna Charta« besteht aus 63 Artikeln, die wiederum auf früheren Gesetzen und Verordnungen basieren, worin die Rechte des Königs ebenso definiert werden wie die des Adels und der Freien. Vornehmlich regelt sie die staatliche Finanzpolitik und die institutionellen Möglichkeiten, der Willkür des Monarchen zuvorzukommen bzw. diesen zu kontrollieren. Die »Magna Charta« wird zu Recht als Beginn des englischen Konstitutionalismus bezeichnet, wenngleich nicht zu übersehen ist, daß ihre außerordentliche Wirkung in erster Linie auf ihrem Mythos beruht. 1507 erstmals gedruckt, gehört sie als unabdingbarer Bestandteil in die Vorgeschichte des europäischen Parlamentarismus. Im 17. Jahrhundert erlebte sie eine geistesgeschichtliche Renaissance, als in Großbritannien Stuartkönige und Parlament in einer Dauerfehde lagen.

Bartolomé de Las Casas
Der Verteidiger der Indianer

von Esther Schöler

Der Vorwurf des Mordes traf den spanischen Priester Bartolomé de Las Casas vor dem Pfingstfest 1514 völlig unvorbereitet. Er war sich keiner Schuld bewußt gewesen. Er hatte geglaubt, ein rechtschaffener Untertan des Königs und ein guter Christ zu sein, bis ein Bibeltext ihn eines Besseren belehrte. Bei der Vorbereitung seiner Pfingstpredigt las er: »Den Nächsten mordet, wer ihm den Unterhalt nimmt. Blut vergießt, wer dem Arbeiter den Lohn vorenthält« (Sir 34,26).

Die Aktualität des Textes erschreckte ihn. Was da geschildert wurde, geschah hier in San Domingo und in allen eroberten Ländern der Neuen Welt tagtäglich. Er dachte »an die Not und die Sklaverei dieses einheimischen Volkes«, er dachte an die Indianer, die für ihn in seiner Goldmine schufteten – ohne Lohn. Las Casas erblickte zum ersten Mal in den leidenden Indianern seine Brüder. Er begriff: Der Schuldspruch »Mord« traf seine Landesleute, traf ihn. Das Bibelwort entkräftete das Gesetz der Encomiendas, auf das er sich hier bisher berufen hatte. Die Indianer werden »Euch ... zusammen mit dem Kaziken anvertraut« (encomendar = empfohlen). So war ihm bescheinigt worden, »damit sie Euch in Euren Unternehmungen und Bergwerken dienen und damit Ihr sie in den Wahrheiten unseres heiligen katholischen Glaubens unterweist«.

Ein unzulässiges Tauschgeschäft war das und – wenn er sich umsah – ein trügerisches obendrein. Zu der Glaubensunterweisung kam es meist gar nicht; die Indianer starben sehr schnell vor Erschöpfung. Die Dominikaner von San Domingo hatten das schon lange erkannt. Warum er sich immer ihren Argumenten verschlossen hatte, konnte er sich nur so erklären: Er war verblendet gewesen, einfach blind für das himmelschreiende Unrecht, das den Indianern angetan wurde.

Jetzt sah Las Casas klar, was er zu tun hatte. Er mußte den Indianern zu Hilfe kommen. Am Fest Maria Himmelfahrt setzte er mit seiner Predigt ein Zeichen für seinen Neubeginn. Er gab bekannt, daß er seine Indianer dem Gouverneur zurückgegeben habe, und begründete seine Entscheidung. Las Casas berichtet: »Alle waren erstaunt und geradezu entsetzt über diese Rede ... Hatten sie doch Worte gehört, die ganz unglaublich klangen: daß es nämlich Sünde sein solle, die Indianer in Knechtschaft zu halten, gerade als wenn man ihnen gesagt hätte, sie dürften sich der Tiere des Feldes nicht mehr bedienen.« Er wußte aus eigener Erfahrung, wie schwer es war, das zu begreifen.

Den Indianern Recht zu verschaffen bedurfte es mehrfacher Anstrengungen. Aufklärung der Spanier war nötig, um ihr Gewissen wachzurütteln. Politische Schritte waren nötig, um den blutigen Eroberungskriegen Einhalt zu gebieten. Juristische Schritte waren nötig, um die Encomiendas (die Zwangszuweisungen der Indianer) ein für allemal aus der Welt zu schaffen. Die Dominikaner setzten große Hoffnungen auf ihren neuen Verbündeten. Las Casas war der geeignete Mann für diese Aufgaben. Als Theologe und Jurist verfügte er über das notwendige Wissen, und er war aufgeschlossen für neue Erkenntnisse. Er hatte begriffen, daß die Neue Welt eine Herausforderung an die Entdecker war. Es genügte nicht, die Landkarten auf den neuesten Stand zu bringen. Auch eine geistige Neuorientierung war erforderlich. Las Casas enttäuschte die Erwartungen der Dominikaner nicht.

Er leistete intensive Aufklärungsarbeit als Autor historischer und theologischer Schriften, als Berichterstatter am spanischen Königshof sowie in seiner aufsehenerregenden Disputation mit dem spanischen Hofchronisten und berühmten Gelehrten Supúlveda.

Aufklärung hieß für Las Casas: herausführen aus der Verblendung. Er beleuchtete in seinem *Kurzgefaßten Bericht von der Verwüstung der Westindischen Länder* grell das, was den meisten Spaniern bisher entgangen war. Er folgte der Spur der Conquista, der spanischen Eroberung Mittel- und Südamerikas. Dabei ergab sich eine schockierende zweite Entdeckungsgeschichte. Landstriche, in denen es »von lebendigen Geschöpfen wie in einem Bienenstock gewimmelt hatte«, waren verwüstet und menschenleer, weil die Spanier »wie Wölfe, Tiger und Löwen, die mehrere Tage der Hunger quälte«, über die Indianer hergefallen waren, sie »zerfleischt, erwürgt, gepeinigt, gemartert, gefoltert« hatten. Mit dem Leben davongekommene Indianer wurden gefangen und gingen wegen der unmenschlichen Bedingungen der Sklavenarbeit zugrunde. Las Casas lieferte einen ausführlichen Bericht darüber, wie die Perlenfischer den für ihre Herren geborgenen Reichtum mit ihrer Gesundheit, ja mit ihrem Leben bezahlten mußten: »Man senkt sie nämlich drei, vier, auch wohl fünf Klafter tief ins Meer, und zwar von Sonnenaufgang bis zu Sonnenuntergang ... Fast alle können dieses abscheuliche Leben nur wenige Tage ertragen; denn es ist schlechterdings unmöglich, daß Menschen, die ohne Atem zu schöpfen unter Wasser arbeiten müssen, lange leben können ... Ihr Haar ... wird brandrot, wie das Fell der Meerwölfe. Auf ihrem Rücken schlägt Salpeter aus, kurz, sie sehen wie Ungeheuer in Menschengestalt aus ...«

Bei dieser Beleuchtung fiel auf den Triumph der Conquista und auf den Ruhm der Konquistadoren ein düsterer Schatten. Die Spanier hatten in der Neuen Welt ihr menschliches Gesicht verloren, sie waren zu Tieren geworden. Sie hatten die Indianer gemordet, grausam entstellt, ihrer Menschenwürde beraubt.

Las Casas durchleuchtete die Conquista bis auf den Grund. Er zeigte die Grundübel auf, die zu dieser verhängnisvollen Entwicklung geführt hatten: Vorurteile und Goldgier. Er zitierte einen knappen Dialog zwischen einem Spanier und einem Indianer. Der Spanier schimpfte den Indianer: »Du Hund!« Der Indianer erwiderte: »Sind wir nicht alle Brüder?« Da kam das Vorurteil der Spanier zum Vorschein. Für die meisten von ihnen stand es außer Frage, daß Ungläubige Barbaren waren, das heißt Untermenschen, die eben kaum mehr wert waren als Tiere. Daraus ergab sich die folgenschwere Auffassung, die Indianer seien eben nur durch Krieg, Abschreckung und Unterjochung zu bändigen, die Härte der Kriegführung und Versklavung der Indianer sei gerechtfertigt.

Las Casas mußte ausgedehnte Studien betreiben, um diese Überzeugung als Vorurteil zu entlarven; denn man berief sich auf Autoritäten der Antike und des Mittelalters, nicht Geringere als Aristoteles und Thomas von Aquin gehörten dazu. Er verfolgte

aufmerksam, wie zeitgenössische Gelehrte sich mit diesen Lehren auseinandersetzten. Begierig nahm er die Nachricht eines Dominikaners aus Rom auf, der Theologe Cajetan habe zur Tyrannei der Spanier Stellung genommen und »die ganze Verblendung« aufgehellt, in die bisher alle verstrickt waren.
In seiner Disputation mit Sepúlveda gelang es Las Casas, die Unhaltbarkeit der alten Thesen nachzuweisen. In seinem *Kurzgefaßten Bericht* machte er auf die guten Eigenschaften der Indianer aufmerksam: »Alle die unzähligen Menschen ... schuf Gott einfältiglich, ohne Falsch .. Sie sind von schnellem, unbefangenem, durchdringendem Fassungsvermögen; gelehrig und empfänglich für gute Grundsätze, voll Fähigkeit, unseren heiligen katholischen Glauben anzunehmen.« Und er mahnte, die Indianer im Licht des Evangeliums zu sehen, als Menschen, »die Gott doch ebenfalls nach seinem Bilde erschaffen und für welche er sein Blut vergossen hatte«.
Von dem Evangelium hatten sich die Eroberer der Neuen Welt allerdings weit entfernt. Von der Devise »Gott und Gold!«, die seit Kolumbus galt, war nur noch »Gold!« übriggeblieben.
Um die Übel gleich an der Wurzel zu packen, wandte Las Casas sich mit konkreten Vorschlägen an den König und den für die Kolonien zuständigen Indianerrat in Madrid. Sie trugen die Verantwortung dafür, was in der Neuen Welt geschah. Sie hatten auch die Macht, der Unmenschlichkeit Einhalt zu gebieten. Mit dem Experiment einer »conquista de paz«, einer gewaltlosen Kolonialisierung durch Missionare und Bauern, wollte Las Casas die Grundlage für eine neue Kolonialpolitik, frei von Vorurteilen, schaffen. Gelang mit einem solchen Experiment die Gründung einer neuen Kolonie, so gab es keinen Grund mehr für Eroberungskriege. Sein zweiter Vorschlag war eine neue Kolonialgesetzgebung. Das Verbot der Encomiendas, Vorschriften für eine Gewinnbeteiligung indianischer Arbeiter und großzügige Arbeitsschutzgesetze sollten mit der Versklavung und Ausbeutung der Indianer ein Ende machen und ihnen ein menschenwürdiges Leben sichern.
In seiner politischen Mission unternahm Las Casas mehrere Male die lange und gefährliche Schiffsreise über den Atlantik. Bei seiner ersten Ankunft in Madrid wies ihn ein an den König gerichtetes Empfehlungsschreiben der Dominikaner aus. Darin

hieß es, er sei ein »Mann der Wahrheit«, begierig, das Gesetz Gottes zu befolgen, »von keinem anderen Wunsch bewegt in den Angelegenheiten der Indianer außer dem Wunsch, Gott und Eurer Hoheit zu dienen«. Drei Generationen des spanischen Königshauses diente Las Casas in seinem langen Leben. Drei Könige schätzten seinen Dienst als »Verteidiger der Indianer«. Sie hielten zu ihm, ungeachtet mancher Versuche seiner Gegner, ihn zu Fall zu bringen. Kaiser Karl V. (als spanischer König Karl I.) ernannte ihn zu seinem Hofkaplan. Er war es auch, der Las Casas die Chance bot, seine Reformpläne zu realisieren.
Im Jahr der blutigen Eroberung des Aztekenreichs durch Cortez hatte Las Casas für seine »conquista de paz« geworben. Knapp zwei Jahre später unternahm er zusammen mit spanischen Bauern, ausgestattet mit königlichen Vollmachten, sein Experiment der »Kolonie des Pfluges und des Wortes« an der Küste Venezuelas. Doch Sklavenjäger störten den Frieden. Die versuchte »conquista de paz« endete mit einem Blutbad. Trotzdem wagte er einen zweiten Versuch, nachdem er vergeblich versucht hatte, Pizarro für seine Ideen zu gewinnen. Diesmal begab er sich mit getauften Kaziken zusammen ins gefürchtete »Kriegsland« nach Guatemala. Er hatte gerade eine Schrift über neue Missionsmethoden verfaßt, die auf die indianische Eigenart Rücksicht nahmen. Im »Kriegsland« bewährten sie sich. Es wurde zur Kolonie »Verapaz«, das heißt »Wahrer Friede«.
Den erfolgreichen Missionar hielt es dort allerdings nicht lange. Wieder einmal schiffte er sich nach Spanien ein. Seine Gesetzesreform war noch immer nicht zustandegekommen. Seit 1516 kämpfte er schon um die Abschaffung der Encomiendas. 1542 endlich war er am Ziel. Karl V. unterzeichnete die »Neuen Gesetze«. Mit ihnen schützte er die Indianer vor Unterdrückung und Ausbeutung: »Wir verlangen, daß sie als unsere zur Krone gehörige Vasallen behandelt werden; denn sie sind es auch.«
Doch schon drei Jahre später hob der Kaiser das wichtige Gesetz – das Verbot der Encomiendas – wieder auf. Eine Abordnung der Siedler hatte ihn von der Unentbehrlichkeit der Encomiendas für das koloniale Wirtschaftssystem überzeugt. Die Sorge, das Gold aus den Kolonien könnte ausbleiben, hatte den Ausschlag gegeben. Der Kaiser war auf die Abgaben der Siedler angewiesen. Die kostspielige Europapolitik gereichte den India-

nern zum Schaden.
Es gehörte zu Las Casas' Taktik, nach einem Fehlschlag den Kampf auf anderer Ebene fortzusetzen, so auch jetzt. Als neuernannter Bischof von Chiapas erließ er eine Beichtordnung, nach der Besitzern einer Encomiendas die Absolution verweigert wurde. Aber er stand in seinem Kampf allein; die Zahl seiner Feinde wuchs. Gesetze und Gebote wurden unterlaufen. Er sah ein, daß er als Berater am Hof des Königs mehr für seine Schützlinge erreichen konnte als in seinem Bischofsamt. Er kehrte nach Spanien zurück und verzichtet auf sein Bistum.
Klein beigegeben hatte er mit diesem Schritt nicht. Bei der Disputation mit Sepúlveda trat der 76jährige als der unbeugsame und unschlagbare Streiter erneut an die Öffentlichkeit. Er trug das Ergebnis seiner lebenslangen Studien vor. Es war ein vernichtendes Urteil für Spaniens gesamte Kolonialpolitik. Der Verteidiger der Indianer erklärte, sämtliche spanischen Kriege und Eroberungen in der Neuen Welt verstießen gegen das Recht. Allein das Recht zur Indianermissionierung stehe den Spaniern zu – einer Missionierung ohne Zwang, nur auf dem Weg der Überzeugung. Seine Argumente waren nicht zu widerlegen, änderten aber an den Realitäten nichts.
Las Casas war nicht der einzige, der sich engagiert für das Recht der Indianer einsetzte, aber unter den Wenigen war er der Leidenschaftlichste und Radikalste. Ja, er scheute vor Schwarzweißmalerei und Übertreibungen nicht zurück, wenn es darum ging, seine Schützlinge ins rechte Licht zu rücken. Seine Sorge um ihr Leben schlug ihn sogar zeitweise mit Blindheit gegenüber anderem Unrecht in der Welt. Er trat dafür ein, statt der zarten Indianer die stabileren Neger zur Sklavenarbeit heranzuziehen. Kein anderer Rat des Las Casas hatte einen so durchschlagenden Erfolg wie dieser. Der Negersklavenhandel erlebte einen rasanten Aufschwung und war nicht mehr zu stoppen, als Las Casas sah, was er angerichtet hatte. In seiner Geschichte Westindiens bekannte er sich zu seiner verhängnisvollen und folgenschweren Unbedachtheit, die er tief bereute, »denn das Recht der Neger ist dem der Indianer gleich«.
Bis heute ist Las Casas eine umstrittene Persönlichkeit. Die einen werfen ihm vor, er habe mit seinem *Kurzgefaßten Bericht* die sogenannte »Schwarze Legende« in die Welt gesetzt und

Spanien zu Unrecht in Mißkredit gebracht. Andere loben ihn als das »Gewissen Spaniens«, als eine »Zierde der Menschheit«. Viele behaupten, mit ein wenig Kompromißbereitschaft hätte er mehr für seine Indianer erreichen können. Aber diese Überlegungen werden Las Casas kaum gerecht. Seine Gestalt erinnert an die alttestamentlicher Propheten, die schonungslos Kritik übten an ihrem Volk und kompromißlos für das Recht eintraten. Als Las Casas seine erste Reise an den spanischen Königshof antrat, hatte er dem Ordensoberen der Dominikaner versprochen, er werde alle möglichen Wege versuchen und vor keiner Mühe zurückschrecken, um das zu vollenden, was er begonnen habe. Und er hatte hinzugefügt: »Sollte ich das Ziel nicht erreichen, wo werde ich das getan haben, was ich als Christ tun mußte.«

Bartolomé de Las Casas

wurde 1474 in Sevilla geboren. Nach seinen theologischen und juristischen Studien schiffte er sich 1502 nach Amerika ein. Er nahm an spanischen Eroberungskriegen teil, zunächst als Soldat, nach seiner Priesterweihe als Feldkaplan. Als Belohnung erhielt er eine Encomienda (Indianerzuteilung für Sklavenarbeit), gab sie jedoch 1514 aus moralischen Gründen wieder zurück. Er wurde der »Verteidiger der Indianer«. Anerkennung ihrer Menschenwürde und ihres Rechts auf Freiheit durch eine neue Gesetzgebung (Neue Gesetze, 1542) sowie eine gewaltlose Kolonialisierung (Conquista de paz) statt der grausamen Eroberungskriege waren seine Ziele, die er nur zum Teil erreichte.

Er verfaßte theologische und historische Schriften, von denen der »Kurzgefaßte Bericht von der Verwüstung der Westindischen Länder« (1542) am bekanntesten, erfolgreichsten und am meisten umstritten ist (Schwarze Legende). Seine umfangreiche Geschichte Westindiens (erst 1875/76 veröffentlicht) begann er nach seinem Eintritt in den Dominikanerorden (1523) zu schreiben. 1543 wurde er Bischof von Chiapas, stieß dort wegen der Neuen Gesetze auf so starken Widerstand, daß er auf sein Bistum verzichtete. Er wirkte von 1547 bis zu seinem Tode als Berater Karls V. 1550 fand in Valladolid seine berühmte Disputation mit Ginés de Sepúlveda statt, in der er die spanische Conquista verurteilte. Las Casas starb am 31. Juli 1566 in Madrid.

Thomas Morus
Die Insel Utopia

von Karl Rolf Seufert

Er gehörte zu den herausragenden Gestalten der englischen Geschichte und zählte zu den bedeutendsten Denkern Europas, ein religiöser und politischer Schriftsteller, der mit den Mitteln des Geistes für mehr Gerechtigkeit und Menschenrechte kämpfte. Sein Porträt haben uns Maler und Zeichner hinterlassen, darunter auch Hans Holbein d.J. Es zeigt ihn als Staatsmann, die Amtskette über kostbarem Pelzwerk: ein bartloses Gesicht mit schmaler Nase und Augen, die sinnend in die Ferne blicken.

Morus war Jurist, und er liebte seinen Beruf. Sein Verhandlungsgeschick wurde allgemein anerkannt, seine Menschenkenntnis, die ihn zu einem Meister in der Menschenbehandlung machte. Hinzu kamen das umfassende Wissen eines Gelehrten, sein Witz und eine nie versagende Liebenswürdigkeit. »Er schien zur Freundschaft geboren«, berichtet der große Humanist Erasmus von Rotterdam, der selbst mit ihm befreundet war. Schon in jungen Jahren, als er noch keine herausragenden Leistungen erbracht hatte, war er ein Mann, mit dem selbst die bedeutendsten Köpfe des Landes, Wissenschaftler, Künstler, Politiker und Kirchenmänner, gern Freundschaft schlossen.

Thomas Morus, in der englischen Form Thomas More, studierte in Oxford. Mit dreiundzwanzig Jahren erhielt er seine Zulassung als Anwalt, und schon drei Jahre später wurde er Mitglied des Parlaments. 1510 heiratete er. Der Ehe entstammten vier Kinder. Doch die Mutter starb, als das älteste noch keine fünf Jahre alt war. Schon wenige Monate später heiratete er erneut, diesmal eine Witwe, etliche Jahre älter als er selbst, um den Kindern wieder eine Mutter zu geben. Zu einer Zeit, da Mädchen noch keine Schule besuchten, legte er auch bei seinen Töchtern Wert auf eine umfassende Bildung. So lernten die drei

Mädchen Latein und Griechisch, dazu Mathematik und Astronomie. Außerdem musizierten sie mit der Mutter, die auf Wunsch ihres Mannes eigens Flöte, Harfe und Zither erlernt hatte.
Von einem Freund wissen wir, daß Morus oft allein durch London ging, um den Armen zu helfen. War die Not groß, verschenkte er sogar Goldstücke, obwohl er niemals wirklich reich war. Eine verarmte Witwe nahm er bei sich auf, und sie lebte mehrere Jahre in seinem Haus, wo sie wie ein Mitglied der Familie behandelt wurde.
1518 wurde Thomas Morus Mitglied des Königlichen Rates. 1521 schlug man ihn zum Ritter. Zwei Jahre später wurde er Sprecher des Unterhauses. Zu dieserZeit gehörte er längst zu den bekanntesten Persönlichkeiten Londons. Auch Heinrich VIII. wußte sehr wohl den Wert eines Mannes zu schätzen, dem die großen Kaufleute ebenso vertrauten wie die kleinen Leute. Am 13. Oktober 1529 machte er ihn zum Lord High Chancellor. Doch auch als Lordkanzler, nunmehr in dem höchsten Amt, das das königliche England zu vergeben hatte, blieb er der gleiche. Die tiefe Frömmigkeit, die auf alle ausstrahlte und der sich keiner entziehen konnte, seine Milde und Güte wurden immer wieder betont. Dabei war er völlig unbestechlich.
Auch der König suchte gern die Gesellschaft Morus', dessen umfassende Bildung ihn weit über die Hofgesellschaft hinaushob. Oft ließ er ihn sogar in seine Privatgemacher rufen. »Dort plauderten sie über Astronomie, Geometrie, Theologie und andere Wissenschaften, manchmal auch über Angelegenheiten des Königreichs«, wissen wir von einem Zeitgenossen. Die Sympathie des Königs ging sogar so weit, daß er More in dessen Haus in Chelsea gern besuchte »und sich mit ihm die Zeit vertrieb«.
In all den Jahren war Morus immer auch literarisch tätig. Schon 1510, mit zweiundzwanzig Jahren, übersetzte er die Lebensbeschreibung des Pico della Mirandola ins Englische. Wenig später schrieb er eine Biographie Richards III., die auch Shakespeare beeinflußte. Die weitaus meisten Werke sind jedoch der christlichen Thematik gewidmet.
Als Mitglied einer englischen Gesandtschaft begann er schon 1515 in Brügge während einer Verhandlungspause ein Buch zu

schreiben, das er dann ein Jahr später in London abschloß. Es wurde noch im gleichen Jahr in Löwen zum erstenmal gedruckt.
Utopia ist Morus' berühmtestes Werk, ein Buch, das einer ganzen literarischen Gattung den Namen gab und Maßstäbe für alle Utopien setzte, das Sozialisten und Kommunisten ebenso faszinierte wie Staatswissenschaftler und Philosophen, weil es über die Jahrhunderte hinweg nichts von seiner Aktualität verloren hat.
Wie sollte der ideale Staat aussehen? Welche Forderungen dürfen die Menschen an ihn stellen? Kann es ein Glück für den einzelnen geben? Das sind die zentralen Fragen. Thema des ersten Teils ist die grausame Wirklichkeit, sind die sozialen und politischen Mißstände der Zeit. Da sind die Herrscher, die sich mehr für Kriege und Eroberungen interessieren als für die Werke des Friedens. Sie mißachten alle menschlichen Bande und lassen sich stärker vom Ehrgeiz als von der praktischen Vernunft leiten. Sie werden unterstützt durch den verderblichen Hochmut falscher Ratgeber und bestechlicher Hofleute, die sie um des eigenen Vorteils willen noch auf dem falschen Weg bestärken. Die Kritik des Buches gilt auch jenen Reichen und Adeligen, die aus Selbstsucht zur Verelendung der Landbevölkerung beitragen.
Dieser erste Teil ist als Dialog geschrieben, wobei Morus unter seinem eigenen Namen spricht. Sein Gegenüber ist ein philosophierender Seemann namens Hythlodeus, ein angeblicher Reisegefährte des Amerigo Vespucci. Hythlodeus (das heißt »Schwätzer«, »Aufschneider«) ist es auch, der die radikalen Thesen aufstellt, gegen die Morus dann mit Spott und Ironie seine Einwände vorbringt. Um Morus schließlich zu überzeugen, behauptet der Seemann, er habe jene Insel »Nirgendwo = *Utopia*) selbst besucht und dort verwirklicht gesehen, was er jetzt hier vortrage.
Im zweiten Teil schildert er dann jene idealen Zustände auf *Utopia*: Gesetze, Arbeitswelt, Kriegswesen, Religion und Erziehung.
Daß Morus bei der Schilderung *Utopias* auch an England dachte, wird an mehreren Einzelheiten deutlich, so schon bei der Gliederung der Insel in 54 Stadtstaaten. Sie entspricht der Aufteilung Englands in 53 Grafschaften, zu denen dann noch London kommt. Die Ähnlichkeit der Hauptstadt Amaurotum (von grie-

chisch: dunkel, trübe) mit der Nebelstadt London ist nicht zu übersehen. Auch der Fluß Anydrus (griechisch: wasserlos) erinnert an die Themse, und die »herrliche gewölbte Steinbrücke« über diesen Fluß kann nur die London Bridge sein.

Utopia ist ein demokratischer Staat. Jeweils eine Gruppe von dreißig Familien wählt jährlich einen Familienältesten. An der Spitze von zehn Ältesten steht wiederum ein Vorgesetzter, der Protophylarch. Insgesamt gibt es zweihundert Protophylarchen, die in geheimer Wahl den Fürsten der Insel auf Lebenszeiten wählen. Macht er sich jedoch der Tyrannei schuldig, kann er auch abgewählt werden.

Die Wirtschaft wird zentral gelenkt, die Waren werden nach den Bedürfnissen verteilt. Es besteht bei einem Sechsstundentag Arbeitspflicht für jeden. Die Bewohner werden von Kind an in praktischen Berufen ausgebildet. Nur die besonders Begabten dürfen studieren und werden dann mit herausgehobenen Stellungen betraut.

Alle kleiden sich gleich. Unterschiede gibt es nur zwischen Männern und Frauen, Verheirateten und Unverheirateten. Die Männer dürfen nicht vor dem zweiundzwanzigsten, die Frauen nicht vor dem achtzehnten Lebensjahr heiraten. Man ißt gemeinsam im Speisesälen für je dreißig Familien. Zum Abendessen erklingt Musik. In der Freizeit bleibt es jedem überlassen, wie er sich die Stunden vertreibt, ob mit Musik oder wissenschaftlichen Studien. Törichte Kurzweil verachten die Utopier, ebenso verabscheuen sie den Krieg, wobei sie zwischen gerechten Verteidigungskriegen und ungerechten Angriffskriegen unterscheiden.

In religiösen Dingen sind sie tolerant, wenn nicht gleichgültig. Sie glauben an die Unsterblichkeit der Seele und an die Existenz eines einzigen Gottes, kennen aber weder Christus noch die Offenbarung.

Morus schilderte die glückliche Insel so wirklichkeitsnah, daß sich ein englischer Geistlicher seiner Zeit bereiterklärte, die Utopier zu missionieren, falls ihm der Papst den Auftrag dazu erteile.

Das Werk ist mehrschichtig. Kritik an den sozialen Mißständen, Kritik an der politischen und gesellschaftlichen Wirklichkeit im

England des frühen 16. Jahrhunderts wird hier geübt. Und im Kontrast dazu stellt Morus ein scheinbar ideales Staatsgebilde vor – ein Gedankenexperiment –, konstruiert so streng nach den Prinzipien der Vernunft, daß man *Utopia* geradezu eine Insel der Vernunft nennen könnte. Alle menschlichen Schwächen – Neid und Mißgunst, Machtgier und Haß, ja Lüge und Faulheit – wurden durch die Vernunft überwunden. Dabei vermischen sich durch Morus' Schreibkunst Scherz und Ernst fast unauflöslich miteinander, und gerade in dieser Verbindung, in der eigentümlichen Schwebe der *Utopia* zwischen Wirklichkeit und Märchen, liegen Wert und Reiz des Buches.

Nicht wenige Philosophen, darunter Träger berühmter Namen, wie auch die offizielle Sowjetliteratur sehen in Morus einen Sozialisten und stellen fest, daß er eine kommunistische Weltanschauung vertreten habe. Morus nimmt in der *Utopia* sicher kommunistische Ideen und Ideale vorweg. Es darf jedoch nicht übersehen werden, daß der Kommunismus auf der Insel *Utopia* kein Kommunismus oder Sozialismus im modernen Verständnis ist.

Nach Morus' Überzeugung ist Kommunismus nur in *Utopia* möglich – also im »Nirgendwo«, denn nur dort sind alle Menschen frei von Fehlern und Schwächen. Der Teufelskreis von Ausbeutung, Armut und Not kann nur durchbrochen werden, wenn der Mensch wirklich »gut« ist, stellt er fest, »denn es ist ausgeschlossen, daß alle Verhältnisse gut sind, solange nicht alle Menschen gut sind – worauf wir ja noch eine hübsche Reihe von Jahren warten müssen«. Auch Hythlodeus fragt sich gegen Ende, ob sich die Zustände auf *Utopia* auf andere Länder übertragen lassen – und verneint.

Morus' Buch ist ein Appell an die Vernunft überall in der Welt. Er wollte, daß seine Leser die Zustände auf den glücklichen Inseln mit den Zuständen im eigenen Land kritisch vergleichen. Darum stellt er ein mögliches Ideal gegen eine ungerechte, oft grausame Wirklichkeit. Doch das Buch ist noch sehr viel mehr. Es ist darüber hinaus das Werk eines geistigen Vorkämpfers der Menschenrechte zu einer Zeit, da man den Begriff noch gar nicht kannte – dabei ein leises, sehr modernes Buch und ein Vorgriff auf die Zukunft.

Morus machte in seinem Buch deutlich, daß er die Welt für veränderbar hielt und daß er die herrschenden Zustände keineswegs als eine von Gott für alle Zeiten festgelegte Ordnung ansah. Er rief die Menschen vielmehr auf, die alten Denktraditionen immer wieder neu zu überprüfen und sie im Maßstab der Menschenrechte auch zu korrigieren. Dieser Appell ist es, der der *Utopia* bis heute ihre fortdauernde Aktualität verleiht.

Das eint ihn auch mit jenem Mann, dessen Anhängern er in den letzten Lebensjahren so entschieden entgegentrat: Martin Luther. Was More und Luther trotz aller Gegensätze verbindet, ist ihr Verlangen nach mehr Menschenrechten und Freiheiten. Beide suchten auch die Eskalation der Gegensätze in ihren Ländern zu verhindern, die schließlich den Kampf der Waffen an die Stelle des Austausches von Argumenten rücken mußte.

Erasmus, mit dem Morus immer noch in engem Briefwechsel stand, empfahl einem Freund das Buch mit folgenden Worten: »Wenn Du Mores *Utopia* noch nicht gelesen hast, beschaffe es Dir, wenn Du einmal herzlich lachen oder wenn Du diejenigen Quellen erkennen willst, aus denen praktisch alle Übel unserer Gesellschaft entspringen.«

Thomas Morus endete auf dem Schafott, weil er sich standhaft weigerte, die Obergewalt des Königs über die englische Geistlichkeit anzuerkennen, die Heinrich VIII. erstrebte. Der englische König wollte damit die Voraussetzungen für seine Scheidung von Katharina von Aragon schaffen, um Anna Boleyn heiraten zu können, von der er sich einen männlichen Erben erhoffte.

Im April 1534 wurde Morus in den Londoner Tower gebracht. Als man den Druck auf ihn verschärfte und ihm auch Papier, Bücher und Tinte wegnahm, soll er die Fenster seines Gelasses zugeworfen und erklärt haben, »wenn die Ware ausgegangen und das Werkzeug weggeworfen ist, ist es an der Zeit, den Laden zu schließen ...« Er wurde am 6. Juli 1535 öffentlich hingerichtet. Die lange Haft hatte ihn so geschwächt, daß ihm der Henker aufs Schafott helfen mußte. Morus ließ ihm dafür ein Goldstück geben. Als der Henker auch um die kostbare Seidenrobe bat, wechselte Morus sie gegen ein einfaches Leinengewand.

Morus wurde am 19. Mai 1935, vierhundert Jahre nach seinem Tod, heiliggesprochen, sicher auch eine Demonstration der katholischen Kirche gegen die menschenverachtende Hitlerdiktatur.

Thomas Morus

(engl. More), englischer Humanist, Schriftsteller und Staatsmann, wurde am 6. Februar 1478 als Sohn des Juristen John More in London geboren. Nach dem Besuch der Lateinschule war er zwei Jahre Page im Haushalt des Erzbischofs und Lordkanzlers Morton von Canterbury. Er studierte in Oxford freie Wissenschaften und Theologie, danach nahm er in London das Jurastudium auf. Während seiner Arbeit als Anwalt in London lernte er Erasmus von Rotterdam kennen. Aus der Begegnung entwickelte sich eine lebenslange Freundschaft. 1503 wurde Morus Parlamentsmitglied. Schon zu dieser Zeit verfaßte er »zum Zeitvertreib« Gedichte. Zwischen 1514 und 1518 schrieb er eine Geschichte König Richards III. 1515 begann er mit der Niederschrift der »Utopia«, die er ein Jahr später abschloß. Das Buch erschien erstmals im Dezember 1516 in Löwen.
Mit der »Utopia« gab Morus einer ganzen Gattung politischer Literatur, in der ein Ideal gegen die Mängel der Wirklichkeit ausgespielt wird, den Namen. Zugleich wurde er mit dieser Utopie von der glücklichen Insel zu einem Vorkämpfer der Menschenrechte.
Daneben ging Morus' politische Karriere steil aufwärts. Im Oktober 1529 erreichte er mit seiner Ernennung zum Lordkanzler den Scheitelpunkt. Aus Gewissensgründen trat er 1532 von diesem Amt zurück, da er den Suprematseid (Anerkennung Heinrichs VIII. als »Oberhaupt und Beschützer von Kirche und Klerus in England«) nicht leisten wollte.
1534 wurde er in den Tower gebracht und am 6. Juli 1535 hingerichtet.

Sebastian Lotzer
Der Aufstand der Bauern

von Charles Hallgarten

Kriegerische Auseinandersetzungen, ja auch Reformen und Revolutionen, so unvermutet und gewaltsam sie gelegentlich für die Zeitgenossen losbrechen, haben meist eine lange Vorgeschichte. Im Rückblick bestätigen und beschleunigten sie dann nur Entwicklungen, die sowieso schon auf dem Wege waren.

Das gilt auch für die tragischen Ereignisse des Jahres 1525, die wir als Bauernkrieg zusammenfassen. Das Ringen der Bauern um eine neue politische Ordnung, um Gerechtigkeit und Menschenrechte war wohl die wichtigste innerdeutsche Auseinandersetzung vor dem 19. Jahrhundert. Der Historiker Leopold von Ranke nannte diesen Krieg, der nur wenige Monate dauerte, das größte Naturereignis des deutschen Staates. Die Ursachen dieser politischen Revolution »von unten her« reichen allerdings mehr als hundert Jahre zurück.

Das Ende des Rittertums, Geldverkehr und Fernhandel hatten die Städte zum Aufblühen gebracht und dem Bürgertum ein neues Selbstbewußtsein geschenkt. Damit war jedoch auch das stabile gesellschaftliche Gefüge der mittelalterlichen Welt erstmals in Wanken geraten. Galt bis dahin die Zugehörigkeit zu einem bestimmten Stande als gottgewolltes Schicksal, so änderte sich das jetzt. Immer häufiger traten bedeutende Persönlichkeiten hervor, die sich durch eigene Kraft über die ererbte Klasse erhoben.

Weitgehend ausgenommen davon blieben allein die Bauern. Ihre Lage hatte sich sogar verschlechtert. Ihre Unfreiheit, die Ausbeutung durch die adeligen und geistlichen Grundherren hatte schon Jahrzehnte vor dem eigentlichen Ausbruch des Krieges zu Aufständen geführt – in Oberschwaben, am Bodensee, am Neckar, in Franken, im Odenwald, in Baden und in der Pfalz. So unterschiedlich wie die Landschaften und Dialekte

waren dabei auch die Forderungen und Beschwerden, die die einzelnen »Bauernhaufen« vorlegten.
Anfangs blieben die Beschwerden eng begrenzt und galten nur den örtlichen Herrschaften; es ging um Kleinigkeiten, die einen ernsthaften Kampf nicht rechtfertigten. Etwa wenn man in Bühl in Baden verlangte, daß ein Bauer seiner schwangeren Frau einen Fisch aus dem Bach fangen dürfe oder daß es dem Pfarrer erlaubt werde, seine Köchin zu heiraten. In Altenburg wollte man den Domherren verbieten, fremdes Bier einzuführen. Andernorts lehnte man es ab, das Brennholz bis in die Schloßküche zu tragen und den Abort auszuräumen. Bei anderen Beschwerden ging es darum, ob man auch im Küchenofen Brot backen dürfe oder nur im Dorfbackhaus; ob es auch erlaubt sei, im Haus zu waschen oder ob man in jedem Fall das Waschhaus des Ortes aufsuchen müsse.
Allerdings darf man nicht übersehen, daß es den schreibunkundigen Bauern oft auch an der Fähigkeit fehlte, klarzumachen, was sie wirklich bedrückte. So vermochten sie oft nicht von den konkreten Einzelbeschwerden zum Wesentlichen und Grundsätzlichen durchzustoßen und verstrickten sich darum im Dickicht von Kleinigkeiten.
Eine neue Situation entstand im Februar 1525, als der Kürschner Sebastian Lotzer, wohl im Auftrag des Führers der Baltringer Bauern, Ulrich Schmid, die rund dreihundert Einzelbeschwerden in der Reichsstadt Memmingen von ihrem örtlichen Einschlag befreite und sie in den *Zwölf Artikeln der Bauernschaft* zusammenfaßte. Lotzer, später Feldschreiber der Bauern, war ein Kenner der Heiligen Schrift, der es mit jedem studierten Theologen aufnehmen konnte. Um seinen Lesern zu zeigen, daß seine zwölf Artikel bis in die Einzelheiten den Lehren des Evangeliums entsprechen, versah er beinahe jede Zeile mit Hinweisen auf bestimmte Bibelstellen.
In der Einleitung zu seiner Schrift heißt es: »Es gibt viele Widerchristen, die jetzt wegen der versammelten Bauernschaft Anlaß nehmen, das Evangelium zu schmähen, indem sie sagen, das seien die Früchte des neuen Evangeliums: niemand gehorsam sein, an allen Orten sich empören und aufbäumen, mit großer Gewalt zusammenlaufen und sich rotten, geistliche und weltliche Obrigkeit zu reformieren, auszurotten, ja vielleicht gar zu

erschlagen. Allen diesen frevellichen Urteilen antworten die nachstehenden Artikel. Am ersten, daß sie diese Lästerung beseitigen, zum anderen, daß sie den Ungehorsam, ja die Empörung der Bauern christlich entschuldigen ...«

Der Inhalt der *Zwölf Artikel der Bauernschaft* ist in Kürze folgender:

1. »Demütig Bitt und Begehr« ist es, daß die Gemeinden ihren Pfarrer selbst wählen und absetzen können. Dabei soll er »das heilige Evangelium lauter und klarer predigen ohne allen menschlichen Zusatz«.

2. Den »rechten Kornzehnten wollen wir gern geben«. Davon soll der Unterhalt des Pfarrers bestritten, der Rest an Bedürftige verteilt werden. Auch zur Verteidigung soll etwas zurückgelegt werden, »damit man keine Landsteuer auf den armen Mann legen muß«. »Den kleinen Zehnt«, gemeint ist die Abgabe von Vieh, »wollen wir gar nit geben. Denn Gott der Herr hat das Vieh frei für den Menschen geschaffen. Das halten wir für einen ungeziemenden Zehnt, den die Menschen erdichtet haben. Darum wollen wir ihn nit weiter geben.«

3. Die Leibeigenschaft soll abgeschafft werden. »Es ist der Brauch bisher gewesen, daß man uns für Eigenleut gehalten hat, was zum Erbarmen ist ... Es ergibt sich aus der Schrift, daß wir frei sind, und deshalb wollen wir's sein. Nit, daß wir ganz frei sein wollen, keine Obrigkeit haben wollen: das lehrt uns Gott nit ...«

4. »Zum vierten ist bisher im Brauch gewesen, daß kein armer Mann nit Gewalt gehabt hat, das Wildbret, Geflügel oder Fisch in fließendem Wasser zu fangen, welches uns ganz unziemlich und unbrüderlich dünkt, besonders eigennützig und dem Wort Gottes nit gemäß.« Daher die Forderung: Wo eine Herrschaft nicht beweisen kann, daß sie Jagd und Fischerei mit Zustimmung der Bauern erworben hat, sollen Jagd und Fischerei frei sein.

5. »Zum fünften sind wir auch beschwert der Beholzung halben. Denn unsere Herrschaften haben sich die Gehölze alle allein angeeignet, und wenn der arme Mann was bedarf, muß er's ums doppelte Geld kaufen.« Daher die Forderung: Alle Waldungen, die nicht von den Herrschaften gekauft sind, sollen wieder den Gemeinden zufallen, die dann die Holznutzung regeln.

6. »Zum sechsten ist unsere harte Beschwerung der Dienst halben, welche von Tag zu Tag gemehret werden und täglich zunehmen.« Daher die Forderung: Die harten Frondienste sollen gemindert werden, »wie unsere Eltern gedient haben, allein nach dem Laut des Wortes Gottes«.
7. Die Herrschaften sollen dem Bauern keine weiteren Lasten auferlegen, sondern ihm das Land unter den Bedingungen belassen, unter denen es ihm gegeben war. »Der Herr soll ihn nit weiter zwingen noch dringen, mehr Dienst noch anderes von ihm umsonst begehren, damit der Bauer solch Gut unbeschwert, also ruhig gebrauchen und genießen kann.«
8. Der Pachtzins soll nach dem Vermögen des Bauern eingestuft werden, »damit der Bauer seine Arbeit nicht umsonst tue. Denn ein jeglicher Tagwerker ist seines Lohnes wert«.
9. Die Rechtsprechung soll nicht der Willkür der Gerichte anheimgestellt sein, so daß man uns »zu Zeiten aus großem Neid und zeitweilig nach großer Gunst« straft. »Ist unsere Meinung: uns nach alter geschriebener Straf zu strafen, darin die Sach behandelt ist, und nit nach Gunste.«
10. Ländereien, die eigentlich der Gemeinde gehören, aber der Gemeinde entfremdet worden sind, sollen zurückgegeben werden. »Es sei denn, daß die Herrschaft sie redlich erkauft habe. Wenn man sie aber unbillig erkauft hat, soll man sich gütlich und brüderlich miteinander vergleichen nach Lage der Sach.«
11. Die Erbschaftssteuer soll ganz abgeschafft werden. »... wollen wir den Brauch, genannt den Todfall, ganz und gar abgetan haben, den nimmer leiden noch gestatten, daß man Witwen und Waisen das Ihre wieder Gott und Ehre also schändlich nehmen und rauben darf. Das will Gott nit mehr leiden, sondern es soll ganz abgetan sein.«
12. »Zum zwölften ist unser Beschluß und endgültige Meinung: Wenn einer oder mehr Artikel ... dem Wort Gottes nit gemäß wären, so vermeinen wir dann nit, dieselben Artikel aufrecht zu erhalten. Wo man sie uns mit dem Wort Gottes als unziemlich nachweist, wollen wir davon abstehen ... sollen sie von Stund an tot und abgetan sein und nichts mehr gelten. Der Fried Gottes sei mit uns allen.«

Die Wirkung dieser »zwölf gründlichen und rechten Hauptartikel aller Bauernschaft« war verblüffend. Der politische Verstand Lotzers, der die Schrift von allen radikalen Forderungen freihielt, vor allem auch seine Berufung auf das göttliche Recht als dem Fundament aller Forderungen, gab den Bauern den Glauben an die Billigkeit ihrer Wünsche.

Wahrscheinlich erstellte Sebastian Lotzer die zwölf Artikel zwischen Mitte Februar und Anfang März 1525. Schon am 6. oder 7. März schlossen sich unter dem Eindruck von Lotzers Schrift drei bis dahin unabhängige Bauernhaufen Oberschwabens zur »Christlichen Vereinigung Oberschwabens« zusammen, in der die Grundsätze der zwölf Artikel zur Richtschnur des Handelns wurden. Doch nicht genug damit. Bald schon wurden sie zu einer Art Bekenntnisschrift der ganzen Bewegung. Bereits am 19. März bot man sie auf dem Ulmer Markt zum Kauf, und bis Ende Mai erschien die Schrift in 23 Drucken.

Doch nicht nur Bauern, auch kleine Leute in den Städten und Handwerker fanden hier ihre Wünsche nach mehr Menschenrechten formuliert. Selbst Reichsritter wie Götz von Berlichingen und Florian Geier schlossen sich der Bewegung an. Ganze Städte ließen sich auf die zwölf Artikel verpflichten. Ihr Beitritt wurde, wie im Mittelalter üblich, durch »Brief und Siegel« sowie durch Eid, Beurkundung und Schwur »auf ewig« beschlossen.

Auch Martin Luther erkannte ihre Bedeutung und unterstützte die Schrift, die weder eine Kampfansage an die Obrigkeit noch einen Aufruf zu Krieg oder Revolution darstellte. An die Fürsten und adeligen Herrn schrieb er: »Ihr tut im weltlichen Regiment nicht mehr, denn daß ihr schindet und schatzt, eure Pracht und Hochmut zu führen, bis der arme gemeine Mann (es) nicht kann noch mag länger ertragen. Das Schwert ist euch auf dem Halse. Dennoch meinet ihr, ihr sitzt so fest im Sattel. Man werde euch nicht können ausheben. Solche Sicherheit und verstockte Vermessenheit wird euch den Hals brechen; das werdet ihr sehen ...«

Er drängte Herrn wie Bauern, sich über die zwölf Artikel friedlich zu vereinbaren. Doch noch im März hatte der Aufstand auf die Gebiete nördlich der Donau übergegriffen, und Anfang April stand der ganze Süden vom Elsaß bis nach Tirol und Kärnten in hellem Aufruhr. Aus vielen Einzelausbrüchen in ganz Südwest- und Mitteldeutschland wurde nun eine Gesamtbewegung.

Jetzt wandte sich Luther mit ähnlich scharfen Worten auch gegen die Aufständischen:
»Sie richten Aufruhr an, rauben und plündern mit Frevel Klöster und Schlösser, die ihnen nicht gehören, womit sie wie die öffentlichen Straßenräuber und Mörder, allein wohl zweifältig den Tod an Leib und Seele verschulden ...«
Zum Gegenschlag gegen die Bauernhaufen hatten sich inzwischen die papsttreuen und reformatorischen Adligen zusammengeschlossen. Das Geld der Fugger finanzierte das Aufgebot des Adels und der Fürsten. Unter der Führung von Georg Truchseß von Waldburg, dem »Bauernjörg«, schlug das Fürstenheer die Aufständischen grausam nieder. Die Rache der Sieger dauerte über Monate fort. Die Zahl der Toten wird auf hunderttausend und mehr geschätzt. Sehr groß war auch die Zahl der verhungerten und erfrorenen Frauen und Kinder. Hinzu kam die Zerstörung der Dörfer in den Landstrichen, in denen gekämpft worden war.
Doch schlimmer noch. Der Kampf um mehr Menschenrechte, der so hoffnungsvoll mit Sebastian Lotzers zwölf Artikeln begonnen hatte, war gescheitert. Denn nun wurden alle Freihei-

Sebastian Lotzer

Wir wissen nur wenig über die Führer des Bauernkrieges von 1525. Das gilt auch für Sebastin Lotzer. Er wurde 1480, wahrscheinlich in der Reichsstadt Memmingen, geboren und übte das Kürschnerhandwerk aus. In den kritischen Monaten wurde er Feldschreiber der Bauern, ein weitschauender, politisch denkender Mann mit guter Bildung. Er verfaßte zwischen Ende Februar und Anfang März die »Zwölf Artikel der Bauernschaft«, möglicherweise auf Anregung des Führers des Baltringer Haufens Ulrich Schmid, der in diesen Monaten eine bedeutende Rolle spielte und durch sein besonnenes Auftreten bekannt wurde.
Fest steht, daß die 12 Artikel schon am 19. März auf dem Ulmer Markt verkauft wurden und bis Ende Mai 1525 in insgesamt 23 Drucken erschienen. Der älteste ist der sogenannte Druck M, der eine Reihe von Fehlern aufweist und bei Renatus Beck in Straßburg erschien. Er ist zugleich die Schrift, die die weiteste Verbreitung fand und noch heute in 22 Exemplaren existiert.

ten, die die Bauern durch Demonstrationen, Verhandlungen oder auch mit drohenden Aufmärschen errungen hatten, alle Verträge, die zu ihrem Vorteil mit den Herrschaften oder Landesherren abgeschlossen worden waren, für null und nichtig erklärt.

Was blieb, war die Erinnerung an ein Dokument für mehr Menschenrechte. Das Verlangen nach mehr persönlicher und politischer Freiheit lebte jedoch unter der Oberfläche fort, bis es dann in einer neuen Gestalt als Erklärung der allgemeinen Menschenrechte, gefördert auch vom Denken des Auslands, wieder politisch bedeutsam wurde.

Thomas Morus (oben)
Bartolomé de las Casas (unten)

VI *Giordano Bruno*

Giordano Bruno
Märtyrer der Geistesfreiheit

von Joachim Molsdorff

In seinen *Vorlesungen zur Philosophie der Renaissance* nennt der Philosoph Ernst Bloch den ehemaligen Dominikanermönch, Naturwissenschaftler und Philosophen Giordano Bruno den seit Sokrates »sichtbarsten Blutzeugen wissenschaftlicher Wahrheit«, und der Wiener Kulturhistoriker Egon Friedell bezeichnet ihn als den »sublimsten und universellsten Kopf des Zeitalters«. Es kann demnach nicht gerade wenig sein, womit der 1548 in Nola geborene Giordano Bruno sich in die Geschichte des Abendlandes eingetragen hat. Obwohl er um der Sicherung der Geistesfreiheit willen ein ähnliches Schicksal erlitt wie Sokrates, wurde er ungleich weniger bekannt wie etwa sein Zeitgenosse Galileo Galilei, der, ebenfalls Italiener und Naturwissenschaftler, als Schlüsselfigur der europäischen Naturgeschichte jedermann präsent ist. Giordano Bruno führt demgegenüber allenfalls ein respektables Schattendasein.

Daß Brunos Stellenwert in der Geistes- und Naturgeschichte damit unzureichend plaziert ist, dürfte nicht nur im Hinblick auf sein tragisches Ende von Bedeutung sein, sondern ebenso wegen des Umstands, daß man sich noch knapp 300 Jahre nach seiner Verbrennung jahrelang darüber streiten konnte, ob man ihm nun als Märtyrer ein Denkmal auf dem Campo dei fiori in Rom aufstellen solle oder nicht; und daß die Akten aus seinem Prozeß zwar wohlverwahrt im Vatikan liegen, aber bis auf den heutigen Tag nicht veröffentlicht sind, macht wieder einmal deutlich, daß die Auseinandersetzung zwischen Geist und Macht nur zu oft zu Lasten des Geistes geführt wird. Allerdings, im Hinblick auf Bruno ist die Situation nicht ganz so tragisch: Trotz Feuertod und Aktensperre ist es heute unbestreitbar, daß der ketzerische Dominikanermönch dennoch der Sieger in der ungleichen Auseinandersetzung geblieben ist. Nicht nur sein

Begriff von Wissenschaft hat sich in der abendländischen Kultur etabliert; sein Weltbild und Naturbegriff, seine Vorausschau auf dem Bereich der Astronomie und seine Kritik der aristotelischen Scholastik sind jene Dimensionen seines Denkens über die Welt, über die Galilei vielleicht erst möglich wurde.

Giordano Bruno, dieser »Herkules des Geistes« (Ortega y Gasset), war ein Vorausdenker und Wegbereiter und ein Moderner in dem Sinne, daß er über Probleme nachdachte, die auch noch unsere Probleme sind, selbst wenn wir uns auf Bruno nicht mehr berufen. Dieser hatte wegen naheliegender Konflikte den Mönchshabit nach wenigen Jahren wieder ausgezogen und ein unstetes Wanderleben begonnen, das ihn durch halb Europa führte. Unter anderem sah man ihn in Genf, Löwen und Helmstedt als Lehrenden. In Paris hätte er eine Professur an der Sorbonne erhalten können, wäre er nur in die Messe gegangen. Statt dessen reiste er lieber nach London weiter, von wo aus er durch einen gedungenen Mittelsmann nach Italien zurückgelockt wurde, damit man ihm als Ketzer den Prozeß machen konnte. Er wurde dann auch am 17. Februar 1600 in Rom öffentlich verbrannt.

Unbestreitbar ist, daß dieser Bruno das Problem der gesellschaftlichen Verantwortung der modernen Naturwissenschaften – insbesondere der Physik – ebenso gesehen hat wie die Notwendigkeit, sich als Naturwissenschaftler und Philosoph von der Umklammerung der Kirche zu befreien. Zudem muß man ihn, gemeinsam mit Galilei, als Überwinder des mittelalterlichen, noch von Aristoteles geprägten Weltbildes betrachten und als den Begründer eines neuen wissenschaftlichen Denkens von der Welt, das man heute ein wenig respektlos als positivistisch geprägte Naturwissenschaft zu charakterisieren pflegt. Gewiß: Bruno war mehr der Mann der Epochenschwelle, der einerseits die Einheit der Natur denken konnte, um andererseits noch von mittelalterlich-animistischen Vorstellungen durchdrungen zu sein: Magie und Mythos sind bei ihm durchaus noch Elemente des spekulativen Denkens; der naturwissenschaftliche, die Mathematik berücksichtigende Blick in die Welt war erst Galilei vorbehalten, weshalb er, und nicht Bruno, am Beginn der modernen Naturwissenschaften genannt zu werden pflegte. (Bruno verachtete unverständlicherweise die Mathematik.)

Wie dem auch immer sein mag: Giordano Bruno stand an der Schwelle zur Moderne, indem er sich einen naturwissenschaftlich geprägten Begriff von der Welt machen wollte, indem er auf die Erfahrung des Sichtbaren vertraute und indem er von einer Reihe von Vorstellungen abrückte, die das Bild der Welt bisher geprägt hatten: Bruno war es, der noch vor Kepler erkannte, daß die Planeten in einer elliptischen Bahn um die Sonne kreisen; er stellte auch fest, daß die Planetengeschwindigkeit abhängig war von der Nähe oder Ferne der Planeten zur Sonne. Und schließlich ist unser Wissen vom Einfluß der radialen Struktur der Planeten auf deren Bewegungsabläufe auf Bruno zurückzuführen. Allerdings handelt es sich bei derartigen Aussagen um beinahe belanglose Erkenntnisse, die man heute in jedem Schulbuch nachlesen kann. Die Originalität Brunos liegt indes in einem anderen Punkt: Nicht die Erkenntnisse selbst sind es, die die Leistung dieses Mannes ausmachen, sondern der Weg dorthin, der immer auch ein Weg an der Autorität der Kirche vorbei war. Denn wir wollen nicht vergessen: Galilei mußte »nur« abschwören, daß seine Erkenntnis, die Erde drehe sich um die Sonne und nicht umgekehrt, richtig sein könne; Bruno mußte für ähnliche oder doch vergleichbare Erkenntnisse und Aussagen den Scheiterhaufen besteigen ...
In seinen großen naturwissenschaftlichen Werken ging Bruno von der Grundannahme aus, der Kosmos sei ein Organismus, das Universum sei unendlich und von der göttlichen Weltseele durchwaltet. Es sei von Millionen von Systemen mit ihren Planeten und ihrer Sonne bevölkert – ähnlich dem unseren. Erst Jahrhunderte später bestätigte die Naturwissenschaft viele dieser damals noch »theoretischen« Annahmen Brunos. Während Galilei alles Nicht-Mathematische, alles Nicht-Nachweisbare aus dem Bereich der Naturwissenschaften ausschließen wollte, wagte sich Bruno in die Bereiche des spekulativen Denkens, womit er den platonischen Grundgedanken der mathematischen Naturwissenschaften in seinem erkenntnistheoretischen Ansatz kritisierte. Er entgrenzte das Denken und damit den Raum, um zu den Grenzen neuer Erkenntnisse vorzustoßen, wobei er mitunter fast den Boden unter den Füßen verlor, um sich von seiner Phantasie bis ins Reich der Utopie tragen zu lassen.
Dabei ist nicht zu übersehen, daß Brunos Kritik an Platonismus

und Aristotelismus schon »ein wenig abgedroschen« (Hélène Védrine) anmutet, weil seine erkenntnistheoretischen Prämissen auch für das 16. Jahrhundert einigermaßen hausbacken sind. Wenn Bruno etwa auf die Wahrnehmung, auf die sich sinnlich gebende Welt vertraut, so steckt er einerseits voll Welt-Neugier, um sich zugleich den Vorwurf einzuhandeln, er kalkuliere die Schlichtheit und Begrenztheit seines Weltbildes bewußt ein. Zugleich scheint es jedoch Ausdruck seines spezifischen Temperaments zu sein, wenn er sich dagegen wehrt, nur das sinnlich Wahrnehmbare sei real: »Glauben, daß nicht mehr Planeten seien, als wir bisher kennen, dürfte nicht viel vernünftiger sein, als wenn jemand meinte, es flögen nicht mehr Vögel durch die Luft, als er eben, aus seinem kleinen Fenster herausschauend, hat vorbeifliegen sehen.« Daß es sich hierbei keineswegs um eine konkurrenzfähige Erkenntnistheorie handelt, braucht kaum eigens ausgeführt zu werden; aber Bruno hatte auch nicht im Sinn, eine Aristoteles-Kritik zu verfassen. Vielmehr ging es ihm um die Herausbildung eines Weltbildes, das in seinen Grundgedanken von Nikolaus von Kues bestimmt war, aber starke pantheistische und materialistische Einflüsse trug. Hieraus wird einmal mehr deutlich, daß er in Konflikt mit der Kirche geraten mußte.

Vom Gedanken des Organismus geprägt, versuchte Bruno die Welt neu zu sehen und zu interpretieren; zugleich war ihm klar, daß es nicht nur diese eine Welt geben muß oder kann, sondern unendlich viele. Nicht, daß er mit derartigen Positionen Neuland betrat, ist das eigentlich Bezeichnende an seiner intellektuellen und schriftstellerischen Leistung, sondern vielmehr, daß er sich gegen eine Unmenge traditionellen Unsinns erwehren mußte, macht ihn bedeutend. Dazu ein Beispiel im Zusammenhang mit seiner berühmten, 1584 erstmals erschienenen Schrift *Das Aschermittwochsmahl.* Seit dem französischen Scholastiker Buridan (1300-1358) stritt man sich über die Frage, ob sich die Erde tatsächlich drehen würde oder nicht, und argumentierte unter anderem damit, daß bei einer angenommenen Erdbewegung die Blätter rückwärts von den Bäumen fallen müßten; oder die Steine, die man von einem Turm würfe, müßten dann eine ganz bestimmte Fallrichtung annehmen. Gegen derartige Annahmen, die jeder Erfahrung widersprachen, argumentierte

Bruno mit dem Hinweis, die Erde sei ein System, in dem sich alles organisch aufeinander beziehe und daher auch seine Ordnung erhalte.
Naturgeschichtlich gesehen, ist Bruno mit einer solchen Aussage der Beginn des mechanischen Systemdenkens in den Naturwissenschaften, wobei zugleich darauf hingewiesen werden muß, daß Bruno bei aller Plausibilität seiner Argumentation mit einem Problem nicht fertiggeworden ist: mit dem der Bewegung. Er konnte die Frage, warum sich alles in Bewegung befindet und durch diese Bewegung erst den Organismuscharakter erhält, nicht beantworten. Statt dessen kritisierte er die Astronomen, die die Auffassung vertraten, die kosmischen Bewegungen seien regelmäßig, meßbar und demnach Bestandteil der Natur; das dürfe man nicht ganz ernstnehmen ... Aus heutiger Sicht wiederum wird man derartige Argumentationen leise belächeln, darf jedoch nicht übersehen, daß Bruno mit seinen Überlegungen weit über die Argumentations- und Sichtweise hinausging, die die Kirche zuließ. Immerhin waren sein Gedanke des kosmischen Organismus, seine Vorstellung der Einheit der Natur, seine pantheistisch-materialistischen Überlegungen über die Welt alles andere als kirchenkonform, vor allem, wenn man bedenkt, daß der Begriff des Organismus und des Systems der Gedanken der Schöpfung weitgehend eliminiert. *Deus naturaque*, Gott und die Natur, lautet der beinahe spinozistische Grundgedanke Brunos, der sich in mehreren seiner philosophischen Texte wiederholt, wobei sich nicht übersehen läßt, daß Bruno verschiedentlich zu bissigen Bemerkungen über das Christentum bereit ist.
Vielleicht tut man gut daran, Giordano Bruno auch heute noch nicht auf einen Begriff zu bringen: Er war gewiß Kritiker und Überwinder des aristotelischen Weltbildes und seiner Erkenntnistheorie; er war zugleich auch einer der ersten Europäer, die sich um einen neuen Naturbegriff bemühten. »Natura naturans«, die sich selbst schaffende Natur, war seine große These, aus der dann der Pantheismus des 18. Jahrhunderts hervorgegangen ist. Vor allem jedoch war er um einen anderen Wahrheitsbegriff bemüht, um einen, der sich aus der Umklammerung durch die Kirche allmählich befreite, indem er zum Begriff der geglaubten Wahrheit den der empirischen Wahrheit (was sicher ein großes

Wort ist) koordinierte. Die Grenzen seiner Erkenntnisleistung sind dabei keinen Augenlick zu übersehen. Aber er stand immerhin an der Schwelle der naturwissenschaftlichen Begriffsbildung und damit nicht nur an einer entscheidenden Stelle der Renaissance, sondern auch der Neuzeit.

Wenn er trotz seines Ketzertodes immer im Schatten des größeren Galilei geblieben ist, so vor allem deshalb, weil er seine philosophischen und naturwissenschaftlichen Aussagen eher in Umrissen als in Grundrissen vorgelegt hat und sich in seiner beinahe grenzenlosen Naturbegeisterung zu pathetischen Aussagen forttreiben ließ, statt sich um eine präzise, naturwissenschaftliche Ausführung zu kümmern. Eine solche war auch dem ausgehenden 16. Jahrundert bereits möglich. Dessen ungeachtet

Giordano Bruno

wurde 1548 in Nola bei Neapel geboren, trat mit 18 Jahren in den Dominikanerorden ein und wurde 1572 zum Priester geweiht. 1576 wurde er der Ketzerei verdächtigt, nachdem er sich unvorsichtigerweise über seinen ersten Zweifel am christlichen Gottesbegriff geäußert hatte. Im selben Jahr floh er nach Rom, brach mit seinem Orden und begann ein einigermaßen unstetes Wanderleben durch halb Europa, das ihn erst nach Genf führte, später nach Lyon und Toulouse, dann nach Paris, wo er Vorlesungen über Philosophie hielt. 1583 begab er sich nach London, bemühte sich vergeblich um einen Lehrauftrag in Oxford, so daß er enttäuscht nach Paris zurückkehrte.

In diesen Jahren beschäftigte sich Bruno neben philosophischen Fragen mit Problemen der Naturwissenschaften und insbesondere der Astronomie. Er kritisierte das aristotelische und verteidigte das kopernikanische Weltbild, wodurch er seine Lehrtätigkeit in Paris einstellen und nach Deutschland fliehen mußte, zunächst nach Helmstedt, später nach Frankfurt.

Durch einen Mittelsmann der Kirche ließ sich Bruno dazu verleiten, nach Italien zurückzukehren, wurde dort gefangengesetzt und der Ketzerei angeklagt. Wegen Abfalls und hartnäckiger Ketzerei wurde Giordano Bruno am 17. Februar 1600 auf dem Campo dei Fiori in Rom öffentlich verbrannt. Er gilt heute als Vorkämpfer und Märtyrer der Geistesfreiheit.

ist Giordano Bruno derjenige gewesen, der mit seinem Gedanken der Humanisierung der Natur und der Naturalisierung des Menschen nicht nur viel zur Gestaltung der Neuzeit und ihres Weltbildes beigetragen hat, sondern der in seinen genialen Intuitionen einen Beitrag zur Überwindung des Mittelalters gerade zu dem Zeitpunkt leisten wollte, als dieses durch das Mittel der Hexen- und Ketzerverbrennungen in Europa noch einmal – und durchaus nicht zum letzten Mal – von sich reden machte.

Heinrich IV. von Frankreich
Ein König kämpft um Toleranz

von Hermann Schreiber

Für keinen ihrer Könige haben sich die Franzosen so viele Kosenamen ausgedacht wie für diesen Krieger, der genaugenommen nur zwölf Jahre ungefährdet über das Land herrschte, aber in dieser kurzen Zeit wahre Wunder für die völlig verarmte, entrechtete und ausgeblutete Nation tat und dem großen und schönen Land die Hoffnung wiedergab. Ein Mann, der von seinen 57 Lebensjahren gut die Hälfte in Kämpfen zubrachte, mußte hart werden und konnte kein Heiliger bleiben; dennoch hat er für seine Zeitgenossen und die folgenden Generationen mehr getan als so mancher andere Monarch, dem man keine Sünden nachsagen konnte. Einen besonderen Charakter aber gewinnt seine Lebensarbeit, wenn wir sie auf dem allgemeineren Hintergrund unseres vielgeprüften alten Kontinents sehen. Phasen des Lichts wechseln mit jenen der Dunkelheit, seit Geschichte geschrieben wird. Und der Mensch erscheint uns im Rückblick immer dann besonders glücklich, aber auch besonders leistungsfähig, wenn sich sein Geist frei bewegen kann, wenn er sich Zielen widmen darf, die über den Broterwerb hinausgehen.

Das war in Europa stets dann der Fall, wenn die Religion die Herzen erhob und die Menschen beflügelte, und es ist im Ganzen gesehen nicht so sehr wichtig, welche unserer Konfessionen dies nun war. Im Bewußtsein, sich einem höheren Wesen und einem erhabenen Moralgesetz zu nähern, haben Männer und Frauen der Vergangenheit und der Gegenwarts stets mehr gegeben, als man ihnen zugetraut hätte; die Juden auf dem Weg aus Ägypten in ihre alte Heimat, die frühen Christen in ihrem Kampf gegen das kaiserliche Rom, die Ritterorden, wenn sie die Pilgerfahrten nach Santiago de Compostela schützten oder die Flotten der türkischen Seeräuber im Mittelmeer zerschlugen.

Für Frankreich kam dieser Aufschwung zu einer neuen, schlichten und verpflichtenden Religion in eben jenem sechzehnten Jahrhundert, da der Hof der Valois-Könige kein erhebendes Schauspiel mehr bot, da an ihm Aberglauben, Astrologie und Teufelsbündelei den Sittenverfall eher unterstrichen als verdeckten. Daß sich große Teile des französischen Adels und die regsamsten Familien der Mittelschicht damals der Lehre Calvins zuwandten, gab diesen Menschen jenen sittlichen Halt zurück, den König, Königin und Prinzen verloren hatten. Und als gar Heinrich III. mit seinen Freunden Orgien in Frauenkleidern feierte, da erschrak die Nation tief und fühlte sich führerlos geworden.

Heinrich von Navarra, dem späteren Henri IV., ging es nicht in erster Linie um die Lehren des Calvin, der in allem und jedem ein Gegensatz zu dem freimütigen und leichtlebigen Monarchen war. Heinrich ging es um die Grundrechte der Menschen, die alle ihre Hoffnung auf ihn vereinigt hatten: Das Recht, so zu beten, wie sie wollten, und so zusammenzuleben, wie sie es für richtig hielten. Sie wollten streng und bescheiden für sich bleiben in einer verkommenen Welt, und sie verlangten von ihrem Staat, daß er den Freiraum des Gewissens und des persönlichen Glaubens respektiere.

Heinrich hatte schon als Siebzehnjähriger in der Schlacht von Arnay-le-Duc in Burgund seine Feuertaufe empfangen und große Tapferkeit bewiesen. Er fürchtete sich also nicht, als er neunzehnjährig, eine Woche nach seiner Hochzeit mit der Valois-Prinzessin, im Louvre-Schloß von Paris das Klirren der Degen hörte und die Todesschreie der Gemeuchelten, als er die Mordbanden in den Straßen sah, die Leichen, die auf der Seine dahintrieben. Aber es müssen diese drei Nächte, in denen er noch machtlos war als junger Prinz, einen unauslöschlichen Eindruck auf ihn gemacht haben. Und es war gewiß mitten im Morden der Bartholomäusnacht, daß er sich schwor, König zu werden und dann dafür zu sorgen, daß niemand mehr um seines Glaubens willen sterben dürfe. Er war tief durchdrungen von der Überzeugung, daß man sich zwar zu einem Glauben bekennt, indem man für ihn stirbt, aber nicht, indem man andere für ihn sterben läßt. Sein Leben in den Bergen und auf den Feldzügen, dieses Leben, in dem er sehr oft und sehr lange nur den Sternenhimmel über sich gehabt hatte, war ein Leben der Freiheit gewesen. Ihm, dem König von Navarra und Thronfolger von Frankreich, hatten seine Waffengefährten und seine Armeen diese Freiheit gesichert, aber Heinrich wußte, daß der Mensch ein Recht auf eine Freiheit ohne Waffen und ohne Lebensgefahr habe.

Als Heinrich 1593, nun vierzig Jahre alt, erkennen mußte, daß nur noch seine Religion, der Calvinismus, ihn für die Mehrzahl der Franzosen und für seine Gegner unannehmbar machte, trat er am 25. Juli 1593 in der Basilika von Saint-Denis, der Begräbnisstätte der französischen Könige, zum katholischen Glauben über. Sieben Monate später wurde er in der herrlichen Kathedrale von Chartres gesalbt. Das Fest seines Einzugs in Paris ließ dann nur noch wenige Wochen auf sich warten. *Paris ist eine Messe wert*, das Wort, das ihm zugeschrieben wird und ihn als berechnenden Opportunisten hinstellt, wurde nie gesprochen, es ist eine Legende. Die wahren Gründe für Heinrichs Übertritt enthält eine berühmt gewordene Flugschrift, die zweifellos einen der Großen des Reiches zum anonymen Verfasser hatte, und in der es unter anderem heißt: »Der jetzige Zustand ist nicht mehr der eines Königreiches, sondern der einer Mördergrube und Räuberbande. Jede Religion, die man mit Gewalt verteidigen oder einführen will, erzeugt nur Gottlosigkeit, ruchloses Wesen und Entweihung alles Heiligen. Zum Frieden müssen wir zurückkehren, das ist das einzige, was uns retten kann. Und um Frieden zu machen, müssen Sie katholisch werden, Sire – damit Ihre Gegner jeden Vorwand und den Boden unter den Füßen verlieren« (Remonstrance d'Angers, seit 1591 verbreitet).

Heinrichs erste Sorge galt naturgemäß der dringendsten materiellen Not nach dreißig Kriegsjahren. Dann bemühte er sich, seinen Untertanen das Zutrauen in Frankreich und zur Krone und zu den Früchten der eigenen Arbeit zurückzugeben. Da im Grunde alle dasselbe wollten und brauchten, wurde Heinrich schließlich vor einer wahren Woge des Vertrauens und der Liebe getragen. Dankte er dies auch den zielbewußten Maßnahmen seines genialen Ministers Sully (1560-1641), so war es doch die Persönlichkeit des Königs, das Charisma des siegreichen Feldherrn, die Ausstrahlung eines heiteren und zuversichtlichen Gemütes, die Heinrich nun den Raum für die heikelste und

wichtigste aller Maßnahmen schufen, für die religiöse Befriedung Frankreichs.
Nächst den materiellen Verlusten war die schlimmste Erbschaft der Religionskriege der Haß, der Frankreich teilte, die große Blutschuld aus den Kämpfen von Franzosen gegen Franzosen. Darum beginnt das segensreiche Edikt von Nantes mit dem Artikel: »Wir befehlen und erklären, daß die Erinnerung an die Geschehnisse der Unserer Thronbesteigung vorangegangenen Wirren ausgelöscht sein soll, als ob nichts geschehen wäre.«
Um den neuen Frieden auch den Fanatikern mundgerecht zu machen, findet Heinrich goldene Worte: »Da es Gott noch nicht gefallen hat, uns alle in einer Form der Verehrung seines Namens und Religion zu vereinigen, so haben Wir darauf zu achten, daß es wenigstens in einem Sinne geschehe, so zwar, daß Gott von allen unseren Untertanen verehrt werden könne ohne Streit noch Zwist und in voller Ordnung, so daß Unser Land seinen ehrwürdigen Titel des allerchristlichsten Königreiches weiterhin tragen und verdienen könne.«
Den Katholiken wurde Duldung auferlegt, den Protestanten Bescheidenheit. Übergriffe und Provokationen wurden ebenso streng verboten wie die Wegnahme von Kindern, um sie in einer anderen als der angestammten, in der Familie üblichen Religion zu erziehen. Die Furcht verschwand aus den Häusern, den Gassen, den Dörfern. Mit Ausnahme des Hofes und der Stadt Paris durften die Hugenotten in Bethäusern – nicht in Kirchen – ihre Religion ausüben, und auch heute noch verwendet der Franzose das Wort *église* nur für die katholischen Kirchen. Die protestantischen heißen *temple* – und das zweihundert Jahre nach der großen Revolution, in einem republikanischen Frankreich.
Es ist müßig darüber zu streiten, was wichtiger war: die Tilgung der enormen Staatsschuld von 200 Millionen Livres durch die Finanzpolitik Sullys, der Bau von Straßen, der Wiederbeginn des Handels oder die Befreiung eines ganzen Volkes von einer schweren Gewissenslast. Denn sie belud ja auch die Katholiken, ging doch die Grenze, die Trennung und die Front des Hasses nicht selten quer durch die Familien und die Sippenverbände auf dem Land. Ein schweres Unglück, das wir Deutschen im darauffolgenden Jahrhundert im gleichen Ausmaß kennenlernten,

ging in Frankreich mit dem siebzehnten Jahrhundert zu Ende, und es war dieser Vorsprung in der Befriedung, der Frankreich zur Vormacht in Europa werden ließ. Wer immer annimmt, daß der Mensch die Religion zur sinnvollen Gestaltung seines Lebens braucht, der muß in der freien Ausübung dieser Religion auch ein Grundrecht des Menschen, eines der dringlichsten unter den Menschenrechten erkennen. Zum Mensch-Sein gehört eben mehr als das Bekleiden und Arbeiten, und darum finden wir bis heute Menschenrechtskämpfer nicht nur an der politischen Front, sondern auch in den religiösen Auseinandersetzungen. Es ist der schwierigste aller Menschenrechts-Kämpfe, denn es ist ein Zweifrontenkampf. Einerseits ist sein Ziel die Toleranz, die Duldung der anderen Religion, andererseits

Heinrich IV. von Frankreich

wurde am 14. Dezember 1553 im königlichen Schloß zu Pau (Südfrankreich) geboren und am 14. Mai 1610 in Paris ermordet.
Henri Quatre, wie die Franzosen ihn nennen, ist Frankreichs beliebtester, nach vielen auch sein größter König und war der erste Bourbone auf dem französischen Thron. Durch das Leben in den Vorbergen der Pyrenäen früh abgehärtet, war er den Strapazen der vielen Feldzüge gewachsen, zu denen die unablässigen Religionskriege den französischen Adel zwangen. Als im Juni 1584 der letzte männliche Valois gestorben war, wurde er Thronerbe in Frankreich, da er Marguerite de Valois geheiratet hatte. Diese Heirat zwischen dem Calvinisten Henri und der Königsschwester sollte Frankreich den Frieden bringen; deswegen wurde Henri auch geschont, als 1572 in den drei Bartholomäus-Nächten von Paris Tausende von Hugenotten ermordet wurden.
Sein Erbe wurde Henri-Heinrich sich freilich erst erkämpfen, gegen Spanien und gegenüber Frankreichs Katholiken, ehe Frankreich nach dreißig Jahren blutiger Bürgerkriege zur Ruhe kam und Heinrichs berühmtes Edikt von Nantes am 13. April 1598 den Hugenotten die diskrete Ausübung ihrer Religion gestattete. Die Aufhebung dieses Edikts durch Ludwig XIV. hatte die große Hugenottenwanderung nach Osten zur Folge und schädigte Frankreich erheblich.

seits die Versöhnung zwischen Menschen verschiedener Auffassungen in diesem persönlichsten, intimsten und geheimsten Bereich, im Umgang mit den höchsten Dingen.
Heinrich hatte keinen vollen Erfolg. Die Befriedung gelang ihm, aber der Haß ließ sich nicht so schnell abbauen. Und der Monarch, der in seinem eigenen Leben eine leichte Hand hatte, viel liebte und das Dasein genoß, dieser Vollmensch auf dem Thron wurde zu einer ständigen Herausforderung für jene, die den alten Haß und den eigenen Fanatismus nicht besiegen konnten.
Nach einer Reihe glänzender innen- und außenpolitischer Erfolge wurde Heinrich IV. am 14. Mai 1610 während eines kurzen Wagenstaus in der Rue de la Ferronerie von dem katholischen Fanatiker Ravaillac durch Dolchstiche getötet. Heinrich hatte nachweislich deutliche Todesahnungen gehabt. Wer seinen Mörder anstiftete und bezahlte, ist nicht völlig geklärt, es kann Spanien gewesen sein oder die Königin, Maria von Medici, seine zweite Frau.
Sein großes Werk, das Toleranzedikt von Nantes, überlebte ihn um 75 Jahre und sicherte Ludwig XIV. den inneren Frieden seines Reiches. Als er es auf Betreiben seiner bigotten Mätresse, der Marquise de Maintenon, aufhob und die Hugenottenverfolgung aufs neue begann, verließ den Sonnenkönig das Glück. Eine Viertelmillion Hugenotten, größtenteils Gewerbetreibende und Facharbeiter, wanderten aus und brachten der Schweiz, Hessen und Preußen beträchtlichen wirtschaftlichen Aufschwung.

Pedro Claver
Auch Neger haben eine Seele

von Dieter Böhler

Ohne anzuklopfen, polterte Don Carlos, ein feister Plantagenbesitzer von Cartagena, in ein Büro des municipalidad, des Rathauses der Stadt. Wutschnaubend fiel er über den diensthabenden Beamten her: »Wer hat diesen idiotischen Erlaß herausgegeben? Caramba! Den häng' ich eigenhändig auf!« Der Beamte starrte ihn entgeistert an: »Señor ...« – »Ach ihr Schreibstubenpack seid doch alle gleich! Ihr habt keine Ahnung von den wirtschaftlichen Realitäten einer Hacienda!« – »Señor, bitte, beruhigen Sie sich! Von welchem Erlaß sprechen Sie?« – »Caracho, von welchem schon? Diese Betverordnung, da steckt doch este fraile, dieser verdammte Pfaffe dahinter!« – »Sie meinen den Erlaß über den Religionsunterricht für die Negersklaven?« – »Ja, natürlich! Wißt ihr, was das für einen Plantagenbesitzer bedeutet?« – »Aber ich bitte Sie, Señor, das ist doch eine völlig harmlose Verordnung! Gut, es gehen Ihnen ein paar Arbeitsstunden verloren. Aber meinen Sie nicht, daß der religiöse Unterricht durch Pater Claver geeignet sein könnte, die Negersklaven zu guten Arbeitern heranzubilden?«

»Pamplinas, Unsinn! Nicht genug damit, daß uns dieser Priester die Neger von der Arbeit abhält mit seinem angeblichen ›Unterricht‹; nicht genug, daß er uns die Sklaven verwöhnt und verweichlicht mit seinem Verhalten ihnen gegenüber und dem, was er medizinische Hilfe nennt; nein, er redet ihnen ein, sie seien vollwertige Menschen. Uns nervt er schon seit Monaten damit, daß wir die Nigger als Menschen zu behandeln hätten. Seht ihr denn in euren Schreibstuben nicht, was das bedeutet?« – »Aber ...« der Beamte versuchte, zu Wort zu kommen, »aber es handelt sich doch um rein religiöse und seelsorgliche Arbeit.« – »Ah, idiota, glaubt ihr das im Ernst? Er tauft sie, er unterrichtet sie. Am Sonntag holt er sie in die Kirche. Meine Kinder müssen mit Schwarzen in die Messe gehen! Er pflegt die Kranken. Er behandelt sie wie einen von uns! Glaubt ihr, das hat keine Auswirkungen? Zunächst sieht das ganz harmlos aus: ›rein seelsorglich‹. Aber mit seinem Geschwätz von der ›Gleichheit aller vor Gott‹ von ›Menschenwürde‹ und so weiter setzt er ihnen Flausen in den Kopf! Neger sind Tiere, und dieser Priester flößt ihnen das Bewußtsein ein, sie seien vollwertige Menschen. ›Rein religiös‹, sagt ihr. Natürlich ist das religiös; aber ihr ahnt nicht, welche Sprengkraft darin liegt! ›Seelsorge‹ – das setzt voraus, daß sie Menschen sind und eine Seele haben. Die haben sie aber nicht, und darauf beruht unser Recht, sie zu Sklaven zu machen. Zuerst haben uns diese Jesuiten die Indianer, unsere ersten Sklaven, weggenommen. In Paraguay errichten sie mit jenen Wilden Genossenschaften, die den Indianern gehören. Auch dafür haben sie sich königliche Privilegien erwirkt, die unsere Sklavenjagd verhindern. Dann haben wir eben Neger importiert. Und nun wollen sie uns diese Sklaven auch wieder nehmen! Euer harmloser Erlaß hilft ihnen noch dabei!«

»Sie meinen, die religiöse Unterweisung von Pater Claver untergrabe langfristig die Einrichtung der Sklaverei?« – »Jawohl, und damit unsere ganze Wirtschaftsordnung! Mehr noch: Wenn sich der Glaube durchsetzt, vor Gott seien alle Menschen gleich, sogar die Neger, dann relativiert das alle menschliche Herrschaft!« – »Wir dachten, Religion könne den Negern nicht schaden.« – »Religion! Nur Menschen haben Religion, und erst die Religion begründet alle menschliche Würde! Wenn wir die Neger als untermenschliche Sklaven behalten wollen, dürfen wir ihnen keine Religion geben! Schauen Sie, der Pater Pedro Claver macht das sehr geschickt. Natürlich hat er ein religiöses Anliegen, aber das hat handfeste Konsequenzen. Hat nicht schon die Sklaverei des Altertums durch die langfristige Wirkung des Christentums ein Ende gefunden? Selbstverständlich hat solche Seelsorge politische Dimensionen. Dieser Jesuit kämpft ja nicht nur für einzelne Rechte der Schwarzen; er kämpft für ihre religiöse Unterweisung und will uns damit auch zwingen, diese Wilden als Menschen anzuerkennen. Damit entzieht er der Sklaverei den Boden! Und ihr sanktioniert das noch durch einen offiziellen Erlaß! Kein Sklave darf verkauft werden, bevor er lange genug Unterricht bei Pater Claver gehabt hat.«

»Ich verstehe, was Sie meinen, Don Carlos. Tatsächlich hat diese Christenlehre der Jesuiten gefährliche Sprengkraft. Hat nicht ein anderer Jesuit, Suarez, gelehrt, daß vor Gott alle Menschen gleich seien und daher die Staatssouveränität von Gott her zuerst dem ganzen Volk und erst von diesem abgeleitet der Regierung zukomme? Als ob unsere Regierung vom Volk abhängen könne! Diese Religion relativiert und untergräbt tatsächlich alle menschlichen Herrschaftsverhältnisse!«
»Und ihr unterstützt sein Treiben mit offiziellen Erlassen!« – »Señor, wir konnten doch nicht auf den ersten Blick sehen, daß wir damit die Neger im Grund als Menschen anerkennen! Claver macht das ja nicht wie ein Revolutionär, sondern mehr indirekt ...«
»Und langfristig dafür um so wirksamer!« Don Carlos wußte wohl, daß da nichts mehr zu machen war. Er wollte nur Dampf ablassen. Das Problem mit diesem Jesuitenpater war, daß er keine kriminellen Handlungen beging. Er rief nicht zum Aufruhr auf, sondern kümmerte sich nur um die Neger. Aber ständig hielt er in ihnen und den Spaniern das Bewußtsein wach, daß sie Menschen seien. Darin war er hartnäckig, und die Behörden merkten gar nicht, wie sie ihm immer wieder zugestanden, daß die Schwarzen eben doch keine Tiere seien. Vor allen einzelnen Menschenrechten für seine Schützlinge focht er dafür, daß sie überhaupt erst einmal als Menschen anerkannt würden.
Kopfschüttelnd verließ Don Carlos die Amtsstube der municipalidad de Cartagena: »Wie kommt dieser elende Priester dazu, sich um die Wilden zu kümmern? Er hat doch gar nichts davon. Es trägt ihm nur Ärger ein!« Ja, wie kam der Jesuitenpater Pedro Claver dazu, sich der Alleruntersten der damaligen Gesellschaft Südamerikas anzunehmen?

Pedro Claver stammte aus einer einfachen und frommen Bauernfamilie in Spanien. Er wurde im Jahre 1580 in Verdu in Katalonien geboren. Mit dreizehn Jahren verlor er seine Mutter und wußte wohl, was es bedeutet, auf fremden Schutz angewiesen zu sein. Sein Onkel, ein Domherr von Solsona, gab ihm die erste Ausbildung. In Barcelona besuchte er ein Kolleg der Jesuiten. Diesem Orden liegen die Jugend und die Armen besonders am Herzen. Clavers religiöse Haltung trieb auch ihn dahin. Am

7. Augsut 1602 trat er in das Noviziat der Jesuiten ein. Drei Jahre später wurde er zum Philosophiestudium nach Mallorca geschickt.
Im dortigen Kolleg von Palma begegnete ihm ein Mann, der ihn für alle Zeiten prägen sollte. Nicht etwa ein Professor oder Vorgesetzter, sondern der einfachste Mann des Hauses hatte den größten Einfluß auf ihn. Der heiligmäßige Alonso Rodriguez, ein Jesuitenbruder, war Pförtner des Kollegs. Seine Aufgabe bestand darin, alle, die anklopften, aufzunehmen. Scheinbar nicht gerade eine »mächtige« Position. Und doch war es dieser Mann, der die Atmosphäre des ganzen Hauses langfristig durch sein stilles Wirken geprägt hatte. Er war ein Heiliger, und als solcher veränderte er die Welt um sich herum. In Scharen pilgerten die Menschen an die Pforte des Kollegs von Palma. Er war ein gesuchter Ratgeber in allen Belangen, da er natürlich viel Erfahrung mit Menschen gemacht hatte. Der junge Pedro begab sich gerne in die Schule dieses alten Mannes, der ihm auch die Bedeutung des schlichten Dienstes zeigte. Bei ihm lernte er, wie »bloße Seelsorge« nicht nur einzelnen Menschen, sondern ganze Landstriche umkrempeln kann.
In jenen Jahren verfügte der Generalobere des Jesuitenordens, Acquaviva, daß jede spanische Provinz einen Jesuiten nach Lateinamerika senden solle. Claver meldete sich bei seinem Provinzial. Im April 1610 ging er nach Sevilla, um sich nach Kolumbien einzuschiffen. Schon auf der langen Seereise betätigte er sich als Krankenpfleger. Vor allen Reden und Programmen stand bei ihm die Tat. Nach einigen Monaten Überfahrt landete er in der Hafenstadt Cartagena. Claver zog weiter nach Bogotá. Dort arbeitete er zunächst in einem Kolleg. Später beendete er seine Studien und wurde im Jahre 1616 zum Priester geweiht. Nun endlich konnte er sich den Ärmsten zuwenden. Er wurde nach Cartagena geschickt, um P. Alonso de Sandoval bei der Negerseelsorge zu helfen.
Seit einigen Jahrzehnten hatten die Spanier Sklaven in Afrika gejagt und sie nach Lateinamerika gebracht, da die Indios für die harte Feldarbeit nicht robust genug waren. Die Schwarzen wurden wie Tiere gefangen, aus ihren Stämmen und Familien herausgerissen und in Südamerika wie Vieh auf dem Sklavenmarkt verkauft. Niemand kümmerte sich um diese bedauernswerten

Menschen. Sie selbst hatten schon gar keine Möglichkeit, sich Recht zu verschaffen. Für die Europäer war es das Einfachste, dieser ganzen Rasse pauschal die vollmenschliche Würde abzusprechen, damit man sie wie Vieh behandeln konnte. Durch alle Jahrhunderte diente diese Strategie dazu, bestimmte Volksgruppen, Kranke und Ungeborene als »untermenschliches Leben« gefangennehmen oder gar morden zu können.

Neben dem unmittelbaren Dienst an den Sklaven mußte es also zunächst einmal darum gehen, die Neger überhaupt als Menschen anzuerkennen. Die Jesuitenpatres Sandoval und Claver begannen als erste, sich seelsorglich um die Schwarzen zu kümmenn, d. h. den Afrikanern selbst und den Spaniern die Tatsache vor Augen zu stellen, daß es hier um Menschen geht. Sobald im Hafen von Cartagena ein Sklaventransporter einlief, eilten sie hinab, um vor den menschenverachtenden Spaniern dort zu sein, die nur die »Ware« begutachten wollten. Sie erwirkten sich das Recht, die Schiffe zu betreten, um sich den Schwarzen menschlich zuzuwenden. Sie wollten ihnen zeigen, daß sie auch unter den Weißen Bundesgenossen hätten.

Welch schrecklicher Anblick erwartete sie auf den Booten! Unter Deck zusammengepfercht, kauerten die völlig Verängstigten am Boden. Viele waren unterwegs gestorben. Die sanitären Verhältnisse waren katastrophal. Ein entsetzlicher Gestank kam den Patres entgegen. Sie überwanden aber den ersten Ekel und begannen, sich der Kranken anzunehmen. In den Augen der Spanier war das ein völlig unnötiger Aufwand. Man hatte es hier doch nur mit Tieren zu tun! Gegen den Widerstand der Sklavenjäger und -händler erwirkten sich die beiden Priester mit Hilfe kirchlicher Autoritäten das Recht, sich medizinisch und religiös um die Elenden zu kümmern, d.h. sie öffentlich als Menschen zu behandeln.

Im Jahre 1662 ging P. Sandoval nach Peru. Claver aber blieb in Cartagena bei seinen Schützlingen. Seine Oberen erlaubten ihm, ein besonderes Gelübde abzulegen, durch das er sich für immer zum »Sklaven der Sklaven« machte. Bei den Behörden in Cartagena setzte er einen Erlaß durch, nach dem kein Sklave verkauft werden durfte, bevor er nicht hinreichend im Christentum unterrichtet sei. Unter dem Schutz dieser Verordnung entzog der Pater die Schwarzen für einige Zeit der Roheit der Euro-

päer und bewahrte sie vor zu früher Schinderei in den Bergwerken und auf den Feldern. Er beschäftigte sich ständig mit ihnen und hielt in ihnen das Bewußtsein ihrer menschlichen Würde aufrecht. Ohne seinen Halt hätten sie längst verzweifelt aufgegeben.
Natürlich hatte er anfangs viele Hindernisse zu überwinden – auch bei den Schwarzen selbst. Wie sollten sie nach ihren Erfahrungen mit den Europäern auf einmal einem Weißen glauben? Aber sie merkten bald, daß er sie als Brüder betrachtete. Er

Pedro Claver

wurde im Jahre 1580 in Verdu in Spanien geboren. Er entstammte einer einfachen, tiefreligiösen Familie. Nach dem Besuch eines Jesuitenkollegs trat er 1602 mit 22 Jahren in den Jesuitenorden ein.
1605 Studium der Philosophie auf Mallorca. Hier begegnete er dem Pförtner Alonso Rodriguez, der ihn durch seine schlichte Arbeit geprägt und ihm den Dienst für die Ärmsten naheglegt hat. Claver meldete sich für Lateinamerika und verließ im April 1610 für immer Europa, um in Kolumbien mit den Negersklaven zu arbeiten. Nach seiner Priesterweihe 1616 wurde er Assistent von P. Sandoval in der Negerseelsorge. In Cartagena, dem Hauptumschlagplatz für Negersklaven, kämpfte er für deren Anerkennung als vollwertige Menschen. Nicht nur die Sklavenhändler machten ihm Schwierigkeiten, auch das Vertrauen der Schwarzen war für einen Europäer nicht leicht zu gewinnen. Überdies erschwerte die Vielzahl der afrikanischen Dialekte seine Arbeit. Er legte ein Gelübde ab, für immer der Sklave der Sklaven zu sein und diente in 40 Jahren über 300 000 Negersklaven.
Die umstrittene Frage, ob Neger überhaupt eine Seele hätten, war für ihn und die Kirche eindeutig beantwortet. Das hatte politische und rechtliche Folgen: Im Unterschied zu den protestantischen Ländern Nordamerikas fielen die Schwarzen im Süden nie einfach unter das Sachenrecht, auch wenn ihnen ihre Rechte noch lange vorenthalten wurden.
1650 erkrankte Pedro Claver schwer und starb am 8. 9.1654 in Cartagena von den Schwarzen Kolumbiens tief betrauert, deren Anwalt er gewesen war. 1888 wurden er und Alonso Rodriguez von Leo XIII. heiliggesprochen.

lernte eine angolanische Sprache und bediente sich für die anderen Dialekte eines Dolmetschers. Er nahm sie in seine Gemeinde auf – eine Provokation für die spanischen Damen und Herren, die »ihre‹ Kirche mit gleichberechtigten Negern teilen sollten. Unter dem Schutz des Christentums mußten die Sklaven von der Sonntagsarbeit befreit und auch sonst für Religionsunterricht freigestellt werden.

So war die Kirche zunächst ein Asyl vor den schlimmsten Rohheiten der Weißen. Vor allem aber verhinderte Claver, daß die Afrikaner einfach zu Tieren degradiert werden konnten. In Claver hatten sie einen Anwalt, der mit der Autorität der Kirche für sie eintrat. In seiner Gemeinde schlossen sie sich zusammen und fanden über alle Stammesgrenzen hinweg zu einer kulturellen Identität. Damit war natürlich gefährlicher Zündstoff an das Fundament der Sklavenhaltergesellschaft gelegt: Nicht einzelne »Wilde« waren in Gefangenschaft, sondern die Weißen fanden sich einer geschlossenen Gemeinde mit christlichem Selbstbewußtsein gegenüber. Die Absicht der Sklavenhalter, den Negern durch Aberkennung der Menschenwürde auch alle Menschenrechte auf Dauer zu entziehen, war fehlgeschlagen.

Pedro Clavers Kampf für die Negersklaven war erst der Anfang. Die Sklaverei in Südamerika hatte gerade erst begonnen, da rüttelte er schon an ihren Fundamenten. Aber die Auseinandersetzungen dauerten noch weitere 200 Jahre, bis im 19. Jahrhundert die Negersklaverei in Lateinamerika endgültig abgeschafft wurde. Als Pedro Claver am 8. September 1654 nach mehrjähriger Krankheit ausgezehrt in Cartagena starb, klagten über 100 000 Schwarze der ganzen Gegend: »Unser Vater ist tot!« Sie trauerten um den Mann, der als erster in Amerika für ihr Menschenrecht eingetreten war, weil er in jedem Menschenantlitz Gottes Abbild erkannte.

Friedrich Spee von Langenfeld
Der Streiter gegen den Hexenwahn

von Bruno Rottenbach

Friedrich Spee von Langenfeld, eine der herausragenden Gestalten des beginnenden 17. Jahrhunderts, wurde am 26. Februar 1591 auf der Burg Kaiserwerth, rheinaufwärts von Düsseldorf, geboren. Der Philosoph und Mathematiker Gottfried Wilhelm von Leibniz (1646-1716), universalster Geist des 17. Jahrhunderts, rühmte sein Andenken als das eines ausgezeichneten Mannes, der »auch jetzt noch allen Gelehrten und Wohlgesinnten teuer sein muß«.

Über Jahrhunderte hinweg, bis in unser Heute, behielt er damit recht, denn immer wieder wurde diese faszinierende Persönlichkeit neu entdeckt. Berühmt wurde Spee vor allem durch die *Cautio Criminalis*, eine aufsehenerregende Schrift gegen die Hexenprozesse. Lange Zeit herrschte die Meinung vor, Spee habe diese Schrift in Würzburg verfaßt. Gestützt wird diese Annahme durch einen Brief von Leibniz aus dem Jahre 1697. Darin steht, daß er aus dem Munde des Erzbischofs und Kurfürsten von Mainz, Johann Philipp von Schönborn, gehört habe, Spee habe damals im Würzburgischen das Amt eines Beichtvaters zu Zeiten der großen Hexenverbrennungen ausgeübt und viele der Angeklagten zum Scheiterhaufen begleitet.

Das trifft sicherlich nicht für die drei Jahre seines Würzburger Studiums zu, das er 1615 mit dem Magister Artium abschloß. Denn zu dieser Zeit war Spee noch kein Priester und demnach auch kein Beichtvater. Er war ja erst fünf Jahre vorher, am 22. November 1610, in Trier in den Jesuitenorden eingetreten. Von dort wurde er wegen der ausgebrochenen Pest im Frühjahr 1612 nach Fulda geschickt. In dieser Stadt legte er die einfachen Gelübde ab und ging dann nach Ende des Noviziats im Herbst 1612 nach Würzburg. Während sich Spee in Würzburg dem Philosophie-Studium widmete, regierte Fürstbischof Julius Echter

von Mespelbrunn, der nebenbei auch Rektor Magnificus war. Unter seiner Regierung (1573-1617) haben die Hexenprozesse im Hochstift Würzburg begonnen, läßt man vereinzelte Verfahren gegen Hexen vor seiner Amtsperiode außer acht. Julius Echter zählt zu den schärfsten Hexenverfolgern des Jahrhunderts. Allein im letzten Jahr seiner Regentschschaft soll nach einem Kalendereintrag des Würzburger Tuchscherers Jacob Röder vom 11. Juni 1617 im Würzburger Dom von der Kanzel herab verkündet worden sein, daß im Bistum innerhalb Jahresfrist über 300 Hexen eingeäschert worden seien. Die Antwort auf die Frage, weshalb gerade dieser Fürstbischof die Hexenverbrennung in einem solchen Ausmaß gestattet hat, ist nur schwer zu finden. Seine humanitäre Gesinnung war ja besonders bekannt geworden durch die Gründung der Universität und die Stiftung des Juliusspitals zur Versorgung der Armen. Zweifellos konnte Friedrich Spee in Würzburg Erfahrungen mit dem Hexenwahn machen, dem dann sein lebenslanger Kampf gelten sollte. Jedenfalls plagte er sich von dieser Zeit an mit der Frage nach der Rechtmäßigkeit der überall im Gange befindlichen Hexenprozesse ab. Das geschah auch 1616 bis 1618 in Speyer und Worms als Lehrer am Jesuitengymnasium. Gerade in Speyer sind ja sehr viele Hexenprozesse geführt worden, da sich dort das Reichskammergericht befand, an das sich viele Verfolgte gewandt haben. Sicherlich war auch Mainz nicht von Hexenprozessen verschont, wo Spee während seines Theologiestudiums weilte.
Nach seiner mit 31 Jahren empfangenen Priesterweihe, noch vor Abschluß seines Studiums Ende 1622, hatte er als erste befohlene geistliche Tat 57 Personen zum Scheiterhaufen zu begleiten. Vermutlich hat Spee auch in Paderborn, wohin er an die Jesuitenschule versetzt wurde, viele jener Erfahrungen sammeln können, die zu seiner radikalen Ablehnung der schrecklichen Prozesse führten. Als er wegen Ausbruchs der Pest 1626 wieder nach Speyer umsiedeln mußte, dürfte er in seiner bereits grundgelegten Gegnerschaft zu den Hexenverfolgungen nur bestätigt worden sein. Es ist nicht auszuschließen, daß Spee in seiner Speyrer Zeit auch in die nahegelegenen Diözösen Würzburg und Bamberg gekommen ist, die in der Hexenverfolgung miteinander wetteiferten. Denn auch unter Bischof Johann Gottfried von Aschhausen (1617-1622) waren die Verfolgungen im

Würzburger Hochstift weitergegangen, wo sie unter Fürstbischof Philipp von Ehrenberg (1623-1631) ihren Höhepunkt erreichten. Über 900 »Hexenleute« sollen während seiner Amtszeit im Bistum Würzburg hingerichtet worden sein, davon 290 allein aus Würzburg. Andere Quellen sprechen in drei Jahren von 1200 Opfern.

Ab 1628 weiteten sich die Denunziationen und Prozesse in den Bistümern Würzburg und Bamberg geradezu zu Massenverfolgungen aus, die Mitte 1629 ihren Höhepunkt erreichten. Allein in diesem Jahr mußten auch über 30 Priester auf den Scheiterhaufen, darunter Domkapitulare aus den Stiften Neumünster und Haug, Vikare aus dem Domstift, Studenten der Universität. Unter den Opfern befanden sich auch Knaben und Mädchen im Alter von acht bis zwölf Jahren. Vermutlich hätte dieser Bischof die Hexenverfolgung noch weiter getrieben, hätte ihm nicht das kaiserliche Reichskammergericht in Speyer die Hexeninquisition verboten.

Friedrich von Spee muß 1627 im Zuge apostolischer Exkursionen von Speyer und Köln aus, wo er vertretungsweise Schuldienst am Tricoronatum leistete, nach Würzburg und Bamberg berufen worden sein und während dieser Zeit das Amt eines Hexenbeichtvaters versehen haben. Die *Würzburger Chronik* spricht von 200 vermeintlichen Hexen, die er auf den Tod vorbereitet haben soll. Die Hexenverfolgungen verringerten sich zwar während des Dreißigjährigen Krieges unter Bischof Franz von Hatzfeld (1631-1642) im Würzburger Bistum. Aber erst Johann Philipp I. von Schönborn (1642-1671) zeigte sich von Friedrich Spees *Cautio Criminalis* so beeindruckt, daß er als eine der ersten seiner Amtshandlungen die Aufhebung der Hexenprozesse in seinen Bistümern Würzburg, Mainz und Worms verfügte. Friedrich Spee erlebte diese segensreichen Auswirkungen seines mutigen Kampfes nicht mehr. Er starb am 7. August 1635 an einer Seuche, Folge seines Einsatzes für Verwundete und Kranke im hart umkämpften Trier.

Um Friedrich Spees Glaubensmut, seinen seelsorglichen Eifer, seine Opferbereitschaft bis zum Tod in vollem Umfang zu würdigen, ist es unerläßlich, den geschichtlichen Hintergrund wie auch die Entwicklung der Hexenverfolgung ein wenig aufzuhellen. Spee erlebte die Greuel des Dreißigjährigen Krieges und als dessen Begleiterscheinungen Seuchen, Verfolgungen, Ausrottungen und Angstwahn. Das Land war durchtobt von Raub und Überfall. Zur Seelsorgearbeit im Sinne der Gegenreformation im Jahre 1628 nach Peine beordert, erlebte er Glaubensauseinandersetzungen von besonderer Heftigkeit. Überzeugt von seinem katholischen gegenreformatorischen Standpunkt hallte ihm in dem seit 1520 protestantischen Peine bald der Spottvers in den Ohren: »Ein Pater kam nach Peine, / o Pein, o Pein, o Pein! / Bald werden Ochs und Schweine / auch gut katholisch sein.« Daß Spee in der Rekatholisierung trotz seines gegen den Zeitgeist gerichteten Kampfes dennoch ein Kind seiner Zeit blieb, mag auch damit zusammenhängen, daß sich auch Martin Luther nicht der unschuldig verfolgten und gemarterten Menschen annahm. Selbst er wollte die Hexen wegen ihres gottlosen Bündnisses mit dem Satan bekämpft wissen. Daher wurde in evangelischen Landen nicht weniger gefoltert als in katholischen. So wurden in Peine beispielsweise an einem Montag 106 zusammengetriebene Frauen verbrannt. In Lehrte führte Spee in einem Jahr 250 Personen vom Kerker zur Brandstätte. In Münden begleitete er innerhalb Jahresfrist 670 als Hexen Verurteilte vom Leben zum Tod.

Die erste Hexenverbrennung erfolgte bereits im Jahre 1275 in Toulouse. Aber erst die Bulle Papst Innozenz VIII. vom 5. Dezember 1484 bestätigte nicht nur die Theorie von der engen Verwandtschaft von Häresie (Ketzerei) und Magie, sondern sie ermächtigte auch die Inquisitoren zur Anwendung des strengen kanonischen Inquisitionsverfahrens gegen die Hexerei. Dieser Hexenbulle folgte der von den Dominikanern Jakob Spenger und Heinrich Krämer 1489 herausgegebenen *Hexenhammer (Malleus Maleficarum)*, der bis ins 17. Jahrhundert 29 mal aufgelegt wurde. Dieses »Instrument zur Bekämpfung der Hexerei« ist in drei Teile gegliedert, in dessen zweiten sich die manische Abwehr des weiblichen Geschlechts als »von Natur aus in der Wollust unersättlich und deshalb vom Teufel verführbar« besonders kraß ausdrückt. Nach dieser Anleitung wurden Hexenprozesse nicht als Anklage-, sondern als Inquisitionsprozesse geführt, für deren Einleitung bereits ein Gerücht zur Denunziation ausreichte. Jeder Denunziant bekam zudem noch 10 Gulden

für eine Anzeige; eine weitere Summe vom Vermögen der Hexe war ihm bei Verurteilung sicher.
Die Opfer des Massenwahns, zu denen als eines der letzten im Jahre 1749 die siebzigjährige Subpriorin des Prämonstratenserinnenklosters Unterzell bei Würzburg, Renate Maria Singer, zählte, werden auf mindestens eine Million geschätzt; davon waren etwa 80 Prozent Frauen. Gleich der Unterzeller Klosterfrau wurden sie bezichtigt, Hexen zu sein, die sich mit dem Teufel im Bund befinden. Seine Frau abzuwimmeln, sich am Gut eines anderen zu bereichern, einen lästigen Gegner loszuwerden, wurden ebenso als Anlaß zur Denunziation genommen wie Gespenster- und Aberglaube. Durch Anschlag an den Kirchentüren oder Rathäusern forderten umherziehende Hexenkommissare unter Androhung des Kirchenbannes und weltlicher Strafen dazu auf, jede Person, die im üblen Ruf stehe, vielleicht sogar Hexerei und Zauberei betreibe, binnen 12 Tagen anzuzeigen.
Erst Friedrich Spees Schrift *Cautio Criminalis* leitete einen Prozeß des Umdenkens ein. Er hatte inzwischen einen Lehrauftrag für Moraltheologie an der Universität Paderborn erhalten, der ihm allerdings im Januar 1631 wieder entzogen wurde. Ursache war die bei dem Drucker und Buchhändler Peter Lucius in Rintelen anonym erschienene Schrift *Cautio Criminalis*, deren lateinisches Titelblatt übersetzt etwa lautet: »Strafgerichts-Warnschrift oder Buch über die Hexenprozesse.« Für die Obrigkeit Deutschlands gegenwärtig notwendig, aber auch für Ratgeber und Beichtiger der Fürsten, für Untersuchungsführer, Richter, Advokaten, Beichtväter der Angeklagten, Prediger und andere sehr nützlich zu lesen. Von einem ungenannten römischen Theologen.« Daß Spee in die Anonymität flüchtete, bewahrte ihn vor dem Scheiterhaufen, obwohl so mancher geistliche Mitbruder keineswegs bezweifelte, daß er der Verfasser sei.
Friedrich Spee nannte die Folterpraxis jener finsteren Zeiten einen Rückfall in die Zeiten Neros, nur seien aus gefolterten folternde Christen geworden. »O Gott, was ist das für ein Greuel, was ist das für eine Gerechtigkeit!« ruft er angesichts der unmenschlichen Foltermethoden aus: »Unzählbar viele werden unschuldig gefoltert, gepeinigt, gerädert, gegeißelt, geschraubt und mit neuer grausamer Marter vernommen ... Und wenn sie

schon tausendmal vor Gott unschuldig sind, will man ihnen doch nicht glauben ...« Spee hatte allen Anlaß zu dieser Klage, denn was Methoden und Arten der Folter angelangt, die in drei sich immer entsetzlicher sich steigernden Graden angewandt wurden, so sind sie unvorstellbar. Die dem Rechtsgefühl der Germanen und Deutschen widersprechende Folter war in deutschen Landen nicht mehr gebraucht worden, bis sich die Inquisition dann wieder des furchtbaren Instruments der Tortur bediente.

Spee, der viele dieser unglücklichen Opfer zur Hinrichtungsstätte begleitet hat, kannte das ganze Ausmaß dieses Elends. Er war zutiefst davon überzeugt, daß hier Unschuldige eingekerkert, gequält und verurteilt wurden. Er durchbrach kühn die Komplizenschaft des Schweigens und forderte von den Richtern, die durch sinnloses Foltern unsinnige Geständnisse erzwangen: »Auf, greift Kapuziner, Jesuiten, alle Ordenspersonen und foltert sie, sie werden gestehen. Leugnen welche, so foltert sie drei-, viermal, sie werden schon bekennen ...« Den Beichtvätern redete er ins Gewissen: »Es gibt etliche Geistliche, die auf die unglücklichen Gefangenen einreden, sie drängen, bestürmen, quälen, ermahnen, ihre Schuld zu gestehen ... Derweil mögen diese Unseligen jammern und reden, soviel sie wollen, sie finden nur taube Ohren, einzig von dem Wunsch beseelt, sie fortwährend der Hexerei zu beschuldigen.« Dem einfachen Volk hielt er eindringlich vor, daß sich durch seine Unwissenheit allerorten Angst verbreite und Unschuldige verdächtigt werden. Den Fürsten schrie er ins Angesicht, daß die Hexenplage mit Feuerbränden nicht auszulöschen sei, daß man keinen Hund so zerfleische, wie man das mit Menschen tue. Sorglose Eiferer suchte er aufzurütteln: »Es ist besser, dreißig und noch mehr Schuldige laufen zu lassen, als auch nur einen einzigen Unschuldigen zu bestrafen.« Mitleid und heiliger Ernst ließen ihn in alle Welt hinausschreien: »Ich aber nehme dies auf meinen Eid: Ich habe noch keine verurteilte Hexe zum Scheiterhaufen geleitet, von der ich hätte sagen können – unter Berücksichtigung aller Gesichtspunkte und bei ruhiger Überlegung –, daß sie wirklich schuldig gewesen ist.«

Viele freuten sich, daß endlich einer ausgesprochen hatte, was sie selbst nicht auszusprechen wagten. Aber es gab auch Wider-

spruch. Der Paderborner Weihbischof Pelcking nannte die *Cautio Criminalis* ein »Liber pestillentissimus«, ein giftiges Buch. Es stecke voller verleumderischer Anwürfe gegen Fürsten und Staatsdiener, gegen Obrigkeiten und Richter. Trotz Spees Rehabilitierung durch seine Ordensoberen im September 1631 nahmen die Anfeindungen ihren Fortgang. Denn gerade in Köln, wohin Spee als Lektor der Universität kam, war im Auftrag des Erzbischofs und Kurfürsten eine Hexenjagd im Gange, bei der sich auch führende Jesuiten hervortaten. Der Theologieprofessor Petrus Roestius beispielsweise fühlte sich von Spee so heftig angegriffen, daß er drohte, er werde das Buch auf den Index bringen.
Als Ende Juni 1632 in Frankfurt eine verbesserte und teilweise erweiterte zweite Auflage der *Cautio Criminalis* erschien, hatte der Streit über das Buch in der Gesellschaft Jesu ein solches Ausmaß angenommen, daß Spee sogar damit rechnen mußte, aus dem Orden ausgeschlossen zu werden. Doch obwohl ihm der Austritt nahegelegt wurde, blieb er standhaft. Schließlich versetzte ihn der Provinzial nach Trier, wo er einen Lehrauftrag für Moraltheologie erhielt. Hier, wo Spee sein Noviziat begonnen hatte, fand der Gehetzte und Ruhelose nach 22 Jahren heimatlosen Umherwanderns für kurze Zeit Ruhe und Geborgenheit. Doch bald wurde das von französischen Truppen besetzte und leidende Trier in die Kriegswirren gerissen. Die Kaiserlichen eroberten die Stadt, vertrieben die französische Besatzung und wiesen die Jesuiten aus. Doch Spee kam nicht mehr aus ihren Mauern heraus. Nach aufopferndem Einsatz für die Ärmsten, für Verwundete und Fliehende, wurde er am 7. August 1635 selbst ein Opfer dieses Krieges.

Friedrich Spee hat die Welt verändert. Wie sehr ihn das damalige Geschehen bewegte, wie tief es ihn aufrüttelte und verwundete, geht aus dem Schlußwort der *Cautio Criminalis* hervor: »Ich hatte noch mehr sagen wollen, aber der Schmerz übermannt mich, so daß ich diese zusammenhängende Darstellung des Prozeßablaufes nicht sorgfältig und vollständig zu Ende führen, noch, was gewiß recht nutzbringend sein würde, eine deutsche Übersetzung ins Auge fassen kann.« Erst im Jahre 1647 erschien Spees Warnschrift in deutscher Sprache.

Wer Friedrich Spee nur als Poet zur Kenntnis nimmt, seine Kirchenlieder voller Zärtlichkeit und Lobverzücktheit, sein »Güldenes Tagebuch« und seine »Trutznachtigall«, der vergißt, daß bei Spee »Streitbarkeit und Sanftmut und ein heller Herzensverstand« zusammengehörten und Spees öffentliches Wirken bestimmten. Schreibt er doch selbst einmal in einem seiner Briefe, »daß er nit kommen wäre, den Menschen in den Ohren zu kitzeln und das Placebo zu singen, sondern rundaus die gründliche Wahrheit zu verkündigen, und sollte sie schon die Herzen der Weltkinder als ein schneidendes Schwert durchdringen und verwunden.« In einer Zeit, »als in Deutschland die Scheiterhaufen heller leuchteten als die Wahrheit«, war Spee nicht nur im Denken seiner Zeit weit voraus. Als unerschrockener Kämpfer gegen die Unmenschlichkeit, gegen Hexenwahn, Dummheit, Aberglauben, Sadismus und Neid überdauerte seine Gestalt die Jahrhunderte.

Friedrich Spee von Langenfeld

wurde am 25. Februar 1591 in Kaiserswerth bei Düsseldorf geboren. Er besuchte Jesuitengymnasium und Universität in Köln und trat 1610 in Trier ins Noviziat des Jesuitenordens ein. Nach Ablegung des Einfachen Gelübdes studierte er in Würzburg Philosophie und beschloß dieses Studium 1615 mit dem Magister Artium. 1616/17 leistete er Schuldienst in Speyer und Worms, 1618 in Mainz, wo er auch Theologie studierte. Dort wurde er 1622 zum Priester geweiht. 1623 lehrte er Philosophie an der Jesuiten-Universität Paderborn. 1626 wurde er wegen der Pest nach Speyer versetzt. Nach kurzem Schuldienst in Köln erfolgte im November 1628 seine Versetzung als Religions-Reformator nach Peine. 1629 erhielt er einen Lehrauftrag für Moraltheologie an der Universität Paderborn, der ihm im Januar 1631 entzogen wurde. Im gleichen Jahr erschien die »Cautio Criminalis« anonym in Rintelen. Spee starb am 7. August 1635 in Trier und wurde in der Gruft der dortigen Jesuitenkirche begraben.

Die Jesuitenreduktionen von Paraguay Triumph der Menschlichkeit

von Rainer Brand

»Ich werde aus den Indianern gute Christen machen. Fast alle beten nun schon das Vaterunser und das Ave Maria. Auf meiner nächsten Fahrt nach Indien werde ich Patres mitnehmen, außerdem werde ich die Königin bitten, mir die Mittel zum Bau von Kirchen zur Verfügung zu stellen.« Dieser Tagebucheintrag, den Christoph Kolumbus am 20. Januar 1493 niedergeschrieben hat, ist der erste Bericht über die Missionierung der Neuen Welt. Welch ein bescheidener Erfolg für den Admiral, der an anderer Stelle schrieb, daß die Könige Ferdinand und Isabella »als katholische Christen und Fürsten, die den heiligen christlichen Glauben lieben und ausbreiten wollen und die Feinde der Sekte Mohammeds und aller Götzendienste und Ketzereien sind, daran dachten, mich zu jenen Gegenden Indiens zu schicken, um die dortigen Vöker und Länder zu sehen und die gesamte Lage und die Art und Weise zu erkunden, wie man sie zu unserem heiligen Glauben bekehren könnte«!
Möglicherweise hat Christoph Kolumbus selbst an diese Aufgabe geglaubt. Für die meisten Abenteurer, die in den Jahren darauf weite Gebiete des amerikanischen Kontinents mit Feuer und Schwert eroberten, stand die Gier nach Reichtum und Macht im Vordergrund. Sie dachten kaum ernsthaft daran, als Sendboten des Christentums zu wirken. Schon im Jahr 1562 hat der Franziskanermönch Jerómino de Mendieta dies deutlich ausgesprochen: »Wie können wir Eifer für fremdes Seelenheil bei jemand verlangen, der nicht um das Heil der eigenen Seele besorgt ist? Wieviele Spanier weltlichen Standes, auch solche mit königlichen Ämtern, werden aus dem alten nach dem neuen Spanien aus dem Eifer gekommen sein, um ihre Seelen zu retten oder zu helfen, die ihrer Nächsten zu retten oder um die Ehre und den Ruhm des Namens Jesu Christi zu verbreiten? Es ist

sicher sehr wahrscheinlich und man kann es ohne Bedenken glauben, daß mit solchen Absichten niemand gekommen ist; denn obgleich es unter den Spaniern hier gute und devote Christen gibt, und es wäre sehr schlimm, wenn solche gänzlich fehlten, wird es kaum einen geben, der nicht gestehen würde, daß er unter dem Banner der Habgier gekämpft hat und daß der Hauptbeweggrund war, mehr in der Welt zu gelten und zu können und reicher zu werden, als er nach diesem Lande kam.«

Vor diesem Hintergrund ist es besonders hervorzuheben, daß immer wieder Mitglieder der Missionsorden, der Franziskaner, Dominikaner, Augustiner und schließlich auch der Jesuiten, ihre Stimme erhoben, um sich für die Rechte der unterdrückten und ausgebeuteten Indianer einzusetzen. Sie versuchten, eine Neugestaltung der europäischen Kolonialherrschaft zu erreichen. Der Dominikanerpater Pedro de Córdoba war bereits 1513 der erste, der den Plan faßte, abseits der spanischen Kolonialsiedlungen rein indianische Christengemeinden zu gründen, in denen die brutale Gewalt und das schlechte Beispiel der Kolonisten ausgeschlossen bleiben sollten. So entstand das Ideal religiöser Gemeinwesen, die der Oberhoheit des spanischen Königs unterstanden, deren Leben aber von wahrer christlicher Frömmigkeit getragen sein sollte. Am erfolgreichsten wurden später die Indianerreduktionen der Jesuiten in Paraguay, die man oft auch als »Jesuitenstaaten« bezeichnet.

Die Gründung der ersten Jesuitenreduktion – der Name bedeutet »Zusammenführung« der Indianer – ging vom spanischen Gouverneur von Paraguay aus. Er beauftragte 1609 Diego de Torres, den Provinzial der 1607 neu eingerichteten Ordensprovinz Paraguay, Missionare in die Provinz Paraná im heutigen Brasilien zu entsenden, um die Indianer vor den portugiesischen Sklavenjägern zu schützen. Gleichzeitig sollten sie die Grenzsicherung zum portugiesischen Teil Südamerikas wahrnehmen. Mit ähnlicher Absicht förderte der spanische Gouverneur die Missionierung des Gebietes nördlich von Asunción im heutigen Paraguay, um eine Verbindung nach Peru herzustellen. Von Anfang an wurde die Missionsarbeit also von den spanischen Kolonialbehörden und der Krone unterstützt, weil man in ihrer Tätigkeit auch die Wahrnehmung spanischer Interessen sah. Dies sollte bis zum Ende der »Jesuitenstaaten« so bleiben.

Am erfolgreichsten war die Mission unter den Guaraní-Indianern, die in einem Gebiet lebten, das heute das südliche Paraguay, die argentinische Provinz Misiones und über den Uruguay-Fluß hinweg Teile der brasilianischen Provinz Rio Grande do Sul umfaßt. Andere wichtigen Missionsgebiete entwickelten sich im Gebiet der Mocobi-Indianer im südlichen Gran Chaco im heutigen Argentinien und im Gebiet der Chiquitos-Indianer, an der Grenze der heutigen Staaten Bolivien und Paraguay.
Obwohl sich die Gebiete der Jesuitenreduktionen nicht außerhalb oder gar im Gegensatz zur spanischen Kolonialverwaltung bildeten, bekam die Entwicklung der »Jesuitenstaaten« bald eine Eigendynamik, die dafür sorgte, daß dieses Experiment der Kolonialgeschichte bis heute nicht vergessen ist und bis heute für viele die Möglichkeit einer besseren Welt darstellt, die auf der Gleichheit aller Menschen beruht. Voltaire nannte die Missionsstaaten der Jesuiten einen »Triumph der Menschlichkeit«, und d'Alembert sagte: »Mittels der Religion erreichten die Jesuiten in Paraguay eine monarchische Autorität, lediglich gestützt auf ihre Überredungskunst und auf ihre milde Regierungsweise. Souveräne jenes Landes, machten sie die Völker, die ihnen gehorchten, glücklich; es war ihnen gelungen, sie zu unterwerfen, ohne jemals Gewalt anzuwenden.«
Die Leitung der Reduktionen lag in der Hand einzelner Jesuitenpatres. Sie regierten das Leben in patriarchalischer Weise, führten jedoch in nahezu allen Bereichen eine Eigenverwaltung ein. Richter, Polizei, Bürgermeister und Gemeinderat wurden durch den vorherigen Gemeinderat jährlich aus den Reihen der Indianer gewählt. Danach wurde dann nur noch die formelle Genehmigung des spanischen Gouverneurs in der fernen Hauptstadt eingeholt.
Die Wirtschaftsordnung der »Jesuitenstaaten« basierte auf dem Ackerbau. Der größte Teil des Grund und Bodens war Gemeindebesitz, und dafür mußte jeder Indianer zwei oder drei Tage in der Woche arbeiten. Die Ernteerträge wurden in Vorratshäusern gelagert und dann zur Bezahlung der Abgaben an den König, zum Unterhalt der Kirche und zu Versorgung der Witwen, Waisen und Arbeitsunfähigen verwendet. Die Überschüsse bildeten die Grundlage eines weiten Handels. Dieses soziale System, das übrigens dem Sozialsystem des Inkastaates recht

nahestand, wurde vor allem im 19. Jahrhundert als das Ideal einer christlich-kommunistischen Gesellschaft angesehen. Auf jeden Fall hatten die Jesuiten einen Wohlfahrtsstaat eingerichtet, lange bevor man diesen Begriff in Europa überhaupt kannte. Der übrige Boden wurde den einzelnen Familien zur Eigennutzung zugeteilt. Dabei wurde streng darauf geachtet, daß eine ausreichende und gleiche Ernährung gesichert war. Dieses »Privatland« war allerdings kein erbliches Eigentum, sondern fiel beim Tod des Familienoberhauptes wieder an die Gemeinde zurück. Verheiratete Söhne bekamen Ackerland neu zugeteilt. Haus und Wohnung waren ebenso lebenslanger, aber nicht vererbbarer Besitz. Nur die eher sparsame Einrichtung wurde als persönliches Eigentum angesehen.

Genauso gab es bei den Viehherden, bei Weiden und Wäldern kein persönliches Eigentum. So kamen alle Einkünfte, die etwa aus dem Verkauf von Mate, Baumwolle, Tabak, Pelzen, Honig und Zucker erzielt wurden, der Gemeinschaft zugute. Die reine Naturalwirtschaft machte das Geld als Zahlungsmittel überflüssig. Der ganze Handel innerhalb der Reduktionen beruhte auf Tausch. Auch der »Außenhandel« mit den oben erwähnten Gütern wurde vorwiegend durch Tausch abgewickelt.

Keinesfalls kann man sagen, daß sich die Jesuiten selbst bereicherten. Der Jesuitengeneral in Rom wachte streng darüber, daß bei der Verwaltung indianischen Eigentums kein Mißbrauch getrieben wurde. Alles mußte von den Patres mit Tauschwaren bezahlt werden. 1721 schrieb der damalige Bischof von Buenos Aires an den spanischen König: »Ich versichere Eurer Majestät, daß ich nirgendwo eine vollkommenere Selbstlosigkeit gefunden habe als bei diesen Ordensleuten; sie nehmen nichts, was den von ihnen Bekehrten gehört, weder etwas für ihre Kleidung noch für ihren Unterhalt.«

Selbst wenn man lange Zeit angenommen hat, das Vorbild für das Wirtschaftssystem der Reduktionen in europäischen Staatsutopien zu finden, kann doch angenommen werden, daß sich die Jesuiten in vielen Bereichen nur an die Vorstellungswelt der Indianer hielten. Der Gedanke an Eigentum von Grund und Boden war ihnen völlig fremd. Wald und Flüsse boten genügend Nahrung für jeden. »Alle Dinge gehören ihnen gemeinsam«, schrieb der Jesuitenpater Dobritzhofer über die nicht in den

Reduktionen lebenden Indianer. »...was immer in der Luft fliegt, im Wasser schwimmt und wild in den Wäldern wächst, wird das Eigentum dessen, der zuerst danach greift.«
Diese Einstellung der Indianer bildete aber auch eine Schwierigkeit, wenn die Jesuiten sie zur regelmäßigen Arbeit anleiten wollten. Die Indianer lebten im allgemeinen in den Tag hinein, ohne sich um das Morgen zu kümmern. Dieses Problem haben die Jesuiten durch eine allmähliche Erziehung zu lösen versucht. Daß die Mentalität der Indianer dem entgegenstand, was damals und vielfach auch heute noch als einzig mögliche »Entwicklung« angesehen wurde und wird, beklagt Pater Cardiel 1758: »Seit 140 Jahren kämpfen wir in dieser Hinsicht, aber es hat sich kaum etwas gebessert. Und solange sie nicht über die Einsicht von Kindern hinauskommen, wird es sich nie bessern.«
Auch wenn man den Jesuiten häufig vorwarf, sie hätten die Indianer in dauernder Unmündigkeit gehalten, muß man doch anerkennen, daß sie sich in einer Weise um die Ausbildung der Indianer kümmerten, die in manchen Gebieten Südamerikas heute noch nicht wieder erreicht ist. Sie richteten Schulen ein, in denen die Knaben lesen, schreiben und rechnen lernen konnten. Besonders begabte Schüler wurden auch in Latein unterrichtet, und in späterer Zeit waren Indianer auch als Lehrer tätig.
Die eigentlichen Begabungen der Indianer lagen nach der Erfahrung der Jesuiten aber eher im handwerklichen Bereich. Besonders geschickt waren die Guaraní-Indianer im Nachahmen europäischer Handwerkskunst, und es gibt mehrere Berichte, wonach man von ihnen hergestellte Uhren, Musikinstrumente oder andere komplizierte Gegenstände nicht von den in Europa hergestellten Originalen unterscheiden konnte. So gab es in den Reduktionen bald die verschiedensten Handwerker, wie Tischler, Schmiede, Weber, Schneider, Zinngießer oder Uhrmacher. Die Kinder wurden in einem bestimmten Alter in den Werkstätten herumgeführt und konnten für sich das Handwerk auswählen, das ihnen am besten gefiel. So wurde nach Meinung der Jesuiten der Beruf von der natürlichen Neigung bestimmt.
Ebenfalls ungewöhnlich für die Zeit war die Milde der Rechtssprechung in den Reduktionen, die sich wohltuend von den rücksichtslosen Strafmethoden abhob, die gerade unter den spa-

nischen Siedlern gegenüber den Indianern üblich waren. Die Patres waren streng darauf bedacht, den Glauben nicht mit einem Strafgesetzbuch in Verbindung zu bringen, und für viele Vergehen gab es keine Strafe, sondern nur »väterliche Ermahnungen«. Später gab es dann als »gewöhnliche Strafe« fünf Stockschläge, selbst für Mord wurden teilweise nur 30-40 Hiebe vorgesehen. Als dann schließlich eine »lebenslängliche« Gefängnisstrafe eingeführt wurde, fand man nach wenigen Jahren stets Gründe, die »Lebenslänglichen« zu entlassen, zumal für die indianische Mentalität auch eine mehrjährige Gefängnisstrafe »ewig« dauerte. Die Todesstrafe gab es in sämtlichen Reduktionen nicht. Sicher ist es der generellen Milde der Patres zu verdanken, daß die Indianer in den Reduktionen kein einziges Mal gegen diese revoltierten, obwohl in jeder Stadt nur zwei bis drei Patres etwa 7000 Indianern vorstanden.

In den umliegenden spanischen Siedlungsgebieten sah dies ganz anders aus, und so ist es nicht verwunderlich, daß sich die Aggressionen der Kolonisten bald gegen die »Jesuitenstaaten« richteten. Dazu kam der Neid auf die wirtschaftlichen Erfolge und die blühenden Gemeinwesen und Städte, die unter dem Schutz des spanischen Königs und der Kolonialbehörden unerreichbar waren. Es ist so kein Wunder, daß bald Gerüchte über sagenhafte Goldvorkommen und über unermeßlichen Reichtum kursierten. Gefährlich wurden diese Gerüchte, als sie sich auch noch mit der Behauptung verbanden, die Jesuiten würden in

Die »Jesuitenstaaten« von Paraguay

Von 1610 bis 1768 gab es in Südamerika mehrere Reduktionen, in denen Jesuitenpatres die Indianer »zusammenführten«, sie missionierten und eine Gemeinschaft schufen, die in vielen Dingen ihrer Zeit weit voraus war und heute noch mit einem christlichen Utopia verglichen wird. Die Prinzipien des Zusammenlebens wurden durch den Gedanken der Gleichheit bestimmt; in den für Weiße verbotenen Gebieten hatten die Indianer unter der Anleitung der Patres eine Freiheit der Selbstverwaltung, die in der Kolonialgeschichte einmalig ist. 1768 setzte die Vertreibung der Jesuiten diesem Experiment ein Ende.

Paraguay ein unabhängiges Königreich errichten, und in Spanien selbst wollten sie den König stürzen. Karl III. ließ sich von seinen Beratern täuschen. Er vertrieb die Jesuiten aus Spanien und machte ihren Reduktionen in Südamerika ein Ende. Im August 1770 gab es in Südamerika keinen Jesuiten mehr, ein ungewöhnliches Experiment war nach mehr als 150 Jahren gewaltsam beendet.

Christian Thomasius
Ein Mann gegen die Folter

von Hermann Schreiber

Schreibt man heute über Christian Thomasius, so kann man leider nicht sagen, dank seines Wirkens sei die Folter verschwunden. Politischer und religiöser Fanatismus haben sie – nach einer Phase vergleichsweise menschlicher Ermittlungsmethoden – gegen Ende unseres Jahrhunderts selbst in Staaten wieder zum Leben erweckt, in denen man sie ein für allemal abgeschafft glaubte. Wir müssen also vorsichtiger formulieren und sagen, daß Thomasius mit seinem epochemachenden Werk *Über die Folter* schon 1705 die Ächtung dieser unwürdigen Ermittlungsmethoden einleitete und damit auch Erfolg hatte. Seine lateinische Dissertation trägt, ins Deutsche übersetzt, den vollständigen Titel *Von der aus den Gerichten der Christen zu verbannenden Folter.* Dieser Titel allein verdient schon Beachtung und Bewunderung, denn er brandmarkt doch die Folter schon in der Überschrift, in der These: als ein barbarisches und der Christen unwürdiges Verfahren, Straftaten zu ermitteln oder Geständnisse zu erpressen.

Als das Werk erschien, war Thomasius bereits fünfzig Jahre alt, hatte in Leipzig, Frankfurt an der Oder und Halle gelehrt und sich manche Gegnerschaft zugezogen. Einmal, weil er seit 1688 *deutsche* Kollegien abhielt, zum anderen, weil er Vernunft und Menschlichkeit über so manchen überholten, an der Lebenswirklichkeit des Volkes vorbeigehenden Lehrsatz stellte. Thomasius, selbst Sohn eines Gelehrten, wußte also, was er tat, als er ein Hohheitsrecht wie die Rechtspflege seiner Kritik unterwarf. 1705 konnte jeder Junker auf seiner Hufe Recht sprechen, foltern, stäupen und nicht selten auch auf eigenen Galgenbergen hinrichten. Die Hexenprozesse des vorangegangenen siebzehnten Jahrhunderts hatten gezeigt, daß die entsetzlichen Schmer-

zen der Folter zu Geständnissen von offenbarer Unwahrheit und Unmöglichkeit geführt hatten.
Trat Thomasius zu diesem Kampf an, so hatte er eine Vielzahl von Gegnern: Alle die großen und kleinen Potentaten und Richter, Staatsanwälte und Schergen, die dank der Folter eine Aura des Schreckens um sich verbreiteten und auf der Streckbank all jene Geständnisse erpressen konnten, die ihnen eine genaue und eifrige Ermittlungsarbeit ersparten. Gegen diese Mächte hatte Thomasius nur einen einzigen Verbündeten: die Religion. Denn daß das Christentum eine Religion der Liebe sei, daß die absichtliche Zufügung von Schmerzen ein teuflischer Vorgang genannt werden müsse, das konnte man dem Doktor Thomasius schwerlich widerlegen. Und schon auf der ersten Seite seines berühmten Traktats zitiert er den Kirchenlehrer Augustinus, der die Folter rügte, weil dabei oft Unschuldige »für ein gewisses Vergehen die gewisseste Strafe« erleiden.
Obwohl Thomasius sich, nach der Sitte der Zeit, auch auf zahlreiche andere Autoritäten, christliche wie heidnische, auf Denker, Gesetzgeber und Rechtsgelehrte berief, baute er seine Ablehnung der Folter doch auf der Erkenntnis des Kirchenlehrers Augustinus auf, also auf eine seit dem Mittelalter unangreifbare allerhöchste Autorität. Es ist die Erkenntnis, daß die Folter, die der Wahrheitsfindung dienen will, in sich bereits eine Strafe bedeute, eine schwere Leibesstrafe, die oft zum Tode geführt habe und noch häufiger zu dauernden Behinderungen; denn die Medizin jener Zeit war so gut wie stets außerstande, zerquetschte oder maltraitierte Gliedmaßen wieder voll gebrauchsfähig zu machen. Man dürfe aber niemanden bestrafen, ehe seine Schuld feststehe, und man dürfe schon gar nicht Personen bestrafen, von denen von vornherein klar war, daß sie nur Zeugen seien.
Daß die (sehr häufige) Zeugenfolter umstritten sei, gab man Thomasius als erstes zu; da sie aber nur gegen Personen geringen Standes angewendet werde, habe die ganze Frage doch eigentlich keine Bedeutung. Thomasius antwortete entrüstet, daß Personen geringen Standes den gleichen Schutz vor Schmerzen und Körperschäden genießen müßten wie Höhergestellte, ein Gedanke, der ganz offensichtlich der Gesellschaft seiner Zeit völlig neu war. Darum argumentiert Thomasius auf weiten

Strecken auch nicht mit der schlichten Menschlichkeit, welche die Folter verbietet, sondern widmet großen Raum dem Nachweis, daß sie nutzlos sei, weil erpreßte Geständnisse oder Zeugenaussagen keine Gewähr dafür bieten, daß sie auch der Wahrheit entsprächen. »Unter den schrecklichsten, mehr als viehischen Qualen werden die Angeklagten so sehr gemartert, daß sie lieber lügen, irgendein Verbrechen begangen zu haben, an das sie vielleicht niemals gedacht haben, und so bereiten sie durch eine erfolterte Lüge ihren Qualen ein Ende. Zu guter Letzt werden die schon von der Folterung fast erdrückten unglücklichen Menschen noch in höchst unbilliger Weise zum Tod verurteilt, und so folgen einer Sinnlosigkeit mehrere andere.«

Für uns, die wir heute dreihundert Jahre zurückzudenken versuchen, ist es bestürzend, daß ein angesehener Universitätslehrer nicht mit der schlichten Menschlichkeit argumentieren konnte, daß ihm selbst Augustinus, der Prophet Jeremia und die Offenbarung des Johannes als Helfer noch zu schwach erschienen vor der Selbstherrlichkeit von Obrigkeiten, die zu jener Zeit ja nur sehr ausnahmsweise vom Volk gewählt waren. Wir müssen uns aber klarmachen, daß auch das Recht sich nicht schneller entwickelt als Vernunft und Bildung, ja, daß auch ein humanes Rechts-System freies Denken, unbestechliche Logik und die persönliche Rechtschaffenheit der Rechts-Schöpfer voraussetzt. Vor allem aber mußte Thomasius den Mut aufbringen, sich gegen Traditionen zu stemmen, die nach jenen der Kirche wohl die am festesten gegründeten unserer ganzen Kultur sind.

Die germanischen Rechte, also die ältesten Aufzeichnungen über Gesetze der verschiedenen Stämme, kannten noch keine Folter. Den Germanen lag es näher, zwei Gegner, etwa Kläger und Beklagten, gegeneinander kämpfen zu lassen. Ein einzelner Angeklagter konnte sich durch das Gottesurteil reinigen. Diese Formen der Rechtspflege muten uns zwar altertümlich, ja vielleicht sogar primitiv an, aber sie waren wenigstens nicht in dem Maße grausam wie die Justiz späterer Zeiten.

Unter dem Einfluß der römischen Rechtspflege, in der seit frühesten Zeiten Sklaven gefoltert wurden, drang die Folterpraxis nach und nach auch in germanische Gebiet vor. Das Christentum verlangsamte diesen Prozeß nur unwesentlich; in den

Rechtsbüchern christlicher Kaiser findet sich die Folter als Ermittlungsmethode, und die Proteste von Päpsten, wie Nikolaus I. und Stephan V., blieben weitgehend wirkungslos.
Die frühesten Beweise für regelmäßige Anwendung der Folter im Strafprozeß finden sich im Stadtrecht von Wiener Neustadt – zeitweise Kaiserresidenz, Universitäts- und Bischofsstadt südlich von Wien – und im Wiener Judenprivileg von 1238, indem Brandmakrungen und Geißelungen erwähnt werden. Christian Thomasius blickte also auf eine seit dem frühen dreizehnten Jahrhundert übliche Praxis zurück, der er ein Ende zu bereiten versuchte. Unerschrockene Vorgänger, wie Friedrich Spee, Johannes Graevius oder der Belgier Anton Matthaeus, hatten zum Teil unter eigener Lebensgefahr gegen die Folter geschrieben. Aber noch der Dekan, der die Arbeit des Thomasius entgegennahm, sagte dem »vortrefflichen Herrn Kandidaten« einen so vorsichtig-zurückhaltenden Gruß, daß uns klar wird, wie heikel das Thema damals noch war:
»Auf die Folter bezogen«, sagte jener wohl zu Recht vergessene Gelehrte nach dem Vortrag des Thomasius, »überlegen Politiker und Rechtsgelehrte, wie sie ausgemerzt werden soll. Man wird in Erwägung ziehen, ob gleichzeitig auch die übrigen Fehler, an denen die christlichen Staaten kranken, entfernt werden können und ob nicht etwa durch die Abschaffung der Folter ... sehr schwere Schäden befürchtet werden müssen(!). Man wird überlegen müssen, ob jene Staaten, welche die Folter nicht gebrauchen, glücklicher sind oder ob sie sich nicht etwa großer Irrtümer schuldig machen.«
Der Dekan verwies dann auf den englischen Prozeßverlauf, wo zwar nicht gefoltert wird, wo aber Zeugenbestechung häufig ist – als ob die Folter die Bestechung verhindern würde! Damit bewies jener Dekan vermutlich, ohne es zu wollen, daß Thomasius recht mit der Behauptung hatte, die Folter diene in erster Linie der Beruhigung des Richters. War erst einmal ein Geständnis erfoltert, dann konnte jener Mann des Rechtes in vollstem Seelenfrieden sein Urteil sprechen.
Auf lateinisch, also in der Du-Anrede, versicherte der Dekan dem Kandidaten Thomasius dann, »ich will Deine Ansichten nicht bekämpfen, aber klarlegen, warum ich den Gedanken nicht ertrage, die Vertreibung der Folter aus den Gerichten der

christlichen Staaten ... einfach zu billigen«. Ein für uns schwer nachvollziehbares Bekenntnis: Ein Universitätslehrer, einer der Männer, denen die Jugend des Landes, ja seine Elite anvertraut wird, *ertrug* wohl die Existenz der Folter in der Rechtspflege, nicht aber den Gedanken an ihre Abschaffung. Schließlich lenkte er ein, rät zu einer späteren verbesserten Bearbeitung der Schrift gegen die Folter, und schließt: »Du, vortrefflicher Kandidat, aber lebe wohl und führe deine Angelegenheiten glücklich.« Zunächst sah es so aus, als werde es bei diesem frommen Wunsch bleiben und Thomasius mit seiner mutigen Schrift nicht mehr Erfolg haben als Justus Oldekopp (1597-1667), der nicht weniger als 42 Justizmorde nachgewiesen hatte, die durch erpreßte Geständnisse zustandekamen. Preußen, eben Königreich geworden, hatte einen persönlich untadeligen Fürsten in Friedrich I., aber an dem prachtliebenden Hof herrschten Günstlingswirtschaft und Korruption, die in der Affäre des Grafen Wartenberg gipfelten. Trotz seines Gehalts von über 100 000 Reichstalern hatte sich der Graf, dessen bürgerlich geborene Gemahlin die Mätresse des Königs war, zusätzlich durch Unterschlagungen unmäßig bereichert, bis ihm und seinen gräflichen Helfern Wittgenstein und Wartensleben 1711 milde Prozesse gemacht wurden, so daß sie mit den ergaunerten Summen ins Ausland gehen konnten.

In dieser Atmosphäre der Rechtsunsicherheit, unter einem König, der sich von Wartenberg unter Tränen verabschiedet und ihn zum Abschied einen wertvollen Ring geschenkt hatte, konnte Thomasius auf den geraden Weg offener und sachlicher Diskussion über die Folter nicht hoffen. Also wandte er sich an die Öffentlichkeit und versuchte, das Publikum durch verlokkende Titel für seine Bücher und Schriften zu interessieren. Seine Schrift über *Ernsthafte, aber doch muntere und vernünftige Gedanken über allerhand auserlesene juristische Händel* erreichte einen großen Leserkreis und erregten die Aufmerksamkeit des nun herrschenden Friedrich Wilhelm I., des sogenannten Soldatenkönigs. Dieser harte, aber gerechte, sehr fromme und zweifellos auch engstirnige Monarch verfügte immerhin, daß alle Urteile, in denen auf Folter des Angeklagten erkannt worden sei, ihm persönlich vorgelegt werden müßten. Das heißt, er fühlte sich in seiner Rolle als Landesvater ver-

pflichtet, die inzwischen umstrittenen Methoden der Wahrheitsfindung zu kontrollieren.
Daß der gleiche König gegen seine Soldaten mit barbarischen Strafen wie dem Spießrutenlaufen vorging, daß er in seiner eigenen hochwohlgeborenen Familie prügelte und seinen ältesten Sohn, den Kronzprinzen Friedrich, mit nicht zu überbietender Strenge behandelt, zeigt uns, in welchem Umfeld ein Thomasius um mehr Menschlichkeit kämpfen mußte. Er hätte eigentlich bei den Erziehungsmethoden seines Landesherrn anfangen müssen, beschränkte sich jedoch auf Andeutungen: 1723-26 ließ er drei Bände unter dem uns heute seltsam erscheinenden Titel *Vernünftige und christliche, aber nicht scheinheilige Gedanken und Erinnerungen über allerhand gemischte philosophische und juridische Händel* erscheinen, worim man unschwer eine Anspielung auf die selbstgerechte Härte des Königs erkennen kann, der stets die Bibel im Munde führte.
Als diese Bände erschienen waren, hatte Thomasius nur noch sieben Jahre zu leben, und es waren die streitbarsten seiner Existenz als Jurist und Hochschullehrer. Er war sich nun darüber klar, welch langen und wichtigen Weg er zurückgelegt hatte: Als er 1655 in Leipzig zur Welt gekommen war, galt Benedikt Carpzov als der berühmteste aller Rechtslehrer, ein Mann, der trotz aller Bildung und Intelligenz unverrückbar abergläubisch war und sich schließlich rühmen konnte, an die 20 000 Todesurteile in Hexenprozessen unterschrieben zu haben. Da es ja Hexerei nicht gibt und höchstens ein paar Quacksalber unter den Verurteilten waren, hatte er praktisch ebensoviele Menschen nach Folterqualen unschuldig ins Jenseits befördert.
Das muß man bedenken, um zu ermessen, warum der Weg des Thomasius nicht völlig zum Ziel führte. Der große Gelehrte erlebte es nicht mehr, daß Friedrich II., Sohn des Soldatenkönigs, die Folter in Brandenburg und in Preußen abschaffte mit der Begründung: »Man vergebe mir(!), wenn ich mich gegen die Folter ausspreche. Ich wage es, die Partei der Menschlichkeit zu ergreifen gegen eine Gewohnheit, die für jeden Christen und jedes zivilisierte Volk eine Schande bedeutet, gegen einen Brauch – ich füge es hinzu –, der nicht nur grausam ist, sondern auch unnütz.«
Dieses Beispiel ihres großen Gegners stimmte schließlich auch

Maria Theresia von Österreich nachdenklich. Sie hatte dem Hofrat Josef von Sonnenfels verboten, sie noch einmal um die Abschaffung der Folter zu bitten, aber der mutige Mährer ließ sich nicht einschüchtern; er wagte es sogar trotz aller Maßregeln, sich gegenüber Maria Theresia auf Friedrich II. von Preußen zu berufen und erreichte endlich 1776 die Abschaffung der Folter auch in den österreichischen Ländern. Vielleicht hatten Alter und Todesnähe dazu beigetragen, daß die strenge Monarchin sich vier Jahre vor ihrem Tod über die Traditionen der unbarmherzigen Rechtspflege hinwegsetzte.

Diese Beispiele, die Geschichte der Rechtssprechung von den Hexenprozessen bis an das Ende des achtzehnten Jahrhunderts, zeigen, wie zäh sich die dunklen Mächte engstirniger und unmenschlicher Selbstherrlichkeit zur Wehr setzten und wieviele Anläufe es brauchte, wie hart der Kampf der aufgeklärten Geister war und was sie dabei riskierten. Noch waren nämlich die Fürsten überzeugt, vor allem mit solchen Methoden ihre

Christian Thomasius

wurde am 1. Januar 1655 in Leipzig geboren, war eine brillante Frühbegabung und erwarb schon 1678 in Frankfurt an der Oder den juristischen Doktorhut. Er habilitierte sich in Leipzig, erwarb sich jedoch durch seine Vorlesungen über das Naturrecht und die angestammten Rechte des Einzelmenschen viele Feinde, so daß er seinen Lehrstuhl aufgeben und nach Halle gehen mußte. Mit den Waffen des Geistes, des Witzes und der Satire erschütterte er die Vorherrschaft des oft überharten Römischen Rechts und eröffnete 1688 seinen Feldzug für die Toleranz in Glaubensdingen und gegen die Anwendung der Folter in Gerichtsverfahren. Damit rief er die alte Juristengilde auf den Plan, die in den Hexenprozessen Tausende von Unschuldigen nach Foltern zum Tod verurteilt hatte und sah sich abermals scharfen Angriffen der Autoritäten ausgesetzt; selbst engste Kollegen rückten von ihm ab. Er flüchtete mit seinen fortschrittlichen Gedanken darum an die Öffentlichkeit, gründete Zeitschriften, die seinen Kampf für die Menschenrechte unterstützen sollten, und starb, ohne den Sieg seiner Ideen erlebt zu haben, am 23. September 1728 in Halle.

Herrschaft befestigen und absichern zu müssen, es gab ja zumindest auf dem europäischen Festland noch keine nennenswerten demokratischen Tendenzen, und die Geistlichkeit aller Konfessionen stand in ihrer überwiegenden Mehrheit auf der Seite der Obrigkeit.
Am 23. September 1728 starb Christian Thomasius in Halle, 1740 wurde die Folter in Preußen eingeschränkt, 1754 endlich abgeschafft, weil ein Unschuldiger wegen der Schmerzen einen Mord gestanden hatte und sich dies bei genauerer Untersuchung dann herausstellte – ein Zufall, welcher der Menschlichkeit und dem lebenslangen Kampf des Christian Thomasius zu Hilfe kam.

Unerschrocken und unermüdlich
Der Kampf des Marie Arouet, genannt Voltaire

von Hermann Schreiber

Voltaire stellte nicht nur seinen Namen auf den Kopf, indem er aus Arouet l.J. (der Jüngere) sein Pseudonym *Voltaire* machte (u = v); er widerlegte auch eine ganze Reihe verbreiteter Vorurteile: Obwohl er mit drei Jahren lange Versfabeln auswendig hersagen konnte und als Wunderkind galt, blieb er geistig frisch und schöpferisch bis ins hohe Alter; obwohl er einer der reichsten Dichter aller Zeiten wurde, setzte er all seinen Reichtum immer wieder aufs Spiel für die Gerechtigkeit und die Rechte der Machtlosen; und obwohl er mit den zartesten Versen begonnen und bis ins Alter hochpoetische Tragödien geschrieben hatte, scheute er sich nicht, in die Niederungen des Pamphlets und des Flugschriftenkampfes hinunterzusteigen, wenn es galt, Unschuldige zu retten oder wenigstens ihre Ehre wiederherzustellen.

»Eine große und gebildete Kurtisane, ein freisinniger Abbé und die Jesuiten als Erzieher – das erklärt, warum Voltaire seine Zeit so vollkommen repräsentiert«, schreibt ein großes katholisches Nachschlagewerk über diesen Kämpfer, der in Paris geboren wurde und in Paris starb, obwohl er weite Strecken seines Lebens fern von der Seinestadt zubringen mußte, auf einem lothringischen Schloß, wo er sicher war, und auf seinem Schloßgut Ferney bei Genf, das dank seiner günstigen Lage verschiedene Fluchtmöglichkeiten eröffnete. Bekannter ist bei uns sein kurzes Gastspiel am Hof des Preußenkönigs: Friedrich II., der Frankreich im allgemeinen und Voltaire im besonderen verehrte, hatte ihn nach Potsdam eingeladen, aber nach knapp drei Jahren (1750-53) zerbrach die Freundschaft der ungleichen Charaktere an Voltaires nicht zu bezwingender Spottlust und seinem Freiheitsdrang.

Wenige Jahre nach dem preußischen Abenteuer kam es zu

einem Sensationsprozeß, der dank Voltaire Geschichte machte wie seither in Frankreich nur die Affaire Dreyfuß: *L'affaire Calas.*

Jean Calas, ein angesehener Kaufmann in Toulouse, hatte einen etwas schwierigen Sohn namens Marc-Antoine. Dieser war ein stiller und scheuer Einzelgänger, der sich eines Tages im Keller erhängte. Gerüchte behaupteten, sein Vater habe ihn getötet, weil Marc-Antoine katholisch werden wollte. Die Anklage, die daraufhin erhoben wurde, war absurd: Wenige Jahre vorher war der andere Sohn des Kaufmanns wegen eines Mädchens katholisch geworden, der Vater hatte ihm verziehen, ja sogar das Mädchen im Dienst behalten. Calas liebte seine Kinder, der Mordvorwurf hatte keinen anderen Grund als das Gerücht. Dennoch wurde Calas gefoltert und mit acht gegen fünf Stimmen zu dem grausamen Tod auf dem Rad verurteilt. »Die katholischen Geistlichen, die dem Prozeß beiwohnten, zweifelten nicht an seiner Unschuld und sagten: obwohl Protestant, sei er gestorben wie ein Märtyrer« (André Maurois).

Voltaire nahm die verfolgte und enteignete Familie des Justizopfers bei sich in Ferney auf, interessierte Friedrich II., Katharina II. von Rußland, den Herzog von Choiseul und andere Mächtige, für den Fall und erreichte nach vier Jahren die Rehabilitierung des Kaufmanns, die Rückgabe seines Vermögens und eine Entschädigung für die Witwe. Er selbst aber verfaßte nach diesen Erfahrungen seinen *Treité de la Tolérance* (Abhandlung über die Duldsamkeit), der in seinen Grundsätzen für die Verfassung aller Kulturstaaten richtungsweisend geworden ist. Ganz Paris feierte das Urteil des Parlaments in Paris, das jenes von Toulouse aufhob, und Voltaire war vom Tragödienschreiber und Ependichter zum Helden des Fortschritts geworden. »Jeder Mensch«, schrieb er in dieser Abhandlung, »hat das Recht, die Meinungen auszudrücken, die ihm richtig erscheinen, solange er damit nicht die öffentliche Ordnung gefährdet.« Und: »Wollt ihr als Christen leben, dann denkt an das Martyrium des Herrn und seine Opfer und macht euch nicht zum Henker.«

Da Justizirrtümer damals womöglich noch häufer waren als heute, wurde Voltaire fortan in manchen spektakulären Fall verwickelt oder schaltete sich selbst ein, und er wurde in höherem Maß als je zuvor ein Schriftsteller zum Gewissen Europas –

in einem Jahrhundert, in dem die Könige und Kardinäle noch alle Macht hatten. War das allein schon bemerkenswert, weil es einen Ritter des freien Wortes neben die bis dahin allein gültigen Mächte und Machtzentren stellte, so wirkten die Einzelbeispiele von Voltaires Engagement an sich weiter. Überall, wo er Erfolg hatte, faßten die Menschen wieder Vertrauen in die Weltordnung, in die Gerechtigkeit, in die eigene Lauterkeit. Nach den Wirren der Glaubenskriege kehrte auf diese Weise wieder eine innere Ordnung in Frankreich ein, eine Ordnung, deren Garanten die Vernunft und die Rechtschaffenheit waren.
Die Bedeutung dieser Wandlung, die Wiederkehr der Hoffnung auf eingeborene und natürliche Rechte eines jeden Menschen, kann nicht hoch genug eingeschätzt werden. Nach Zeiten, in denen die Menschen Haus und Hof aufgaben, weil man als Soldat besser lebte, kehrten das Vertrauen zur eigenen Arbeit und der gesunde Trieb nach Besitz, nach Heimat und der Wunsch nach dem Familienglück wieder. Nicht der Königshof mit seinen Verschwendungen hatte diesen Wandel bewirkt und leider auch nicht die Kirche, die in Frankreich noch immer Menschen zweierlei Wertes sah, die Rechtgläubigen und die Hugenotten. Der Wandel kam aus den Büchern und dem Beispiel des inzwischen siebzig gewordenen Poeten, Dramatikers und Denkers Voltaire.
Nicht immer hatte Voltaire Erfolg, aber auch die Fälle, bei denen er unterlag, sind lehrreich als Beispiele unmenschlicher Justiz und verabscheuungswürdiger Intrigen: Ein verdienter Offizier, der Chevalier de la Barre, wurde wegen der Rivalität um gewisse wirtschaftliche Interessen angezeigt. Er habe ein Kruzifix auf einer Brücke beschädigt, vor einer Prozession die Mütze nicht abgenommen und unflätige Lieder gesungen. Im schwersten Vergehen, dem Schaden am Kruzifix, war er unschuldig, und es gab nicht den Schatten eines Beweises gegen ihn. Aber er wurde verurteilt, an der Zunge gebrannt zu werden (wegen der Lieder, die er im Suff gesungen hatte), danach sollte er auf den Holzstoß. Voltaire konnte zwar ein neues Verfahren in Paris erreichen, wo die Intrigen aus Abbeville nicht hinreichten, aber es erbrachte nur die mildere Todesstrafe der Enthauptung. Eine Rehabilitierung des Chevaliers erfolgte erst nach Voltaires Tod.

Ähnlich erging es Voltaire im Fall des Grafen de Lally-Tollendal, dem Neider und persönliche Feinde Fehlverhalten im fernen Indien vorwarfen. Da Indien tatsächlich für Frankreich verlorengegangen war, da England dank der Untüchtigkeit der französischen Regierung in Kanada wie im Indischen Ozean triumphiert hatte, suchte man Sündenböcke, und Lally-Tollendal wurde enthauptet. Hier erreichte Voltaire wenigstens die Wiederaufnahme des Prozesses und die Rehabilitierung, was für die Erben nicht nur moralische, sondern auch materielle Bedeutung hatte.
Manchmal errang Voltaire Teilerfolge: Das zu Unrecht des Mordes angeklagte Ehepaar Montbailli aus Saint-Omer wurde verurteilt und der Mann hingerichtet; die Frau vermochte Voltaire zu retten.
Im großen Weltgeschehen mochte das wenig bedeuten, aber Voltaire bekannte sich glücklich zu dieser Arbeit für den einzelnen Menschen, von der manche meinten, er solle die ihm noch verbleibenden Kräfte den großen Fragen des Menschengeistes widmen. »Die großen Ereignisse hat nie jemand bestritten«, schrieb er 1775 in einem Brief an einen uns unbekannten Adressaten, »das Cäsar bei Pharsalus gesiegt und im Senat den Tod gefunden hat, daß weiß jeder. Heute kommt es nicht nur auf die dominierende Farbe an, die man schon von ferne erkennt, sondern auf jede Nuance.«
Zu diesen Nuancen gehörten auch die Fragen, bei denen es nicht um Leben und Tod ging, aber um ein menschenwürdiges Leben, um ein Dasein oberhalb der bitteren Not und der bescheidensten Existenz. Voltaire wußte darüber Bescheid, denn er lebte nicht in einem elfenbeinernen Turm, sondern hatte sich in jenem Länderwinkel zwischen dem damals selbständigen Savoyen, zwischen Frankreich und der Westschweiz eine ganze Grafschaft zusammengekauft und kannte die Nöte seiner Bauern. Wurde das Land auch dank Voltaires Intelligenz nun besser verwaltet als zuvor, so gab es doch noch immer drükkende Steuern, die damals der Staat nicht selbst eintrieb, sondern an Mittelsmänner verpachtete, die dabei natürlich auch noch auf ihre Kosten kommen wollten. Voltaires Kenntnisse der Gerichte, der Gesetze und die Brillanz seiner Beweisführung befreiten das ganze Ländchen *Pays de Gex*, wie es damals hieß,

von zwei ungerechten Steuern, durch die der Hof in Versailles seinen Luxus zu finanzieren gewöhnt war. Als das neue Abkommen mit der Krone den Bauern ein leichteres Leben sicherte, zogen die vor das Rathaus, auf dessen Balkon der 82jährige Voltaire stand und ihnen das Wort *Liberté* (Freiheit) entgegenrief. Die Bauern antworteten mit »Es lebe der König, es lebe Voltaire«. Als er dann durch die fünf Dörfer seines kleinen Reiches fuhr, warf man soviele Blumen in seinen Wagen, daß dieser kaum noch weiterkam – spontane Ehrungen und Beweise der Zuneigung, wie sie damals den adeligen Landesherren nur höchst selten zuteil wurden.

Diese praktische Anwendung seiner Ideen in einem wenn auch kleinen Rahmen läßt erkennen, daß Voltaire die Menschenrechte, das Glück der einzelnen und der Familien, nur innerhalb einer wohlgefügten Ordnung garantiert sah. Anarchie und Chaos waren für ihn Zustände allgemeinen Unglücks, eine Überzeugung, durch die er sich von anderen Menschenrechtsdenkern unterscheidet, die dem Ausleben des Individuums das Wort reden. Aus dieser Grundeinstellung erklärt sich auch das im ganzen positive Urteil über Ludwig XIV., den sonst so oft geschmähten Sonnenkönig, seine starke Hand und sein väterliches Interesse an den Untertanen, ganz im Gegensatz zu dem schwachen fünfzehnten Ludwig, unter dem Frankreich von einem Unglück ins nächste geriet, ohne daß der Hof selbst viel davon bemerkte: Die geschlagenen Soldaten und das ausgeblutete Landvolk bezahlten die Zeche. Voltaires Buch über Ludwig XIV. – es gilt neben dem *Candide* als sein Meisterwerk – wurde denn auch von den Zeitgenossen als eine kaum verhüllte Kritik an Ludwig XV. verstanden, denn Voltaire sah das Glück des einzelnen nicht ohne Staat, sondern in einem gut verwalteten Staat, den jeder bejahen könne und der neben dem leiblichen Wohl auch das geistige bedenke und die Künste und die Wissenschaften blühen lasse.

Ludwig XV., keineswegs ein Tyrann und um vieles menschlicher als die Fanatiker der Französischen Revolution, ließ wohl das eine oder andere Buch des unbotmäßigen Voltaire verbrennen, mitunter auch Buchhändler bestrafen, die diese Bücher verbreiteten. Er weigerte sich aber, Voltaire selbst um den Preis einer Grenzverletzung in Ferney verhaften zu lassen. Und als

Friedrich Spee (oben) *Henri IV. (unten)*

Voltaire (links oben)
Jean-Jaques Rousseau
(rechts oben)
Immanuel Kant
(rechts unten)

die fromme Königin Maria Leszinsky dies von ihrem Gemahl forderte, tat Ludwig den schönen Ausspruch: »Was wollen Sie denn, Madame, daß ich mit Voltaire mache? Hätte ich ihn tatsächlich hier in Paris, ich müßte ihn ja doch wieder nach Ferney verbannen!«
Dabei tat die Königin dem großen Spötter zumindest in einem Punkt Unrecht: Er war keineswegs ein Gottesleugner. Zu seinem Begriff einer den Menschen beglückenden Weltordnung gehörte unabdingbar das höchste und eben göttliche Wesen. In einem seiner schönsten Briefe, er ist vom 26. August 1768 datiert, schrieb Voltaire an den Marquis de Vollevieille (jenen guten Freund, der Voltaire zehn Jahre später in seiner Todesstunde beistehen sollte):
»Mein lieber Marquis, es ist nichts Gutes im Atheismus. Dieses System ist schlecht in der Physik und in der Moral. Ein anstän-

Voltaire

hieß eigentlich François-Marie Arouet. Sein Pseudonym benutzte er erstmals 1718. Geboren am 21. November 1694 in Paris, erhielt Voltaire eine ausgezeichnete, jedoch freisinnige Erziehung, wurde durch hochgebildete Adelige gefördert und begann früh zu schreiben. Eine Satire brachte ihn schon 1717 hinter die Mauern der Bastille, wo er elf Monate Zeit für sein erstes Erfolgsstück hatte. 1726 wurde er zum zweitenmal eingesperrt und emigrierte nach seiner Freilassung nach England. Erst 1729 kehrte er nach Frankreich zurück und lebte dort unter falschem Namen, während seine liberalen Schriften vom Henker öffentlich verbrannt wurden. Weitere fünfzehn Jahre verbrachte er im damals nicht zu Frankreich gehörenden Lothringen auf dem Schloß einer Freundin und 1750-53 auf Einladung Friedrichs des Großen in Berlin bzw. Potsdam.
Im Streit aus Preußen geschieden, aus Paris verbannt, erwarb Voltaire ein Landgut bei Genf, von dem aus er mit Flugschriften immer wieder für Justizopfer eintrat und in spektakulären Fällen die Unmenschlichkeit der damaligen Justiz anprangern, oft auch die Unschuldigen retten und rehabilitieren konnte. Nachdem ihm in Paris wieder verziehen war, erfuhr er dort große Ehrungen, wo er auch am 30. 5.1778 verstarb.

diger Mensch kann sich sehr wohl gegen den Aberglauben und gegen den Fanatismus empören; er kann die Häscher verachten; er leistet dem Menschengeschlecht einen Dienst, wenn er die humanen Grundsätze der Toleranz verbreitet. Aber welchen Dienst kann er ihm leisten, wenn er den Atheismus verbreitet? Werden die Menschen tugendhafter, wenn sie einen Gott, welcher die Tugend befiehlt, nicht mehr anerkennen? Zweifellos nicht! Ich will, daß die Fürsten und die Minister einen solchen anerkennen und sogar einen Gott, der straft und der verzeiht. Ohne diesen Zügel werde ich sie als wilde Tiere ansehen, die mich zwar nicht fressen werden, wenn sie von einer langen Mahlzeit aufstehen und sanft auf einem Ruhekissen verdauen, die mich aber sicherlich auffressen, sobald sie Hunger haben – und die, nachdem sie mich verspeist haben, nicht einmal das Bewußtsein einer bösen Tat haben werden.«

Das sind, zehn Jahre vor dem Tod, prophetische Worte jenes großen Mannes, der mit Recht als einer der geistigen Väter der Französischen Revolution und damit der Menschenrechte gilt: Er hat in seinem langen Leben erkannt, daß die Rechte eines Menschen das Recht im Staat voraussetzen und das Recht wiederum unser Gewissen. Nichts aber schläfert dieses so sicher ein wie die fanatische Überzeugung, irgendeiner Idee Menschenopfer bringen zu dürfen.

Jean-Jacques Rousseau
Vorkämpfer und Wegbereiter

von Karl Rolf Seufert

Rousseau gilt als einer der geistigen Wegbereiter der Französischen Revolution und damit auch der Demokratie, vor allem jedoch als Theoretiker der Menschenrechte. Selbstverwirklichung, Selbständigkeit und Lebenserfüllung waren seine Ziele. Gleichheit im politischen, Unabhängigkeit und Selbstgenügsamkeit im privaten Leben – beides macht den Menschen unempfindlich gegen die Grundübel der Gesellschaft.
Dieser seltsame Mann, der nie wirkliche Macht ausübte, erreichte es dennoch, die Welt stärker zu revolutionieren als manche Politiker mit glanzvollen Namen.
Sein Ruhm begann, als die französische Akademie in Dijon 1749 die Preisfrage stellte: »Hat die Erneuerung der Wissenschaften und Künste dazu beigetragen, die Sitten zu verbessern?« Rousseau hatte die Frage zunächst bejahen wollen, aber unter dem Einfluß seines Freundes Diderot änderte er seine Meinung. Diderot riet ab: »Alle Mittelmäßigen werden so argumentieren. Nur der entgegengesetzte Standpunkt eröffnet dem Denken neue Wege.«
Es war der Funke, der all das entzündete, was sich in ihm an Gedanken und Erkenntnissen in den Jahren der Einsamkeit aufgestaut hatte. Die Schrift wurde preisgekrönt, nicht zuletzt auch wegen ihrer eleganten Sprache und der kühnen, oft paradox klingenden Behauptungen. Sie machte Rousseau mit einem Schlag zum gefeierten Schriftsteller, zumal er das Thema noch um die Frage erweitert hatte, ob Künste und Wissenschaften überhaupt für die Sittlichkeit und das menschliche Glück förderlich gewesen seien. Wiederum hatte er die Frage mit einem entschiedenen Nein beantwortet.
Welchen Wert hat Kultur? Wo sind ihre Segnungen? Alle Kultur setzt Arbeitsteilung voraus, stellte er fest. Aber Arbeitstei-

lung bedeutet immer auch Ungleichheit – und in der Ungleichheit liegt die Wurzel allen Übels. Lebt nicht die Überzahl aller Menschen seitdem in Elend und sklavischer Abhängigkeit? Künste und Wissenschaften sind nach seiner Meinung nicht Denkmale des Fortschritts, sondern des Verfalls.
Die Diskussionen über Rousseaus Schrift regten die Akademie zu einer zweiten Preisfrage an: »Welche Ursache hat die Ungleichheit der Menschen und ist sie in der Natur begründet?« Rousseau erregte mit seinen extremen Positionen zu diesem Thema noch größeres Aufsehen. »Der erste, der ein Stück Land einzäunte und sich vermaß zu sagen: ›Das gehört mir‹ und Leute fand, die einfältig genug waren, es zu glauben, war der wahre Gründer der bürgerlichen Gesellschaft. Wie viele Verbrechen, wie viele Kriege, wie viele Entbehrungen und Schrecken wären der Menschheit erspart geblieben, wenn einer die Grenzpfähle ausgerissen, die Gräben verschüttet und seinen Mitmenschen zugerufen hätte: Hütet euch, diesen Betrüger anzuhören! Ihr seid verloren, wenn ihr vergeßt, daß die Ernte allen und das Land niemand gehört.« Sobald der Boden einmal aufgeteilt war, konnte sich der eine nur noch auf Kosten des anderen verändern, stellte Rousseau seinen Lesern vor. Herrschaft und Knechtschaft, Gewalttätigkeit und Räubereien kamen auf. Die Menschen wurden habgierig, ehrgeizig und boshaft.
Doch dieser Zustand, der auf Mord und Krieg hinauslaufen mußte, konnte nicht von Dauer sein. Darum kam der »Reiche« mit dem Vorschlag: Vereinigen wir uns, um die Schwachen vor der Unterdrückung zu schützen, die Ehrgeizigen im Zaum zu halten und jedem den Besitz dessen zu garantieren, was ihm gehört. Statt unsere Kräfte gegen uns selbst zu wenden, wollen wir sie in einer obersten Gewalt vereinen, die nach weisen Gesetzen alle schützt, die Feinde fernhält und ewige Eintracht sichert.
So entstanden Staat und Gesetze, die dem Schwachen neue Fesseln anlegten und dem Reichen die Möglichkeit verschafften, die Ungleichheit zu verewigen, indem die zunächst gesetzliche Herrschaft bald in eine willkürliche ausartete.
Die Entstehung des Eigentums, so faßt Rousseau zusammen, war also das erste Übel: Sie schuf Reiche und Arme. Die Einsetzung der Obrigkeit war das zweite Übel, denn sie schuf Herrschende

und Beherrschte. Die Ausartung der Macht in Willkür war das dritte Übel: Sie schuf Herrn und Sklaven, deren einzige Pflicht der Gehorsam ist – und hier liegt der Gipfel aller Ungleichheit, ihre äußerste Entartung. Auf diese Weise hat sich die Menschheit zu einem Zustand entwickelt, der allem Recht Hohn spricht. So kommt es, daß ein Kind über erwachsene Männer befiehlt, ein Dummkopf über Weise und eine Handvoll Reicher im Überfluß schwelgt, während die Masse des Volkes in Entbehrung lebt. Was aber tun? Wo öffnet sich ein Ausweg?

Die Antwort auf diese Thesen gibt Rousseau in seinem *Contrat social*, dem »Gesellschaftsvertrag«, seiner bekanntesten politischen Schrift. Der Mensch ist frei geboren, stellt er darin fest, und doch liegt er überall in Ketten. Es muß aber möglich sein, eine Verfassung zu schaffen, in der die natürliche und unveräußerliche Freiheit in Einklang gebracht ist mit dem Maß an Gewalt, das die staatliche Ordnung nun einmal braucht. Macht allein kann nie Recht bilden. Die Grundlage einer rechtmäßigen Herrschaft kann nur auf Übereinkunft, auf freier Zustimmung also begründet sein. Diese Übereinkunft ist der Gesellschaftsvertrag. Jedes Mitglied gibt sich selbst und alles, was es kann, als Gemeingut unter die oberste Leitung eines gemeinsamen Willens. Dadurch entsteht als öffentliche Person das Volk. Das Volk ist der einzige Träger der Souveränität. Die jeweilige Regierung ist nicht durch einen Vertrag eingesetzt, sondern durch einen Auftrag, den sie vom Volk erhalten hat. Daher sind die Regierungmitglieder auch nicht die Herren, sondern die Beauftragten des Volkes. Ihre Mandate gelten nur so lange, wie es dem Volk gefällt.

Von Zeit zu Zeit soll durch eine allgemeine Volksabstimmung entschieden werden, ob die gegenwärtige Regierungsform beibehalten werden soll und ob die Regierungsmitglieder weiter mit der Verwaltung betraut werden sollen oder nicht. Indem jeder seine Stimme abgibt, sagt er seine Überzeugung. Aus der Berechnung der Stimmen ergibt sich dann die Feststellung des Gemeinwillens.

Gleichheit und Freiheit der Menschen bedingen sich nach Rousseaus Meinung gegenseitig und verhindern das, was ihm als das größte Übel erschien: die Abhängigkeit des einzelnen vom einzelnen. Der Einzelmensch und das Volk, das sind die Pole eines gesunden Gemeinwesens. Wenn nichts zwischen sie tritt, dann müssen diese beiden Interessen, der Wille der Individuen und der Allgemeinwille, zusammenfallen. Natürlich leugnet Rousseau nicht, daß die Interessen der einzelnen Menschen sehr verschieden sind. Aber diese gegensätzlichen Interessen heben die Gemeinsamkeit, auf der der Staat beruht, nicht auf. Denn was den unterschiedlichen Interessen gemeinsam ist, das bildet das soziale Band. Gäbe es nicht irgendeinen Punkt, in dem sich alle Einzelinteressen treffen, so könnte kein Staat bestehen.

Rousseau ist, ähnlich wie Kant in Deutschland, der letzte Genius der Aufklärung und zugleich ihr schärfster Kritiker. Als der französische König Ludwig XVI., schon im Gefängnis, die Werke Voltaires und Rousseaus las, erklärte er: »Die beiden Männer haben Frankreich zerstört.« Da er darunter das monarchische Frankreich verstand, hatte er sicher recht. Napoleon sagte einmal: »Die Bourbonen hätten sich halten können, wenn sie Tinte und Papier überwacht hätten.«

Die republikanische Verfassung Frankreichs wurde nach dem Vorbild des *Contrat social* entworfen. Der Kampfruf *Freiheit – Gleichheit – Brüderlichkeit* bezog seine innere Kraft aus den Forderungen Rousseaus. Offen bleibt dabei die Frage, ob Rousseau die Revolution, so wie sie tatsächlich ablief, gebilligt hätte. Das ändert jedoch nichts daran, daß es ganz entscheidend sein Geist war, der sie beschworen hat.

Doch Rousseaus Einluß ging weit über die Französische Revolution hinaus. Einer seiner Grundgedanken besagt, daß der Mensch von Natur aus gut sei und erst durch die Gesellschaft verdorben werde. Er hat seine Vorstellungen darüber in dem Erziehungsroman *Emile* dargelegt und übt in ihm einen bis heute andauernden Einluß auf die Pädagogik aus. Die Aufgabe der Erziehung, meint er, besteht vor allem darin, die guten Anlagen des jungen Menschen reifen zu lassen und die verderblichen der Gesellschaft von ihm fernzuhalten.

Rousseaus Vereinsamung, seine freie Lebensart als Künstler, sein unbefriedigtes Suchen nach Wahrheit und Selbstverwirklichung übten eine magische Wirkung auch auf die deutschen Dichter des »Sturm und Drang« aus. Goethes 1774 veröffentlichter Roman *Werther* steht stark unter diesem Einfluß. Aber auch Schillers *Räuber* lassen die Vorstellung vom guten Naturzu-

stand anklingen. Selbst Immanuel Kant schätzte Rousseau, auch wenn er dessen Glauben an die natürliche Güte des Menschen nicht teilte. In Kants Arbeitszimmer hing nur ein einziges Porträt – das Bild Rousseaus.
Im späten 19. Jahrhundert wurden die Gedanken des Genfer Philosophen erneut bedeutsam, diesmal im utopischen Sozialismus und im revolutionären Sozialismus von Karl Marx. Selbst im 20. Jahrhundert sahen nicht wenige in Rousseaus Ideen eine Rechtfertigung für die totalitären Staatsauffassungen, wie sie nach dem Zweiten Weltkrieg entstanden. Doch nichts kann falscher sein. Rousseau ging es immer um das Wohlergehen des einzelnen Menschen. Niemals darf der einzelne dem Wohl des Ganzen geopfert werden, davon ließ er nicht ab.

Jean-Jacques Rousseau

wurde am 18. Juni 1712 in Genf geboren. Der Vater war ein von französischen Hugenotten abstammender Uhrmacher, die Mutter eine Genfer Calvinistin. Mit fünfzehn Jahren verließ Rousseau Genf, konvertierte zum katholischen Glauben und verlebte die entscheidenden Jahre in Savoyen.
1743 ging er nach Paris, wo Denis Diderot, Dichter, Philosoph und Herausgeber der großen Enzyklopädie, sein Freund wurde. Er führte eine freie Ehe mit Therese Levasseur. Die Kinder aus dieser Verbindung gab er ins Findelhaus.
Erste literarische Erfolge errang er mit Theaterstücken und einer Oper. Bekannt wurde er mit seinen Schriften zu Preisfragen der Akademie von Dijon. Um 1750 erhielt er das Bürgerrecht der Stadt Genf wieder und kehrte zum calvinistischen Glauben zurück.
1762 erschien sein Roman »Emile«, im gleichen Jahr auch sein »Gesellschaftsvertrag«, in dem er seine Gedanken über Demokratie und Menschenrechte zusammenfaßte. Um einer Verhaftung zu entgehen, floh er aus Frankreich, wo beide Bücher von der Zensur verboten worden waren.
1766 folgte er einer Einladung des englischen Philosophen Hume nach England, kehrte aber schon bald nach Frankreich zurück, wo er vereinsamt, aber unbehelligt in Paris und auf dem Lande lebte. Am 12. Juli 1778 starb Rousseau in Ermenonville.

Immanuel Kant
Durch Vernunft zum Frieden

von Uwe Weller

Zweihundertdreißig Jahre nach der Geburt des großen Königsberger Philosophen und knapp zehn Jahre nach dem Ende der großen deutschen Katastrophe, die eine Katastrophe der Menschheit gewesen ist, notierte Karl Jaspers in seinem Essay über Kant: »Kant ist der Träger der Humanität der Aufklärung. Er ist nicht nur der große Kopf, sondern der wahrhaftige Mensch. Sein Ethos kennt nicht übersteigerte Handlungen, in denen Moral unwahrhaftig konstruiert oder pathetisch demonstriert wird, um dann sich im eigensüchtigen Alltag zu verstekken. Sein Ethos ist das Ethos gerade des Alltags und jeden Augenblicks. Ihn brauchen wir nicht als ein Fremdes zu bewundern. Mit ihm können wir leben. Ihm möchten wir folgen.«

In der Tat: Es geht nicht nur um die Einzigartigkeit der Erscheinung Immanuel Kants in der Geschichte der Philosophie und der Menschheit, es geht für den Menschen in der zweiten Hälfte des 20. Jahrhunderts auch darum, sich die ethischen und moralischen Positionen Kants zu vergegenwärtigen – und danach zu leben –, die in der moralischen Katastrophe eben dieses Jahrhunderts so brutal wie konsequent verschüttet worden sind. Der moderne Mensch muß mit der Erfahrung leben, daß die Aufklärung des 17. und 18. Jahrhunderts, der Beginn eines neuen Zeitalters und eines neuen Bildes vom Menschen, in Auschwitz zugrunde gegangen ist, weil eben diese Aufklärung in dem Lande Kants nicht so aufgenommen worden ist, wie sie einzig zu denken wäre: als permanente Herausforderung, der sich jeder Mensch jederzeit zu stellen hat.

Gerade in dieser Hinsicht ist Kant außerordentlich aktuell und als politischer Schriftsteller gefragt, weil er die entscheidenden Grundfragen der Menschheit gestellt und in seiner unverwechselbaren Weise beantwortet hat. Sein Blick war ausgerichtet auf die Freiheit des Menschen, auf Verantwortung und Recht; er war erfüllt von dem Gedanken der Verwirklichung der Vernunft. Aber für die »Zerstörung der Vernunft« (Lukàcs, ungarischer Philosoph und marxistischer Literaturhistoriker, 1885-1971) im 20. Jahrhundert wird man ihn schwerlich verantwortlich machen; selbst wenn man berücksichtigen muß, daß zu Kants fast tragischer Wirkungsgeschichte weniger die Verwirklichung von Freiheit und Vernunft in der deutschen Gesellschaft gehört als vielmehr die Reduktion einiger seiner wesentlichen politischen Maximen auf die später so berüchtigten preußischen Sekundärtugenden Pflicht, Gehorsam und Untertanenmentalität.

Gewiß, Kant war nicht *der* Theoretiker des Liberalismus in Deutschland; aber was will das schon sagen angesichts des Umstands, daß es der politische Liberalismus insgesamt schwer hatte im Land der Dichter und Denker? Mit seiner Philosophie stellte er ein unter vielen Aspekten erdachtes, in seiner komplexen Vielgliedrigkeit sinnvolles Beziehungsganzes dar, das sich nicht im Sinne eines doktrinären Systems präsentierte, sondern als eine Philosophie der ständigen Erweiterung und Erneuerung – in theoretischer wie in politischer Hinsicht. Insofern war Kant ungleich dialektischer und entwicklungsfähiger als viele seiner Nachfolger und Kontrahenten. In diesem Sinne ist er auch als permanente Herausforderung an uns aktuell geblieben, selbst wenn man nicht übersehen kann, daß andere Großphilosophen des 19. Jahrhunderts, Hegel und Marx an der Spitze, sich eher aufdrängen, wenn es gilt, politische Positionen auf philosophischer Grundlage zu beziehen.

Hegels These von der Immanenz der Idee – »Was vernünftig ist, das ist wirklich, und was wirklich ist, das ist vernünftig – läßt sich ohne Schwierigkeiten als Grundmotiv des philosophischen und politischen Denkens Immanuel Kants bezeichnen, der ungleich tiefer und umfassender als seine Vorgänger (insbesondere was seine französischen Kollegen anbelangt) die Grundlagen des Liberalismus aus seinm Vernunftbegriff erarbeitet.

Seine politische Philosophie, fest eingebunden in sein allgemeines philosophisches Werk und herausragender Bestandteil seines Denkens in seiner zweiten Lebenshälfte, ging von dem faszinierenden Gedanken der Verwirklichung der Vernunft aus und beabsichtigte eine »wahre Reform der Denkungsart« im Sinne einer berühmten Antwort auf die selbstgestellte Frage von 1783 *Was ist Aufklärung?* »Aufklärung«, so definierte Kant, »ist der Ausgang des Menschen aus seiner selbstverschuldeten Unmündigkeit.« Und noch in seiner *Kritik der praktischen Vernunft*, fünf Jahre später publiziert, legte er den Leitsatz seiner politischen Philosophie in dem nicht minder berühmten kategorischen Imperativ nieder, wonach der Mensch aufgefordert ist, so zu handeln, daß die Maxime seines Willens jederzeit zugleich auch als Prinzip einer allgemeinen Gesetzgebung gelten könne. Auf den Gedanken, daß man aus Vernunftgründen auch an die Verwirklichung des Schlechtesten gehen könne, kam Kant nicht; das wußte erst Hegel – und nach diesem wir alle.

Es ist kein Zufall, daß sich Kant erst in der zweiten Hälfte seines Lebens mit politisch-philosophischen Fragen auseinandersetzte, war er doch Zeitgenosse Friedrichs des Großen, der den Königsberger Philosophen kaum gekannt haben wird. Andererseits war er Zeitgenosse der Großen Französischen Revolution, deren Sprengkraft nicht zuletzt durch die Macht der Ideen der Aufklärung und des Rationalismus ausgewiesen war, was jedoch nicht heißen kann, daß Kant etwa ein Sympathisant der Revolution gewesen wäre; ganz im Gegenteil. Kant war Monarchist, und für Demokratie und Republik hatte er bezeichnenderweise wenig übrig gehabt. Im Mittelpunkt seines Denkens stand ja nicht die Frage nach dem gerechten Staat oder nach der gerechten Gesellschaft, sondern die Frage nach Gerechtigkeit und Freiheit schlechthin, wobei es Kant völlig klar war, daß diese nur in Staat und Gesellschaft verwirklicht werden könnten.

Der freie Gebrauch der Vernunft, wozu der geschichtliche Mensch aufgefordert ist, stellt für ihn die Aufgabe der täglichen Bewährung dar, und da der Mensch nun einmal aus krummem Holz geschnitzt ist, könne aus ihm nichts Gerades gezimmert werden. Das aber wiederum heiße nicht, daß der Mensch sich nicht ständig um seine Besserung, um seine Aufklärung und um die Verwirklichung der Vernunft in ihm bemühen müsse. Im Gegensatz zu den französischen Rationalisten also, die an eine Göttin der Vernunft glaubten und diese in den Tagen der Großen Revolution auch durch die Straßen trugen, glaubte Kant stets sehr viel bescheidener – aber zugleich auch anspruchsvoller – an die Vernunft in jedem Menschen. Also daran, daß der Mensch sich aufgrund eben dieser Vernunft zum Besseren, zum Guten hin orientieren werde. Da die Vernunft somit das Maß aller Dinge, vor allem allen Handelns war, konnte Kant unschwer zu der Einsicht gelangen, daß auch Staaten und Gesellschaften nach dem Vernunftprinzip strukturiert sein müßten. So schrieb er etwa in seinem 1795 veröffentlichten Essay *Zum ewigen Frieden*, daß das Völkerrecht künftig auf einem Weltbürgerrecht basieren müsse und dieses wiederum auf der Internationalität der Vernunft, woraus sich internationaler Frieden, ja sogar eine »Weltrepublik« ergeben würden, denn Ungerechtigkeiten, Unterdrückungen und Kriege seien eben durchaus unvernünftig.

Durch Vernunft zum Frieden: Das ist, auf eine Kurzformel gebracht, die Botschaft Immanuel Kants an die Welt, heute so aktuell wie zu seiner Zeit. Aber heute wie damals konterkariert durch das Gegenteil von Vernunft, den Irrationalismus und den Haß, den Neid und das einseitige Machtstreben der Völker wie der Menschen. Man möchte meinen, daß Kant einem Optimismus das Wort redete, der geschichtlich nicht zu halten ist, so daß man besser täte, zu den »Realitäten« zurückzukehren. Jedoch würde man damit einen entscheidenden, vielleicht *den* entscheidenden Aspekt des Kantschen Denkens übersehen.

Kant ist nicht nur der Moralist, der Ethiker, der von seinem Vernunftbegriff aus das Bild eines neuen Menschen in einer neuen Welt entwickelt; er ist darüber hinaus der Philosoph der Hoffnung, wobei er selbstverständlich nicht in erster Linie auf die Veränderung der gesellschaftlichen Bedingungen hofft (wie Generationen später Karl Marx), sondern auf die Veränderbarkeit, um nicht zu sagen Besserungsfähigkeit des Menschen. Und diese Hoffnung hat Kant in ein schlichtes Gesetz gefaßt: »Du kannst, denn du sollst.« Der Aufklärungsphilosoph in ihm, wie er sich in der *Kritik der praktischen Vernunft* (1788) und in der *Metaphysik der Sitten* (1797) präsentierte, ging von eben dieser Prämisse der Bildbarkeit des Menschen aus, er begriff sich, in aller Bescheidenheit, als der Erzieher des Menschengeschlechts oder wie sein getreuer Schüler Friedrich Schiller einmal meinte, als ein »moralischer Drakon« (athenischer Gesetzgeber um 620 v.Chr., der wegen der Strenge seiner Gesetze berüchtigt war).

Kant suchte nach moralischen Normen a priori – vor aller Erfahrung, nach Normen, die für alle Menschen gleichermaßen verbindlich sein konnten. Wenn er den Menschen »und überhaupt jedes vernünftige Wesen ... als Zweck an sich selbst« definierte, so definierte er gleichermaßen das Gesetz, nach dem der Mensch angetreten ist, sein Leben zu erfüllen. Freiheit und Vernunft stellen nach Kant jene Prämissen dar, nach denen der Mensch sein Leben einzurichten hat. Dabei bezeichnet er die Freiheit nur als »eine Idee der Vernunft, deren objektive Realität in sich zweifelhaft ist«, womit er unzweideutig zu verstehen gibt, daß die Freiheit sich der Vernunft unterzuordnen hat. Ein Gedanke, der in einem preußisch-deutschen Obrigkeitsstaat durchaus auf fruchtbaren – und das heißt unheilvollen! – Boden gefallen ist. Zugleich wird hier eine Wurzel des rechtsstaatlichen Denkens deutlich, das sich bis in unsere modernen Zeiten hinein nachvollziehen läßt.
Es ist also nicht die Freiheit von etwas, sondern die Freiheit für etwas, die gebundene Freiheit, die Kant propagiert. Die Freiheit, die dem moralischen Gesetz unterworfen ist oder die Autonomie der Vernunft: »Also drückt das moralische Gesetzt nichts anders aus als die Autonomie der reinen praktischen Vernunft, i.e. (id est = das ist) der Freiheit«, schreibt Kant in der *Metaphysik der Sitten*.
Der Begriff der gebundenen Freiheit erinnert jedoch an einen anderen Terminus, der wie kaum ein zweiter zu spezifischen Mißverständnissen und vor allem zu Fehlverhalten geführt hat; gemeint ist der Begriff Pflicht, der in der Kantschen Ethik eine hervorragende Stelle eingenommen hat, zugleich jedoch als preußische Sekundärtugend – fernab von Kant freilich – zur Rechtfertigung auch der am wenigsten moralischen Taten diente.
Hier zeigt sich wiederum Größe und Problematik des Kantschen Denkens. Die Tat, die aus der Pflicht geschieht, ist moralisch gut, meint er. Aber er übersieht in seinem moralisch-pädagogischen Eifer die politische Indienstnahme des Pflichtbegriffs, der nur zu oft zu einem Unterwerfungsbegriff verkommen ist und die Autonomie des handelnden Subjekts in keinster Weise garantiert.
Auch hier ist in keinem Fall ein Einwand gegen Kants *Denken an sich* formuliert, wenngleich im Lichte der politischen Erfah-

rung nicht übersehen werden darf, daß Kant die Prinzipien der politischen Soziologie auf eine ebenso rührende wie gefährliche Weise vernachlässigt hat. Aber war es ihm, der vom Vernunftbegriff geprägt war, überhaupt möglich, das Unvernünftige als das Mögliche und Alltägliche zu denken? Möglicherweise war Kant in der Tat gehindert, sich vorzustellen, daß die Menschheit, daß Staat und Politik an der Schwelle zur jüngeren Neuzeit nicht bereit sein könnten, sich den Prinzipien von Vernunft und Verantwortung zu unterwerfen. Aber dann war es immerhin noch die Aufgabe des Philosophen, auf die Verwirklichung eben dieser Prinzipien zu drängen und für diese in Schriften und Vorlesungen wie auch in persönlichen Verhalten einzustehen. Kants berühmter Satz: »Der bestirnte Himmel über mir, und das moralische Gesetz in mir« ist denn auch als unabdingbare Aufforderung an den Menschen zu verstehen, sich selbst im Sinne des selbst-bewußten und selbst-verantwortlichen Wesens zu verstehen und sich der Verantwortung vor Gott und den Menschen nicht zu entziehen.

Es ist kein Zufall, daß sich Kant gegen Ende seines philosophischen Denkens mehr und mehr dem Gedanken des »Republikanismus« widmete, und seine *Metaphysik der Sitten* läßt sich durchaus wie eine moderne Staats-, vor allem Rechtsstaatstheorie lesen. Ein Zufall ist dies schon deshalb nicht, weil Kant erkennen mußte, daß die auf Vernunft basierende Autonomie des Menschen durch ein absolutistisches Regime in seiner Entfaltung gehindert ist. Mehr noch: Der Absolutismus basiert auf der Vernunft eines einzigen Menschen – des Monarchen – und hindert damit die Vernunftentwicklung aller übrigen. So dreht sich sein politisches Denken mehr und mehr in Richtung auf eine Zukunft, die in seinem Preußen lange, allzu lange auf sich warten ließ, um sich statt dessen mit den Simplifizierungen der Kantschen Philosophie zufriedenzugeben; also mit der Unterwerfung unter die Pflicht oder die Verwechslung von »Verfassung« mit »preußischem Ordnungsstaat«, von der Verwirklichung der auf Vernunft basierenden Freiheit gar nicht erst zu reden.

Immanuel Kant, jener kleine, schwächliche Mann aus der preußischen Provinzstadt Königsberg, dachte eine Welt, die auch heute noch nicht die unsere ist. Seine Postulate und Perspektiven sind nicht in politische und gesellschaftliche Praxis umgesetzt. Als permanente Aufgaben bleiben sie fortbestehen. Die Aufklärung des Menschen, die er in seinem umfangreichen Werk entwickelte, und die Versöhnung von Moral und Politik sind dringlicher denn je. Nichts wäre verhängnisvoller, als sich von Kant als einem überholten preußischen »Philosophen der Pflicht« abzuwenden und die Aufklärung für gescheitert zu erklären: Bei Kant kann man lernen, daß es zur Aufklärung wie zur Vernunft und Freiheit keine Alternative gibt.

Immanuel Kant

wurde am 22. April 1724 als viertes Kind eines Riemermeisters in Königsberg geboren. Nach dem Besuch des pietistischen Collegium Fridericianum studierte er zwischen 1740 und 1746 Philosophie, Mathematik und Naturwissenschaften in seiner Heimatstadt; zwischenzeitlich war er Hauslehrer, um 1755 zu promovieren. Im selben Jahr wurde er Privatdozent, um erst 1770 zum Professor berufen zu werden, nachdem er verschiedene Berufungen, unter anderem nach Erlangen und Jena, abgelehnt hatte. 1786 wurde er Rektor der Universität Königsberg. 1797 gab er nach einer Auseinandersetzung mit der preußischen Zensurbehörde seine Lehrtätigkeit endgültig auf.
Kant starb am 12. Februar 1804 in Königsberg als ein Weiser, der am Ende seines Lebens von sich sagen konnte: er gehe »mit reinem Gewissen und dem frohen Bewußtsein aus der Welt, niemandem vorsätzlich Unrecht oder Leid getan zu haben«. Seine Hauptwerke sind die »Kritik der reinen Vernunft« (1781), die »Grundlegung zur Metaphysik der Sitten« (1785), die »Kritik der praktischen Vernunft« (1788) und die »Kritik der Urteilskraft« (1790). Sein philosophisches Werk, das ihn als einen der Hauptvertreter des Idealismus charakterisiert, ist unbestritten eine der größten geistigen Leistungen der Menschheit, er selbst gilt als die Krönung der deutschen Philosophie.

Gotthold Ephraim Lessing
Die Nachforschung der Wahrheit

von Klaus Klöckner

Am 30. Dezember 1743 schreibt der 14jährige Gotthold Ephraim Lessing an seine ältere Schwester Dorothea Salome: »Geliebte Schwester! Ich habe zwar an Dich geschrieben, allein, Du hast nicht geantwortet. Ich muß also denken, entweder Du kannst nicht schreiben, oder Du willst nicht schreiben. Und fast alle wollen das erste behaupten. Jedoch ich will auch das andre glauben: Du willst nicht schreiben. Beides ist strafbar. Ich kann zwar nicht einsehen, wie dieses beisammen stehn kann: ein vernünftiger Mensch zu sein; vernünftig reden können und gleichwohl nicht wissen, wie man einen Brief aufsetzen soll. Schreibe wie Du redest, so schreibst Du schön. Jedoch; hätte auch das Gegenteil statt, man könnte vernünftig reden, dennoch aber nicht vernünftig schreiben, so wäre es für Dich eine noch größere Schande, daß Du nicht einmal soviel gelernet. Du bist zwar Deinem Lehrmeister sehr zeitig aus der Schule gelaufen, und schon in Deinem 12 Jahre hieltest Du es vor eine Schande etwas mehres zu lernen; allein wer weiß welches die größte Schande ist? in seinem 12 Jahre noch etwas zu lernen als in seinem 18ten oder 19ten noch keinen Brief schreiben zu können. Schreibe ja! und benimm mir diese falsche Meinung von Dir!«

Im Rückblick ist es natürlich leicht, Vorboten eines meisterhaften Stils zu erkennen – aber ist solche Erkenntnis deswegen falsch? Das dialektische Spiel mit Gegensätzen, die sich »aufheben«, Offenzeit zeigen und fordern: zwar – allein, entweder – oder, fast – jedoch, das erste – das andre. Und niemals das letzte Wort, das festlegt, kein »Gegenteil« mehr zuläßt: »Jeder sage, was ihm Wahrheit dünkt, und die Wahrheit selbst sei Gott empfohlen!«

Ein gefährlicher Satz in Zeiten, in denen Rechthaber mächtig sind und Machthaber recht behalten wollen. Gefährlich, weil human: Das Vorläufige ist Sache des Menschen, sagt Lessing damit. Es hält ihn unruhig; er soll wach bleiben, bereit »etwas mehres zu lernen«. Lessing, der Theologe ohne Kanzel; der Gelehrte, der nicht »Professorieren« wollte; der streitbare Journalist; der Dramaturg und Dramatiker, der ein »Nationaltheater« des freien Geistes eröffnete, für das es noch kaum eine Bühne gab; der wegweisende Schriftsteller, der von sich sagte, er sei kein »Dichter«, und der doch die schreibenden Zeitgenossen überragte – dieser Lessing selbst hat gelernt bis zum letzten Atemzug. Und die gelernt haben von ihm und die lernen werden, danken es ihm. Wie viele mögen das sein?

Und auch dies steht in dem erstaunlichen Brief: »Schreibe, wie Du redest, so schreibst Du schön!« Widerspruch gegen die verschulte, gekünstelte Rhetorik jener Epoche und Hinweis auf das, wofür Lessing als Wegbereiter wurde: die lebendige Durchdringung von Sprache und Wirklichkeit, Gesellschaft und Literatur. Schönheit ist Ausdruck lebendigen Geistes, nicht vorgegebene, starre Form. Auch dies ein Zeichen der Offenheit, der Lessing sich aussetzte – und mit der er verkrustetem Ungeist zusetzte.

Aufgewachsen ist er in Kamenz, einem armseligen Städtchen in der Oberlausitz. Die Vornamen der Geschwister lassen die Herkunft erkennen: Johann Gottfried hieß der Vater, ein Pfarrer, Justine Salome die Mutter, beide Eltern Pfarrerskinder. Die Namen sind biblischen Ursprungs oder drücken fromme Wünsche aus, wie es damals üblich war: Gotthold. Dorothea heißt Gottesgeschenk, und Ephraim war einer der zwölf Stämme Israels. Das Erbe des Alten und des Neuen Testaments hat Lessing sein Lebtag begleitet, behindert, emporgehoben: vom Elternhaus über das Studium der Theologie bis zum Kampf gegen bornierte »Rechtgläubigkeit«. Der Theologe, der den Predigtstuhl mied, errichtete seine »Kanzel« schließlich auf der Bühne. Darum soll, da die Fülle des Werks nicht einmal andeutend umrissen werden kann, hier wenigstens der Theaterdichter mit drei Stücken kurz zu Wort kommen, deren Bedeutung bis heute nicht ausgeschöpft ist. Zumal die Botschaft des *Nathan* wie eine schwere Hypothek auf deutschem Namen lastet.

Zum lebendigen Bühnenrepertoire – als »Lustspiel« – zählt *Minna von Barnhelm*: mit blitzgescheiten, funkelnden Dialogen, einer hinreißenden komödiantischen Handlung, mit Gestalten,

die nach wie vor »ankommen«. Das gilt besonders für die beiden Frauen: die Titelheldin, die so wenig von ausgesetztem Heldentum hält, das sächsische Edelfräulein und »ihr Mädchen« Franziska. Die quadratschädligen Militärs kommen da kaum mit: Major von Tellheim, »verabschiedet«, also aus dem Militärdienst entlassen, weil – zu Unrecht – ein Verfahren gegen ihn läuft, und Werner, sein »gewesener Wachtmeister«, der sich ein bürgerliches Leben einfach nicht vorstellen kann. Weil seine »Ehre« verletzt ist, will Tellheim seine Verlobung mit Minna auflösen; schon gar nicht will er finanziell von ihr abhängig sein: Er will überhaupt keinem etwas »schuldig« sein. Ein nicht nur körperlich verwundeter, sondern mehr noch durch Tradition und Soldatenwesen verletzter Mann. »Denn auch seiner Geliebten sein Glück nicht wollen zu danken haben, ist Stolz, unverzeihlicher Stolz.«
Daß es schließlich doch zum glücklichen Ende kommt, ist wirklich eine lustig verwickelte Geschichte, in der die Initiative bis zuletzt von den beiden Frauen ausgeht. Heute nichts Ungewöhnliches – damals eher anrüchig, fast skandalös! Doch deswegen hätte man das Stück noch nicht verbieten brauchen, wie es auf Einspruch des preußischen Hofes tatsächlich in Hamburg vorübergehend geschah. Daran waren andere Sätze »schuld«, die bezeugen, wie Tellheim allmählich seine Situation begreift, die vom Bankrott des Landes durch den Krieg herrührt, also von despotischer Herrschaft überhaupt. Der »an seiner Ehre Gekränkte« stellt bitter fest: »Die Großen haben sich überzeugt, daß ein Soldat aus Neigung für sie ganz wenig, aus Pflicht nicht viel mehr, aber alles seiner Ehre wegen tut. Was können sie ihm also schuldig zu sein glauben? ... am Ende ist ihnen niemand unentbehrlich.« Minna dreht das um und bringt es hellsichtig auf den Punkt: Sie sieht in Tellheim einen Mann, »dem die Großen hinwiederum sehr entbehrlich sind.« Denn was ist denn diese »Ehre«, um die sich alles dreht, um derentwillen Hunderttausende krepiert sind? Nicht als das Ansehen – also, vor dem Anspruch des Menschlichen: nichts. »Die Ehre ist – die Ehre.« Etwas, das sich nur aus sich selbst »erklärt«, also nur um seiner selbst willen da ist. Und dafür vieltausendfaches menschliches Leid? Man muß sie bedauern, die »wilden, unbiegsamen Männer, die nur immer ihr stieres Auge auf das Gespenst der Ehre hef-

ten! für alle anderen Gefühle sich verhärten.«
Lessing weiß, was er da geißelt, er war fünf Jahre lang Sekretär eines preußischen Generals und hat den Siebenjährigen Krieg erlebt. Wenn am Ende des bitteren Lustspiels der ferne König Wohlwollen äußert, als »Euer wohlaffektionierter König« den Brief unterzeichnet, der – welcher Zynismus! – Tellheims »Ehre« wiederherstellt, hat Tellheim inzwischen begriffen: »Die Dienste der Großen sind gefährlich und lohnen der Mühe, des Zwanges, der Erniedrigung nicht, die sie kosten ... Ich war Soldat aus Parteilichkeit, ich weiß selbst nicht für welche politischen Grundsätze ...« Was man heute als eines der seltenen »klassischen Lustspiele« genießt, war damals ein starkes Stück aufrührerischer Rede. Die Absage an die »Großen« und die feministische Forderung Minnas: »Gleichheit ist allein das feste Band der Liebe.« Gleichberechtigung ist unteilbar. Das vermeintliche Happyend ist scharfe Kritik – und die steht schon im Titel des Stücks: *Minna von Barnhelm oder Das Soldatenglück*. Welches Glück, bitte? Die Alternative des letzten Satzes, die Werner Franziska anbietet? »Über zehn Jahr ist sie Frau Generalin oder Witwe!«
Ein Zeitstück, »verfertiget im Jahre 1763« (das heißt, entworfen; erschienen und aufgeführt erst 1767). In diesem Jahr endete der Krieg, der ein ausgeblutetes Land hinterließ. Soldatenglück unter despotischem Regiment, das kann nur heißen: kein Soldat mehr sein zu müssen. So wollte Lessing mit den Mitteln der Bühne »für die Rechte der Untertanen und gegen Aussaugung und Despotismus seine Stimme erheben«, gegen Zustände in Preußen, »welches Land bis auf den heutigen Tag das sklavischste Land von Europa ist«. Und so paradox es klingt: das Revolutionäre an diesem Zeitstück einer »heldenhaft«-blutigen Epoche, in der die Untertanen sich um der Landgier der Mächtigen willen massenhaft gegenseitig hinschlachteten, haben am besten die preußischen Behörden erkannt, die das Stück verboten sehen wollten.
Soviel »Verständnis« fand Lessing dann fünf Jahre später nicht mehr: Am 13. März 1772 wurde am Braunschweiger Hoftheater sein Trauerspiel *Emilia Galotti* uraufgeführt – zur literarischen Ausstattung eines Festes: Die »gnädigste Landesmutter« hatte es sich zum Geburtstag gewünscht. Von 1770 bis zu seinem Tode

im Jahre 1781 war der berühmteste Schriftsteller als Bibliothekar der herzoglichen Bibliothek in Wolfenbüttel angestellt (die noch heute zu den schönsten und bekanntesten Bibliotheken Deutschlands gehört). Es war ein kümmerlich bezahlter Posten: Jahrelang mußte Lessing auf die versprochene – halbwegs angemessene – Besoldung warten und die geplante Heirat deshalb hinausschieben. Die Herzöge, die gerne als Mäzene glänzten, als Förderer von Kunst und Wissenschaft, und auf diesem Gebiet auch Beachtliches zustande brachten, hatten das Land in den Ruin getrieben: durch verschwenderischen Leichtsinn und unfähige Verwaltung. Einen Ausweg aus der Schuldenwirtschaft suchte man im damals üblichen »Soldatenhandel«: Man »vermietete« Soldaten an England zum Kampf in den nordamerikanischen Kolonien. Das brachte vielfachen Gewinn: außer dem Mietpreis Gebühren für Verwundete und Getötete; und wenn jemand als Invalide in Amerika bleiben mußte, sparte man auch noch die Rente. Untertanen, Menschen, mußten leiden, sterben, damit der »Landesvater« sein Wohlleben bezahlen, sich Mätressen halten konnte und so weiter. War da geistige Kultur mehr als ein Feigenblatt? »... mir aber ist itzt das ganze Leben so ekel«, schreibt Lessing, und das lag sicher nicht nur an seiner persönlichen Misere.
Vor diesem Hintergrund vollendete er ein Theaterstück, dessen Stoff ihn schon lange beschäftigte: Es ist die Sage von der Römerin Virginia. Sie spielt in den Kämpfen zwischen Patriziern und Plebejern im fünften vorchristlichen Jahrhundert. Einen aus der Herrenkaste ergreift Begierde nach einem Mädchen aus dem Volk. Um sie vor Schande zu bewahren, tötet der Vater die eigene Tochter. Diesen Stoff überträgt Lessing in die Welt eines italienischen Kleinstaats. Dort regiert ein Prinz, dem seine Vergnügungen über alles gehen. Was sind dagegen Staatsgeschäfte! »Ein Todesurteil wäre zu unterscheiben«, sagt ein Hofbeamter. »Recht gern«, antwortet zerstreut der Prinz. Eine Heirat steht in Aussicht mit einer Gemahlin, »die dem Prinzen nicht die Liebe, sondern die Politik zuführt ... Neben so einer Gemahlin sieht die Geliebte immer noch ihren Platz.« Des Prinzen jüngstes Begehren gilt einem Mädchen »ohne Vermögen und Rang«, die mit einem Grafen verlobt ist, der solches »Mißbündnis« mit der Tochter eines Obersten nicht scheut: Emilia Galotti. Der Name

Emilia ist römischen Ursprungs, erinnert an die Virginia der altrömischen Sage. Der Oberst ist ein sittenstrenger Mann, ebenso der Graf: »Ich werde eine fromme Frau an Ihnen haben.« Zum Prinzen halten die beiden Männer Distanz: »Ein Herr, den man sich selbst wählt, ist unser Herr so eigentlich nicht.« Dienstleistung nur dann, wenn sie zu verantworten sind – »aber nicht sein Sklave werden. Ich bin der Vasall eines größeren Herrn«, sagt der Graf, der dieses Bekenntnis und die Wollust des Prinzen mit dem Leben bezahlt. Emilia gerät in des Prinzen Gewalt, will sich aber nicht beugen: »Ich will doch sehen, wer mich hält, – wer mich zwingt – wer der Mensch ist, der einen Menschen zwingen kann.« Das klingt stolz – und ist doch zugleich Furcht vor eigener Schwachheit: »Verführung ist die wahre Gewalt.« Minna, die Reifere, wußte das: »Sonderbare Dinger« nennt sie die Frauen, selbstbewußt: »Zärtlich und stolz, tugendhaft und eitel, wollüstig und fromm.« Da ihre Lage ausweglos ist, will Emilia sich das Leben nehmen. Dies erspart ihr der Vater: Er erdolcht sie. Ist solche Tat zu begreifen? »Wer über gewisse Dinge seinen Verstand nicht verliert, der hat keinen zu verlieren.«

Uraufführung eines solchen Stückes vor einem Hof, dem Willkür und Mätressenwesen nicht fremd sind; ein Dichter, der angetreten ist, »dem vornehmen Hofpöbel die Wahrheit zu sagen« – mit Sätzen wie diesem: »Wer keine Gesetze achtet« – nämlich aus Notwehr –, »ist ebenso mächtig, als wer keine Gesetze kennt« – nämlich der absolute Herrscher, der sich über den Gesetzen wähnt. Emilias Vater sagt das, der am Ende dem wirklichen Mörder vorhält: »Ich gehe und erwarte Sie als Richter. – Und dann dort – erwarte ich Sie vor dem Richter unser aller!« So daß selbst der Prinz für einen Augenblick begreift, es sei ein »Unglück ..., daß Fürsten Menschen sind«. Also nicht: von Gottes Gnaden. Lessing stellt nicht nur Auswüchse der absoluten Herrschaft in Frage, sondern diese Staatsform überhaupt. Das ist revolutionär – 17 Jahre vor der Französischen Revolution. Der Braunschweiger Hof klatscht Beifall. So sicher war man sich. Niemandem kam die Einsicht, da spiegele sich das eigene Bild. In der altrömischen Sage führt der Tod der Virginia zum erfolgreichen Aufstand des Volkes gegen die willkürliche Adelsherrschaft.

In Braunschweig: Beifall der Mächtigen, die sich mit dem Dichter schmücken, weil er dem Glanz des Hofes dient. Da kann sich der Fabeldichter Lessing in die Nachfolge des Sklaven Äsop versetzt sehen: »Als des Aesopus Löwe mit dem Esel, der ihm durch seine fürchterliche Stimme die Tiere sollte jagen helfen, nach dem Walde ging, rief ihm eine naseweise Krähe von dem Baum zu: Ein schöner Gesellschafter! Schämst du dich nicht, mit einem Esel zu gehen? – Wen ich brauchen kann, versetzt der Löwe, dem kann ich ja wohl meine Seite gönnen. So denken die Großen alle, wenn sie einen Niedrigen ihrer Gemeinschaft würdigen.«
In der Wolfenbütteler Zeit kam es dann doch noch zu einem Eklat, der Lessing sogar mehr als seine Theaterstücke ins Rampenlicht der Öffentlichkeit rückte. Er veröffentlichte – angeblich in der Bibliothek gefundene – *Fragmente eines Ungenannten* – nicht eines Unbekannten: Lessing wußte, wessen Schriften er da herausgab. Autor war der verstorbene Hamburger Gymnasialprofessor Reimarus, der seine Zweifel gegenüber der Wahrheit – besser: der Tatsächlichkeit – biblischer Aussagen zu Papier gebracht hatte, etwa über das Wunder der Auferstehung Christi. Ein Sturm der Entrüstung brach los. Hauptstreiter gegen Lessing wurde der Hamburger Hauptpastor Goeze, ein wackrer Kämpe im Glauben, der »seine Leute an den Haaren in den Himmel schleppt« (Lichtenberg). Lessing konnte solche Entrüstung nicht begreifen: stellte er doch nur etwas zur Diskussion, was gar nicht seine Meinung war. Dies wiederum brachte ihn ins Kreuzfeuer solcher theologischer »Aufklärer«, die zugunsten ihrer Seite ebenso eindeutige Stellungnahme erwarteten wie auf der anderen Seite die »Rechtgläubigen«, die Orthodoxen. »Nicht das unreine Wasser, das längst nicht mehr zu brauchen ist, will ich beibehalten« – nämlich die enge wörtliche Auslegung der Bibel: »ich will es nur nicht weggegossen wissen, als bis man weiß, woher reineres nehmen ...« Denn: »was ist sie anderes, unsere neumodische Theologie, gegen die Orthodoxie als Mistjauche gegen unreines Wasser.«
Die Inhalte dieses Streits interessieren heute kaum noch, von bleibendem Wert jedoch ist die glänzende Polemik in Lessings *Anti-Goeze*, sind die zeitübergreifenden Einsichten: Sie sind frisch wie am ersten Tag. Als »Liebhaber der Theologie« wollte

Lessing verstanden sein, nicht als ein Theologe, der auf ein »gewisses System schwören« muß. Die mit Scheuklappen durch die Welt liefen, sollten ihn ruhig »Ketzer« nennen: »Das Ding, was man Ketzer nennt, hat eine sehr gute Seite. Es ist ein Mensch, der mit seinen eigenen Augen wenigstens sehen wollte. Die Frage ist nur, ob es gute Augen gewesen, mit welchen er selbst sehen wollte.« Da war er guten Gewissens: »... der Buchstabe ist nicht der Geist, und die Bibel ist nicht die Religion. Folglich sind Einwürfe gegen den Buchstaben und gegen die Bibel nicht eben auch Einwürfe gegen den Geist und gegen die Religion.« Wieso sollte also der ein Feind der christlichen Religion sein, der ihr mehr zutraute als die Orthodoxen. Also war Lessing selbstbewußt: »*Überschreien* können Sie mich alle acht Tage ... *Überschreiben* sollen Sie mich gewiß nicht.« Das hat er bewiesen.

Und das war den Gegnern zuviel. Sie nutzten ihre Macht. Am 3. August 1778, nach dem elften Brief wider Goeze, erging das Verbot des Herzogs von Braunschweig an Lessing, fürderhin Schriften zu veröffentlichen, die nicht vorher die Zensur durchlaufen hatten. Das war nur konsequent: Wer nicht mit Argumenten überzeugen kann, der braucht das Machtwort. Lessings Konsequenz: »Ich bin bei der verwünschten Nachricht so ruhig ... so kalt.« Er war nur dem Gesetz gefolgt, dem er sich verschrieben hatte, der immerwährenden Suche nach Wahrheit: »Sieh überall mit deinen eigenen Augen! Verunstalte nichts, beschönige nichts! Wie die Folgerungen fließen, so lasse sie fließen! Hemme ihren Strom nicht, lenke ihn nicht!« Das heißt nicht: Gib auf! Im Gegenteil: Die Radikalität des Denkens und Schreibens wurde stärker, je mehr Lessing sich isoliert sah.

Zwei bedeutende Werke geben davon für alle Zeit Kunde: als Lessings religiöses, politisches, dichterisches Vermächtnis. Einmal die kleine Schrift mit dem Titel *Die Erziehung des Menschengeschlechts*, deren »Vorbericht« mit dem Satz endet: »Gott hätte seine Hand bei allem im Spiele: nur bei unseren Irrtümern nicht?« Und – zum gleichen Thema – das »dramatische Gedicht« mit dem Titel *Nathan der Weise*: »Ich muß versuchen, ob man mich auf meiner alten Kanzel, auf dem Theater, wenigstens noch ungestört will predigen lassen.«

Mit *Nathan* gibt Lessing Antwort auf die Frage, die ihm der

Hauptpastor gestellt hat: »Was für eine Religion er selbst als die wahre erkenne und annehme?« Die Antwort ist ein gleichnishaftes Bühnenstück, in dessen Mitte eine Parabel steht: die Geschichte von den drei Ringen, die für drei große Weltreligionen stehen: Judentum, Christentum und Islam begegnen einander in Jerusalem – nicht friedlich! Und die Antwort lautet: Von einer wahren Religion kann nur die Rede sein, wenn die Menschen sie begreifen und leben. Und das ist gewiß nicht der Fall: Wie könnten sonst die Anhänger verschiedener Religionsgemeinschaften einander bekämpfen, ja auszurotten versuchen! Die Familie des Juden Nathan ist bei einem Pogrom ermordet worden: Christen haben Weib und Kinder verbrannt. Judenverfolgungen waren gerade in der Zeit der Kreuzzüge häufig. Nathans erste Reaktion: »unversöhnlicher Haß« auf die Christenheit. Doch dann »kam die Vernunft allmählich wieder« – was für eine Kraft der Überwindung! In dieser Lage nimmt Nathan ein verwaistes Christenmädchen auf; es wächst heran wie seine eigene Tochter. Das kommt dem Patriarchen zu Ohren, dem Oberhaupt eines ebenso engstirnigen wie mächtigen »Christentums«. Was bedeutet es schon, daß Nathan das Kind gerettet hat: »Tut nichts! Der Jude wird verbrannt!« Hat er es doch dem »rechten Glauben« entzogen. Zwischen diesen Polen – der Menschlichkeit und mörderischer Orthodoxie – stehen die Vertreter des Islam, Sultan Saladin und seine Schwester, und Christen, die diesen Namen eher verdienen: ein Klosterbruder, der die Botschaften des Patriarchen mit deutlichem Abscheu vorträgt – »sagt der Patriarch« –, und ein junger Tempelherr, der es zunächst ablehnt, das Haus eines Juden zu betreten. Da sucht eben Nathan ihn auf, um ihm Dank abzustatten für die Rettung der Tochter aus Feuersnot. Alle – außer dem Patriarchen – begegnen Nathan und lernen von ihm. Saladin sagt: »... das nenn / Ich einen Weisen! Nie die Wahrheit zu / Verhehlen! Für sie alles auf das Spiel / Zu setzen! Leib und Leben! Gut und Blut!« Der Klosterbruder: »Nathan! Ihr seid ein Christ / Ein bessrer Christ war nie!« Nathans Antwort: »Wohl uns! Denn das / Mich Euch zum Christen macht, das macht Euch mir / Zum Juden!« Denn: »Sind Christ und Jude eher Christ und Jude / Als Mensch?«

Die Antwort gibt Nathan in einem Bild, in einer Parabel, die

nicht einfach »aufzulösen« ist: Nur ein ganzes, ein wirkliches Menschenleben kann die Lösung bringen: »Es eifre jeder seiner unbestochnen, / Von Vorurteilen freien Liebe nach!«
Wenn alle das leisten, dann muß einem der »süße Wahn«, in dem »sich Jud' und Christ und Muselman vereinigen«, der »süßern Wahrheit Platz« machen: Die ist konkret, oder sie ist nicht in der Welt. Wie weit haben wir es gebracht in den zwei Jahrhunderten seit Nathans Evangelium der Toleranz? Einer Toleranz, die mehr sein muß als ein bloßes Ertragen, nämlich Anerkennung, schließlich Liebe. Daß die Nationalsozialisten Lessings Stück verboten, war nur konsequent.
Es gibt keine Emanzipation, also keine Befreiung aus Unmündigkeit, es gibt keine Freiheit ohne »Aufklärung«, das Licht der Vernunft, die immer wieder durch Vorurteile verstellt, behindert, vergewaltigt wird; und die religiös begründeten sind die schlimmsten. Moses Mendelssohn, Lessings Freund, hat dessen Botschaft auf die politische Situation der Juden übertragen, voll Hoffnung: »Ein Glück für uns, wenn man auf die Rechte der Menschheit nicht dringen kann, ohne zugleich die unsrigen zu reklamieren« – die Rechte aller Verfolgten und Unterdrückten. Menschenrechte gelten für alle – oder es gibt sie nicht. Zu dieser Erkenntnis, die eine Forderung einschließt, führt Lessings »Nachforschung der Wahrheit«, die Unerbittlichkeit des Denkens, dem er sich mit seiner ganzen Existenz verschrieben hat. Es ist – auf der Bühne, die Welt bedeutet – der Weg vom Recht auf Gleichheit, das Minna konsequent einfordert, über das Recht auf Freiheit, das sich für Emilia, weil die Verhältnisse nicht anders sind, nur im Tode erfüllt, zu Nathans Botschaft der Brüderlichkeit. Dies alles kann nur Wirklichkeit werden, wenn die gesellschaftliche, die politische Verfassung der Welt sich radikal ändert.
»Mehr als man ahnte, war Lessing auch politisch bewegt, eine Eigenschaft, die wir bei seinen Zeitgenossen gar nicht finden«, schreibt über ein halbes Jahrhundert später Heinrich Heine. »In allen seinen Werken lebt dieselbe große soziale Idee, dieselbe fortschreitende Humanität, dieselbe Vernunftreligion, deren Johannes er war, und deren Messias wir noch erwarten. Diese Religion predigte er immer, aber leider oft ganz allein und in der Wüste. Und dann fehlte ihm auch die Kunst, den Stein in Brot

zu verwandeln; er verbrachte den größten Teil seines Lebens in Armut und Drangsal; das ist ein Fluch, der fast auf allen großen Geistern der Deutschen lastet und vielleicht erst durch die politische Befreiung getilgt wird.«

Zehn Jahre vor seinem Tod gab Lessing eine Sammlung von »Sinngedichten« heraus, darunter den folgenden Vierzeiler, den man sich, in Stein gemeißelt, auf seinem Grabstein denken kann – doch Worte können dauerhafter sein als Steine:

»An eine würdige Privatperson
Gibt einst der Leichenstein von dem, was du gewesen,
Dem Enkel, der dich schätzt, so viel er braucht, zu lesen,
So sei die Summe dies: ›Er lebte schlecht und recht,
Ohn' Amt und Gnadengeld, und niemands Herr noch Knecht.‹«

Gotthold Ephraim Lessing

wurde am 22. Januar 1729 in Kamenz/Sachsen geboren, als zweiter Sohn einer Pfarrersfamilie mit zwölf Kindern, von denen fünf sehr jung starben. Er besuchte die Fürstenschule in Meißen. Wegen sehr guter Leistungen vorzeitig entlassen, studierte er Theologie und Philosophie, kurz auch Medizin. 1747 erste Dichtungen. Aufführung des Dramas »Der junge Gelehrte« durch die Theatergruppe der Neuberin. Lessing entschließt sich, freier Schriftsteller zu werden; schreibt als Redakteur verschiedener Zeitschriften wissenschaftliche und literarische Rezensionen. 1752 Magisterpromotion in Wittenberg; 1755 »Miß Sara Simpson«, Trauerspiel; 1759-65 »Briefe, die neueste Literatur betreffend«; 1760-65 Regimentssekretär bei General Tauentzien in der Festung Breslau; 1767 schreibt er das Lustspiel »Minna von Barnhelm, oder Das Soldatenglück«; 1767-70 ist er als Dramaturg in Hamburg; von 1770-81 Bibliothekar in Wolfenbüttel; 1771 Verlobung mit Eva König; 1772 »Emilia Galotti«; 1774-78 Herausgabe der »Fragmente eines Ungenannten«; 1776 Heirat; 1777 Geburt eines Sohnes, der nur einen Tag lebt; bald darauf Tod der Frau. 1778 »Anti-Goeze« – herzoglicher Zensur-Erlaß; 1779 »Nathan der Weise«. Am 15. Februar 1781 starb Lessing in Braunschweig.

Marchese Cesare Bonesario Beccaria
Gegen die Todesstrafe

von Joachim Molsdorff

Von Voltaire stammt der Satz, das Leben eines großen Menschen ruhe in seinen Werken. In Bezug auf den italienischen Adeligen Beccaria darf man durchaus auf ein einziges, gerade einhundert Seiten umfassendes Werk verweisen, um sich einen Begriff vom Charakter des Verfassers zu machen. Seine 1764 in Mailand (nach anderen Quellen in Monaco) erstmals erschienene Schrift *Über Verbrechen und Strafen* ist in gewisser Hinsicht bis auf den heutigen Tag aktuell; für die Zeit des 18. Jahrhunderts kam sie einer Sensation gleich, und darüber hinaus ist ihr durchaus zu bescheinigen, daß sie zumindest für eine gewisse Zeit in die Rechtsgeschichte eingegangen ist, da sie dazu beigetragen hat, Folter und Scheiterhaufen abzuschaffen; Beccarias Hauptthese, die für die Abschaffung der Todesstrafe plädierte, ist indes bis auf den heutigen Tag nicht überall eingelöst.

Cesare Bonsario Beccaria stammte aus einem angesehenen Mailänder Adelsgeschlecht, aus dem viele bedeutende Gelehrte hervorgegangen sind. Schon in jungen Jahren befaßte sich Beccaria mit philosophischen und rechtlichen Fragen, aber erst die Lektüre von Montesquieus *Lettres persânes*, ein fingierter Briefwechsel, worin Montesquieu die politischen und moralischen Zustände im Frankreich seiner Zeit kritisierte, vermittelte ihm den Zugang zu den französischen Aufklärern und deren Ideen. Vor allem d'Alembert, Montaigne und natürlich Rousseau waren die Autoren, mit denen er sich nachhaltig auseinandersetzte. Beccaria war erst 21 Jahre alt, als er sich mit dem Gedanken trug, ein Buch mit dem Titel *Über Verbrechen und Strafen* zu schreiben, doch wagte er sich trotz Geistesfreiheit und halbwegs liberaler Pressepolitik noch nicht an die Öffentlichkeit. Anlaß seines literarischen Plans war ein heute längst vergessener Justizmord in Frankreich, der die Enzyklopädisten in helle Aufregung versetzte, so daß sie sich mit dem Gedanken trugen, ein Manifest gegen die Ungerechtigkeit der bestehenden Gesetze zu veröffentlichen, wozu es jedoch nicht gekommen ist – bis sich Beccaria der Sache annahm.

Um jedoch seine Freunde nicht übermäßig zu beunruhigen, stellte Beccaria seinen Plan zunächst zurück, um sich mit unverfänglicheren Themen, etwa einer Arbeit *Über die Münzumordnung in den Mailänder Staaten und deren Gegenmittel* oder einer Untersuchung über die Schönheiten des literarischen Stils, zu beschäftigen. Darüber hinaus gründete er 1764 eine eigene Zeitschrift *Das Café*, welche allerdings nur knappe zwei Jahre existierte und sich vornehmlich mit ästhetischen Fragen auseinandersetzte.

Endlich, im Jahre 1764, erschien Beccarias *Über Verbrechen und Strafen*, das von der gesamten europäischen Aufklärung einhellig begrüßt wurde und eine ganze Literatur zum gleichen Thema nach sich zog. Ganz im Geiste der Aufklärungsphilosophie verfaßt, zeichnete sich das Buch durch eine damals revolutionäre rechtssoziologische Betrachtungsweise aus und war damit nichts weniger als eine konsequente Kritik an der gesamten Rechtssprechung seiner Zeit (mit einer einzigen Ausnahme, die sich ausgerechnet im ansonsten so reaktionär geführten Rußland nachweisen läßt, wo die Zarin Elisabeth, Tochter Peters des Großen, schon 20 Jahre vor Beccaria die Todesstrafe hatte abschaffen lassen).

Von der Kirche wegen »Gottlosigkeit« auf den Index gesetzt, weil es vom Gedanken des Gesellschaftsvertrages und nicht dem der göttlichen Ordnung und Gerechtigkeit ausging, galt das Buch mindestens einhundert Jahre lang als Richtschnur jeder liberalen Gesetzgebung, womit ihm eine Bedeutung zuteil wurde, die sich allein aus der konsequent humanen Haltung von Beccarias Buch erklärt. Zu dessen Wirkungsgeschichte gehört auch – und das dürfte einmalig für die Geschichte eines im Grunde ja wissenschaftlich-philosophischen Buches sein –, daß die Zarin Katharina II. den Text kurzerhand in das russische Gesetzbuch aufnehmen ließ oder daß der Habsburger Kaiser Joseph II. ebenfalls von den Thesen Beccarias so überzeugt war, daß er die Todesstrafe in seinen Ländern 1786 abschaffte. Fast

hatte es den Anschein, als könne die Humanität, von der Beccarias Buch geprägt war, sich auf Europa ausdehnen, wenn nicht in den Wirren der Französischen Revolution ein grausamer Rückschlag in der gesamten europäischen Rechtspraxis erfolgt wäre. Die Revolution hat Beccaria durchaus noch erlebt; er starb 1794 in seiner Heimatstadt Mailand, wo er fast 30 Jahre seines Lebens als Professor für Staatsrecht gewirkt hatte.
Beccarias rechtsphilosophische Grundposition ist nicht nur wegen seiner eindeutigen Verurteilung der Todesstrafe bedeutsam, sondern zunächst deshalb, weil er sich mit den Quellen des Rechts auseinandersetzt und dabei auf die Offenbarung, die Naturgesetze und »die von der Gesellschaft geschaffenen Formen« verweist, um sich zu letzterer als der für einen modernen Aufklärer entscheidenden Grundlage der Rechtssprechung zu bekennen. Um den religiösen Vorbehalten, die sich wie erwähnt später doch einstellten, rechtzeitig zu entgehen, spricht Beccaria von einem Irrtum, wenn man meinte, ein Rechtssystem, das auf der Idee des Gesellschaftsvertrages basiere, verstoße gegen die Offenbarung: »Die Gerechtigkeit Gottes«, schreibt er einleitend in seinem Buch, »und die der Natur sind ihrem Wesen nach unveränderlich und beständig ... Da aber die menschliche – oder wenn man will die politische – Gerechtigkeit nur eine Beziehung zwischen der Handlung und dem veränderlichen Zustand der Gesellschaft ist, so kann sie in dem Maße sich ändern, wie jene Handlung dem Gesellschaftsstaate nützlich oder notwendig wird.«
Hinter dieser ein wenig verstaubt anmutenden Terminologie verbirgt sich ein ebenso einleuchtender wie origineller Gedanke, daß nämlich unabhängig von ewigen Gesetzen, vergleichbar etwa den Zehn Geboten des Alten Testaments, Gesetze geschaffen werden, die sich nur aus dem Kontext gesellschaftlicher Strukturen und politischer Intentionen verstehen lassen. Für einen Menschen der Aufklärung wie Beccaria ist es dabei selbstverständlich, daß das Recht nicht die Aufgabe haben kann, Unterdrückung und Folter, die Macht der Könige und Adeligen zu legitimieren, sondern, wie er selbst formuliert: »Das höchste Glück ist das, welches auf die größte Anzahl verteilt ist«, will sagen: Recht hat etwas mit Gerechtigkeit und sozialem Frieden zu tun, wobei nicht zu übersehen ist, daß Bec-

caria Anleihen bei Montesquieu und seinem *Esprit des lois* gemacht hat, wozu er sich auch an diversen Stellen seines Buches bekennt.

Beccarias *Über Verbrechen und Strafen* ist wie ein Gesetzbuch in Paragraphen (47 an der Zahl) aufgeteilt und außerordentlich systematisch angelegt, dabei aber bis auf den heutigen Tag keineswegs trocken oder gar langweilig zu lesen (was man von heutigen Gesetzestexten und ihren Kommentaren durchaus nicht wird sagen können). Wie der Titel breits ankündigt, interessiert sich Beccaria (explizit tut er das in § 6 seines Buches) vor allem für das Verhältnis von Verbrechen und Strafen und damit für Ursprung und Charakter der Strafen ebenso wie für die Frage nach der Verhältnismäßigkeit von Strafen überhaupt. So schreibt er zunächst, die Gesetze seien die Bedingungen, unter welchen unabhängige Menschen zusammenträten, um nicht mehr im permanenten Kriegszustand miteinander zu leben. Gesetze dienten also dem Wohle der menschlichen Gesellschaft. Strafen seien demgegenüber gesellschaftlich verhängte Sanktionen gegen jene Mitmenschen, die sich den gesellschaftlichen Spielregeln aus welchen Gründen auch immer entzögen; die, wie Beccaria schreibt, »als Gegengewicht gegen die für das Gemeinwohl schädlichen Leidenschaften des einzelnen« unabdingbarer Bestandteil menschlichen, gesellschaftlichen Zusammenlebens seien. Jede Strafe – und hierin folgt er erneut Montesquieu –, die nicht einer unumstößlichen Notwendigkeit entspreche, sei tyrannisch. Als könne es bei der Festsetzung der Strafe nicht darum gehen, in jedem Fall »recht zu haben«, sondern darum, sich vom menschlichen Herzen leiten zu lassen und vom Prinzip Gerechtigkeit, »die nur eine einfache Vorstellungsart des Menschen (ist), eine Art, welche unendlichen Einfluß auf das Glück eines jeden ausübt.«

Die Folgerungen, die Beccaria aus diesen Überlegungen ableitet, sind überraschend einfach, in ihrer Einfachheit aber unendlich überzeugend. Zum einen verweist er darauf, daß allein die Gesetze über das Maß der Strafe bestimmen können, nicht aber die Willkür des Richters, des Herrschers oder des Pöbels. Strafe habe immer etwas mit Gerechtigkeit zu tun, wobei sich die Gerechtigkeit auch auf den Übeltäter selbst zu erstrecken habe. Zweitens verweist Beccaria auf den Gesellschaftsvertrag als

Basis der modernen Rechtsphilosophie und nimmt einen alten Gedanken auf, der sich bereits in der *Magna Charta Libertatum* von 1215 nachweisen läßt, wonach auch der Herrscher an das geltende Recht gebunden ist, andernfalls würde die Rechtsverletzung Anarchie einleiten. Drittens schließlich folgert Beccaria, »daß wenn sich auch beweisen ließe, daß die Grausamkeit der Strafen nicht unmittelbar dem Gemeinwohle und dem Hauptzwecke, die Verbrechen zu verhindern, entgegen, sondern nur unnütz sind, sie doch in diesem Falle nicht nur den wohltätigen Tugenden entgegenständen . . ., sondern auch gegen die Gerechtigkeit und die Natur des Gesellschaftsvertrages selbst wären.«
Von diesem Gedanken aus hat Beccaria sein humanes Gesetzbuch konzipiert und als Alternative zur bestehenden Rechtsprechung verstanden. Von hieraus auch lassen sich seine Überlegungen, mit denen er in die Rechtsgeschichte eingegangen ist, unschwer nachvollziehen; gemeint sind Beccarias Aussagen über die Todesstrafe (in seinem Buch unter § 28 abgehandelt). Wie auch der heutige Mensch kennt Beccaria die gängigen Argumente für die Todesstrafe – die Abschreckung, die Billigkeit des Verfahrens, das Recht der Gesellschaft auf Rache und so weiter –, um sie alle abzulehnen und schlicht zu erklären: »Die Todesstrafe ist also kein Recht und kann auch . . . keines sein; sondern sie ist ein Krieg der Nation gegen einen Bürger, dessen Tötung sie für nützlich oder nötig hält.« Da aber der Zweck der Strafe die Herstellung bzw. Wiederherstellung von Gerechtigkeit ist, andererseits in einer profanen Rechtsprechung nicht das genommen werden kann, was sie nicht geschaffen hat (das Leben nämlich), stehe die Todesstrafe in keiner Weise in einem Verhältnis zu einem Verbrechen, und es sei, so wiederum Beccaria, in langen Jahrhunderten nachgewiesen, daß die Grausamkeit gesellschaftlicher Rechtsprechung niemals daran gehindert hat, daß Verbrecher ihren Scheußlichkeiten doch nachgegangen sind. Der Staat habe also schlichtweg nicht das Recht, einem Menschen das Leben zu nehmen; vor allem ein aufgeklärter Staat, der sich zu den Prinzipien des Gesellschaftsvertrags bekenne, habe weder eine moralische noch eine politische Handhabe für die Beibehaltung der Todesstrafe.
Man kann sich den revolutionären Charakter dieser Aussage am ehesten vergegenwärtigen, wenn man einerseits darauf ver-

weist, daß die Geschichte der Todesstrafe in der Tat die Geschichte unvorstellbarer Grausamkeit gewesen (und geblieben) ist, und andererseits eine Parallele zu Kant zieht. Kant, immerhin die Krönung der deutschen Aufklärungsphilosophie, war in seinen rechtsphilosophischen Vorstellungen durchaus noch alttestamentarisch nach dem Prinzip »Auge um Auge, Zahn um Zahn« dimensioniert, wenn er beispielsweise in seiner *Metaphysik der Sitten* schrieb: »Nur das Wiedervergeltungsrecht kann die Qualität und Quantität der Strafe bestimmt angeben ... Hat der Täter gemordet, so muß er sterben. Es gibt hier kein Surrogat zur Befriedigung der Gerechtigkeit.«
Man sieht, auch große Denker sind mitunter noch allzu sehr im traditionellen Denken verhaftet, wobei nicht zu übersehen ist, daß Kants Vergeltungsprinzip auch heute noch Anhänger findet, sich andererseits die Stimmen mehren, die Todesstrafe welt-

Marchese Cesare Bonesario Beccaria

wurde am 15. März 1735 in Mailand geboren. Er entstammte einer berühmten, aber verarmten Adelsfamilie, aus der viele Gelehrte und Schriftsteller hervorgegangen sind. Unter dem Einfluß der bedeutendsten Aufklärungsphilosophen Frankreichs, insbesondere Montesquieus, beschäftigte sich schon der junge Beccaria mit rechtsphilosophischen Problemen, bis er 1764 sein berühmtes Hauptwerk »Über Verbrechen und Strafen« publizierte, worin er vehement für die Verknüpfung von Recht und Gerechtigkeit, vor allem aber für die Abschaffung der Todesstrafe argumentierte. Da er seine Thesen auf dem Prinzip des Gesellschaftsvertrages aufbaute, handelte er sich die Kritik der Kirche ein, was den internationalen Erfolg seines Buches indes nicht beeinträchtigen konnte. Die russische Zarin Katharina d.Gr. machte es zu einem Bestandteil des russischen Gesetzbuches, und sein Einfluß auf die deutsche liberale Rechtsgeschichte ist unbestritten. Die edle, humane Gesinnung, die aus Beccarias Buch spricht, charakterisieren dieses als ein beachtliches Dokument der allgemeinen Menschenrechte. Beccaria bekleidete ab 1768 einen Lehrstuhl für Staatsrecht in Mailand, den er bis zu seinem Tod daselbst am 28. November 1794 beibehielt.

weit abzuschaffen – und für ein derartiges Plädoyer ist Beccaria immer noch eine unschätzbare Quelle. Sein Buch, das in den Gedanken einmündet, die Größe der Strafen muß dem Zustand einer jeden Gesellschaft selbst angemessen sein, schließt mit der These, die man getrost als Prämisse jeder liberalen Rechtsprechung bezeichnen kann: »Damit jede Strafe nicht eine Gewalttätigkeit eines oder vieler gegen einen einzelnen Bürger sei, muß sie wesentlich schnell, öffentlich, notwendig, so gering als möglich für die betreffenden Verhältnisse und dem Verbrechen proportional von den Gesetzen festgestellt werden.« Präziser und eindeutiger kann man es nicht sagen, und kaum jemals wurde mit einem derartigen Satz und den ihm zugrunde liegenden Überlegungen die Tür für eine völlig neue Sicht nicht nur über das Verhältnis von Verbrechen und Strafen, nicht nur über die Todesstrafe als die schlimmste aller Strafen, sondern in erster Linie über das Verhältnis von Recht und Gerechtigkeit aufgestoßen. So gesehen, kann man Voltaire nur immer wieder zustimmen; er nannte Beccarias Buch *Über Verbrechen und Strafen* schlicht das »Gesetzbuch der Menschlichkeit«.

Emmanuel Joseph Sieyès
Die Frage nach dem dritten Stand

von Uwe Weller

Wenige Fragen haben die Historiker immer wieder so beschäftigt wie die nach dem Verhältnis von Strukturen und Persönlichkeiten in der Geschichte. Vor allem in Zeiten des Umbruchs drängen sich Zweifel im Hinblick auf geltende Antworten auf, weil man oft beobachten kann, daß trotz aller stukturellen Voraussetzungen eines gesellschaftlichen und politischen Wandels es stets auch die einzelne Persönlichkeit gewesen ist, die sich nachhaltig für eine radikale Zäsur eingesetzt hat. Zugleich läßt sich dabei beobachten, daß es sich bei der historischen Leistung nicht nur um den persönlichen Einsatz, sondern – vor allem in der modernen Geschichte – auch um den publizistischen Erfolg handelt.

Bei kaum einem zweiten Menschen der modernen europäischen Geschichte treten diese Konstellationen so klar zutage wie bei Emmanuel Joseph Sieyès, einem der faszinierenden Köpfe der Französischen Revolution, dem Popularisator der Ideen Rousseaus und einer der großen Gestalten des beginnenden bürgerlich-klassischen Liberalismus. 1748 in Fréjus in der Provence geboren, war Sieyès von Haus aus zum Priester bestimmt. Er wurde auch Kanonikus in der Bretagne, widmete sich aber schon früh, das heißt während seines Theologiestudiums an der Sorbonne, den politischen Schriften John Lockes, der in seiner genialen Verbindung des Freiheitsbegriffs mit dem Eigentumsbegriff die Grundlage der bürgerlich-kapitalistischen Gesellschaft geschaffen hatte und unbestritten als einer der Säulenheiligen des Liberalismus gilt. 1788, nach Jahren der eher lustlos geleisteten theologischen Arbeit, widmete sich Sieyès ganz der politischen Tätigkeit, die seinen Leidenschaften sehr viel mehr entsprach. Eine Aufforderung des damaligen französischen Finanzministers Necker, über die Wiedereinführung der Gene-

ralstände ein Gutachten anzufertigen, war für ihn ein Markstein seiner weiteren Entwicklung: Er schrieb einen *Essai sur le privilège*, worin er den Adel seinem beißenden Spott unterzog, zugleich aber auch die Grundlage seiner eigenen politischen Überzeugung schuf.
Sieyès war keineswegs ein tiefschürfender politischer Denker wie etwa sein deutscher Zeitgenosse Kant; er war nicht einmal an einer langatmigen Auseinandersetzung mit den politischen Strömungen und deren Veröffentlichungen in seiner Zeit interessiert. Statt dessen definierte er sich als Praktiker, eher wohl als Pragmatiker, und legte keinen Wert auf umfassende Positionsbeschreibungen in Sachen Liberalismus. Aber er war der Mann, der die Dinge in Kurzform bringen und damit jedermann zugänglich machen konnte. Sieyès war ein glänzender Propagandist, vielleicht sogar manchmal ein Demagoge, der sich in scharfen, kurzen Sätzen zu den zentralen Fragen der Gesellschaft äußerte und auf deren Veränderung drängte.
Unter den Tausenden von Flugschriften, die die Französische Revolution hervorgebracht hat, war eine, die in die Ideengeschichte eingegangen ist. Sie stammte aus der Feder von Sieyès und trug den aggressiven Titel *Qu'est-ce que le tiers Etat?* (zu deutsch: Was ist der Dritte Stand?) Auf nicht mehr als vier Druckseiten versuchte Sieyès, gestützt auf die politischen Ansichten Rousseaus und geleitet von der Idee der guten Regierung und der Freiheit des Individuums, den Nachweis zu erbringen, daß Adel und Geistlichkeit nur imstande seien, ihre alten politischen Vorstellungen zu verteidigen, daß aber beim Bürgertum, dem Dritten Stand, die Erkenntnis heranreife, daß die Macht der Stände größer sei als die des Monarchen, von ihrer eigenen politischen Macht einmal ganz abgesehen. Die Vertreter des Dritten Standes, als deren Sprachrohr sich Sieyès verstand, fühlten sich benachteiligt, da die Sonderinteressen der Privilegierten den allgemeinen Interessen der gesellschaftlichen Gruppen vorgezogen würden. Adel und Geistlichkeit müßten auf ihre Vorrechte verzichten, denn beide soziopolitischen Gruppen hätten angesichts des wirtschaftlichen und sozialen Aufstiegs des Bürgertums allenfalls noch dekorative Bedeutung; die französische Nation könne indes derartiges schmückendes Beiwerk leicht entbehren.

Es ist kaum zu bestreiten, daß Sieyès mit derarigen Aussagen nicht sonderlich originell war, die man da und dort auch schon gelesen und gehört hatte. Nur: Als die französische Nation ihre Stimme erhob, war er, Sieyès, diese Stimme, und er verlieh ihr eine unüberhörbare Kraft. Erst sie ermöglichte es, die politischen Forderungen in praktische Politik umzusetzen. Schon die ersten Sätze seines Pamphlets klingen wie eine Fanfare, die zum Aufbruch drängt:

»Der Plan dieser Schrift ist ganz einfach. Wir haben uns drei Fragen vorzulegen.

1. Was ist der Dritte Stand? Alles.
2. Was ist er bis jetzt in der staatlichen Ordnung gewesen? Nichts.
3. Was verlangt er? Etwas darin zu werden.«

In wenigen Zeilen legte Sieyès dar, daß der Dritte Stand mit seinen 25 Millionen Menschen gegenüber den nur 200 000 Angehörigen von Adel und Geistlichkeit die ganze Nation umfasse und daß er es sei, der die Arbeit in der Gesellschaft verrichte. Ferner übernehme er den größten Teil der öffentlichen Funktionen, so daß es nicht länger anginge, von der öffentlichen Verantwortung ausgeschlossen zu bleiben: »Die öffentlichen Ämter lassen sich bei den gegenwärtigen Verhältnissen in gleicher Weise sämtlich unter vier bekannten Benennungen aufführen: der Degen, die Robe, die Kirche und die Verwaltung. Es wäre überflüssig, sie hier einzelnen durchzugehen, um zu zeigen, daß der Dritte Stand hier überall neunzehn Zwanzigstel ausmacht; mit dem einen Unterschied, daß er mit allem, was wirklich mühselig ist, und mit allen Diensten belastet wird, die der priviligierte Stand sich weigert zu leisten. Die Mitglieder des privilegierten Standes nehmen nur die Stellen ein, die Gewinn und Ehre bringen. Sollen wir ihm dies zum Verdienst anrechnen?«

Sieyès machte kein Hehl daraus, daß er diese Frage nur verneinen konnte, da das von ihm dargelegte Problem nicht nur das Grundproblem der Gesellschaft des *ancien régime* (des alten, bourbonischen Frankreich) darstellte, sondern – und darauf kam es Sieyès in erster Linie an – in keiner Weise mit dem Begriff einer gerechten Gesellschaft in Übereinstimmung gebracht werden konnte. Sieyès forderte nicht Revolution, sondern Gerechtigkeit, weil er die französische Gesellschaft aus dem Blickwin-

kel der politischen Soziologie betrachtete und die überkommene Gesellschaftsordnung für überholt hielt. Er entpuppte sich aber auch keineswegs als Wortführer des Dritten Standes, obwohl dies zunächst gewiß der Eindruck seiner Flugschrift sein mußte. Sieyès war vielmehr derjenige, der mit seinen aggressiven Positionen einen Begriff in die ideengeschichtliche Debatte einbrachte, der in der Geschichte des Liberalismus eine besondere Bedeutung erlangt hat: der Begriff der Nation. Sieyès zufolge war es überhaupt keine Frage mehr, daß die Stunde der Nation in Frankreich und ganz Europa geschlagen hatte – womit er, von einigen Differenzierungen abgesehen, durchaus recht hatte; es war für ihn auch klar, daß sich die Nation in erster Linie aus dem Dritten Stand zusammensetzte, denn dieser war allein schon zahlenmäßig den alten Ständen überlegen.
So sehr Sieyès für die Herstellung der Gleichheit aller im Sinne Rousseaus eintrat, so sehr war er aber auch bereit, das Gleichheitsprinzip in erster Linie auf den Dritten Stand zu übertragen, und zwar ausschließlich. Er begründete dies mit der »abscheulichen Ungerechtigkeit«, die bislang gegen die »Allgemeinheit der Bürger« geherrscht hätte, und wies auf den Müßiggang, die »Nichtstuerei« des Adels und des Klerus hin, die auch in volkswirtschaftlicher Hinsicht einer überholten Gesellschaft angehörten. Nur wenn der Erste und der Zweite Stand bereit seien, ebenfalls Bürger zu werden, könnten sie als normale Mitglieder der Nation angesehen werden, meinte Sieyès; wenn nicht, müßten sie von der Geschichte abtreten.
Und er ging noch einen Schritt weiter, indem er sich mit seiner Forderung nach gleichen und geheimen Wahlen für die Einführung der repräsentativen parlamentarischen Demokratie einsetzte, womit er nicht nur Rousseau hinter sich ließ, sondern zugleich auch unbekümmert seiner Zeit vorauseilte. Daß er sich bei derartigen Überlegungen jedoch nicht allzu lange aufhielt, entsprach ebenso seinem Temperament wie dem Charakter einer Flugschrift, deren propagandistische Wirkung immer größer sein muß als deren analytische Kompetenz. Wenn Sieyès sein Flugblatt mit der Passage abschloß: »Der Dritte Stand umfaßt also alles, was zur Nation gehört, und alles, was nicht der Dritte Stand ist, darf sich nicht als zur Nation gehörend betrachten. Was ist also der Dritte Stand? Alles!«, dann konnte er aller-

dings der Massenaufmerksamkeit sicher sein. Es wundert nicht, daß seine Broschüre innerhalb von wenigen Tagen in 30 000 Exemplaren verkauft werden konnte und daß man Sieyès, der als Abbé strenggenommen selbst nicht zum Dritten Stand gehörte, in die Generalstände wählte. Dort allerdings setzte er durch, daß sich der Dritte Stand am 17. Juni 1789, genau einen Monat vor dem Sturm auf die Bastille, zur Nationalversammlung konstituierte und damit einen entscheidenden Schritt unternahm, um die bisherigen politischen Verhältnisse grundlegend zu verändern.

Mit der polemisch gemeinten Frage *Qu'est-ce que le tiers Etat?*, auf wenigen Seiten abgehandelt, hat Sieyès Revolutionsgeschichte gemacht. Nie wieder war ihm in seinem langen Leben – er starb erst 1836 in Paris – ein derartiger Erfolg beschieden. Das ist zum einen darauf zurückzuführen, daß er sich nie bereitgefunden hat, eine systematische politische Theorie zu entwerfen, zum anderen aber auch schlichtweg darauf, daß er einfach zu lange gelebt hat, um mit seinen politischen Grundauffassungen überdauern zu können. Immerhin war Sieyès nicht nur bei der Französischen Revolution dabei, sondern auch bei der Restauration, der Wiedereinführung der bourbonischen Könige. Nachdem er noch 1793 für den Tod des Königs gestimmt hatte, erlebte er Napoleon, um von diesem nach politischen, insbesondere verfassungsrechtlichen Meinungsverschiedenheiten aus dem Amt gedrängt zu werden. Naheliegenderweise wurde Sieyès in der zweiten Restauration als Königsmörder verfolgt, so daß er sich für einige Zeit ins Ausland begeben mußte, um erst 1830 wieder nach Paris zurückzukehren. Dann allerdings setzte er sich nicht mehr mit politischen Fragen auseinander, sondern führte als geadelter Graf (!) und Mitglied der *Académie Française* ein beschauliches Altersdasein.

Wir sagen, daß Sieyès mit seiner Schrift über den Dritten Stand Revolutionsgeschichte gemacht und mit seiner Forderung nach der politischen Emanzipation des Bürgers wie auch in seiner Unterstreichung des Gedankens der Nation als neuer politischer Kraft durchaus das richtige Wort zur richtigen Zeit gefunden hat. Aber zugleich scheint es symptomatisch zu sein, daß er und sein schriftstellerisches Werk in Deutschland wenig Aufsehen erregten, weil sich insbesondere der deutsche Liberalismus

mit dem Gedanken des allgemeinen Wahlrechts schwergetan hat.
Die französische bürgerliche Öffentlichkeit war da deutlich weiter, und so konnte Sieyès auch mit seinen nicht sonderlich bedeutenden verfassungsrechtlichen Schriften seine Wirkung tun. Ähnlich wie Kant warb er, allerdings ungleich »bescheidener«, für die Verwirklichung der Freiheit aus der menschlichen Vernunft, die er gern als die wahre Wohltäterin der Menschheit bezeichnete. Er selbst gab sich dabei wiederum als unverbesserlicher Aufklärer zu erkennen. Oder er plädierte für Volkssouveränität und Gleichheit aller vor dem Gesetz, indem er, mit Blick auf Rousseau, ausführte: »Ich stelle mir das Gesetz als Mittelpunkt einer gewaltigen Kugel vor; zu ihm befinden sich alle Bürger auf der Kugeloberfläche ausnahmslos in derselben Entfernung und nehmen dort gleiche Plätze ein; alle sind sie gleichermaßen vom Gesetz abhängig, alle übertragen sie ihm den Schutz ihrer Freiheit und ihres Eigentums; und diese bei allen gleichen Rechte sind es, was ich die gemeinsamen Bürgerrechte nenne.«
In diesem ein wenig hölzern-schematischen Modell wird die Begrenztheit des politischen Denkens von Sieyès deutlich. Bei aller Begeisterung für den Gedanken der Gleichheit aller vor vor dem Gesetz läßt es sich durchaus nicht als Kampf für die politische Demokratie begreifen, sondern als Vorahnung des bürgerlich-liberalen Staates des 19. Jahrhunderts: Ordnungsprinzipien und ständestaatliche Relikte dominieren ebenso wie die politischen und ökonomischen Forderungen der bürgerlichen Nation, die nun tatsächlich das Ruder der Geschichte übernommen hatte, um dann erst gegen eine des Jahrhunderts zu verfassungsrechtlichen und ordnungspolitischen Strukturen vorzustoßen, die Sieyès in seinen Schriften immer gemeint hatte.
Die Frage nach dem Dritten Stand war also sehr viel mehr als die Frage nach einer »neuen Klasse«; sie war die Frage nach dem *homo politicus* und dem *homo sociologicus* schlechthin und damit die Überwindung des traditionellen, dem *ancien régime* verpflichteten politischen Denkens. Zugleich entdeckte sie jene gesellschaftliche Kraft, die im 19. Jahrhundert dominieren sollte, selbst wenn es dieser, wie in Deutschland etwa, nicht

gelingen sollte, sich die Volkssouveränität zu erkämpfen. Indem Sieyès die Freiheit des Bürgers als Freiheit des eigenen Handelns und als Freiheit vor äußerer Beeinflussung definierte, was ihm »der alleinige Zweck aller Gesetze« zu sein schien, schuf er indes nichts weniger als die Grundlagen des liberalen Rechtsstaates.

Emmanuel Joseph Sieyès

wurde am 3. Mai 1748 in Fréjus, Südfrankreich, geboren, studierte Theologie an der Sorbonne und war mehrere Jahre als Kanonikus in der Bretagne tätig. Unter dem Einfluß von Lokke, Montesquieu und Rousseau griff Sieyès 1788 und 1789 in die Auseinandersetzung um die Generalstände ein, unter anderem mit seinem Pamphlet »Was ist der Dritte Stand?« Sieyès wurde daraufhin in die Generalstände gewählt, wo sich auf seinen Antrag hin der Dritte Stand zur Nationalversammlung konstituierte. Im Konvent stimmte er 1793 für die Hinrichtung Ludwigs XVI. 1795 war er im Rat der Fünfhundert, 1799 Mitglied des Direktoriums, als welches er den Staatsstreich Napoleons unterstützte und für diesen die Konsularverfassung ausarbeitete. 1801 bis 1814 war er Mitglied des Senats, ging nach der Rückkehr Ludwigs XVIII. ins Exil, von wo er erst nach der Juli-Revolution 1830 nach Paris zurückkehrte. Dort ist er am 20. Juni 1836 gestorben.
Sieyès war ein entschiedener Wortführer des Dritten Standes und Wegbereiter des bürgerlich-liberalen Verfassungsstaates. Als einer der ersten erkannte er die politische Bedeutung der Nationen in Europa. Obwohl als Theoretiker wenig ergiebig, gilt er als einer der großen Gestalten des klassischen französischen Liberalismus.

William Wilberforce
Das Gewissen Englands

von Esther Schöler

Die Abhandlung eines Geistlichen löste 1784 bei englischen Plantagenbesitzern und Sklavenhändlern einen Sturm der Entrüstung aus. Der Autor James Ramsay hatte die Sklaverei verurteilt und die Entwicklung eines Stufenplans zu ihrer schrittweisen Abschaffung gefordert. Eine Utopie! So urteilten auch jene, die sich nicht unmittelbar betroffen fühlten. Sklaverei und Sklavenhandel seien zwar bedauerlich, hieß es in einer Zeitung, aber ebenso unvermeidlich wie Schmerzen bei Krankheiten oder einer Geburt. Sklaven seien ein Faktor im gut funktionierenden Wirtschaftssystem Englands und seiner Kolonien, der nicht wegzudenken sei. Schiffsladungen voll billiger Waren wurden an der Westküste Afrikas umgesetzt in Sklavenfracht, für die man wiederum von den Plantagenbesitzern Amerikas Zucker, Rum, Tabak, Kaffee und Baumwolle für Europa bekam. Die Schlüsselstellung des Sklavenhandels nahm damals Liverpool ein. Die Zehnjahresbilanz dieser Stadt allein wies den Verkauf von 303 737 Sklaven mit einem Gewinn von 15 186 850 Pfund nach. »Aufhebung der Sklaverei bedeutet den Ruin Englands«, argumentierte man deshalb.

Bisher war jede Initiative zugunsten der Sklaven mit diesem Hinweis im Keim erstickt worden. Trotzdem resignierten die Gegner der Sklaverei nicht. Sie verstärkten vielmehr ihre Bemühungen. In kurzen Abständen folgten weitere Bücher zum Sklavenproblem, darunter wieder eine Untersuchung Ramsays zu Lösungsmöglichkeiten für den Interessenkonflikt. Außerdem begannen sich die in England verstreuten Gleichgesinnten zusammenzuschließen. Sie gründeten ein Komitee, das als wichtigste Aufgabe erkannte: Ein fähiger Abgeordneter muß gefunden werden, der das heiße Eisen »Sklaverei« im Parlament anpackt und nicht wieder fallenläßt. Sehr bald konnte der Komiteevorsitzende Granville Sharp diesen Mann vorstellen: »Mister Wilberforce will die Angelegenheit vor das Unterhaus bringen. Seine Position als Abgeordneter der größten Grafschaft (Yorkshire), der große Einfluß seiner persönlichen Kontakte, dazu sein liebenswürdiger und untadeliger Charakter sichern uns jeden Vorteil für unsere Sache.«

Die Tatsache, daß durchschnittlich 5-10 Prozent der Sklaven auf dem Transport umkamen, hatte den achtundzwanzigjährigen William Wilberforce alarmiert. Als englischer Bürger fühlte er sich mitverantwortlich für den Tod dieser Menschen. Als Abgeordneter erkannte er es als seine Pflicht, unmittelbar einzugreifen. Am 28. Oktober 1787 schrieb er in sein Tagebuch: »Gott der Allmächtige hat mir zwei große Aufgaben gestellt: die Abschaffung des Sklavenhandels und die Reform der Sitten.«

Zu beiden Lebensaufgaben hatte ihn seine religiöse Überzeugung hingeführt, die seit seinem sechsundzwanzigsten Lebensjahr von der christlichen Erneuerungsbewegung der Evangelikalen geprägt war. In ihr wurzelten auch seine politischen Grundüberzeugungen: Das Wohl eines Staates hänge weniger von seiner Flotte und seinen Armeen, von der Weisheit der Regierenden oder dem Mut des Volkes ab als vielmehr von der Anzahl jener, die ihr Leben an der Bibel orientieren. Und: Er könne nicht glauben, daß Gott – so unerforschlich er auch sei – die Welt so geschaffen habe, daß der Wohlstand ihres einen Teils von der Entvölkerung und Verwüstung ihres anderen abhängig sei.

»Abschaffung des Sklavenhandels« hatte Wilberforce in sein Tagebuch notiert, nicht »Abschaffung der Sklaverei«, obwohl er beides im Sinn hatte. Die politische Klugheit gebot ihm, sein Ziel in zwei Etappen anzusteuern. Für die Sklaven in den Kolonien war auch schon viel gewonnen, wenn der Handel gestoppt werden konnte. Sobald ihre Arbeitskraft nicht mehr zu ersetzen war, würde man sie schonend behandeln.

Der junge Wilberforce – bereits sieben Jahre im Parlament und ein enger Freund und Berater des gleichaltrigen Premierministers William Pitt – beherrschte sein politisches Handwerk. Er griff bei der Auseinandersetzung um die Sklaverei auf bewährte Methoden zurück und wandte sie mit ungewöhnlichem Geschick an. Er wartete mit Statistiken, Fakten, Zeugenaussagen und Gutachten auf. Er koordinierte die Bemühungen Gleichgesinnter und sicherte sich wegen seiner parteipolitischen Unabhängigkeit die Unterstützung bedeutender Parlamentsmitglieder aus Regierungspartei und Opposition. Er pflegte Kontakte mit Gegner der Sklaverei im Ausland, und er betrieb intensive Propaganda für sein Anliegen.

Zwei Beispiele lassen deutlich erkennen, worauf es ihm dabei ankam. Weil viele noch nie ein Sklavenschiff gesehen hatten, zeigte er die Längs- und Querschnittskizze eines beladenen Frachters: Man ersah daraus, wie die Sklaven liegend wie eine Ware in den Laderäumen verstaut waren, ohne den geringsten Bewegungsspielraum. Wilberforce lieferte genaue Maßangaben dazu.

In ganz England ließ er Flugschriften mit William Cowpers Gedicht »Des Negers Klage« verbreiten, zu dem auch eine Melodie komponiert wurde. Der Sklave selbst kam in dem Gedicht zu Wort. Er fragte, ob der Gott, der ihnen gepredigt wurde, es gebiete, mit ihnen Handel zu treiben, sie auszupeitschen, zu fesseln und zu foltern. Der bekannte Kunsthandwerker Wedgwood entwarf dazu Gemmen und Schnupftabakdosen mit dem Bild des klagenden Negers in Ketten.

Wilberforce rückte das Sklavenproblem für jeden ins Blickfeld, und zwar anschaulich, unübersehbar und schockierend. *Ein Gesprächsthema beim Tee* hieß die Überschrift der Flugblätter. Herausforderung zur Diskussion und Stellungnahme überall – im Parlament und in den Wohnzimmern – darauf zielten alle Maßnahmen ab.

Tatsächlich gewann er damit die Bürger für seine Sache, obwohl sie doch weitab lag von ihren persönlichen Belangen. Und Wilberforce hielt sie bei der Stange. Unterstützt von seinen Freunden, organisierte er überall Ortsversammlungen; dort wurde sein wirksamstes Kampfmittel geschaffen: Bittschriften. Mit ihnen erzielte er im Parlament wichtige Entscheidungen; denn sie dokumentierten: Seine Gesetzesvorlagen waren vom Volke getragen. Von 806 Bittschriften mit über einer Viertelmillion Unterschriften wird einmal berichtet.

Das Gewissen Englands wird Wilberforce genannt. Anhand von Statistiken machte er seinen Landsleuten klar, daß dies, was achselzuckend für »bedauerlich, aber unvermeidbar« erklärt wurde, Mord war. In seiner ersten großen Parlamentsrede zum Gesetzesvorschlag »Abschaffung des Sklavenhandels« mahnte er: »Wir sind alle schuldig – wir sollten uns alle schuldig bekennen und uns nicht reinwaschen, indem wir die Verantwortung auf andere abschieben ... Alle Umstände des Handels liegen nun offen vor uns. Wir können uns nicht mehr mit Unwissenheit entschuldigen ... Weil sie uns so unmittelbar vor Augen geführt worden sind, muß dieses Haus eine Entscheidung fällen, und alle müssen vor der ganzen Welt und vor dem eigenen Gewissen Gründe und Prinzipien ihrer Entscheidung rechtfertigen ... Laßt uns Wiedergutmachung an Afrika leisten, soweit wir das vermögen, indem wir einen Handel auf ehrlicher Basis entwickeln, und wir werden bald die Redlichkeit unseres Verhaltens durch die Vorteile eines geregelten und erfolgreichen Handels belohnt finden.«

Seine Forderung, den Sklavenhandel durch partnerschaftliche Handelsbeziehungen mit Afrika zu ersetzen, war durch einschlägige Untersuchungen gestützt. Granville Sharp hatte sogar schon einen Modellversuch gestartet. Er hatte in England lebenden ehemaligen Sklaven ermöglicht, nach Afrika zurückzukehren. In der von ihm gegründeten kleinen »Provinz der Freiheit« im westafrikanischen Sierra Leone begannen sie, in Selbstverwaltung ein Gemeinwesen aufzubauen. Eine neugegründete Handelskompanie bemühte sich um die wirtschaftliche Entwicklung der Kolonie – erste Ansätze einer Entwicklungspolitik zeichneten sich hier ab. Wilberforce unterstützte das Unternehmen tatkräftig von Anfang an. Trotz vieler Fehlschläge konnte er 1820 feststellen: Sierra Leone »steckt augenblicklich noch in den Kinderschuhen, aber es ist ein kleiner Herkules«.

Wilberforce »repräsentierte« die Anliegen aller Gegner der Sklaverei in der ursprünglichen Bedeutung des Wortes: Er »machte sie wieder gegenwärtig«. Erlitt er eine Abstimmungsniederlage, so traf ihn das zwar hart – wie »ein Stoß gegen das Herz«, schrieb er einmal. Aber »ich will tun, was ich kann«, war sein nächster Gedanke. Das hieß zumeist: in der folgenden Sitzungsperiode den abgelehnten Antrag erneuern oder einstweilen eine Kompromißlösung ausarbeiten. Wilberforce war präsent, wenn es an der Zeit war zu erinnern: Noch immer sterben Tausende von Sklaven – wir tragen die Verantwortung! Er war zur Stelle, wenn errungene Teilerfolge abgesichert werden mußten. Und er war gegenwärtig, wenn sich durch außenpolitsche Ereignisse eine Chance bot, seine Sache voranzutreiben. Er galt als der Repräsentant weit über die Grenzen Englands hinaus; denn er strebte auch eine internationale Lösung der Sklavenfrage an. Zar Alexander I. erörterte sie mit ihm nach 1814. Für seine Gegner war Wilberforce ein ständiger Störfaktor. Erst in Amerika glaubte sich einer unbehelligt von ihm: »Keine Wilberforce!« war seine Freudenbotschaft an die Freunde in England. Doch Wilberforce stand auch in Verbindung mit dem Präsidenten der Vereinigten Staaten, und die Sklaven verkündeten: »Mister Wilberforce for negro!« Für sie war er der Hoffnungsträger.

Als Wilberforce wieder einmal seinen Gesetzesentwurf einbrachte, meinte einer spöttisch, er solle sich doch mal was anderes einfallen lassen. Wie wär's, wenn er das nächste Mal in ganz neuer Aufmachung im Parlament erschiene: mit Locken und einer Frau am Arm. Für seine Gegner wäre ein umgekrempelter Wilberforce bequemer gewesen. Aber er ließ sich nicht beeinflussen, weder durch Spott noch durch Verleumdungen. Sein Grundsatz war es, sie zu ignorieren. Und der bewährte sich; nachhaltigen Schaden konnte ihm niemand zufügen.

Nur in einem Punkt war Wilberforce wandelbar. Dieser Mann von auffallend kleiner und zarter Statur konnte seine Größe verändern. Zwei Zeitgenossen berichteten davon, wie der »kleine Wilberforce« – so nannte man ihn – während einer Rede groß wurde. Ein Zeuge seines ersten Auftritts in Yorkshire erinnerte sich, wie er ein Etwas auf den Tisch klettern sah, das ihm wie eine Krabbe vorkam, »aber als ich zuhörte, wuchs es und wuchs es, bis die Krabbe zum Wal geworden war«. Freunde und Gegner bewunderten sein Rednertalent. »Er sprach drei Stunden lang, aber niemand schien ermüdet zu sein«, ist in einem Pressebericht zu lesen. »Tatsächlich hatten alle ihre Freude daran, einige an der genialen Kunst seines Stils, aber die meisten an der warmen Sprache seines Herzens. So sehr ich in der Sache anderer Meinung bin als er – es war unmöglich, seine Beredsamkeit nicht zu genießen ... er spricht nie, ohne daß er den beständigen Wunsch auslöst, er möge doch noch mehr sagen.« Mit seinen Gegnern ging er fair um. Seine ganze Strenge habe nur ihm

selbst, seine ganze Nachsicht den anderen gegolten. Wilberforce war ein Repräsentant von Format.
»Ich will tun, was ich kann« – Wilberforce tat fast mehr als er konnte. Er war immer ein kranker Mann. Nur durch seine disziplinierte Lebens- und Arbeitsweise konnte er trotzdem jahrzehntelang eine Leistung vollbringen, die er mit der Arbeit eines Galeerensklaven verglich. Als er merkte, daß seine Kräfte nicht mehr ausreichten, tat er auch da noch, was er konnte. Er suchte rechtzeitig einen geeigneten Nachfolger. Ihm und der 1823 gegründeten Anti-Slavery-Society gab er zwei Jahre vor seinem Tod in einer Botschaft die Summe seiner Erfahrungen mit auf den Weg: »Unser Motto muß weiterhin ›Durchhalten!‹ heißen. Und ich vertraue auf den Allmächtigen, daß er unsere Bemühungen schließlich mit Erfolg krönen wird.«
1807 – nach zwanzig Jahren zäher Bemühungen – war das Gesetz zur Abschaffung des Sklavenhandels mit 283 Ja-Stimmen gegen 16 Nein-Stimmen gebilligt worden. Eine Gedenkmünze dieses Jahres mit Wilberforces Bildnis erinnert daran. Sie trägt die Umschrift: »WILLIAM WILBERFORCE M.P. THE FRIEND OF AFRICA« (Mitglied des Parlaments, der Freund Afrikas).
»Was wollen wir als Nächstes abschaffen?« rief Wilberforce damals einem Freund zu. Mit patriotischer Begeisterung feierte ihn der Zweite Kronanwalt im Parlament. Er hob Wilberforces verdientsreiches Wirken durch einen Kontrastvergleich mit Napoleons Eroberungszügen hervor, die gerade so vie Unglück brauchten: dort ein Mann, der das Blut zahlloser Menschen vergießt, und hier ein Mann, der Millionen Menschen das Leben gerettet hat. Eine andere zeitgeschichtliche Betrachtung läßt sich anstellen: In einem Zeitalter, das auf so unterschiedliche Weise um Menschenrechte rang, repräsentierte Wilberforce den Parlamentarier. Sein Kampf gegen die Sklaverei hat gezeigt, daß der parlamentarische Weg zum Erfolg führen kann.
Die Aufhebung der Sklaverei in englischen Besitzungen wurde erst am 26. Juli 1833 im Unterhaus beschlossen. Die erforderliche Zustimmung des Oberhauses stand außer Zweifel. Dem schwerkranken Wilberforce wurde die Freudenbotschaft sofort überbracht. Drei Tage später starb er.
Als der 68jährige Wilberforce einmal während des Gottesdienstes in seinem Gesangbuch eine gepreßte Blume entdeckte,

betrachtete er sie voller Entzücken und stand noch immer in ihren Anblick versunken da, als der Gesang längst zu Ende war und alle andern sich wieder hingesetzt hatten. – Der Anblick einer Blume hatte ihn manches Mal auf den Durststrecken seines Wirkens getröstet und erfrischt. Mehr noch: Er hatte dabei neue Einsichten gewonnen. In einem Brief an einen jungen Quäker hat er das Zustandekommen jenes Gesetzes, das für 800 000 Sklaven die Freiheit bedeuten sollte, mit dem nahezu unmerklichen Hervorsprießen von Vegetation aus unfruchtbarem Boden verglichen.

Können Gesetze Blumen gleichen? Gewiß nicht alle, aber solche, die dem Willen entspringen, die Würde des Menschen wiederherzustellen.

William Wilberforce

wurde am 24. August 1759 in Hull (Yorkshire/England) geboren. Nach seinem Studium in Cambridge wurde er 1780 – gleichzeitig mit seinem Freund Pitt d.J. – Parlamentsabgeordneter. Als Pitt Premierminister wurde, unterstützte er dessen Politik weitgehend, aber nicht uneingeschränkt. Wilberforce gilt als der erste unabhängige Parlamentarier Englands. Er trat im wesentlichen für Reformen zugunsten benachteiligter Bevölkerungsschichten ein (Wahlrecht, Strafrecht, Arbeitsrecht, Gesundheitswesen, Emanzipation der Katholiken). In Krisenzeiten befürwortete er unpopuläre Maßnahmen der Regierung, was heftige Kritik auslöste.

Seine bedeutendste politische Leistung war sein erfolgreicher Kampf um Gesetze gegen die Sklaverei (Abschaffung des Sklavenhandels 1807, der Sklaverei 1833). Auf politische und religiöse Motive zugleich sind seine Bemühungen um eine Reform der Sitten (das heißt eine Stärkung des moralischen Verantwortungsbewußtseins in der Gesellschaft) zurückzuführen. Wilberforce war seit 1785 von der christlichen Erneuerungsbewegung der Evangelikalen entscheidend geprägt, was sich bis in seine Politik auswirkte. 1825 gab er aus gesundheitlichen Gründen sein Abgeordnetenmandat auf. Thomas Baxton führte den Kampf gegen die Sklaverei zu Ende. Wilberforce starb am 29. Juli 1833 in London.

Friedrich Schiller
Geben Sie Gedankenfreiheit

von Rainer Brand

»Durch alle Werke Schillers geht die Idee von Freiheit, und diese Idee nahm eine andere Gestalt an, sowie Schiller in seiner Kultur weiterging und selbst ein andrer wurde. In seiner Jugend war es die physische Freiheit, die ihm zu schaffen machte und die in seine Dichtung überging; in seinem späteren Leben die ideelle.« Diese Worte Johann Wolfgang von Goethes beschreiben das Element in den Dichtungen Friedrich Schillers, das uns in seinen konsequenten Formulierungen auch heute noch überzeugen kann. Bei kaum einem anderen Dramatiker steht die Freiheit so im Vordergrund, gewinnt diese Idee so an überragender Bedeutung.

Als Friedrich Schiller am 10. November 1759 geboren wurde, hatte die Aufklärung in Deutschland Fuß gefaßt und machte deutlich, daß sich das Zeitalter des Abolutismus seinem Ende zuneigte. Vor allem unter dem Einluß französischer Philosophen wurden Ideen diskutiert, die bisherige Wertmaßstäbe in Frage stellten. In Literatur und Dichtung wurden diese Gedanken formuliert, die nichts mehr mit der starren Welt des höfischen Barock zu tun hatten. Die zentralen Kategorien der Aufklärung, Vernunft, Nützlichkeit und Menschlichkeit wurden auf alle Gattungen der Literatur übertragen, und die Dichter versuchten, mit ihren Werken breite bürgerliche Bevölkerungsschichten zu erreichen. Vor allem das Drama nahm bei diesen Versuchen eine bevorzugte Stellung ein, und wie zu kaum einer anderen Zeit wurden gerade bürgerliche Intellektuelle von einer wahren Theaterleidenschaft erfaßt. Auch der junge Schiller, der in der militärischen »Pflanzschule« des württembergischen Herzogs Karl Eugen unter einem strengen Reglement erzogen wurde, wurde von dieser Leidenschaft erfaßt. Vielleicht gerade deshalb, weil dort jegliche private Lektüre verboten war, las er alles, was ihm in die Hände fiel. So lebte er früh in der Welt der Dramen Lessings, Klingers, Lenz' und Goethes. Hier sah er bald seine eigene Berufung, und vor allem durch seine eigenen Dramen konnte er die enge Welt verlassen, die ihm der ungeliebte Beruf des Militärarztes im Dienst des Herzogs vorschrieb.

Als am 13. Januar 1782 sein Drama *Die Räuber* zum erstenmal aufgeführt wurde, zeigte sich, daß Schiller sein Publikum mit der Macht des Wortes mitreißen konnte wie kaum ein anderer. »Das Theater glich einem Irrenhaus, rollende Augen, geballte Fäuste, heisere Aufschreie im Zuschauerraum. Fremde Menschen fielen einander schluchzend in die Arme, Frauen wankten, einer Ohnmacht nahe, zur Türe. Es war eine allgemeine Auflösung wie im Chaos, aus dessen Nebeln eine neue Schöpfung hervorbricht.« Dieser Bericht eines Augenzeugen macht deutlich, wie *Die Räuber* mit ihrer leidenschaftlichen Rebellion gegen die alte Welt verbrauchter Konventionen das Publikum hinreißen konnten.

Kein Wunder, daß dieser gefährliche Sprengstoff auch von den Herrschenden als solcher erkannt wurde und daß das Stück fast überall in Deutschland verboten wurde. Noch 1811 durfte es in kaum einem deutschen Staat aufgeführt werden, und noch 1816 mußten *Die Räuber* in München auf Verlangen der Polizei wieder vom Spielplan abgesetzt werden. Überliefert ist auch eine Aussage des Herzogs von Gotha: »Wenn ich Gott wäre und vorher gewußt hätte, daß ein solches Produkt möglich wäre, ich hätte die Welt nicht erschaffen.«

Das für Fürsten und Institutionen Gefährliche waren die Gedanken Karl Moors, der in seinem Freiheits- und Gerechtigkeitsrausch selbst die Gesetze brechen will, um das Reich der Tugend zu errichten. »Das Gesetz hat zum Schneckengang verdorben, was Adlerflug geworden wäre. Das Gesetz hat noch keinen großen Mann gebildet, aber die Freiheit brütet Kolosse und Extremitäten aus«, läßt Schiller seinen Helden sagen. Und Schiller ist sich seiner Wirkung als Dramatiker bewußt, wenn er 1784 in seinem Aufsatz *Die Schaubühne als moralische Anstalt betrachtet* schreibt: »Wenn die Gerechtigkeit für Gold verblindet und im Solde des Lasters schwelgt, wenn die Frevel der Mächtigen ihrer Ohnmacht spotten und Menschenfurcht den Arm der Obrigkeit bindet, übernimmt die Schaubühne Schwert und Waage und reißt die Laster vor einen schrecklichen Richter-

stuhl.« Und im gleichen Jahr sagt er bei seinem Vortrag *Was kann eine gute stehende Schaubühne eigentlich wirken*: »Es ist nicht Übertreibung, wenn man sagt, daß diese auf der Schaubühne aufgestellte Gemälde mit der Moral des gemeinen Mannes endlich in eins zusammenfließen und in einzelnen Fällen seine Gesinnung bestimmen ... So gewiß sichtbare Darstellung mächtiger wirkt als toter Buchstabe und kalte Erzählung, so gewiß wirkt die Schaubühne tiefer und dauernder als Moral und Gesetze.«
Daß der Herzog Karl Eugen Schiller das »Komödienschreiben« verbot, war wohl ausschlaggebend für die Flucht, mit der sich der Regimentsmedikus im September 1782 endgültig für seine Berufung entschied. Bald war die Arbeit an der *Verschwörung des Fiesco zu Genua* abgeschlossen. Anders als bei den *Räubern* ist hier das Ergebnis der Freiheitsbewegung neue Herrschaft. Im Gegensatz zu Karl Moor will Fiesco Freiheit und Gerechtigkeit nicht als abstrakte Begriffe durchsetzen; er benutzt diese Worte, um selbst zum Herzog zu werden. »Den Tyrannen wird Fiesco stürzen, das ist gewiß! Fiesco wird Genuas gefährlichster Tyrann werden, das ist gewisser!« Ungelöst blieb für Schiller und auch für die bürgerliche Freiheitsbewegung des 18. Jahrhunderts damit die Frage, wie aus der Tyrannei eine Republik hervorgehen könnte. Offensichtlich war die Freiheit nur im Augenblick des Umsturzes selbst vorhanden. Befriedigen konnte aber auch die Ermordung Fiescos nicht, und so verzichtet dieser in der Mannheimer Bühnenfassung von 1784 auf die Herzogswürde: »Ein Diadem erkämpfen ist groß – es wegwerfen göttlich. Seid frei, Genueser! Und die monarchische Gewalt vergehe mit ihrem Zeichen!« Schiller selbst schrieb später dazu: »Wenn jeder von uns zum Besten des Vaterlandes diejenige Krone hinwegwerfen lernt, die er fähig ist zu erringen, so ist die Moral des Fiesco die größte des Lebens.«
Waren Schillers frühe Dramen, *Die Räuber, Fiesco, Kabale und Liebe*, leidenschaftliche Forderungen nach der Freiheit des Menschen innerhalb des politischen Systems, so entwickelte sich sein Freiheitsgedanke von da an immer mehr zu dem einer innerlichen freien Entscheidung und Selbstbestimmung. Ein erster Schritt in diese Richtung war *Don Carlos*, der 1787 bei Göschen in Leipzig erschien.

Der historische Hintergrund dieses Dramas, die Religionskriege in den Niederlanden des 16. Jahrhunderts und die despotische Monarchie des spanischen Königs Philipp II., bildet nur die Bühne für die Reden über Freiheit, Tugend und Menschenglück, für die Freiheitsphilosophie des 18. Jahrhunderts am Vorabend der Französischen Revolution. In Schillers Drama ist es der Marquis von Posa, der diese Gedanken in Worte faßt: »Geben Sie Gedankenfreiheit«, ruft er dem spanischen König zu. Mit flammenden Idealismus tritt er für das Ideal der »Menschenrepublik« ein, in der Gewissensfreiheit und Menschenrechte selbstverständlich sind. Schiller selbst faßte die Ideale Posas als »republikanische Tugend« zusammen, die im absolutistischen Spanien Philipps II. scheitern mußte.

Kein Wunder, daß Schiller den Ausbruch der Französischen Revolution von 1789 mit Begeisterung begrüßte. Er war wie viele andere der Meinung, daß in Paris »das große Schicksal der Menschheit verhandelt« werde. Auch wenn sich bald »ernst und ahnungsvoll« Bedenken meldeten, nahm er 1792 die Ernennung zum französischen Ehrenbürger durch den französischen Nationalkonvent noch voller Freude entgegen. Als König Ludwig XVI. der Prozeß gemacht werden sollte, entschloß er sich jedoch, in seiner Eigenschaft als französischer Bürger eine Verteidigungsschrift zu schreiben. Bevor er dies tun konnte, wurde Ludwig XVI. hingerichtet. Schiller war tief betroffen und fühlte Abscheu vor den »elenden Schindersknechten«: »Der große Moment hat ein schwaches Geschlecht gefunden.«

Dem Erbprinzen von Augustenburg gegenüber faßte danach Schiller seine Stellung zur politischen Neugestaltung folgendermaßen zusammen: »Soll man also aufhören, danach zu streben? Soll man gerade die wichtigste aller menschlichen Angelegenheiten einer gesetzlosen Willkür, einem blinden Zufall anheimstellen, während das Reich der Vernunft nach jeder anderen Seite zusehends erweitert wird? Nichts weniger, gnädigster Prinz. Politische und bürgerliche Freiheit bleibt immer und ewig das heiligste aller Güter, das würdigste Ziel aller Anstrengungen und das große Zentrum aller Kultur – aber man wird diesen herrlichen Bau nur auf dem festen Grund eines veredelten Charakters aufführen, man wird damit anfangen müssen, für die Verfassung Bürger zu erschaffen, ehe man Bürgern eine Verfas-

sung geben kann.«
Dieser problematische letzte Satz wurde von all denen häufig zitiert, die jede politische und soziale Reform ablehnten. Für Schiller bedeutete er vermutlich eher die Hinwendung zu den Gedanken der inneren Freiheit, der in seinen späteren Stücken dominiert. In diesem Sinn ist wohl auch die Auseinandersetzung mit der Philosophie Kants zu sehen, die gerade in jene Jahre fiel. In einem Brief an Christian Gottfried Körner wird dies besonders deutlich: »Es ist gewiß von keinem sterblichen Menschen kein größeres Wort noch gesprochen worden, als dieses Kantsche, was zugleich der Inhalt seiner ganzen Philosophie ist: Bestimme dich aus dir selbst! so wie das in der theoretischen Philosophie: die Natur steht unter dem Verstandesgesetze. Diese große Idee der Selbstbestimmung strahlt uns aus gewissen Erscheinungen der Natur zurück, und dies nennen wir Schönheit.« Schiller hat sich von dieser Zeit an stets um die ideelle Freiheit bemüht. Er verstand unter der ästhetischen Erziehung des Menschen eine Erziehung zu einer höheren Freiheit.
Nach vielfältigen Arbeiten *Über die ästhetische Erziehung des Menschen* und der Mitarbeit an den *Horen* und am *Musenalmanach* fand Schiller 1796 mit der Arbeit am *Wallenstein* wieder zum dramatischen Schaffen zurück. Hier ist das Pathos der Freiheit seiner früheren Dramen dem Zynismus der Macht gewichen: »Freiheit ist bei der Macht allein«, heißt es in *Wallensteins Lager*, und am Ende steht der Sieg der legitimen Gewalt. Mit Wallenstein stirbt nicht die Freiheit, aber die Voraussetzung ihrer Möglichkeit: die Veränderung des Bestehenden.
Nach *Maria Stuart*, in der er letzlich den Königsmord der französischen Revolution aufarbeitet, der *Jungfrau von Orleans*, in der das Ideal des ästhetischen Staates durch Reichseinheit, Frieden und legitimen König beschrieben wird, und der *Braut von Messina* steht als letztes großes Drama der *Wilhelm Tell*, der 1804 vollendet wird.
Wilhelm Tell ist der einzige der Freiheitshelden Schillers, der sein Ziel erreicht, der sein Ideal verwirklichen kann: »Wir wollen frei sein, wie die Väter waren, eher den Tod, als in der Knechtschaft leben.« Nationalisten und Sozialisten haben sich dieses Drama gleichsam zu eigen gemacht, obwohl gerade hier deutlich wurde, daß Schillers politischer Freiheitsbegriff weit

entfernt von jedem Gedanken der Revolution war. Er sieht einen friedlichen Kompromiß der Stände, bei dem der Adel freiwillig auf seine Privilegien verzichtet. »Und frei erklär ich alle meine Knechte«, ruft Rudenz nach der erfolgreichen Befreiung, so unwahrscheinlich eine solche Entwicklung auch in den Tagen Schillers war. Wilhelm Tell allerdings ist erfolgreich, weil er die Naturrechte verteidigt hat. Wenn diese verletzt werden, darf der »Gedrückte« aufbegehren. »Zum letzten Mittel, wenn kein andres mehr verfangen will, ist ihm das Schwert gegeben.«
Nicht nur für viele seiner Zeitgenossen formulierte Schiller die Gedanken der Freiheit in überzeugender Weise, auch später sah man seine Dramen als politische Dichtungen. So nahm die Erhebung gegen Napoleon in den Freiheitskriegen den Dichter des *Wilhelm Tell* für sich genauso in Anspruch, wie sich der Widerstand gegen das Polizeiregime der Restauration auf die frühen Werke berief. Daß sich 1859 bei der Hundertjahrfeier seines Geburtstages auch die offizielle Staatsmacht seiner bemächtigte, lag daran, daß man im Zeitalter der Nationalstaaten neben der Abscheu vor revolutionären Ausbrüchen auch die Begriffe Vaterland und Nation in seinem Werk zu erkennen glaubte.

Friedrich Schiller

wurde am 10. November 1759 in Marbach am Neckar geboren. Nach einer harten Erziehung in der militärischen »Pflanzschule« des württembergischen Herzogs wurde er Regimentsmedikus in Stuttgart. Nach seinem Erfolg mit dem Drama »Die Räuber« widersetzte er sich dem Befehl seines Landesherren, nicht mehr zu schreiben, und floh. Als Dramatiker und Dichter lebte er in Mannheim und Weimar und wurde 1789 durch Goethes Vermittlung Professor für Geschichte in Jena. Neben diesem ist er die herausragende Figur der deutschen Klassik. In Dramen, Gedichten und theoretischen Schriften sind seine zentralen Ideen Freiheit, Humanität und Menschenwürde. Am 9. Mai 1805 starb Schiller in Weimar.

Tecumseh
Die Erde ist meine Mutter

von Isolde Heyne

»Die Landkäufe der Weißen sind eine gewaltige Flut, in der mein Volk ertrinken wird, wenn wir sie nicht aufhalten. Ich habe einen Damm gebaut, sie zurückzudrängen: unsere Einigkeit« (Tecumseh). Dieser Gedanke beherrschte Tecumsehs Leben. Er wollte der nordamerikanischen Union eine indianische Union gegenüberstellen und forderte, daß die USA, wenn sie weiteres indianisches Land haben wollten, künftig nicht mit einzelnen Stämmen, sondern grundsätzlich mit den Vertretern des gesamten indianischen Volkes zu verhandeln haben.
Wie kaum ein anderer Häuptling eines Indianerstammes hat Tecumseh für die Vereinigung gekämpft. Er ist gescheitert, vielleicht auch deshalb, weil ihm in seinem 45 Jahre währenden Leben zu wenig Zeit dafür blieb. Das erkannte er selbst, denn kurz vor seinem Tode sagte er: »Meine Mission schlug fehl. Ich mußte meine Augen vor dem wundervollen Land verschließen, das bald unter den Füßen des verhaßten weißen Mannes erzittern würde.«
Das Bild, das man sich von großen Häuptlingen der Indianer macht, ist oftmals geprägt von Eigenschaften wie Mut, Tapferkeit, Stolz, Naturverbundenheit. Bei Tecumseh kommt noch hinzu, daß er von der Idee durchdrungen war, eine indianische Union könne dem ständigen Vordringen der Weißen in indianische Gebiete Einhalt gebieten. Tecumseh war ein überzeugender Redner und besonnener Führer der von ihm vertretenen Indianerstämme. Und er war seinem Volk ein Vorbild.
Im Jahre 1768 wurde Tecumseh (»Einer, der von einem Ort zum anderen springt«) in der alten Indianersiedlung Piqua am Fluß Mad – heute Bundesstaat Ohio – geboren. Sein Vater, ein Shawnee-Häuptling, fiel 1774 in einem Gefecht am Kanawha River, als Tecumseh sechs Jahre alt war. Zwei Brüder Tecumsehs

kamen 1789 und 1794 in Kämpfen mit den Weißen ums Leben. Um die Erziehung des jungen Tecumseh kümmerte sich sein älterer Bruder Cheesekan, der mit dem damals 13jährigen zu den Cherokees ging, die sich zu dieser Zeit ebenfalls der Kolonialisten erwehren mußten. Tecumsehs große Begabung zeigte sich schon frühzeitig, und man betrachtete ihn als künftigen Anführer seines Volkes. Cheesekan war es auch, der Tecumseh mit ihm – neben der Jagd und alten Traditionen seines Stammes – die Kunst der Rhetorik übte und ihn davon überzeugte, daß die Indianer vor den Weißen geschützt werden müßten. Mit dem Bruder unternahm der junge Tecumseh lange Reisen und bekam so das Verständnis für die großen Zusammenhänge des indianischen Volkes. Der dreijährige Aufenthalt bei den Cherokees und seine Besuche bei anderen Indianerstämmen ließen ihn aber auch erkennen, wie wehrlos die einzelnen waren. Schon in dieser Zeit muß in ihm der Gedanke an eine Einigung der nordamerikanischen Indianer gereift sein.
Ein anderer Bruder Tecumsehs, Tenskwatawa (der spätere »Prophet«), spielte in seinem Leben ebenfalls eine wichtige Rolle. Es wird gesagt, Tenskwatawa sei ein Zwillingsbruder Tecumsehs gewesen. Er war aber, seiner charakterlichen Verlangung nach, eher das Gegenteil Tecumsehs. Auch er war ein geübter Redner, aber listig und unaufrichtig. Durch eine List verschaffte er sich auch den Rang eines »Propheten«. Man muß ihm zugute halten, daß er später einer der glühendsten Verfechter der politischen Ideale Tecumsehs wurde.
Tecumseh glaubte, daß die Engländer, die durch Washingtons Revolution in Nordamerika an Einfluß eingebüßt hatten, seine Verbündeten werden könnten. Und immer wieder suchte er indianische Stämme auf, um sie als Bundesgenossen im Kampf für die Vereinigung zu gewinnen. Das war nicht immer leicht, denn einige Stämme waren der Ansicht, es sei ihre Sache, ob sie den Weißen für minderwertige Gebrauchsgegenstände und Waffen sowie für Alkohol Land überlassen. So mußte Tecumseh unermüdlich sein Anliegen vertreten, vor seinem eigenen Volk und auch vor den Weißen.
Tecumseh wird als ein Häuptling geschildert, der staatmännische Weisheit, Besonnenheit und würdevolles Auftreten besaß. Bereits 1805 berief er einen Kongreß der Vertreter aller India-

nerstämme des amerikanischen Ostens ein. Es schien, sein Traum von der indianischen Union könne sich verwirklichen. Auf dem zweiten Kongreß 1811 in Vincennes nahm die Einheit der indianischen Stämme bereits ausgeprägte Formen an.
Seinem Gegenspieler, dem amerikanischen General Harrison (ein späterer Präsident der Vereinigten Staaten) erklärte Tecumseh, daß die Indianer auch nicht dagegen aufgetreten seien, als die Weißen Nordamerikas ihren Bundesstaat schufen.
Aber Tecumseh wollte nicht nur eine indianische Föderation schaffen, sondern die Weißen aus großen Teilen Noramerikas vertreiben, um der indianischen Union ein großes, ungeteiltes Staatsgebiet zur Verfügung zu stellen. Nach indianischem Glauben ist die Erde unverkäuflich. 1810 sagte Tecumseh bei einer Begegnung mit Weißen: »Unser Land verkaufen? Warum nicht die Luft, das Meer und die Erde? Schuf der Große Geist die Erde nicht zum Nutzen aller seiner Kinder?« Und zu Harrison sagte er: »Die Sonne ist mein Vater und die Erde meine Mutter. An ihrer Brust werde ich einst ruhen.« Letztere Äußerung zeigt den Stolz des Shawnee-Häuptlings, als General Harrison ihm gegenüber vom »großen weißen Vater in Washington« sprach.
Als sich die Lage zuspitzte, kamen auf Tecumsehs Ruf Krieger und Häuptlinge aus Dutzenden von nordamerikanischen Stämmen, um sich den amerikanischen Truppen, die unter dem Befehl General Harrisons standen, zum Kampf zu stellen. Tecumseh hatte sich in der letzten Ratssitzung mit den Weißen im Juni 1811 nicht einigen können. In einem Brief an das Kriegsministerium schrieb Harrison: »... Gäbe es die Vereinigten Staaten nicht, so würde Tecumseh vielleicht als der Gründer eines Reiches in die Geschichte eingehen, das sich mit dem Glanz von Mexiko oder Peru messen könnte. Es gibt keine Schwierigkeit, die ihn von seinem Vorhaben abhalten könnte ... Er ist jetzt dabei, sein Werk zu krönen. Dennoch hoffe ich, daß noch vor Tecumsehs Rückkehr jener Teil seiner Arbeit, den er als vollendet betrachtet, zerstört sein wird und daß wir sein Werk zuschanden machen können ...«
In dieser Zeit besuchte Tecumseh die Stämme, die sich dem indianischen Bund noch nicht angeschlossen hatten, um seine Position weiter auszubauen.
Tenskwatawa, Tecumsehs Bruder, der »Prophet«, führte jenen

Teil des indianischen Heeres, der in Prophet's Town und Tippencanoe zusammengetroffen war. Harrison zog seinerseits seine Truppen zusammen, etwa 900 Mann stark. Hier begann durch das ungeduldige Verhalten des »Propheten« das Verhängnis, das alle Pläne Tecumsehs zunichte machte. Der »Prophet« schickte durch lügnerische Voraussagen – ihm sei kundgetan worden, daß die eine Hälfte von Harrisons Truppen morgen tot und die andere Hälfte wahnsinnig sein werde – die indianische Armee in eine Schlacht, die nicht zu gewinnen war. Die Verluste waren groß, und Harrison konnte zwei Tage später sogar die verlassene Stadt Prophets Town kampflos einnehmen. Die Indianer hatten sich zurückziehen müssen. Tenskwatawa verlor durch dieses Fiasko sämtlichen Einfluß.
Von dieser Niederlage erholten sich die Indianer nicht mehr. Tecumsehs Träume von einer indianischen Einheit waren zunichte gemacht worden durch die selbstherrliche und sich selbst überschätzende Haltung seines Bruders, des Propheten Tenskwatawa. Aber noch gab Tecumseh nicht auf. Als im Jahr 1812 der Krieg zwischen England und Amerika ausbrach, stellte er sich mit etwa 700 Kriegern, die später auf fast 2 000 anwuchsen, auf die Seite Englands. Er erhielt den Rang eines Brigadegenerals.
Am 5. Oktober 1813 mußte sich General Proctor mit seinen und den indianischen Truppen den Amerikanern zu einer Schlacht am Thames-River in Ontario stellen. In diesem Kampf fiel Tecumseh.

Tecumseh

wurde 1768 in der alten Indianersiedlung Piqua geboren. Sein Vater, ein Häuptling der Shawnee, fiel 1774 in der Schlacht von Point Pleasant. Seine Mutter, Methoataske, war vermutlich eine Creek- oder Cherokee-Indianerin. Zu dieser Familie gehörten sieben Kinder.

Tecumseh, später selbst Häuptling der Shawnees, gründete die größte indianische Allianz, die es jemals nördlich von Mexiko gab. Im Krieg von 1812 kämpfte er mit seiner Streitmacht auf der Seite der Engländer. 1813 wurden er und seine Krieger von General Harrison geschlagen. Tecumseh fiel am 5. Oktober 1813 in dieser Schlacht.

Er mußte es wohl geahnt haben, denn vor der Schlacht zog er seine Generalsuniform aus und legte seine indianische Hirschhautkleidung an. Tecumseh starb im Alter von 45 Jahren in einer Schlacht, die für fremde Interessen geführt wurde. Er hinterließ einen siebzehnjährigen Sohn, der jedoch nicht in der Lage war, das Werk seines Vaters fortzusetzen.
Es gelang auch keinem Indianerhäuptling nach ihm, so viele Indianerstämme Nordamerikas zu einen. Tecumseh hatte erkannt, wie wenig ein einzelner Stamm gegen die übermächtigen Weißen ausrichten konnte. Er wußte auch, wie entwürdigend sich das Schicksal seines Volkes unter der Herrschaft der Weißen gestalten würde. Die indianische Union, die er angestrebt hatte, blieb bis heute ein unerfüllter Traum.

Alexander II. von Rußland
Der Reformer- und Befreier-Zar

von Joachim Molsdorff

Es sind nicht viele Politiker, welche die Ahnengalerie der Menschenrechte zieren; insofern überrascht es schon, daß auch ein russischer Zar seinen Anspruch geltend machen kann. Schließlich gilt der Zarismus im allgemeinen als finsteres, reaktionäres System der Unterdrückung und Menschenverachtung, als jenes politische System, in dem Liberalismus und Aufklärung Fremdwörter geblieben sind. So richtig dies auch im allgemeinen sein mag, so wenig ist andererseits zu übersehen, daß sich im Zeitraum des 18. und 19. Jahrhunderts mindestens drei Zarennamen nennen lassen, die in den Zusammenhang mit den Menschenrechten gebracht werden können. Dabei gibt es wiederum eine interessante Besonderheit insofern, als zwei davon Frauen gewesen sind:

Die Zarin Elisabeth, Tochter Peters des Großen, die zwischen 1741 und 1761 regierte, war durchaus eine aufgeklärte Herrscherin, die der üblichen Despotie zumindest insofern eine Absage erteilte, indem sie die Todesstrafe zu ihrer Regierungszeit verbot; und ihre weibliche Nachfolgerin Katharina II., die Große, machte sich sogar Beccarias Philippika gegen die Todesstrafe dermaßen zu eigen, daß sie kurzerhand dessen Buch *Über Verbrechen und Strafen* von 1764 zwei Jahre später in den Kodex des russischen Rechts einbauen ließ. Dennoch ist nicht zu bestreiten, daß die beiden aufgeklärten Herrscherinnen in ihren Reformabsichten weit hinter den Erwartungen vieler ihrer Zeitgenossen und vor allem hinter der europäischen Entwickung zurückgeblieben sind.

Auch Zar Alexander II. kann nicht ohne Wenn und Aber Anspruch auf den Titel Verteidiger der Menschenrechte anmelden, aber immerhin ist er als Reformzar und vor allem als Befreiungszar in die Geschichte eingegangen. Und nur der Umstand,

daß er 1881 auf offener Straße das Opfer eines anarchistischen Attentats wurde, deutet darauf hin, daß seine Reformen trotz allem zu spät, zu zögernd und vor allem zu wenig im Kontext der allgemeinen gesellschaftspolitischen Entwicklung Rußland angelegt gewesen sind. Daß es ausgerechnet der Star-Anarchist des 19. Jahrhunderts, Fürst Pjotr Kropotik, gewesen ist, der das Attentat auf den Zaren in seinem Tagebuch festhielt, verleiht der Szene eine besondere Qualität: »Dort lag Zar Alexander II. auf dem Schnee«, notierte Kropotik, »von seiner ganzen Begleitung im Stich gelassen. Nur einige Kadetten, die von der Parade heimgingen, hoben den sterbenden Zaren auf, legten ihn auf einen Schlitten und breiteten einen Kadettenmantel über den zuckenden Körper. Und mit ihnen stürzte zum Beistand einer der Terroristen, Elemianow, mit einer in Papier gewickelten Bombe unter dem Arm auf den Verwundeten zu, obwohl er Gefahr lief, auf der Stelle ergriffen und gehenkt zu werden. Welche Kontraste birgt doch die menschliche Natur.«
Es war in der Tat, wie Trifonow in seinem Roman über die letzte Regierungszeit Alexander II. schreibt, eine »Zeit der Ungeduld«: »Gegen Ende der siebziger Jahre war den Zeitgenossen klargeworden, daß Rußland krank ist. Nur darüber stritt man, wie die Krankheit heiße und wie sie zu kurieren sei.« Nach dem 1855 für Rußland verlorenen Krimkrieg ergab sich für Alexander II. – der in eben diesem Jahr den Thron bestieg – die zwingende Notwendigkeit, längst überfällige Reformen in Rußland einzuführen, um den Bestand des Reiches nach innen und nach außen zu sichern. Zwar wäre es falsch, den bei seiner Thronbesteigung immerhin 37 Jahre alten Monarchen als geborenen Reformpolitiker zu bezeichnen, aber er erkannte die Zeichen der Zeit, ohne sie deswegen auch zu lieben. Sein Staat war immer noch – mitten im 19. Jahrhundert! – von monarchistischen Zügen der Diktatur mit einer überstarken Dominanz von Militär und Kirche gekennzeichnet. Zwischen der Lethargie der Bauernmassen und der wachsenden Oppositionskraft der revolutionären Intelligenzija drohte das russische Reich auseinanderzubrechen; der Krimkrieg hatte gezeigt, daß das alte autokratische System nicht länger mehr in der Lage war, dem neuen politischen Druck entgegenzuwirken. Von einer schlecht bezahlten und daher korrupten Bürokratie getragen, wurde der Staat Alexanders II. eher

geduldet als akzeptiert. Um den sich daraus ergebenden innenpolitischen Krisensymptomen rechtzeitig zuvorzukommen, entschloß sich Alexander II. zu Reformen, die auch die außenpolitische Schlappe Rußlands wiedergutmachen sollten.
Die Einsicht, daß die Leibeigenschaft der Bauern in Rußland im Grunde eine Schande war und nicht wenig zur ökonomischen Rückständigkeit des Landes beitrug, war auch einigen Vorgängern Alexanders II. durchaus geläufig. Immerhin hatten sie sich mit der Tatsache auseinanderzusetzen gehabt, daß in Westeuropa die Leibeigenschaft längst abgeschafft war – in Preußen etwa schon zur Regierungszeit Friedrichs des Großen –, ohne allerdings selbst den Mut zu entsprechenden Reformen aufzubringen. Naturgemäß müßten solche den Konflikt mit den russischen Adeligen, in deren Händen sich Grundbesitz und Bauern befanden, hervorrufen. Da Alexander II. dieser Konflikt alles andere als unbekannt war, war sein Argument weniger ökonomischer oder sozialer Natur, sondern vielmehr politisch: Es sei besser, erklärte er am 30. März 1856, also unmittelbar nach seiner Amtsübernahme, vor einer Gruppe in Moskau anwesender Adeliger, die Leibeigenschaft von oben her aufzuheben, als darauf zu warten, daß sie von unten her abgeschafft würde. Alexander wollte also die Revolution von oben, bevor eine von unten kam, die sich nicht mehr kanalisieren ließ. Also stellte er den Adeligen anheim, sich gründlich Gedanken zu machen über seine Reformabsicht – was auch ein überraschendes Novum im Umgang zwischen Zar und Adel darstellte.
Es dauerte nicht weniger als fünf Jahre, bis ein entsprechender Gesetzentwurf ausgearbeitet war, und in diesen fünf Jahren hat der russische Adel eine systematische Obstruktionspolitik gegen Alexander betrieben. Aber auch die russisch-orthodoxe Kirche war keineswegs an den Liberalisierungstendenzen des neuen Monarchen interessiert, und die Intelligenzija, die sich jahrzehntelang für Reformen eingesetzt hatte, schaute nur einigermaßen müde und lustlos auf den neuen politischen Kurs. Und die Bauern? Sofern sie im Vorfeld des Gesetzgebungsprozesses von den Entwicklungen überhaupt Kenntnis hatten, nahmen sie alles mit der ihnen eigenen Gelassenheit und Trägheit hin, da sie ohnehin nicht gefragt wurden, wie sie sich die Zukunft vorstellten. So möchte man fast sagen, daß Alexander II

überraschend allein war mit seiner Reformidee, so allein wie viele Menschenrechtsvertreter, nur mit dem grundsätzlichen Unterschied, daß er an der Spitze eines autokratischen Systems stand und dieses auch dann, wenn sich Widerstand bemerkbar machte, seinem Willen unterworfen blieb.

Am 19. Februar 1861 endlich erließ Alexander II. ein kaiserliches Manifest, das mit wirklichkeitsfremdem Pathos die Aufhebung der Leibeigenschaft der Bauern aus jahrhundertealter Knechtschaft verkündete, wobei bezeichnenderweise hauptsächlich von der anerkennenswerten Opferbereitschaft des russischen Adels die Rede war und davon, daß Ruhe die erste Bürgerpflicht sei. Dem Manifest folgte das, was der amerikanische Historiker Robinson »einen Heuschober von Gesetzen« nannte: Nicht weniger als 500 Druckseiten umfaßten die Ausführungsbestimmungen, ergänzt von einer Fülle von Karten und topographischen Aufzeichnungen, um die jeweiligen Anwendungsbestimmungen von vornherein zu regeln. Ein bürokratisches und juristisches Meisterwerk war es gewiß, aber das konnte den Bauern zunächst einmal gleichgültig sein; sie konnten ohnehin nicht lesen und waren naheliegenderweise auf den Begriff Freiheit fixiert. Aber da setzte auch schon das Zentralproblem der Bauernbefreiung ein: Das Manifest vom 19. Februar 1861 hob nur das Eigentum des Gutsherrn an seinen Bauern endgültig auf; Bürgerrechte wurden den Bauern damit in keiner Weise zuteil. Und Land hatten sie auch keines, das sie bebauen und von dem sie leben konnten. Also mußten sie Schulden machen und sich bei ihren ehemaligen Herren Land zu hohen Preisen kaufen oder pachten, was sie erneut in Abhängigkeit brachte, so daß es nicht verwundern konnte, daß im Jahre 1879 noch ungefähr 14 Prozent der ehemaligen Leibeigenen »zeitweilig schuldverpflichtet« waren, wie es offiziell hieß. Robinson stellte durchaus mit Recht fest, daß »während der auf die Befreiung folgenden Jahrzehnte das russische Bauerntum einen verzweifelten Kampf mit einer verzweifelten Situation« führte.

Es spricht für den Reformeifer Alexanders II., daß er diese Entwicklung nur unwillig beobachtete und auf eine größere Geschwindigkeit in der Umstellung der russischen Agrargesellschaft und ihrer Struktur pochte, ohne jedoch in der Lage zu sein, diese Geschwindigkeit auch herzustellen. Der Zar konnte

einfach an der Tatsache nicht vorbeisehen, daß seine Reform zwar richtig, aber unvollständig und in gewisser Hinsicht zu spät kam; vor allem aber vollzog sie sich unter vielfachem Widerstand. So konnten die Bauern zwar nach langer Knechtschaft aufatmen, aber nur bedingt ihre Freiheit genießen. Dagegen glaubte sich der Adel um den Lohn von Jahrhunderten betrogen und machte Front gegen die zaristische Politik, um seine Interessen durchzusetzen. Wie kurios die politische Lage in Rußland in der zweiten Hälfte des 19. Jahrhunderts war, läßt sich am ehesten demonstrieren durch den Hinweis, daß der Adel keineswegs geschlossen gegen den Zarenkurs war. So richtete etwa der Adel von Tveŕ eine Adresse an den Zaren, worin er diesen aufforderte, seine Reformen fortzusetzen, um dann zu der geradezu revolutionären Aussage zu gelangen: »Die freiheitlichen Einrichtungen können nur aus dem Volke selbst hervorgehen.« Demgegenüber forderte der konservative Flügel des Adels die Einrichtung eines Adeligenrates zum Zweck der Kontrolle der Regierung, eine Art Zemskij Sobor, einen Landtag.
Daß Alexander derartigen Forderungen entsprach, ist keine Frage. Um ein gewisses Maß an Mitbestimmung im Staatsapparat zu garantieren, berief er die erste Duma, einen Adligenrat, und das Zemskij Sobor ein und arbeitete trotz mannigfacher Rückschläge an seinen Reformplänen weiter – eine Tatsache, die selbst seine Gegner anerkennen mußten. Als Gegenstück zu seiner autokratischen Macht und um die Selbstverwaltung zu fördern, ließ er am 13. Januar 1863 eine Art Landtag ins Leben rufen und plante eine Verwaltungsreform. Zugleich gab er Impulse zu einer längst überfälligen Justizreform sowie zu einer Militärreform, die sich nach der Niederlage im Krimkrieg als notwendig erwiesen hatte. Um seinen Reformeifer auf die Spitze zu treiben, etablierte Alexander das Drei-Klassen-Wahlrecht und führte 1874 die allgemeine Wehrpflicht ein, womit das bisherige Rekrutierungssystem, das auf der Leibeigenschaft basierte, abgeschafft wurde.
Alexander II. hatte sich, nach einigem Zögern, unzweifelhaft entschlossen, den einmal eingeschlagenen Reformkurs fortzusetzen. Es spricht für seinen politischen Verstand, daß er nicht nur Reformpläne entwickelte, sondern zugleich auch nach jenen Kräften Ausschau hielt, die in der Lage wären, diese auch zu

verwirklichen. Seiner Bürokratie- und Justizreform kommt deshalb besondere Bedeutung zu, weil die Verwaltung und die Richter wesentlich an der Umsetzung innenpolitischer Vorstellungen beteiligt sind; daß dadurch sensationelle Ereignisse gewissermaßen vorprogrammiert wurden, wie etwa der Freispruch der Anarchistin Vera Sassulitsch, die den Petersburger Polizeipräsidenten erschossen hatte, sei nur am Rande erwähnt ...

Wichtig war gewiß, daß Alexander sich auch an das heikle Problem einer russischen Schul- und Bildungsreform heranwagte. Unter seinem Vater und Vorgänger Zar Nikolaus I. konnte der Unterrichtsminister Uvarov noch den Begriff »Luxuswissen« verwenden, womit er sich für eine zahlenmäßige Beschränkung der Intelligenzija aussprach, ohne diese damit in irgendeiner Weise reduzieren zu können. Demgegenüber war Alexander II. aufgeschlossen genug, um zu erkennen, daß langfristig gesehen eine Modernisierung der russischen Gesellschaft nicht auf die Landwirtschaft oder das Militär beschränkt bleiben könnte. Also richtete er eine Kommission ein, deren Aufgabe darin bestand, die längst überfällige Schulreform vorzubereiten, die Hochschulen neu zu strukturieren und die Frage der Presse- und Meinungsfreiheit zu erörtern.

Vielleicht zeigen sich in diesem Bereich die Grenzen von Alexanders Reformpolitik am ehesten: Auf der einen Seite erkannte der Zar durchaus die Dringlichkeit des Problems, wußte aber auf der anderen Seite kaum, auf welche Weise es anzupacken sei. Und vor allem: Er war sich nie recht sicher, wie weit derartige Reformen gehen sollten. So ließ er zwar das Zensurproblem in der russischen Gesellschaft erörtern, aber die Zensur ließ er dennoch nicht abschaffen; so erkannte er die Bedeutung der Hochschulen für die Entwicklung des Landes insgesamt, schreckte aber vor einer Liberalisierung der Hochschulen zurück (wenngleich er den Universitäten ihre Autonomie und Disziplinargerichtsbarkeit zurückgab, die ihnen sein Vater genommen hatte). Angesichts der Größe des Landes und der Vielzahl der Menschen ist es darüber hinaus nicht verwunderlich, daß am Ende der Regierungszeit Alexander II. erst schätzungsweise zehn Prozent der russischen Bevölkerung lesen und schreiben konnten.

Trotz dieser Einschränkungen ist die Lebensleistung Alexanders II. unübersehbar groß, vor allem auch, wenn man bedenkt, gegen wieviele Widerstände und Mißtrauen er seine Programme verwirklichen mußte. Gewiß sind viele seiner Reformen, wenn man sie mit der westeuropäischen Entwicklung vergleicht oder berücksichtigt, daß nur 50 Jahre später die Oktoberrevolution den ganzen Zarismus hinwegfegte, zu spät gekommen. Ebenso gewiß ist, daß diese nicht in ein Gesamtsystem der Reform- und Liberalisierungspolitik eingepaßt waren, wie auch nicht zu übersehen ist, daß die Struktur der russischen Gesellschaft eine soziale Trägerschaft für eben diese Reformen kaum zuließ. Aber gerade deshalb zeigen sich bei Alexander II. Größe

Alexander II. von Rußland

wurde am 29. April 1818 als Sohn des Zaren Nikolaus I. und der Kaiserin Alexandra geboren, genoß eine hervorragende Erziehung und bestieg nach dem Tod seines Vaters am 2. März 1855 den russischen Thron (Krönung am 7. September 1856 in Moskau). Nach dem Krimkrieg setzte er sich energisch für längst überfällige Reformen ein, insbesondere für die Befreiung der russischen Bauern aus der Leibeigenschaft (Dekret vom 19. Februar 1861). Trotz großer Schwierigkeiten und Widerstände führte er zudem eine Justiz- und Bürokratiereform sowie eine Reform des Militärwesens durch. Um sozialistischen Ideen zuvorzukommen, legte er die Grundlagen einer umfangreichen Bildungsreform und lockerte die traditionellen Zensurbestimmungen.
Nach der Niederschlagung des letzten polnischen Aufstandes im Jahre 1863 war Alexander II. die Galionsfigur des Panslawismus und setzte die imperialistischen Ambitionen Rußlands in Richtung Asien fort, wobei er sich durch eine geschickte Westeuropapolitik den Rücken freihielt. 1866 wurde der erste Attentatsversuch auf den Zaren unternommen, dem noch mehrere andere folgten, bis Alexander II. am 13. März 1881 das Opfer eines von der Nihilistenpartei geschickt angelegten Attentats wurde. Sein Sohn Alexander III. setzte zur allgemeinen Überraschung die Reformen nicht fort, sondern kehrte zu diktatorisch-reaktionären Herrschaftsprinzipien zurück.

Friedrich v. Schiller (links oben)
William Wilberforce (rechts oben)
Gotthold Ephraim Lessing
(links unten)

Fridtjof Nansen (links oben)
Henri Dunant (rechts oben)
Alexander II. (rechts)

und historisches Dilemma nebeneinander: Er war der Zar, der die russische Gesellschaft aus einem überlangen Mittelalter herausführen wollte, ohne recht einen Begriff davon zu haben, was »Gesellschaft« im Rußland seiner Zeit bedeutete; er war der seit 1866 von Attentatsversuchen verfolgte aufgeklärte Monarch, der letzte russische Zar von Bedeutung, dem es jedoch auch nicht mehr gelingen konnte, das Land friedlich in die Zukunft zu führen.

Bismarck muß das geahnt haben, als er unter dem 28. Januar 1861 in sein Petersburger Journal die Eintragung machte: »Wenn man sich vergegenwärtigt, daß die gesamte bäuerliche Bevölkerung auf den Besitzungen der Krone wie des Adels mit ihrer Lage unzufrieden ist und übertriebene Erwartungen von der bevorstehenden Verbesserung hegt, daß der gesamte Adel seine Erbitterung über die beabsichtigten Eingriffe in seine ohnehin erschütterten Vermögensverhältnisse offen zur Schau trägt und daß es hier so wenig wie in andern Ländern an Leuten fehlt, welche systematisch am Umsturz des politischen Bestandes arbeiten, so kann man den trüben Vorhersagen über die nächste Zukunft des Landes ... nicht alle Berechtigung absprechen.«

Multatuli
Gegen Mißbräuche und Mißhandlungen

von Rüdiger Siebert

Den Damen, die vor roten Laternen in Korsjespoortsteeg die Amsterdamer Gegenwart verkörpern, wird der Herr, dessen Vergangenheit in Haus Nummer 20 ausgebreitet wird, vermutlich schnuppe sein. Doch auch diesem Herrn gelten viele Besuche, besonders dienstags zwischen 10 und 17 Uhr, wenn die ihm gewidmeten Räume dem Publikum kostenlos geöffnet sind. Neben der Klingel würde man sein Namensschild allerdings vergebens suchen; man muß schon etwas höher hinaufschauen an der Backsteinfassade. Dort kündet eine Steintafel mit ausgewaschenen Lettern, daß hier am 2. März 1820 ein gewisser Multatuli geboren wurde.

Unter seinem Familiennamen Eduard Douwes Dekker kennen ihn auch in Holland nur wenige; unter seinem Pseudonym aber ist er populär geblieben: Multatuli – ich habe viel getragen, viel erduldet, so der von ihm selbstbewußt latinisierte Deckname. Er ging ebenso in die Kolonialgeschichte ein, wie er die Geschichte der Weltliteratur bereicherte. Ein Verfechter der Menschenrechte, Romantiker, Dichter. Mittendrin im schäbig-schönen Grachtenviertel von Alt-Amsterdam hat ihm ein Freundeskreis die Geburtsstätte liebevoll als Museum eingerichtet.

Mijnheer Bij, einer jenen Getreuen vom Liebhaber-Zirkel, führt uns durch das schmale Haus mit der steilen Treppe und erzählt von Multatuli in kenntnisreich-freundlicher Verbundenheit – ganz so, als habe er den streitbaren und umstrittenen Herrn noch selber kennengelernt. Auf vergilbten Fotos und als Bronzebüste blickt er einen durchdringend an: schwarzer Schnurrbart, volles dunkelblondes Haar, die Gesichtszüge kantig. Ein Mann, der Not durchlitten hatte und von seiner Mission überzeugt gewesen war. Der Pappmaché-Globus aus seinen späteren Tagen mit abgegriffenem Südostasien verweist auf die Verbindung

zum einstigen Niederländisch-Ostindien, dem heutigen Indonesien: »Insulinde, das sich schlingt um den Äquator wie ein Gürtel von Smaragd« – so Multatuli. Es sollte sein Schicksal werden. Der Vater, Engel Douwes Dekker, war Kapitän zur See, befuhr die Handelsroute nach Südostasien, was den Lebensweg des Jungen Eduard, des fünften Kindes der Familie, vorzeichnete. Lateinschule und Lehre in einer Amsterdamer Textilhandlung waren beides nicht nach dessen Geschmack. Das Angestelltendasein in Kontoren schien den phantasievollen jungen Mann wenig zu begeistern. Im September 1838 segelte er mit dem Vater und Bruder Jan nach Batavia (heute Jakarta), wo für Eduard das eigentliche Abenteuer seines Lebens begann. Er trat in die Dienste der holländischen Kolonialverwaltung und kam so auf verschiedene Posten nach West-Sumatra, Zentral-Java, in den Norden Sulawesis (Celebes) und nach Ambon. 1846 heiratete er Everdine Baroness van Wijnbergen, die später als Tine in seinem Werk verewigt wird. Eine Erkrankung zwang ihn 1846 zur Rückkehr nach Europa, wo er seinen Genesungsurlaub mit kostspieligen Ausflügen in Spielkasinos verband, so daß die stets schwierige finanzelle Lage in weitere Turbulenzen geriet. In dieser Periode unternahm er erste literarische Versuche.
1855 rief ihn die Kolonialverwaltung nach Batavia zurück. Ihm wurde im Januar 1856 das Amt des Assistent-Residenten in Rangkasbitung für den Bereich Lebak im westlichen Java übertragen: ein Mann von damals 35 Jahren, der sich einmal in hemmungsloser Eitelkeit »Dichter im höchsten Sinne des Wortes« pries: »Erträumte er sich Sonnensysteme aus einem Funken, bevölkerte sie mit Geschöpfen seiner Erfindung, fühlte sich Herr einer Welt, die er selbst ins Leben gerufen ... und doch konnte er gleich darauf ohne die mindeste Träumerei sehr gut ein Gespräch führen über den Preis des Reises, über Sprachregeln, über die ökonomischen Vorteile einer ägyptischen Hühnerbrutvorrichtung.« Eine merkwürdige autobiographische Einschätzung für einen Repräsentanten nüchterner und auf profitable Machtentfaltung eingeschworener Kolonialherrschaft.
Aber ein typischer Beamter war er wirklich nicht, dieser Eduard Douwes Dekker. Er war vom unbezahlten Angestellten der Verwaltung aufgestiegen zu einem vorzüglich bezahlten Spitzenbeamten des Systems der indirekten Herrschaft. Eine Bilderbuch-

Karriere. Doch immer wieder hat er sie selbst in Frage gestellt, unfähig und unwillig, sich in das Korsett aus Konvention und Korruption einzupassen. Um die Rolle des biederen Beamten zu spielen, war er viel zu exzentrisch. Obgleich er eine Spielernatur war, von sich und seinen Qualitäten in maßlosem Mangel an Selbstkritik überzeugt, besaß er gleichzeitig eine große menschenfreundliche Ritterlichkeit gegenüber den Schwächeren. Er sieht sich zu Handlungen provoziert, die das politisch brisante Machtgefüge ganz unten – auf der Grasnarbe, wie das heutzutage heißt – gefährden. Douwes Dekker kümmert sich um einfache Bauern, macht die Nöte der ausgebeuteten Javaner zu seinen eigenen und sieht die armen, rechtlosen Leute als Opfer der Unterdrückung durch ihre einheimischen Fürsten, die wiederum den holländischen Kolonialherrschern gegenüber tributpflichtig sind. In den Jahren seiner verschiedenen Posten sammelt Douwes Dekker den Stoff und den Zorn, mit dem er sich zwischen alle Stühle seines Jahrhunderts setzen sollte.
Die Übernahme des hochdotierten und ehrenvollen Amtes als Assistent-Resident im westlichen Java wird zum Wendepunkt seiner Laufbahn. Kaum angekommen, wird der neue Mann in Rangkasbitung zum Zeugen übelsten Machtmißbrauchs, erlebt hautnah Erpressung und Ausplünderung wehrloser javanischer Bauern durch ihre eigenen Herrn, die vom holländischen Machtapparat gedeckt werden. Douwes Dekker prangert dies im Vertrauen auf rechtsstaatliche Institutionen an und wird selbst zum Verfemten.
Am 22. Januar 1856 ist er in Rangkasbitung eingetroffen. Schon einen Monat später erhebt er Anklage gegen den Regenten, den einheimischen Fürsten. Postwendend eilt der eigene Vorgesetzte, der holländische Resident, aus dem eine halbe Tagesreise entfernten Serang herbei, um die Anklage zu unterdrücken. Das sorgsam ausbalancierte Interessengeflecht zwischen Kolonialherren und den einheimischen Gefolgsleuten ist durch den Vorstoß aus den eigenen Reihen gefährdet. Nestbeschmutzung, nennt man das in modernem Sprachgebrauch. Doch Douwes Dekker bleibt hartnäckig. Die Affäre wächst sich aus. Am 28. Februar bietet Douwes Dekker seinen Rücktritt an. Am 23. März rügt ihn der Generalgouverneur Duymaier van Twist in Buitenzorg (heute Bogor) wegen der Überschreitung seiner

Amtsbefugnis und kündigt die strafweise Versetzung nach Zentral-Java an. Am 29. März quittiert Douwes Dekker freiwillig den Dienst, übergibt am 15. April seinem Vertreter die Geschäfte und reist nach Batavia, wo er vergebens auf ein Gespräch mit dem Generalgouverneur zur Klärung seines Falles dringt, der eigentlich den Fall des Regenten werden sollte. Duymaer van Twist, ranghöchster Beamter in Niederländisch-Indien, kehrt ein paar Tage danach in den Ruhestand nach Europa zurück, ohne den ihm persönlich bekannten und wenige Monate zuvor durch seine Vermittlung als Assistent-Resident in Rangkasbitung eingesetzten Douwes Dekker angehört zu haben. Der schlägt sich noch fast ein Jahr in Java herum, versucht, einen Job in der privaten Wirtschaft zu finden, läßt schließlich Frau und Kind bei Verwandten und schifft sich 1857 nach Europa ein: mittellos, zutiefst enttäuscht, mit dem Ruf eines gescheiterten Beamten, der mehr Feinde als Freunde hat.
Ohne Ehre, Amt und Einkommen kehrt er nach Europa als ein geschlagener Mann zurück und greift als Ausgestoßener in einem schäbigen Brüsseler Gasthof zu Feder und Papier wie ein Ertrinkender zum Strohhalm. Innerhalb eines Monats reißt er sich 1859 ein Buchmanuskript aus der Seele, das Sturmwellen politischer Kontroversen aufpeitscht und über diese zeitgeschichtliche Wirkung hinaus zum einzigartigen Werk der Weltliteratur werden sollte: *Max Havelaar oder die Kaffeeversteigerungen der Niederländischen Handelsgesellschaft*, 1860 in erster und 1874 in zweiter Fassung erschienen.
In Holland ging »ein Schaudern durch das Land«, das Buch fuhr »wie ein Blitz hernieder, schlug ein und setzte in Flammen«, so die zeitgenössischen Kommentare. Multatuli, wie sich der Autor nun nannte, traf das schlechte Bürger-Gewissen seiner Epoche. In einer seiner Hauptfiguren, in Batavus Droogstoppel, Kaffeemakler aus der Lauriergracht Nr. 37 in Amsterdam, hat er das schlechte Gewissen personifiziert: die Verkörperung der Heuchelei und Selbstgerechtigkeit, voll Bigotterie und Menschenverachtung. An die Droogstoppels seiner Zeit war das Buch gerichtet, und offenbar hat es sie erreicht.
Multatuli, Holländer von Geburt, Weltbürger im intellektuellen Selbstverständnis, war der erste europäische Autor von hohem literarischen Rang, der dem abendländischen Publikum die

indonesische Welt mit einem für die damalige imperialen Machtverhältnisse sensationellen Anspruch nahebrachte: »Ich will von Menschen erzählen, die die gleichen Regungen haben wie wir. Wer indessen das Mitempfinden scheut oder dem Mitleid aus dem Wege gehen will, der kann ja sagen, daß diese Menschen gelb oder braun sind – vielen nennen sie Schwarze –, und für ihn genügt der Unterschied der Hautfarbe, um das Auge vor diesem Elend abzuwenden oder wenigstens ohne Mitempfinden darauf niederzublicken. Meine Geschichte wendet sich also nur an die, die sich zu dem mühevollen Glauben bekennen, daß auch unter der dunklen Haut ein Herz schlägt.«

Das war für die Inhaber von Macht un Geld provozierend neu. Mit Multatuli meldete sich nicht irgendein schwärmerischer Reisender, kein kühler Naturforscher, kein berechnender Handelsmann und auch kein reißerischer Abenteurer zu Wort. Eduard Douwes Dekker war Humanist, der das Leiden der geschundenen Kreatur zur aufrüttelnden Literatur verdichtete. Zu gesellschaftspolitischer Analyse drang Multatuli mit seinem Ceterum censeo »... aber der Javaner wird mißhandelt« allerdings nicht vor. Er war mehr Romantiker als Revolutionär. Das mindert weder den literarischen Rand des Romans noch den moralischen Anspruch seines Verfassers – und das sensationelle Echo zum Ende des vorigen Jahrhunderts ist damit allenfalls interpretiert und den Interessenten neu ins Gedächtnis gerufen: ein Buch, das wie eine Bombe die holländische Bürger-Selbstgefälligkeit des 19. Jahrhunderts zerriß und in der Wucht seiner Wirkung mit *Onkel Toms Hütte* vergleichbar ist.

»... ich kämpfe gegen Mißbräuche in allen Systemen«, so hat Multatuli in seinen *Minnebrieven* geschrieben, die er 1861 in Holland verfaßte, ein Jahr nach dem Erscheinen des *Havelaar*, ein bereits von allen Seiten angefeindeter Schriftsteller mit seinem Credo: »Es liegt ein Raubstaat an der See, zwischen Ostfriesland und der Schelde ...« Multatuli ging nicht so weit, die Abschaffung des kolonialen Systems zu fordern, wenngleich er – eher unbeabsichtigt – mit seinem Werk den geistigen Weg dazu bereitete; und selbstverständlich sind es seine europäischen Augen, durch die er und damit sein zur Romanfigur gestaltetes Ich, Max Havelaar, die südostasiatische Welt und ihre holländische Bevormundung sieht.

Multatuli ließ Menschen aus Fleisch und Blut zu Wort kommen und gebrauchte eine lebendige Sprache, wie sie zuvor in keinem holländischen Buch zu lesen war. Seine auf den ersten Blick verwirrende Fülle von unterschiedlichen Stilelementen mit einem scheinbar sinnlosen Nebeneinander von Erzählebenen, Schauplätzen und handelnden Figuren in zwei Kontinenten brachte eine völlig neue Form. Nicht eigentlich Roman, nicht Dokumentation, nicht Epos, sondern von allem etwas; eine Gattung, die erst in unserem Jahrhundert zum Allgemeingut wurde. Der *Havelaar* ist in viele Weltsprachen übersetzt worden; ziemlich spät, erst 1972, auch ins moderne Indonesisch, von der holländischen Regierung finanziell gefördert.
Multatuli hatte eine politische Wirkung sowohl im alten Europa als auch in Indonesien. Das Werk inspirierte und ermutigte die indonesische Befreiungsbewegung und deren Jahrzehnte währenden Kampf, der zur Gründung der Republik Indonesia führte. Die asiatischen Intellektuellen, die das Buch aufgrund ihrer holländisch geprägten Schulbildung in der originalen Sprache lesen konnten, sahen sich darin in den Zielen ihres Aufbegehrens gegen die Kolonialherren und die eigenen Herren bestärkt. Der javanische Schriftsteller Pramoedya Ananta Toer, der bedeutendste zeitgenössische Romancier und Essayist Indonesiens, Jahrgang 1925, zitiert in seinen historisch ausgerichteten Werken immer wieder Multatuli wie einen Lehrmeister in Sachen Menschenrechte. Multatulis aufrührerischer Geist lebt fort in vielen Köpfen.
Eindrucksvoller als exotische Bilder und Möbel und die paar persönlichen Dinge, die von einem materiell bescheidenen Leben übriggeblieben sind, wirken in Korsjespoortsteeg Nummer 20 zu Amsterdam die Regale im Erdgeschoß des Geburtshauses. Da stehen die Erstausgaben seiner Bücher, die Übersetzungen in Dutzenden von Sprachen, die vielfältigen Schriften, zu denen Multatuli seine Gegner oder Bewunderer hingerissen hat. Mehr als zweitausend Titel sind über ihn geschrieben worden; auf fünfhundert hat er's selbst gebracht. Tagebücher, Briefesammlungen, Theaterstücke, Fragmente. Über Jahre hindurch hat er an seinen »Ideen« gearbeitet, ein schließlich auf sieben Bände angewachsenes Sammelwerk seiner Weltsicht, die Gemeinsamkeiten mit der Friedrich Nietzsches aufweist. Inner-

halb dieser »Ideen« ist der unvollendete autobiographische Roman *Geschiedenis van Woutertje Pieterse* (Die Geschichte von Woutertje Pieterse) angesiedelt. 1872 wurde sein Stück *Vorstenschool* (Fürstenschule) uraufgeführt. Multatuli unternahm in seinen letzten Lebensjahren zahlreiche Vortragsreisen, er geriet in juristische Querelen, wurde mehr und mehr verbittert. Schließlich zog er sich nach Nieder-Ingelheim bei Mainz zurück, wo ihm ein Gönner ein geräumiges Haus überlassen hatte. Dort starb Multatuli, alias Eduard Douwes Dekker, am 19. Februar 1887.

Multatuli

hieß mit eigentlichem Namen Eduard Douwes Dekker. Er wurde am 2. März 1820 in Amsterdam geboren. Sein Vater war Kapitän auf der Route zwischen den Niederlanden und Niederländisch-Indien, was den Lebensweg des Sohnes bestimmte. Als 19jähriger tritt er in die Dienste der Kolonialverwaltung, macht in Indonesien Karriere und bekommt nach einem Europaaufenthalt 1856 den einflußreichen Posten eines Assistent-Residenten im westlichen Java. Dort deckt er Korruption und Repressalien gegenüber den einheimischen Bauern auf, hofft, die Mißstände innerhalb kolonialer Administration abschaffen zu können und sieht sich sehr schnell größten Widerständen gegenüber. Douwes Dekker quittiert den Dienst, kehrt nach Europa zurück und setzt seinen Kampf für die unterdrückten Indonesier als Schriftsteller fort. 1860 erscheint »Max Havelaar oder die Kaffeeversteigerungen der Niederländischen Handelsgesellschaft« unter seinem Pseudonym Multatuli (ich habe viel getragen, viel erduldet); ein aufrüttelndes Buch, das die Kolonialpraktiken der Niederlande scharf attackiert und zum geistigen Wegbereiter einer liberaleren Politik wird; es inspiriert die indonesische Unabhängigkeitsbewegung und ist in seinem moralischen Anspruch bis heute aktuell geblieben. » . . . ich kämpfe gegen Mißbräuche in allen Systemen«, wurde zum Leitmotiv des seinen Zeitgenossen unbequemen Multatuli, der diese Maxime mit einer Vielzahl von Schriften und Vorträgen literarisch wie politisch umgesetzt hat. Er starb am 19. Februar 1887 in Nieder-Ingelheim bei Mainz.

Adam von Itzstein
Im Schatten der Paulskirche

von Karl Rolf Seufert

In den Jahren zwischen 1832 und 1847 fuhren immer wieder elegante Kutschen von Wiesbaden aus in den Rheingau. Die Fahrten waren nicht verboten, aber die Insassen gingen den nassauischen Behörden nach Möglichkeit aus dem Wege. Es waren hohe Beamte, Politiker, Parlamentarier, auch Dichter wie Hofmann von Fallersleben, Liberale aus dem Südwesten und Süden, dazu Radikale wie Hecker und Struve, aber auch Reformer aus Sachsen, Altenburg und Hannover, die sich im Gartenhaus des Itzsteinschen Weingutes in Hallgarten zu politischen Gesprächen trafen.

Der Gastgeber, Johann Adam von Itzstein, in Mainz geboren, war Jurist, zunächst in kurmainzischen Diensten, dann Hofgerichtsrat im Großherzogtum Baden und Mitglied des badischen Landtags. Er galt zu Beginn der 40er Jahre als einer der populärsten Demokraten. Der Leipziger Professor für Geschichte und Staatswissenschaften, Friedrich Bülau, ein Zeitgenosse, nannte ihn »das bedeutendste parlamentarische Talent«.

Über rund fünfzehn Jahre empfing er alljährlich eine wechselnde Zahl von politischen Freunden. Er war ein guter Gastgeber. Man plauderte, probierte den jungen Wein, lachte, sang patriotische Lieder. Doch dabei blieb es nicht. Man rückte zusammen, »um sich näher kennenzulernen, die politischen Ansichten auszutauschen und sich über eine, soweit mögliche gleiche Haltung zu besprechen«, wie Itzstein feststellte. »Wir waren alle einverstanden, daß eine solche Annäherung der entschiedenen Männer in Deutschland von großem Nutzen sei und in einer wachsenden Erweiterung nach und nach eine wahre öffentliche Meinung in Deutschland erzeugen würde.«

Ricarda Huch schrieb dazu: »Die Versammlungen in Hallgarten, wo die Gäste in einem offenen Gartensaal edelsten Wein tranken und auf den Rhein herabsahen, kann man die Keimzelle der Frankfurter Nationalversammlung, des ersten deutschen Parlamentes, nennen. Politiker aller deutschen Länder kamen hier zusammen und begannen sich als Körperschaft zu fühlen, als Vertretung einer Nation. Etwa durch die Jahre bis 1845 abgegrenzt, bezeichnen diese Zusammenkünfte das goldene Zeitalter der bürgerlichen Revolution ...«

»Eines Morgens gegen Ende Februar 1848«, erzählt der amerikanische Politiker Carl Schurz aus seiner deutschen Jugend, »saß ich ruhig in meinem Dachzimmer, als plötzlich einer meiner Freunde fast atemlos zu mir hereinstürzte und rief: ›Da sitzt du! Weißt du denn nicht? Die Franzosen haben den Louis Philippe fortgejagt und die Republik proklamiert?‹ Ich warf die Feder hin, und wir sprangen die Treppe hinab auf die Straße. Wohin nun? ...« So stark war der Eindruck auf die beiden jungen Deutschen.

Tatsächlich kam das Signal zu den Ereignissen, die dann den größten Teil Europas ergriffen, aus Frankreich.

Nur vier Tage später, am 27. Februar 1848, verfaßten Mannheimer Bürger eine Bittschrift und sandten sie an die badische Zweite Kammer: »Das alte System wankt und zerfällt in Trümmer. Das deutsche Volk hat das Recht zu verlangen: Wohlstand, Bildung und Freiheit für alle Klassen der Gesellschaft. Sofortige Herstellung eines deutschen Parlaments.«

Ein Sturm von Versammlungen, Straßenkundgebungen, Delegationen, getragen vom Bürgertum und von Bauern, die die Aufhebung des Zehnten und Frohnden forderten, brach los und brachte die Führer der liberalen Opposition an die Spitze der Regierungen in Baden, Württemberg, Bayern, in Darmstadt, Nassau, Kassel, Sachsen und Hannover.

Es waren überall die gleichen Forderungen, und überall wurde ihnen mit der gleichen Bereitwilligkeit nachgegeben, so als seien die Herrschenden insgeheim selbst schon überzeugt gewesen von ihrer Mißwirtschaft und den schweren Versäumnissen in der Vergangenheit. König Friedrich Wilhelm IV. von Preußen gab der Stimmung der Regierenden Ausdruck: »Wir lagen damals alle auf dem Bauch.«

Süddeutsche Parlamentarier, die sich in Heidelberg trafen, forderten jetzt auch die Einberufung einer deutschen Nationalver-

sammlung in Frankfurt am Main. Auch in Wien demonstrierten Studenten und Arbeiter. Es kam zu Straßenkämpfen, und der mächtige Staatskanzler Metternich zog sich aus allen Ämtern zurück und entwich nach England.
Doch der Jubel über die raschen Erfolge, vor allem auch die Siegeszuversicht trogen. Die alten Mächte waren nicht besiegt. Zwar gab es Unruhen von Köln bis Berlin, sogar in Wiesbaden. Aber sie waren harmlos genug. Da es keine ernsthaften Auseinandersetzungen gab, konnte es auch keinen echten Sieger geben. Jene, die eine revolutionäre Regierung planten und ein entschieden soziales Programm vorlegten, wie etwa Adam von Itzstein, waren hoffnungslos in der Minderheit. Die Mehrheit wollte, daß es friedlich weitergehe. Man wollte sich mit den alten Autoritäten versöhnen, sie nicht abschaffen.
So standen die Dinge, als endlich am 8. Mai 1848 die lange erwartete deutsche Nationalversammlung unter Böllerschüssen und Glockengeläute ans Werk ging. Wohl kaum jemals gab es in Europa ein gebildeteres Parlemant. Über hundert Professoren nahmen in dem kahlen Rundtempel der Paulskirche Platz, mehr als zweihundert Juristen, dazu Schriftsteller, Geistliche, Bürgermeister, Ärzte, sogar einige Handwerksmeister, jedoch keine Arbeiter. Viel Idealismus war hier versammelt, viel Optimismus. Adam von Itzstein wurde von der »Linken« für das Amt des Präsidenten vorgeschlagen, unterlag aber, wie nicht anders zu erwarten, dem Hessen Heinrich von Gagern, einem imponierenden, wortgewaltigen Mann der Mitte. Da es keine Parteien gab, bildeten sich politische Interessengruppen oder Klubs, die dann als Fraktionen auftraten. Die Bezeichnungen »Linke«, »Rechte«, »Mitte« bezogen sich dabei ursprünglich nur auf die Sitzordnung im Parlament, von der Rednertribüne aus gesehen.
Im Dezember schon beschloß man die neue Verfassung Deutschlands. Man hatte mit den Grundrechten begonnen, denn der Polizeistaat sollte überwunden werden. Dies entsprach einer breiten Übereinstimmung von links bis rechts. Dauernde rechtsstaatliche Sicherung für die Freiheit und Gleichheit der Bürger schwebte allen Abgeordneten als Ziel vor Augen.
Die Grundrechte wurden 1849 als Paragraphen 130 bis 189 in die Rechtsverfassung eingefügt und bestimmten:
§ 137: Vor dem Gesetz gibt es keinen Unterschied der Stände.

Der Adel als Stand ist aufgehoben ... Die Deutschen sind vor dem Gesetz gleich ... Die öffentlichen Ämter sind für alle Befähigten zugänglich.
§ 138: Die Freiheit der Person ist unverletzlich
§ 139: Die Todesstrafe ... sowie die Strafen des Prangers, der Brandmarkung und der körperlichen Züchtigung sind abgeschafft.
§ 140: Die Wohnung ist unverletzlich.
§ 143: Jeder Deutsche hat das Recht, durch Wort, Schrift, Druck und bildliche Darstellung seine Meinung frei zu äußern.
§ 144: Jeder Deutsche hat volle Glaubens- und Gewissensfreiheit.
§ 161: Die Deutschen haben das Recht, sich friedlich und ohne Waffen zu versammeln.
§ 164: Das Eigentum ist unverletzlich. Eine Enteignung kann nur aus Rücksichten des gemeinen Besten, nur auf Grund eines Gesetzes oder gegen gerechte Entschädigung vorgenommen werden.
§ 168: Alle auf Grund und Boden haftenden Abgaben und Leistungen, insbesondere die Zehnten sind ablösbar.
§ 178: Das Gerichtsverfahren soll öffentlich und mündlich sein.
§ 181: Rechtspflege und Verwaltung sollen getrennt und voneinander unabhängig sein.
Die Versammlung hatte es gründlich gemacht. Sie sind eindrucksvoll, diese Grundrechte. Den Rechtsstaat, den Staat der freien Politik, der freien Wissenschaft, der freien Initiative in allen Bereichen schrieben sie fest. Von einer sozialen Verantwortung des Staates für seine Menschen ist darin allerdings nirgendwo die Rede. Die Forderungen nach mehr sozialer Gerechtigkeit blieben unberücksichtigt. Dabei hatte es nicht an Vorschlägen gefehlt: Zehnstundentag, Lohnminimum und »Volkserziehung« auf Kosten der Allgemeinheit, denn viele, die unterbeschäftigt waren und kaum den Lebensunterhalt verdienten, lebten in ständiger Furcht, ihren Arbeitsplatz zu verlieren.
Trotz dieser Versäumnisse ein insgesamt imponierendes Werk. Doch es blieb die Tragik der Nationalversammlung, daß gerade die Grundrechte ihre Ohnmacht offenbaren sollten. Sie wurden im *Reichsgesetzblatt* veröffentlicht, wurden also geltendes Recht – aber keiner der großen deutschen Staaten nahm die

Grundrechte an, weder Preußen noch Bayern, von Österreich ganz zu schweigen. Als dann Friedrich Wilhelm IV. auch noch die Kaiserkrone aus den Händen der Nationalversammlung ablehnte, weil er die Volkssouveränität nicht als Verfassungsgrundlage anerkennen wollte, gaben die Abgeordneten auf. Fast alle reisten ab.

Der Rest, das sogenannte »Rumpfparlament«, ungefähr hundert Mann, darunter auch Adam von Itzstein, siedelte Anfang Juni nach Stuttgart über, wo der König von Württemberg, bedrängt von der Reichsbegeisterung seiner Untertanen, eine zögernde, unentschlossene Haltung einnahm. Er konnte sie bald aufgeben. Schon am 18. Juni ließ er den Sitzungssaal schließen und, was von der Nationalversammlung übrig war, durch berittene Polizisten auseinandertreiben.

Itzstein entwich in die Schweiz, kehrte aber dann in den Rheingau zurück. Als man ihn verdächtigte, einer der Anstifter des badischen Aufstandes zu sein, floh er erneut, wie erzählt wird, in einem offen Faß, unter Stroh und Heu verborgen. Als sich die Vedächtigungen nicht bestätigten, kehrte er zurück. Allerdings schloß man ihn aus der Kammer aus und entzog ihm das Bürgerrecht. Gegen Lebensende fiel er in geistige Umnachtung und starb kurz vor seinem 80. Geburtstag. Er wurde in Hallgarten beigesetzt. Sein Grabstein trägt die Inschrift:

»MÜDE VON DEN JUGENDKÄMPFEN DEUTSCHER FREIHEIT
RUHET HIER EIN MUTIG HERZ.«

Die revolutionäre Energie war verzettelt worden, und ihre Reste wurden mit militärischer Macht unterdrückt, zuerst in Dresden, dann im Rheinland, in der Pfalz und in Baden. Mehr als eine Million Menschen wanderte in den Jahren zwischen 1849 und 1851 aus, die meisten in die USA. Einer von ihnen war jener junge Mann, den die Nachricht vom Sturz Louis Philippe aus seiner Dachkammer auf die Straße getrieben hatte: Carl Schurz, der sich später im Sezessionskrieg auf Seiten der Nordstaaten auszeichnete, General wurde und bei der Wahl Lincolns zum Präsidenten mitgewirkt hatte. Der Verlust an Menschen, Tieren und freiheitlichen Energien nach der Revolution war unermeßlich.

Doch war alles umsonst und allein für den Papierkorb? Das Ergebnis der Revolution war nicht nur das Scheitern. Sie schuf

Paulskirche

Am 18. Mai 1848 traten in der Paulskirche zu Frankfurt am Main 585 Vertreter des deutschen Volkes zu einer Nationalversammlung zusammen, um eine freiheitliche Verfassung und eine nationale Regierung für ganz Deutschland zu schaffen. Es wurde eine Heerschau der großen Namen des geistigen und freiheitlichen Deutschland. Doch wie sollte dieses Deutschland aussehen? Hart prallten die Gegensätze aufeinander.
Man verabschiedete eine Verfassung in der Tradition amerikanischer und französischer Vorbilder. Doch es blieb eine Verfassung ohne eigentliche Geltung, eine Regierung ohne wirkliche Macht.
Mitte Juni 1849 war die Revolution gescheitert, die großen Hoffnungen der Paulskirchenvertreter hatten sich verflüchtigt, doch ihre Ideen und Ideale sollten über die Jahrzehnte fortleben. Ein Vergleich der Paulskirchenverfassung mit der Verfassung der Bundesrepublik Deutschland zeigt erstaunliche Übereinstimmungen.
Zu den großen Namen des geistigen und freiheitlichen Deutschland zählte auch Johann Adam von Itzstein. Itzstein wurde am 28. September 1775 als 14. Kind eines kurmainzischen Hofrates geboren. Er begann seine juristische Laufbahn in Amorbach, später ging er in badische Dienste, zuerst nach Schwetzingen, dann nach Mannheim. In Mannheim war das politische Leben besonders lebhaft, und Itzstein wurde schon bald als Verfechter liberaler Grundsätze geschätzt. 1822 als Abgeordneter der Stadt Mannheim in den zweiten badischen Landtag gewählt, setzte er sich für eine Kürzung des Militäretats gegen den Willen des Großherzogs und der Regierung durch. Als man ihn nach Meersburg strafversetzte, quittierte er den Dienst, gehörte aber dem badischen Landtag noch bis 1849 an. Von seinem Weingut in Hallgarten aus, das ihm durch Erbschaft zugefallen war, bereitete er maßgeblich die Nationalversammlung in der Paulskirche vor. Dort wurde er rasch als glänzender Redner und einer der zähesten Kämpfer für Freiheit und Menschenrechte bekannt. Johann Adam von Itzstein starb am 14. September 1855, 80 Jahre alt, in Hallgarten im Rheingau.

über alle Gegensätze hinweg eine nationale Öffentlichkeit. Das neue politische Bewußtsein überdauerte sogar die Jahrzehnte der Reaktion. Damit ist das Jahr 1848 für das deutsche Verfassungsleben das wichtigstes des Jahrhunderts. Obgleich die alte Herrschaft allenthalben wieder hergestellt wurde, war sie dennoch vernichtet; denn nach 1848 war der Absolutismus nicht mehr durchzusetzen. Der Aufstieg der Bürger, das Drängen der Menschen nach mehr Rechten und Freiheiten war nicht auf Dauer abgeblockt; es war nur verlangsamt worden, aber nach zehn Jahren setzte es wieder ein. Nichts war nach der Paulskirche mehr so, wie es vorher gewesen war. Aber die Krise zwischen Staat und Gesellschaft blieb unausgetragen; das belastete die deutsche Geschichte bis in unser Jahrhundert hinein.

Hans Kudlich
Der Befreier der Bauern

von Heinrich Pleticha

Ganz Wien war an diesem 13. März 1848 in heller Aufregung. Schon am Tage zuvor hatten Bürger und Studenten in öffentlichen Versammlungen die Forderungen nach Pressefreiheit, Schwurgerichten, allgemeiner Volksbewaffnung erhoben. Nun überstürzten sich die Ereignisse innerhalb weniger Stunden. Die Massen drängten sich vor dem Versammlungslokal der niederösterreichischen Landstände, von denen man eine Unterstützung dieser und anderer Forderungen erhoffte. An jeder Straßenecke wurden zündende Reden gehalten, Redner standen auch auf dem Brunnen vor dem Ständehaus und richteten anfeuernde Worte an die aufgeregte Menge. Keiner von ihnen achtete dabei auf den jungen, schlanken Studenten, der vor dem Brunnen immer wieder die Worte »Robot! Robot!« zu den Rednern heraufschrie.

Die Szene hat sich tatsächlich so abgespielt, wie sie hier beschrieben wird, und der Student hieß Hans Kudlich. In seinen Lebenserinnerungen hat er sie später beschrieben und dabei von seinem vergeblichen Bemühen erzählt, sich in der allgemeinen Aufregung Gehör zu verschaffen.

Rasch spitzte sich die Lage zu, und gegen Mittag des gleichen Tages wurden Truppen eingesetzt, um die Straßen und Plätze Wiens von den Aufständischen zu säubern. Vor dem Ständehaus kam es zu heftigen Zusammenstößen, und auch Kudlich wurde dabei von einem Soldaten mit dem Bajonett an der Hand verletzt. Das war der Beginn einer politischen Laufbahn, die nur ein Jahr dauern und mit einem Todesurteil enden, die aber auch einen erst 25 Jahre alten Studenten zu einem der populärsten Männer in der österreichischen Monarchie machen sollte.

Hans Kudlich, »der Bauernbefreier«, wie ihn schon seine Zeitgenossen nannten, stammt aus einem Dorf in Österreichisch-

Schlesien, im heutigen Nordmähren der Tschechoslowakei. Sein Vater, ein wohlhabender Bauer, konnte es sich leisten, zwei seiner acht Kinder auf das Gymnasium zu schicken. Er traf damit gleich zwei Fliegen auf einen Schlag: Ein Studium eröffnete den sozialen Aufstieg und gleichzeitig verhinderte es die »Sklaverei des vierzehnjährigen Militärdienstes«, die einen gesunden Bauernjungen nach der Musterung hätte treffen können.
So besuchte Kudlich das Gymnasium. Mit dem Studium war es dann gar nicht so einfach. Da sein Heimatdorf zum Besitz des Fürsten Liechtenstein gehörte, benötigte er als erbuntertäniger Bauernsohn dazu die Erlaubnis der Obrigkeit, also der Liechtensteinschen Verwaltung, die er dann auch 1839 erhielt. Kudlich ging nach Wien, wo er sich sein Geld zum Studium der Rechtswissenschaften als Erzieher im Hause eines reichen Textilfabrikanten verdiente.
Ein geistig aufgeschlossener und kritisch denkender Student mußte sich in diesen Jahren des »Vormärz«, wie man die Zeit vor der Märzrevolution 1848 nennt, mit den drängenden politischen Fragen auseinandersetzen, ganz gleich ob er sich dabei den gemäßigten Ideen des liberalen, freiheitlich gesinnten Großbürgertums oder den radikal-demokratischen Forderungen republikanischer Kleinbürger zuwandte. Von seiner bäuerlichen Herkunft her mußte Kudlich stärker in die demokratisch-republikanische Richtung einschwenken. Aber noch hatte er sich nicht deutlich entschieden, als die Revolution in den Märztagen 1848 auch die österreichisch-ungarische Monarchie erfaßte. Als er in diesen Tagen die manchmal begeisternden, manchmal hochtrabend leeren Reden der Politiker hörte, vermißte er, wie er selbst sagte, stets eine in seinen Augen ganz entscheidende, wichtige Forderung. Und deshalb rief er den Rednern auch immer wieder das Wort »Robot!« entgegen.
Robot? Das war ein slawisches Wort, das in den habsburgischen Ländern jeder Bauer kannte. Es bedeutete soviel wie »Arbeit« und schloß ein Jahrtausend an mehr oder minder starker Unterdrückung, Abhängigkeit und Demütigung, an Belastungen und oft genug auch an Not und Elend ein. Robot, das waren eigentlich die Lasten und Dienstleistungen, die den Bauern durch die sogenannte Erbuntertänigkeit erwuchsen, das war aber für sie auch der Inbegriff der Abhängigkeit und damit Unfreiheit

schlechthin.
Die Anfänge dieser Unfreiheit führen weit zurück in das Mittelalter und waren aus der Zeit heraus durchaus verständlich, basierten sie doch wie manche andere Lebensform dieser Epoche auf einem vernünftigen System der Gegenseitigkeit. Die adligen Grundherren gaben den Bauern Grund und Boden, Haus und Hof. Sie schützten sie vor räuberischen Überfällen oder den Fehden ihrer Standesgenossen, sie sorgten für Ruhe und Ordnung und sollten auch den ohne eigenes Verschulden in Not geratenen Bauern helfen. Diese ihrerseits leisteten dafür Naturalgaben, den sogenannten Zehnten, hatten aber auch die Verpflichtung, für die Grundherren zu arbeiten. Im Laufe der Zeit verschoben sich die Gewichte, und vereinfacht kann man sagen, daß der Schutz und die Unterstützung durch die Grundherren immer geringer, die Abhängigkeit und Belastung aber immer stärker wurden. Die Bauern sahen die Notwendigkeit des alten Systems zu Recht nicht mehr ein und versuchten sich dagegen zu wehren. Der Große Bauernkrieg von 1525 und die verschiedenen Bauernaufstände in den habsburgischen Ländern rüttelten an diesem System, doch stets unterlagen die Bauern der Gewalt des herrschenden Regimes.
Natürlich gab es von Gegend zu Gegend, von Land zu Land im gesamten deutschen Kaiserreich, zu dem ja auch die österreichischen Länder gehörten, oft erhebliche Unterschiede. Besonders schlecht war die Lage der Bauern in Böhmen, Mähren und in Ungarn. Hier gab es adlige Grundherren, die ihren ganzen Betrieb auf den für sie kostenlosen Dienstleistungen der Bauern aufbauten und sogar die Waisenkinder in den Dörfern als unentgeltliche Arbeitskräfte verwendeten. Zu diesen Lasten kam noch die Erbuntertänigkeit, die sich im Laufe der Jahrhunderte immer mehr gefestigt hatte und für viele Bauern eine ebenso schlimme Belastung darstellte, weil sie diese zwar nicht zu Sklaven machte, aber ihre Freiheit und die Freizügigkeit ihrer Bewegung doch erheblich einschränkte. In Österreich hatten sich unter Kaiserin Maria Theresia und unter ihrem Sohn Kaiser Joseph II. die Verhältnisse zwar schon wesentlich verändert, da unter ihrer Herrschaft eine Reihe von Reformen die Lage der Bauern verbesserte; aber dann folgte erneut ein halbes Jahrhundert des Beharrens. Ein Teil des Adels sah zwar die Notwendig-

keit weiterer Reformen ein, aber die Mehrzahl befürchtete, daß ein Nachgeben ihnen nur Nachteile bringen würde. Damit blieb die »Robot« als eine Last und ein Symbol der Rückschrittlichkeit der habsburgischen Länder gegenüber anderen deutschen Fürstentümern.

So war die Lage am Vorabend der Revolution von 1848. Kein Wunder, daß der Bauernsohn Kudlich, der ja auch nur mit Genehmigung seiner grundherrlichen Obrigkeit in Wien studieren durfte, zuerst an die Aufhebung dieser Lasten dachte und den Rednern, die von Pressefreiheit, Volksbewaffnung und anderen liberalen Idealen schwärmten, mit dem Wort »Robot!« die rauhe Wirklichkeit der bäuerlichen Lage vor Augen halten wollte.

Da sich aber niemand für seine Pläne interessierte, kehrte Kudlich Anfang Juni enttäuscht in seine mährische Heimat zurück, um seine Wunde auszuheilen. Es sollte sich rasch herausstellen, daß dies kein Rückzug, sondern ein Neubeginn war. Kudlichs älterer Bruder Herrmann wurde von seinem Heimatkreis als Abgeordneter in die Nationalversammlung nach Frankfurt geschickt. Das ließ den Jüngeren nicht ruhen, er bewarb sich seinerseits um ein Mandat für den Reichstag in Wien, der für die habsburgischen Länder eine neue Verfassung erarbeiten sollte. Als Gegenkandidat hatte er einen bürgerlichen Liberalen und tschechischen Bauernführer. Kudlich richtete seinen Wahlkampf von Anfang an auf die Interessen der Bauern in seiner Heimat aus. Wie fern war da Wien mit den liberalen Forderungen seiner Politiker. Hier im Mährischen interessierte die Bauern einzig und allein ihr Kampf um die Freiheit, um die Abschaffung von Erbuntertänigkeit und Robot. Nicht einmal die Nationalitätenfrage spielte dabei eine Rolle, obgleich sie doch in Sprachgrenzengebieten, in denen Deutsche und Tschechen wohnten, zu allen Zeiten das Zusammenleben belastete und erschwerte. Das zeigte sich deutlich bei der Wahl; denn als im ersten Wahlgang der liberale Bürgerliche zwar die meisten Stimmen, aber nicht die erforderliche Mehrheit erhielt, stimmten im zweiten auch die tschechischen Bauern für den jungen sudetendeutschen Studenten, in dem sie den redegewandteren und daher besseren Vertreter ihrer Sache sahen.

Fest entschlossen, sein Anliegen der Bauernbefreiung auch

durchzukämpfen, ging Hans Kudlich Anfang Juli wieder nach Wien, diesmal als der jüngste Abgeordnete im Reichstag, der am 10. Juli 1848 seine Arbeit aufnahm.
Auf dieses Parlament setzte die österreichisch-ungarische Monarchie ihre große Hoffnung, galt es doch, eine Reihe wichtiger Probleme zu lösen: dem Staat endlich eine befriedigende Verfassung zu geben und das Zusammenleben der verschiedenen Nationen, wie Deutsche, Tschechen, Ungarn, Rumänen, Polen, in einem großen Staat neu und in einer Weise zu ordnen, die möglichst allen einigermaßen gerecht würde. Auch für Kudlich waren diese Probleme wichtig, am wichtigsten aber waren ihm seine Bauern. Und deshalb stellte er schon am 25. Juli, kaum daß die Abgeordneten ihre Arbeit richtig aufgenommen hatten, seinen berühmten Antrag: »Die Reichsversammlung möge beschließen: Von nun an ist das Untertänigkeitsverhältnis sammt allen daraus entspringenden Rechten und Pflichten aufgehoben, vorbehaltlich der Bestimmungen, ob und wie eine Entschädigung zu leisten sei.«
So einfach und klar und ebenso leicht lösbar schien das Ganze. Aber es liegt in der Natur der Politik und eines demokratisch gewählten Parlaments, daß auch scheinbar einfache und selbstverständliche Anträge zum Gegenstand heftiger und gegensätzlich geführter Debatten werden. Obgleich die Politiker der verschiedenen Richtungen in der Grundfrage der Bauernbefreiung durchaus einsichtig und einig waren, gab es heftige Streitereien um die Frage einer Entschädigung der Grundherren. Wie sollte sie erfolgen, in welcher Höhe und vor allem, wer sollte sie bezahlen, die Bauern selbst oder der Staat? Nach Auffassung Kudlichs durften die Bauern nicht schon wieder, und sei es auch nur ein letztes Mal, die Lasten tragen. Nach langem Hin und Her wurde dann zwar Ende August die Befreiung der Bauern beschlossen, die Entschädigungslasten an die Grundherren ihnen aber doch teilweise aufgebürdet. Diese Entscheidung war für Kudlich ein Triumph mit einer kleinen Einschränkung. Denn in der nun endgültigen Form war sie nur zustande gekommen, weil die tschechischen Abgeordneten in diesem Punkte merkwürdigerweise im Sinne der Regierung stimmten, obgleich sie doch in erster Linie Vertreter eines Bauernvolkes waren.
Damit hatten die österreichischen Bauern nach einem Jahrtau-

send die volle Freiheit erlangt; aus herrschaftlichen Untertanen waren vollberechtigte Bürger geworden. Sie dankten es ihrem Befreier öffentlich durch einen großen Fackelzug am 24. September. Aber so, wie es das erste und einzige Fest der Revolutionszeit war, war es auch der einzige Dank, den Kudlich von den Bauern erhielt.

Im Oktober verschlechterte sich die politische Lage in Österreich in zunehmendem Maße. Ein überraschend ausgebrochener, neuer Aufstand der Bürger und Studenten wurde von Truppen gewaltsam und blutig niedergeworfen. Der Reichstag konnte zwar weiter tagen, mußte aber in das kleine Städtchen Kremsir verlegt werden. Dringender denn je hätten die liberalen Abgeordneten nun eine breite Unterstützung des ganzen Volkes benötigt. Die Bauern aber, auf die es dabei besonders angekommen wäre, kümmerten sich kaum mehr um die Ideen der Revolution. Sie hatten erreicht, was sie erreichen wollten, und gaben sich damit zufrieden. Kudlich mußte zu Recht manchen Vorwurf seiner politischen Freunde einstecken. Er suchte zu retten, was noch zu retten war, kämpfte in diesen Tagen sozusagen in vor-

Hans Kudlich

wurde am 25.10.1823 als drittes Kind von acht Kindern eines Bauern in Lobenstein im damaligen Österreichisch-Schlesien (heute Nordmähren) geboren. Sein Vater ermöglichte ihm das Studium in Wien, wo er als 25jähriger die Revolution von 1848 miterlebte und zu einem Vorkämpfer für die Bauernbefreiung in Österreich wurde. Als jüngster Abgeordneter des Wiener Reichstags brachte er das denkwürdige Gesetz zur Aufhebung der Leibeigenschaft in Österreich ein. Nach dem Scheitern der Revolution wurde er zum Tode verurteilt und mußte in die Schweiz fliehen, wo er Medizin studierte. Dann wanderte er nach Nordamerika aus und ließ sich von 1854 an in Hoboken bei New York als Arzt nieder. Bald nahm er auch dort einen führenden Platz im öffentlichen Leben ein. 1872 kehrte er erstmals in die Heimat zurück, wo man den »Bauernbefreier« noch nicht vergessen hatte. Leidenschaftlich nahm er auch in der Folgezeit Anteil am politischen Tagesgeschehen, ohne jedoch selbst noch einmal hervorzutreten. Er starb hochgeachtet am 10.11.1917.

derster Front, versuchte immer wieder, die Bauern aufzurütteln, doch ohne Erfolg. Noch arbeitete er weiterhin im Reichstag mit. Doch als dieser Anfang März 1849 aufgelöst wurde, flüchtete er erst zu seinem Bruder nach Frankfurt, später in die Pfalz, wo er am dortigen Aufstand teilnahm, und schließlich im Herbst 1849 in die Schweiz.

Ein gutes Jahre nur hatte seine politische Tätigkeit gedauert. Sein Werk blieb. Auch nach Ende der Revolution wagte es die neue österreichische Regierung trotz vieler gegenteiliger Bemühungen adliger Grundherren nicht, die Bauernbefreiung wieder rückgängig zu machen. Kudlich allerdings mußte – wenigstens in Abwesenheit – die Zeche bezahlen; denn er wurde wegen »Umstürzlerischer Tätigkeit« am 10. März 1854 von einem österreichischen Gericht zum Tode verurteilt. Drei Wochen nach dem Urteilsspruch verließ er die Schweiz und wanderte mit seiner jungen Frau nach Amerika aus.

Henri Dunant
Das Rote Kreuz

von Esther Schöler

Im italienischen Befreiungskrieg 1859 sammelten sich bei Solferino italienische Truppen mit ihren französischen Verbündeten und ein österreichisches Heer zur Schlacht. Warum sich auch Henri Dunant, ein weißgekleideter Bankkaufmann aus Genf, in großer Eile dorthin begab, darüber sind sich seine Biographen bis heute nicht im klaren. Wollte er ausgerechnet jetzt und hier Napoleons III. Unterstützung für sein Millionenprojekt in Nordafrika gewinnen? Oder wollte er in diesem Krieg seinem verehrten Vorbild Florence Nightingale nacheifern und sich der Verwundeten annehmen? Für beide Vermutungen gibt es Anhaltspunkte. Wahrscheinlich wollte er beides miteinander verbinden. Dunant war ein frommer Calvinist, und nach der Lehre Calvins war wirtschaftlicher Erfolg ebenso wichtig wie karitatives Wirken. Sicher ist jedenfalls, daß niemand ihn zu seinem Beobachtungsposten beordert hatte. Und zweifellos wirkte dieser »Herr in Weiß« dort fehl am Platze.

Nach der Schlacht allerdings keineswegs mehr. Unaufgefordert und ohne Vollmachten handelte er wie ein Hauptverantwortlicher. Er warb freiwillige Helfer an und gab ihnen Anweisungen. Mit militärischen Dienststellen nahm er Verbindung auf und erwirkte die Freistellung gefangengenommener Ärzte für die Versorgung Verwundeter. Bei alledem kümmerte er sich persönlich um Verletzte und Sterbende beider Armeen. Sein Beispiel steckte an. Italienische Frauen pflegten feindliche Österreicher mit der gleichen Hingabe wie die eigenen Soldaten. »Tutti fratelli!« Diese Worte gingen dabei von Mund zu Mund. »Alle sind Brüder!« Es war eine ungewöhnliche Friedenskundgebung: Ihre Parole – ausgelöst durch Henri Dunant – setzten die Frauen auf der Stelle, mitten im Krieg, in die Praxis um. Dies ist charakteristisch für Dunants Lebenswerk. Er warb dort für

Brüderlichkeit, wo sie unablässig mißachtet wird: im Krieg.
Der Gedanke an das Elend der Kriegsopfer verfolgte ihn seit jenem Tag. Ihm war bei Solferino die Seele verwundet worden. Ja, er wäre an diesem Erlebnis wohl zerbrochen, wenn sein Gewissen ihn nicht erneut zum Handeln gedrängt hätte. Mit seinem Buch *Un souvenir de Solférino* (Eine Erinnerung an Solferino), das er drei Jahre später auf eigene Kosten drucken ließ, alarmierte Dunat die Öffentlichkeit. Er konfrontierte seine Leser mit Szenen der grausamen Kriegswirklichkeit. Von der blutigen Schlacht berichtete er, in der selbst Verbandsplätze und Lazarette nicht verschont geblieben waren, und von der völlig unzureichenden Versorgung Verwundeter und Sterbender. Mit ihrer Anklage konfrontierte er seine Leser: »... man läßt uns im Stich, man läßt uns elend sterben, und doch haben wir uns tapfer geschlagen!« – »Hätte man mich früher gepflegt, so wäre ich am Leben geblieben. Jetzt aber werde ich heute sterben!«
Dunant machte sich zum Anwalt der Kriegsopfer, deren berechtigten Ansprüchen man nicht genügt hatte: ihrem Anspruch auf rasche und wirksame Hilfe und dem Anspruch auf Schutz vor erneuten Angriffen. Der Schlußteil des Buches war ein dringender Appell, die Pflichten gegenüber den Verwundeten und Sterbenden zu erkennen und zu erfüllen. Statt einer improvisierten Hilfe, wie er sie bei Solferino geleistet hatte, forderte er eine organisierte, von langer Hand vorbereitete. Spendenwillige und Hilfsbereite gäbe es genug; Spenden und Hilfe richtig einzusetzen sei das Problem. Ein weltumspannendes Netz von Hilfsausschüssen sollte das Problem lösen, und zwar schon in Friedenszeiten. Nur so sah Dunant rasche und wirksame Hilfe im Kriegsfall gewährleistet. Zum Schutz der Verwundeten und ihrer Betreuer schlug er ein internationales Rechtsabkommen vor, das diese für neutral erklärte.
Dunants Buch hatte ein lebhaftes und positives Echo. In Kürze wurde es mehrfach aufgelegt und übersetzt. Eine französische Zeitung lobte: »Dieses im besten Sinne humanitäre Werk ist eine Aufforderung an jedermann, welcher Nation, welcher Religion oder welcher Weltanschauung er angehören mag.« Daß keine Gruppe sich Dunants Appell und Argumentationen guten Gewissens entziehen konnte, das machte seinen ungewöhnlichen Erfolg aus. Nur zwei Jahre dauerte es, bis sein Konzept in

der Organisation des Roten Kreuzes Gestalt angenommen hatte. Die Realisierung seines Plans nahm ein Komitee der Genfer Gemeinnützigen Gesellschaft in Angriff, dem Dunant als Schriftführer angehörte. Nach den ersten Beratungen beschloß man, auf einer internationalen Konferenz in Genf zur Diskussion zu stellen, »in welchem Maße dieses Werk durchführbar und auf welche Weise es ausführbar sein möchte«. Dunant übernahm es, in Deutschland für die geplante Konferenz zu werben.

Man hatte ihn mit Recht einen »Mann der Idee« genannt. Bei der Verwirklichung seiner Ideen bewährte er sich jedoch zugleich als ein »Mann der Praxis«. Der Vorsitzende des Genfer Christlichen Vereins Junger Männer, dessen Mitarbeiter Dunant beim Auf- und Ausbau dieser Organisation gewesen war, hatte ihm bereits bescheinigt: »Er vollbrachte große Dinge durch seine Beharrlichkeit. Er verstand es, die Fäden, die zu zerreißen drohten, wieder anzuknüpfen, die Abtrünnigen heranzuführen, die Unentschlossenen anzuspornen und die Kleinmütigen zu stärken.«

Dunants Erfahrungen aus dieser Zeit waren ihm jetzt von Nutzen. Große Dinge mußte er vollbringen: Auf dem Internationalen Statistischen Kongreß in Berlin, wo er lediglich als Beobachter zugelassen war, wollte er eine Einladung zur Genfer Konferenz an den Mann bringen. Und natürlich brauchte er einen Mann von Einfluß in seinem Land. Gegen den Wunsch der übrigen Komiteemitglieder mußte er durchsetzen, daß bei der Konferenz die Neutralitätserklärung als unentbehrlicher Bestandteil des Gesamtkonzepts mit diskutiert wurde. In Paris schließlich mußte er, ein einfacher Privatmann, die tatkräftige Unterstützung der Regierung für den Kongreß im darauffolgenden Jahr erreichen, der zu einem internationalen diplomatischen Abkommen führen sollte.

Charakteristisch für Dunants Vorgehen waren seine intensiven Vorarbeiten. Natürlich kam ihm dabei zugute, daß er die Exemplare der ersten Auflage seines Buches an Persönlichkeiten des öffentlichen Lebens im In- und Ausland verschickt hatte. Er war kein Unbekannter. Viele Türen standen ihm offen. Dunant hatte stets Kontakte angeknüpft, bevor er noch seine Arbeit am Ort begann. Seine Korrespondenz und der Versand von Werbeschriften hatten vor seiner Parisreise ein solches Ausmaß angenommen, daß er zwei Sekretäre anstellen mußte – er bezahlte sie aus eigener Tasche.

Während seiner Auslandsreisen vertiefte er dann die aufgenommenen Kontakte in persönlichen Gesprächen und weitete sie aus. Er verstand, aus interessierten Lesern seines Buches engagierte zu machen; sie wurden zu seinen Fürsprechern. »Ich hatte Glück, sie zu überzeugen«, berichtete er von seinem Tischgespräch mit drei Herren beim Grafen Eulenburg. Sie versprachen ihm, »die Sache persönlich bei ihren Majestäten, der Königin von Spanien, dem König Maximilian von Bayern und dem König Johann von Sachsen vorzutragen«. Auf seiner anschließenden Deutschlandreise verhalf ihm eine Audienz bei eben diesem Johann von Sachsen zu seinem sogenannten Talisman: »Ich werde tun, was in meinen Kräften steht«, hatte der König beim Abschied versprochen, »denn sicher würde ein Volk, das sich nicht an diesem menschenfreundlichen Werk beteiligte, von der öffentlichen Meinung Europas in die Acht erklärt werden.« Den Rest des Tages und die ganze Nacht schrieb Dunant Briefe in die meisten europäischen Hauptstädte, in denen er »die prächtigen Schlußworte seiner Majestät« zitierte. Mit dieser Politik der kleinen Schritte schaffte er auch das scheinbar Unmögliche; er gewann Einfluß auf die französische Regierung.

Der holländische Militärarzt Dr. Basting, ein offizieller Teilnehmer des Statistischen Kongresses in Berlin, wurde Dunants Fürsprecher im wortwörtlichen Sinn. Basting erklärte sich bereit, in einer Rede vor den Kongreßteilnehmern für Dunants Sache zu werben. Beinahe wäre das Vorhaben aber schiefgegangen. Als die beiden in einem Fiaker unterwegs zu der dafür vorgesehenen Veranstaltung waren, blies ein heftiger Wind das Redekonzept auf der Spreebrücke aus dem Wagenfenster. Dunant berichtet: »Sofort sprangen wir aus dem noch fahrenden Wagen heraus und eilten den zerstreuten Blättern nach, die ins Wasser zu fliegen drohten. Endlich hatten wir das Glück, die kostbaren Schriftstücke, die in so großer Gefahr geschwebt hatten, wieder in Sicherheit zu bringen.« Das ist ein bezeichnendes Bild für Dunant. Er war stets sprungbereit und scheute keine Anstrengung, um zu verhindern, daß sein Plan ins Wasser fiel.

Die übrigen Komiteemitglieder zählten nicht immer zu seinen Helfern. Mit seiner Idee einer Neutralitätserklärung fühlte er sich von ihnen im Stich gelassen. Sie schien ihnen sehr schwer durchsetzbar, und deshalb hatten sie in ihrem Begleittext zur Einladung nach Genf nichts davon erwähnt. Dunant hatte es hingenommen, damit die unentbehrliche Zusammenarbeit mit ihnen erhalten blieb. Er war kompromißbereit, resignierte aber nicht. Er legte vielmehr den Schwerpunkt seiner eigenen Werbekampagne gerade auf die Neutralitätserklärung. In Berlin brachte er sie – mit Unterstützung Bastings – eigenmächtig wieder in die Diskussion, als ihm die Situation günstig schien. Er hatte ein gutes Gespür dabei gehabt. Statt auf Widerstand zu stoßen, hatte er eher neues Interesse geweckt und schon bestehendes verstärkt. Bei den Komiteemitgliedern allerdings geriet er dadurch in Mißkredit, weil er seine Kompetenzen überschritten hatte.

Dunants Einsatz bei der Realisierung seiner Ideen war so entscheidend, daß er als der Begründer des Roten Kreuzes gilt. Zahlen und Dokumente geben ein eindrucksvolles Zeugnis von seinem großen Beitrag zum Gelingen: 31 Delegierte aus 14 Ländern erschienen 1863 auf der Internationalen Konferenz in Genf. Ihre Entschlüsse entsprachen weitgehend Dunants Vorstellungen von den Hilfsausschüssen und ihren Aufgaben. Daß den Beschlüssen drei Wünsche hinzugefügt wurden, die der Neutralitätserklärung von Verwundeten und ihren Betreuern galten, ging allein auf sein Konto. Obwohl er auf der Konferenz kein Stimmrecht hatte, waren die Verhandlungen in seinem Sinne verlaufen. Er hatte auf seinen Reisen die Weichen richtig gestellt. Die Konferenzverhandlungen konnte er danach getrost den dafür geeigneten Komiteemitgliedern überlassen.

Bereits 1864 kam dank der Bemühungen Dunants um die Unterstützung der militärischen Großmacht Frankreich der Genfer Internationale Kongreß zustande. Von 25 eingeladenen Staaten hatten 16 ihre Vertreter geschickt. Sie unterzeichneten die sogenannte Genfer Konvention. Die Vereinbarung bedeutete die internationale diplomatische Anerkennung der Beschlüsse und Wünsche von 1863. Die neugeschaffene internationale Organisation, die bald nach ihrem Kennzeichen auf Fahnen und Armbinden das »Rote Kreuz« genannt wurde, konnte ihr Werk beginnen. Es wurde zu einem »Plus in unserer Welt«. Mit diesen Worten wirbt heute das Rote Kreuz, das bereits rund 200 Millio-

nen Mitglieder zählt, für seine Sache.
Die kaufmännische Bilanz des Mannes, der dieses Plus geschaffen hat, sah anders aus. 1867 sprach ihn das Gericht eines betrügerischen Bankrotts schuldig. Seine Millionenprojekte in Nordafrika waren gescheitert – nicht zuletzt wegen seines aufreibenden und kostspieligen Einsatzes für die Rotkreuzidee. Die Intrigen unversöhnlicher Genfer Bürger verhinderten jeden Wiedergutmachungsversuch. Das Komitee ließ ihn »wegen schlechter Führung« fallen. Dunant verschlug es in die Randgruppen der Gesellschaft. »Drei Monate Gefängnis für Landstreicherei« steht in seinem Notizbuch. Er selbst war nun auf die Hilfe anderer angewiesen. Erneut hatte er seelische Verwundungen erlitten. Mißtrauen, Verfolgungsangst und Verbitterung waren die Folgen. Sie hätten ihn in ausweglose Verzweiflung getrieben, wenn sein Gewissen ihn nicht wiederum zum Handeln gedrängt hätte. In seiner persönlichen Not vergaß er die andern nicht. Der Hungernde sprach auf einem sozialwissenschaftlichen Kongreß in Plymouth. Wegen eines Schwächeanfalls mußte er seine Rede abbrechen.
Dunant gab nicht auf. Er gab sich nicht zufrieden mit dem Erreichten. Im deutsch-französischen Krieg setzte er sich für eine Neutralitätserklärung ganzer Ortschaften als Zufluchtsort für die Verwundeten ein. Bei der Belagerung von Paris meldete eine Zeitung: »Henri Dunant, der Schöpfer der Genfer Konvention ... ist hier, um Frauen und Kinder von Paris ... zu erretten.«
Sein Plan, verfolgten und angefeindeten Juden in der Welt zu einer neuen Heimat in Palästina zu verhelfen, sah eine Neutralitätserklärung dieses ganzen Landes vor. Immer mehr Menschen sollten unangetastet bleiben in den Kriegs- und Krisengebieten der Welt. Immer mehr Land wollte er davor bewahren, ein Schlachtfeld zu werden. Dunant schlug einen Internationalen Schiedsgerichtshof vor, der Konflikte zwischen den Völkern friedlich beilegen sollte.
Der Rotkreuzgedanke war für ihn nur Baustein eines großen Ideengebäudes. Es gründete auf seiner Überzeugung vom Recht des Menschen auf Leben und Frieden. Dunant litt unter seinem persönlichen Schicksal, aber mehr noch quälte ihn die Sorge um die Menschen in aller Welt, deren fundamentale Rechte er zunehmend bedroht sah. Deswegn entwarf er rastlos Pläne. Kei-

ner stand unter einem so guten Stern wie die Rotkreuzidee. »Diese schreckliche Denkarbeit ohne Ende!« klagte er einmal. Er regte die Gründung einer Schweizer Liga für Menschenrechte an, die plante und ausführte, was die Kraft eines einzelnen überstieg. Die Verleihung des ersten Friedensnobelpreises an den 73jährigen war eine späte Rehabilitation und wohlverdiente Würdigung seines unermüdlichen und selbstlosen Wirkens.

Henri Dunant

wurde am 28. Mai 1828 in Genf geboren. Er stammte aus einer calvinistischen Familie, die Verantwortungsbewußtsein gegenüber der Gesellschaft in ihm weckte und ihn zu Werken der Nächstenliebe anhielt. Dunant stellte sein ganzes Leben in den Dienst seiner Mitmenschen (Negersklaven, Juden, Arme, Witwen, Kriegs- und Katastrophenopfer). Er strebte organisierte Hilfswerke auf internationaler Basis ohne Ansehen der Rasse, Religion und Weltanschauung an, die den Benachteiligten zu ihren Rechten verhelfen sollten (Kommitee gegen die Sklaverei, Gesellschaft zur Erneuerung des Orients).

Neu war der Gedanke, entsprechenden Organisationen durch international vereinbarte diplomatische Anerkennung verstärkte Einsatzmöglichkeiten zu verschaffen. Verwirklicht wurde diese Idee zum erstenmal im »Roten Kreuz«, das Dunant gründete (Genfer Konvention, 1864). Die Rotkreuzidee war nur Ausgangspunkt für Dunants Bemühungen um Frieden (Plan eines Internationalen Schiedsgerichtshofs, Zusammenarbeit mit Bertha von Suttner) und Völkerverständigung. Seine erfolgreich begonnene Laufbahn als Bankkaufmann endete 1867 mit seiner Bankrotterklärung. Von da an galt er als verschollen, obwohl er sein humanitäres Wirken ungebrochen fortsetzte. Ein Zeitungsartikel machte 1895 wieder auf ihn aufmerksam. 1901 erhielt er zusammen mit Frédéric Passy den ersten Friedensnobelpreis. Dunant starb am 30. Oktober 1910 in Heiden (Schweiz).

Fridtjof Nansen
Für Menschlichkeit und Menschenrechte

von Karl Rolf Seufert

Der wissenschaftliche Ruhm Fridtjof Nansens ist im Gedächtnis unseres Jahrhunderts fest verankert: ein genialer Geograph und Polarforscher; doch er war auch mehr – ein Kämpfer für Menschlichkeit und Menschenrechte. Gerade die Eigenschaften, die ihn befähigt hatten, jene Reisen durch Stürme, gischtende Wasser, Eis und Einsamkeit zu bestehen, sollten ihm später helfen, den Kampf gegen Hunger, Elend und politische Engstirnigkeit durchzustehen, wenn es galt, Menschen aus den Massenkatatrophen des 20. Jahrhundert zu retten.

1882, während einer Fahrt auf dem Robbenfänger »Viking« im nördlichen Eismeer, fand er ein Stück Treibholz. Auf den benachbarten Inseln wuchsen keine Bäume. War das Holz etwa mit dem Eis gekommen? Und woher? Merkwürdig auch die Drift der »Viking«. Der schwache Wind konnte es nicht sein. Es mußte eine Strömung geben, und sie mußte mit den Tiefenverhältnissen des Meeres zusammenhängen. Im Treibeis, näher am Land, lagen Eisberge; manche sahen dunkel aus. Woher kam der schmutziggraue Schlamm auf der Oberfläche der großen Eisschollen? Es roch nach organischen Stoffen. Waren es Algen? Die Beobachtungen auf der »Viking« entschieden sein Leben. Nansen studierte Zoologie, arbeitete im Laboratorium, promovierte zum Doktor phil. Doch der Norden ließ ihn nicht mehr los.

Sechs Jahre nach seiner Reise durch Grönlandgewässer durchquerte er auf Hundeschlitten als erster die 3000 Meter hohe Inlandeisdecke und überwinterte in einer Eskimosiedlung. 1890 fand er dann heraus, daß das Polareis von Sibirien nach Spitzbergen driftet. Der Strom mußte also mitten durch das Eismeer fließen, über den Pol hinweg oder doch nahe daran vorbei. Er hatte inzwischen eine Fülle von Beweisen gesammelt. Das Treibholz

stammte tatsächlich aus Sibirien. Das Mikroskop bewies außerdem, daß der Schlamm nur aus dem nördlichen Asien kommen konnte.
Noch fehlte ein allen sichtbarer Beweis. Er schlug vor, ein Schiff zu bauen, das nicht von den Eismassen zerdrückt werden konnte, und sich mit dem Strom treiben zu lassen. Von Christiana aus brach er mit der »Fram« am 14. Juni 1893 zu dieser Driftfahrt auf. Nach drei Monaten war das Schiff von den Eismassen eingeschlossen, die Drift zum Nordpol begann. Am 14. März 1895 versuchte Nansen von der »Fram« aus, mit Schlitten den Pol zu erreichen. Der Versuch mißlang. Er kam nur bis 86 Grad, 14 Minuten, doch der Beweis war erbracht. Über das Franz-Joseph-Land kehrte er zurück.
1986 wurde er Professor für Zoologie, 1908 Professor für Ozeanologie. Zwischen 1900 und 1914 führte er mehrere meereskundliche Forschungen durch, außerdem vertrat er sein Land als Gesandter in London.
Was Nansen auszeichnete: Wohin er auch kam, was er auch tat, er sah schärfer als seine Vorgänger. Mit der Sicherheit des Genies erkannte er die Probleme und wußte, wo Resultate zu erwarten waren. Er fand Einzelheiten und entdeckte Zusammenhänge, die anderen entgangen waren. Er liebte die Ferne. Natur und Tierleben lockten ihn, mehr noch der Kampf mit Sturm und Eis. Vom Abenteurer unterschied ihn, daß er stets nach festen, exakt vorausberechneten Plänen bestimmte Ziele verfolgte.
Alles schien vorgezeichnet: Auf die großen Leistungen des jungen Forschers sollte ein ruhiger, solider, der Wissenschaft und dem Lande gewidmeter zweiter Lebensabschnitt folgen. Doch der Erste Weltkrieg veränderte alles von Grund auf.
1920 kamen die ersten beunruhigenden Nachrichten aus Rußland. In den sibirischen Lagern starben die Gefangenen der Mittelmächte (Deutschland, Österreich-Ungarn, Türkei, Bulgarien) zu Zehntausenden durch Seuchen, Hunger und Erfrieren. Während des Krieges hatte das Internationale Rote Kreuz noch Zugang zu den Gefangenenlagern gehabt. Das war jetzt nicht mehr möglich. In den Wirren der russischen Revolution und Gegenrevolution gab es niemand, der sich um die Gefangenen kümmerte. Doch auch die Not der Zivilbevölkerung wuchs von Monat zu Monat. Die Menschen, vor allem die Kinder, starben

an Unterernährung und ansteckenden Krankheiten. Erschwert wurde die Lage noch dadurch, daß die Sowjetregierung zu keinen Verhandlungen bereit war, weil die Westmächte sie nicht anerkannt hatten.
So vegetierten die Gefangenen in den russischen Lagern dahin. Hungernd, oft frierend, vom Fieber geschüttelt, lagen sie auf ihren faulenden Strohschütten, litten am Flecktyphus, an Malaria, Tuberkulose und starben. Viele verloren aus Hoffnungslosigkeit den Verstand. Ihre Schreie gellten durch die Baracken.
In dieser Situation beriefen Völkerbund und Rotes Kreuz Fridtjof Nansen, die Rettungsaktionen und Heimführungen zu leiten. Es war eine schier unlösbare Aufgabe. Doch wer hätte sich sonst an ihr versuchen sollen? Nansen war Norweger, Angehöriger einer im Weltkrieg neutralen Nation; er hatte 1905 bei der Loslösung des Landes von Schweden Wesentliches beigetragen und als Botschafter seines Landes in London diplomatisches Geschick bewiesen. Hinzu kam sein weltweiter Ruf als Wissenschaftler und Forscher.
Nansen wußte, was ihn erwartete. Doch mit dem ihm eigenen Verantwortungsgefühl nahm er den Ruf an. Er kannte fortan kein Privatleben mehr. Er verzichtete auf jede Bezahlung. Um die Spesen gering zu halten, fuhr er nur Dritter Klasse und wohnte auf seinen weiten Reisen in den billigsten Hotels, oft in Dachkammern.
Ein Komitee für den Wiederaufbau Europas saß in Paris. Er reiste dorthin und gab den Mitgliedern zu bedenken, daß eine Eingliederung der Gefangenen in den Wirtschaftsprozeß Europas den Wiederaufbau nur fördern könne. Er sprach so überzeugend, daß man ihm Kredite bewilligte. Auch seine Besuche in anderen Ländern hatten Erfolg. Dänemark, Schweden, Norwegen, Holland, die Schweiz, später auch England und Frankreich gaben Geld.
Schwierig war es, die Zustimmung der sowjetischen Regierung zu erreichen. Kuriere wurden abgewiesen, Briefe nicht beantwortet. Darum reiste Nansen schließlich selbst nach Moskau. Er erhielt die Zustimmung zur Rückführung der Gefangenen gegen das Versprechen, auch die Heimkehr der russischen Gefangenen, die in Westeuropa festgehalten wurden, zu organisieren.
Er begann damit, Eisenbahnzüge mit Kleidern, Medikamenten,

Desinfektionsmitteln und Nahrung nach Sibirien zu schicken. Und das kaum Glaubliche geschah: Die Züge durchquerten das von Kämpfen, Unruhen und Hunger gequälte Land und erreichten ihre Bestimmungsorte. Die mißtrauischen Kommissare öffneten die mit Nansens Siegel verschlossenen Waggons nicht.
Die ersten Gefangenen transportierte man auf Schiffen über die Ostsee, später verwendete man auch Züge. Sie rollten in beiden Richtungen. Hunderttausende deutscher, österreichischer und ungarischer Soldaten und fast ebenso viele Russen aus Mitteleuropa kehrten in ihre Heimat zurück – »in keinem Augenblick meines Lebens bin ich so nahe mit einer Summe so ungeheuren Leidens in Berührung gekommen wie bei diesem Versuch, es zu lindern«, bekannte er später.
Noch während dieser Arbeit kam eine zweite auf ihn zu. Da waren anderthalb Millionen Russen, die vor den sowjetischen Armeen in die Nachbarstaaten geflohen waren, ohne Heimat. Niemand wollte sie auf Dauer behalten. Gleichzeitig waren rund vierundzwanzig Millionen Russen vom Hungertod bedroht, davon elf Millionen Kinder. Transportschwierigkeiten durch zerstörte Verkehrswege, politische Zersplitterung, dazu eine kaum erlebte Trockenheit hatten die Katastrophe ausgelöst.
Nansen stand in der Halle seines Hauses in Polhögda in Norwegen, als das Telegramm kam und das Rote Kreuz um seine Hilfe bat. Es wurde ihm schwarz vor den Augen, berichtet seine Tochter. Er zögerte; schließlich ging er zu einem Freund. »So wie ich dich kenne, wirst du niemals Ruhe finden, wenn du es nicht tust«, erklärte der. Es war das, was er selbst fühlte. Ohne sich noch einmal zu bedenken, nahm er an.
Nansen stürzte sich in die Vorbereitungen; er wußte, jeder Tag war kostbar, wenn er helfen wollte. Er gewann private Organisationen, unternahm endlose Reisen durch ganz Europa, fuhr in schmutzigen Dritter-Klasse-Abteilen von Stadt zu Stadt, sprach in überfüllten Sälen, bettelte bei einflußreichen Privatpersonen und sammelte auf diese Weise Millionenbeträge. Mit Hilfe der Vereinigten Staaten gelang es ihm schließlich, rund zwei Drittel der schon aufgegebenen Flüchtlinge zu retten. Er schickte Saatgut, um die kommende Ernte zu sichern, und landwirtschaftliche Maschinen. Wichtig war es ihm, die Menschen zur Selbsthilfe aufzurufen. Er wollte nicht, daß sie immer nur neue Hilfe erwar-

teten, ohne selbst etwas zu tun. Doch bis zur neuen Ernte mußten die Hungernden versorgt werden. Darum ließ er die »Nansen-Pakete« verschicken, fünfzehn Kilogramm Lebensmittel und Kleidung, Vorläufer der Carepakete, die nach dem Zweiten Weltkrieg aus den USA nach Deutschland kamen.

Man verbesserte die Hygiene, sorgte für genügend Ärzte und Krankenschwestern, schaffte Desinfektionsmittel heran und bekämpfte die Rattenplage, denn Ratten waren die Träger ansteckender Krankheiten. Nansen selbst reiste kreuz und quer durch Rußland ohne Furcht vor Seuchen; allerdings unter strenger Beachtung aller hygienischen Vorsichtsmaßnahmen, die er auch von seinen Mitarbeitern forderte. Trotzdem starben sechzig von ihnen am Fleckfieber.

Ein ständiges Problem blieben die Ausweispapiere, ohne die kein Staat die Flüchtlinge aufzunehmen bereit war. Was konnte er tun? Nach Beratungen mit Juristen und den beteiligten Regierungen fand Nansen die Lösung: er schuf für diese Staatenlosen den »Nansen-Paß«, der aus ihnen wieder legitime, behördlich anerkannte Bürger machte. So war es ihnen möglich, sich frei von Staat zu Staat zu bewegen, ohne dadurch das Recht zu verlieren, wieder ins ursprüngliche Zufluchtsland zurückzukehren.

Es war ein heute kaum mehr vorstellbarer Sieg über die verkrusteten Bürokratien überall in der Welt. Zweiundfünfzig Länder erkannten den »Nansen-Paß« schließlich als gültiges Ausweispapier an.

Aber schon hatte die Politik einen neuen Brandherd. Im Sommer 1922 war eine griechische Invasion in Kleinasien gescheitert. Die Rache der Türken ließ nicht lange auf sich warten. Sie jagten die Reste der geschlagenen Armee, zusammen mit dem Bewohnern, die dort seit dreitausend Jahren gewohnt hatten, über die Grenzen. Doch die griechische Regierung weigerte sich, diese Menschen aufzunehmen. Wieder beauftragte der Völkerbund Nansen mit den Rettungsaktionen, und es gelang ihm, die Regierung davon zu überzeugen, daß durch die Vertriebenen Ödland kultiviert und neue Industrien geschaffen werden könnten. Zehntausende von Flüchtlingen verdankten ihm eine neue Heimat.

1922 wurde ihm eine weitere Hilfsaktion übertragen. Er sollte

die Reste des armenischen Volkes retten, das als Folge des gleichen Krieges fast zur Hälfte vernichtet worden war. Doch hier blieben seine Erfolge gering. Der Ruf hatte ihn zu spät erreicht.
Im gleichen Jahr erhielt Fridtjof Nansen den Friedensnobelpreis. Mit der hohen Geldsumme, die damit verbunden war und die ein reicher Bewunderer noch verdoppelt hatte, richtete er zwei Versuchsgüter in der Sowjetunion ein, um neue Methoden zur landwirtschaftlichen Ertragssteigerung zu erproben. Daneben half er den Neusiedlern in Griechenland. Den Rest gab er auf ein Konto für weitere Flüchtlingshilfen.
Nansen war kein Theoretiker der Menschenrechte. Dazu ließen ihm die Nöte der Zeit auch keinen Raum. Er kämpfte und warb für sie durch die Kraft seiner Persönlichkeit, wo immer er sie bedroht sah. Dabei scheute er kein Opfer und kein persönliches Risiko. Er warb für sie durch die internationale Presse, durch

Fridtjof Nansen

wurde am 10. 10. 1861 auf Gut Store-Fröen bei Oslo geboren. Er gilt als ein genialer Geograph und Polarforscher, der 1888 Grönland von Ost nach West durchquerte. Den Beweis, daß das Polarmeereis von Sibirien nach Spitzbergen über den Nordpol oder doch dicht daran vorbei driftet, erbrachte er mit der ins Packeis eingefrorenen »Fram« 1895/96. Mit Hundeschlitten suchte er den Pol zu erreichen, kam jedoch nur bis 86 Grad 14' nördl. Breite. Später führte er als Professor für Zoologie und Ozeanologie meereskundliche Forschungen im Nordatlantik durch. Von 1906-08 vertrat er Norwegen als Gesandter in London.

Nach dem ersten Weltkrieg setzte er sich für die Rückführung der Kriegsgefangenen ein und organisierte als Hochkommissar des Völkerbundes Hilfsaktionen für die hungernde Bevölkerung in der UdSSR, in Griechenland und Armenien. Für staatenlose politische Flüchtlinge schuf er den »Nansen-Paß«.
Fridtjof Nansen starb am 13. Mai 1930 in Lysaker (Norwegen). Sein Einsatz gegen Hunger, Elend und politische Unvernunft, dem Ungezählte ihr Leben verdankten, machte ihn zum Kämpfer für Menschlichkeit und Menschenrechte. Das Wort Humanität erhielt durch ihn eine neue Dimension. 1922 erhielt er den Friedensnobelpreis.

öffentliche Reden und Aufrufe, er setzte die Mächtigen ein und durchbrach die starren politischen Ordnungen, wo immer sie die Menschenrechte einschränkten. So wurde er zum Leitbild über alle politischen Gegensätze hinweg, denn er gab dem Wort »Menschenrechte« eine neue Dimension.

Mahatma Gandhi
Anwalt der Ärmsten der Armen

von Max Schäfer

Abgestanden ist die Luft im Hinterzimmer des Kaffeehauses, muffelnd nach ranzigem Hammelfett. Ein Kellner öffnet das Fenster. Schwüle Luft schwappt herein. Stimmengewirr auf der vollbesetzten Terrasse. Dicht bei dicht sitzen die Gäste. Reihum wird debattiert und gestikuliert, Gereimtes und Ungereimtes zum besten gegeben. Aus Halbwahrheiten werden Ganzwahrheiten. Phrasendrescher und Wortkrämer setzen sich in Szene. Hinter dem Rücken anderer wird getuschelt, Geheimnisvolles abgekartet, gemeinsame Sache gemacht.

Keiner der Anwesenden hatte den bauchigen Messingkessel bemerkt, der im hohen Bogen auf die dichtbesetzte Terrasse flog. Erst das metallische Scheppern auf den ungehobelten Dielen signalisierte unmittelbar drohende Gefahr, scheuchte Mückentrauben und Menschen auf. Von blinder Furcht gepackt, sprangen einige der Gäste auf die belebte Straße, andere suchten Schutz unter Tischen und Bänken. Das Kaffeehaus, eines von vielen in der Altstadt von Lahore, galt als Treffpunkt fanatischer Anhänger des Propheten. Der Kesselwerfer war ein Sikh, der mit einem Fahrrad unterwegs war. Aus einer dunklen Gasse kommend, fuhr er schwer atmend am Kaffeehaus vorbei und schwenkte nach seinem gut gezielten Wurf wendig zwischen gestauten Autos hindurch. Schrecksekunden wurden zu Minuten.

Die erwartete Detonation blieb aus. Ein Kellner faßte sich ein Herz und untersuchte den Kessel aus Messing, öffnete behutsam den Deckel, starrte fassungslos auf den Inhalt, der Übelkeit bewirkte. Was er sah, ließ das Blut in seinen Adern erstarren. Der Kessel war randvoll mit abgehackten Penissen gefüllt – beschnittenen, also von moslemischen Männern. Die im Kaffeehaus versammelten Muselmanen schworen blutige Rache. Mit gleicher Münze wollten sie heimzahlen. Den Ungläubigen wird bei Allah nichts helfen.

Indien sollte geteilt werden, zweigeteilt. Endgültig und für alle Zeiten. Beschlossene Sache seit langem. 400 Millionen Inder standen nicht mehr lange unter der Fuchtel der Engländer. Wie eine heiße Kartoffel ließen die Briten das »Juwel ihres Empire« fallen. Lieber heute als morgen. Die Moslems bestanden auf einen eigenen Staat Pakistan. Die Hindus beharrten auf einem ungeteilten Indien. Nur die meisten der Maharadschas wollten alles beim alten belassen, bangten um ihre fürstlichen Privilegien. Der Tag, an dem Indien in die Unabhängigkeit entlassen werden sollte, rückte näher. »The Indian Independence Bill« war bereits vom britischen Parlament gebilligt. Die Zustimmung des Oberhauses und der Segen der Krone waren nur noch Formsache. Ein englischer Anwalt namens Sir Cyril Radcliffe zog auf einer Generalstabskarte des Königlichen Pionierkorps die Grenzlinien, einige nach bestem Wissen und Gewissen, andere weisungsgebunden. Bleistiftstriche entschieden über das Schicksal von Abermillionen. Im Osten ging es um Bengalen, dem späteren Armenhaus der Welt, im Westen um den sogenannten Pandschab, Herzland des indischen Kontinents. 35 Millionen Moslems lebten neben 30 Millionen Hindus in Bengalen. Im Pandschab wohnten 16 Millionen Moslems, 15 Millionen Hindus und 5 Millionen Sikhs.
Der Unabhängigkeitstag, der 15. August 1947, sollte zu einem schwarzen Tag in der Geschichte Indiens werden. Eine Katastrophe von unbeschreiblicher Brutalität braute sich zusammen. Hindus, Sikhs und Moslems fielen übereinander her, befriedigten ihre Rachgier. Schon Wochen vorher tobte in der Pandschab-Hauptstadt Lahore der entfesselte Mob. Der Pöbel trat in Aktion, angeregt und aufgestachelt. Die Masse vollstreckte mit Wollust, piesackte und folterte Andersgläubige, tötete im Taumel ihrer Sinne. Menschen wurden viehisch abgeschlachtet, vergewaltigt, erwürgt, erdolcht, die Leichen zerstückelt, den Geiern zum Fraß freigegeben, nur weil sie anderen Glaubens waren. Die Menschen im Pandschab lebten im Vorhof der Hölle. Die Teilungslinie zerschnitt das Fünfstromland von Nord nach Süd. Eine Völkerwanderung von 15 Millionen, begleitet von

blutrünstiger Rachgier und viehischen Greueltaten war die Folge. Nicht nur im Pandschab triumphierten Heimtücke und Haß. Eine Sintflut von Millionen von Heimatvertriebenen ergoß sich über das ganze Land. Die Flüchtlingskarawanen kreuzten sich im Pandschab. Kolonnen des Elends zogen aneinander vorbei, die einen gen Osten, die anderen nach Westen. »In Indien fließt in diesen Tagen mehr Blut als Regen fällt«, schrieb Robert Trumbull in der *New York Times*. »Ich habe mehrere hundert Tote gesehen, aber noch viel schlimmer, Tausende Inder ohne Augen, ohne Füße, ohne Hände. Tod durch Erschießen ist ungewöhnliche Gnade.«

Am Tag der Unabhängigkeitserklärung standen schwarze Rauchwolken über Lahore. Moslemhorden verbrannten Hindus und Sikhs in Häusern und Tempeln bei lebendigem Leib. Wer sein Heil in der Flucht suchte, starb unter den Beilen und Messern besessener Fanatiker. In Amritsar spießten Sikh-Horden Moslembabys auf ihre Speere und rösteten sie bei lebendigem Leib. Moslemfrauen wurden vergewaltigt, ihre Brüste abgeschnitten. Durch die offenen Abwässerkanäle der Stadt floß das Blut meuchlings Gemordeter in Strömen.

Einer der 280 Millionen indischer Hindus, der am 15. August den ganzen Tag fastete und betete, der Vernunft und Brüderlichkeit zwischen den Religionen predigte und eine ungeteilte indische Nation wollte, sah das Unheil kommen. Wer sollte diesen blutigen Metzeleien Einhalt gebieten? »Der Hindu ist in religiösen Fragen der toleranteste und weitherzigste Mensch. Seine Religion verkündet nicht einen besonderen Hindu-Gott oder einen besonderen Hindu-Himmel. Gott ist Einer, für Hindus so gut wie für Nicht-Hindus. Und jeder gute Mensch kann in den Himmel kommen. Man braucht kein Hindu zu sein, um ein guter Mensch zu sein, und nicht jeder Hindu ist ein guter Mensch ...« Der dies predigte war kein Geringerer als Mohandas Karamchand Gandhi, genannt der »Mahatma«. Geboren am 2. Oktober 1869 auf der Halbinsel Kathiawar, verheiratet mit 13 Jahren, ermordet im 79. Lebensjahr von einem Hindu-Fanatiker. 2089 Tage seines Lebens verbrachte er als britischer Häftling in indischen und 249 Tage in südafrikanischen Gefängnissen.

Wer war jener ungewöhnliche Mann, den Winston Churchill geringschätzig einen »halbnackten Fakir« nannte? War er ein

Magier der Massen, ein praktizierender Yogi, ein Anwalt der Ärmsten der Armen, ein Kreuzritter des gewaltlosen Widerstandes, ein Heilbringer?
Gandhi war ein Mahatma, kein Maharadscha. Insignien ihrer Macht haßte er. Er besaß weder Paläste noch Poloplätze, weder Leibwachen noch Leibdiener, weder Kronjuwelen noch Konkubinen, weder Rolls-Roys-Limousinen noch Reitelefanten. Seine Macht war gleich Null, sein Einfluß gewaltig. Seine Herrschaftszeichen waren das Lendentuch (»Gewand unserer Freiheit«, Nehru) und das Spinnrad als »Miniaturfabrik in jedem Heim«.
Gandhis Körper war das Alter nicht anzusehen. »Seinem Gesicht sah man sein Alter am ehesten an. Von seinem hochstirnigen Kopf standen die großen Ohren fast rechtwinkelig ab. Die Oberlippe mit einem schwarzen Stoppelbart verschwand fast unter der dicken, nach unten spitz zulaufenden Nase. Der Gesicht lebte von den sanften, ruhigen Augen und der Unterlippe, die Willensstärke und Selbstkontrolle ausdrückte. Wenn er lächelte, und das tat er fast immer, entblößte er einen zahnlosen Mund. (Er trug sein Gebiß nur zum Essen, nahm es nach der Mahlzeit heraus und reinigte es in aller Öffentlichkeit.) Sein Gesicht wäre, mit Ausnahme der Augen, in Ruhestellung als häßlich zu bezeichnen, aber es war kaum jemals in Ruhestellung. Ob er nun sprach oder zuhörte oder nachdachte, es war ein blitzender Spiegel in vielen Facetten, der reflektierte, was dahinter vorging.« So urteilte Louis Fischer, ein scharfsinniger Beobachter und Bekannter des Mahatmas.
Gandhi hatte beschlossen, 125 Jahre alt zu werden. Er wollte im hohen Alter weder Verwandten noch dem Vater Staat zur Last fallen. Die Hoffnung, ein hohes Alter zu erreichen, gab er bald wieder auf. Vergeblich versuchte er, die Teilung Indiens aufzuhalten. »In dem Indien, das sich hier formiert, gibt es für mich keinen Platz. Ich habe die Hoffnung aufgegeben, 125 Jahre alt zu werden. Vielleicht habe ich noch ein oder zwei Jahre.« Mit seinem Vorgefühl sollte er recht behalten.
Am Tage der Unabhängigkeit hielt er sich in Kalkutta auf. Als neue blutige Unruhen ausbrachen, entschloß er sich nach reiflicher Überlegung, ein Fasten bis zum Tode zu beginnen, das nur enden sollte, wenn das gegenseitige Abschlachten aufhörte. In der Tat, sein Fasten zeigte in Bengalen Wirkung. Er machte das

Unmögliche möglich. Die Menschen waren ergriffen von den inneren Kraftreserven dieses kleinen Mannes von geringer Körperkraft, der zur Toleranz mahnte und Brüderlichkeit predigte zwischen Hindus und Moslems. »Wir sagen doch auch nie etwas gegen das Schlachten von Kühen, das täglich für die Engländer stattfindet; aber wir sehen rot, wenn ein Moslem eine Kuh schlachet.«

Das größte Hindernis, um die erhitzten Gemüter zwischen Moslems und Hindus abzukühlen, war das Kastensystem der Hindu-Gesellschaft. Die Ursprünge dieses Systems waren genau so wenig eine »gottgewollte Ordnung« wie unsere mittelalterliche Gesellschaft, in der die Menschen verschiedenen Ständen, nämlich Geistlichkeit, Adel, Bürger und Bauern, zugeordnet waren und es keinem zukam, diese Schranken zu durchbrechen: »Gott achtet bei jedem Menschen darauf, daß sich der niedere Stand nicht über den höheren erhebe ...« (Hildegard von Bingen).

Die soziale Ungleichheit war göttlich sanktioniert, hierzulande und anderswo. Auch die Kaste war »unabänderliches Schicksal«, in der man kraft Geburt zu leben, zu arbeiten, zu heiraten und zu sterben gezwungen war. Die Ärmsten der Armen hofften in einer späteren Inkarnation (Menschwerdung) ihrem bitteren Los entkommen zu können. Der hintergründige Zweck dieses Systems, die Versklavung der dunkelhäutigen drawidischen Völker für alle Zeiten, heiligte die Mittel der arischen Gründer des Hinduismus. Aus den vier ursprünglichen Kasten, den Priestern (Brahmanen), den Kriegern (Kshatriyas), den Kaufleuten (Vaishyas), den Dienern und Lohnarbeitern (Shudras) haben sich im Laufe der Zeit an die 3000 Unterkasten herausgebildet. Die Kastenlosen waren die »Ausgestoßenen«.

Gandhis Liebe gehörte diesen »Outcasts«, den »Unberührbaren«. Sie waren die »Parias« der indischen Kastengesellschaft. Gandhi erkannte das gesellschaftliche Problem in seiner ganzen Tragik und Tragweite. Mit unendlicher Geduld versuchte er, die Gegensätze zwischen den Konfessionen und Kasten zu überbrücken. Wegen ihrer »unreinen« Beschäftigung wurden die »Unberührbaren« in keiner Hindu-Gesellschaft geduldet. Ein strenggläubiger Hindu durfte weder den »Unberührbaren« noch irgend etwas, was dieser berührt hatte, anrühren. Geschah dies mehr oder weniger aus Versehen, mußte er sich durch Waschungen »reinigen«. Selbst der Schatten eines »Unberührbaren« wurde in manchen Gegenden als unrein betrachtet. Sie waren Ausgestoßene. Verdrängt an die Dorf- und Stadtränder. Die Slums waren ihr Zuhause.

Gandhis Kampf gegen die Unberührbarkeit war von Gefühlen geprägt. »Ich pflegte über meine Mutter zu lachen, wenn sie uns baden hieß, nachdem wir Brüder einen Paria berührt hatten.« Gandhi nannte sie »Harijans«, was soviel wie »Kinder Gottes« hieß. Anfang 1933 brachte er die Wochenzeitschrift *Harijan* heraus. Sie war sein Sprachrohr in seinem Kreuzzug für die Gleichstellung der Unberührbaren. »Ich glaube an die Lehre der Gleichheit, wie sie von Krishna, dem Herrn, in der Gita verkündet wird. Die Gita lehrt uns, daß die Mitglieder aller vier Kasten auf gleichem Fuße behandelt werden sollen.« Die Wochenschrift steigerte ihre Auflage von Jahr zu Jahr. 1941 wurde sie bereits in zehn indischen Sprachen vervielfältigt und im ganzen Land verbreitet.

Fasten war für den Mahatma ein legitimes Mittel, um die Gleichstellung von Harijans und Hindus kraft seiner Persönlichkeit zu ertrotzen. »Wenn die Masse der Hindus noch nicht bereit ist, ihre Vorbehalte gegenüber den Unberührbaren aufzugeben, dann muß diese gleiche Masse aber andererseits bereit sein, dafür mich zu opfern.« Die Nachricht von Gandhis Fasten verbreitete sich wie ein Lauffeuer, wurde von Haus zu Haus getragen, war ein öffentliches Geheimnis. Die Alphabeten verkündeten die Neuigkeit den Analphabeten. Die Schriftunkundigen trugen sie weiter, von Ohr zu Ohr, von Mund und Mund: »Der Mahatma fastet!« Warum? Weil die Hindus uns wie der letzte Dreck behandeln. Fette Schlagzeilen der Zeitungen: »Der Mahatma wird immer schwächer.« »Der Mahatma liegt im Sterben.« In einigen Städten wurden plötzlich die Tempeltore für die Unberührbaren geöffnet. Brahmanen saßen mit Straßenkehrern, Bachfegern, Abdeckern und Toilettenreinigern an einem Tisch. In vielen Dörfern durften sich die Unberührbaren am Dorfbrunnen waschen. Hinduschüler setzten sich spontan auf Bänke, auf denen kurz zuvor Unberührbare saßen. Ein Dorffriseur, der sich weigerte, einem Harijan-Jungen die Haare zu schneiden, wurde angeklagt und verurteilt. Es war nicht leicht, eingefleischte Vor-

urteile von heute auf morgen als Fehlurteile zu entlarven.
Gandhis Fasten zeigte Wirkung. Er gab es auf. Fünf Tage danach hatte er wieder ein Gewicht von 95 Pfund. »Das Fasten war wirklich gar nichts«, schrieb er in einem Brief, »im Vergleich zu dem Elend, das die Kastenlosen seit altersher erlitten haben.« Gandhis Fasten öffnete den Harijans Tür und Tor berühmter Hindu-Tempel. Harijans erhielten Sitze und Stimme in der gesetzgebenden Versammlung. »Niemand mehr soll auf Grund seiner Abstammung als Unberührbarer gelten«, hieß es im »Yeravda Pakt«, der auch von strenggläubigen Hindus unterzeichnet wurde. »Alle Menschen sind von Natur aus gleichermaßen frei und unabhängig und besitzen gewisse angeborene Rechte...« steht im Artikel 1 der amerikanischen Unabhängigkeitserklärung von Virginia. In Virginia schrieben die geistigen Väter der Erklärung das Jahr 1776. Die Hindus unterzeichneten ihren Pakt im Jahre 1932.
Das Fasten war bei Gandhi Methode. Seine Fasttage waren die schärfsten Waffen seines gewaltlosen Widerstandes. Am Tag der Unabhängigkeit entschloß er sich, ein Fasten bis zu seinem Tode durchzuführen. Die Masse der Menschen war ihrer Sinne nicht mehr mächtig. Hundertausende mordeten im Blutrausch Andersgläubige. Wer sollte Einhalt gebieten? Nur ein Gandhi vermochte es, versuchte das Unmögliche möglich zu machen. Wo erneut Händel zwischen Moslems und Hindus ausbrachen, war Gandhi zur Stelle, versuchte, sein Evangelium der Liebe und des Friedens zu verkünden. Wie wär es, wenn jeder Hindu und jeder Sikh, der zu den Gebeten kam, von nun an »mindestens einen Moslem« als konkreten Beweis seiner Bereitschaft zur Verbrüderung mitbrächte?
Ein Hindu aus der Brahmanenkaste brachte zu Gandhis Gebetsversammlung etwas anderes mit, eine schwarze Beretta, die er in seiner Jackentasche verborgen hielt. Pünktlich um fünf Uhr begab sich Gandhi zu seiner Versammlung. Ein halbes Tausend Männer und Frauen erwarteten ihn. »Ich habe mich um 10 Minuten verspätet«, entschuldigte er sich vor der Menge. Gandhi haßte Unpünktlichkeit. Im Geschwindtritt nahm er die fünf Stufen zum Gebetsplatz. Die Menge drängte nach vorne, wollte dem Mahatma nah sein. Einige verbeugten sich, zollten den gebührenden Respekt. Der Mahatma hob seine Arme zum

traditionellen Segensgruß. Der Attentäter drängte nach vorne, boxte Gandhis Begleiterin brutal beiseite, zog seine Pistole und schoß dreimal auf die nackte Brust des Mahatma. Gandhi brach zusammen, murmelte »mein Gott« und war auf der Stelle tot.
Gandhi wurde am 30. Januar 1948 ermordet. Am 10. Dezember des gleichen Jahres erfolgte die »Internationale Deklaration der Menschenrechte«. »Seine Ermordung«, stellte George Bernard Shaw lapidar fest, »zeigt, wie gefährlich es ist, ein guter Mensch zu sein«. Ganz Indien weinte. Es hatte seine »große Seele« verlo-

Mohandas Karamchand Gandhi

wurde am 2. Oktober 1869 als viertes Kind des Karamchand Gandhi in Porbandar auf der Halbinsel Kathiawar geboren. Seine Familie gehörte zur Kaste der Banias, einer Händlerkaste. Mit 13 Jahren wurde Gandhi mit der gleichaltrigen Kasturbai verheiratet. 1888-1891 studierte er in England Rechtswissenschaft. In Südafrika (1893-1914) praktizierte der Anwalt Gandhi seine gewaltlosen Kampfmethoden bei der Organisation des passiven Widerstandes gegen die Rassendiskriminierung der südafrikanischen Regierung.
Nach seiner Rückkehr wurde er in Indien als »Mahatma« begrüßt. (»Große Seele«, eine Ehrentitel für geistig hochstehende Persönlichkeiten.)
In Indien setzt er seine in Südafrika entwickelten Methoden des gewaltlosen Kampfes gegen die britische Herrschaft fort. 2089 Tage seines Lebens verbrachte er in indischen und 249 Tage ins südafrikanischen Gefängnissen. 1920-1924 war Gandhi gewählter Präsident des indischen Kongresses. Seit 1921 wählte Gandhi das Lendentuch als Kleidung. 1930 »Salzmarsch« der 241 Meilen, ein Volksmarsch mit 78 Anhängern mit dem Ziel, das Salzmonopol der Briten zu brechen. 1933 gab er das Wochenmagazin »Harijan« heraus. Er kämpfte für die Gleichstellung der »Unberührbaren«, der Harijans (= Kinder Gottes). Die Teilung Indiens (1947) nannte Gandhi eine »geistige Tragödie«. Er versuchte, durch demonstratives Fasten den Massakern zwischen Hindus und Moslems Einhalt zu gebieten. Am 20. Januar 1948 wurde er von dem Hindufanatiker Nathuram Godse in New Delhi erschossen.

ren. Gandhis Asche, verschlossen in einer Kupferurne, wurde in einem Zug befördert, der nur aus Dritter-Klasse-Wagen bestand, die gleiche Wagenklasse, die Gandhi zeitlebens benutzte. Am 12. Tag nach seiner Verbrennung wurde sie bei Allahabad der Ewigen Mutter Ganges anvertraut, die sie mit der Ewigkeit der Meere vereinigen würde. Minister und Maharadschas, kirchliche und weltliche Fürsten, Herzensfreunde und Intimfeinde kondolierten, verneigten sich vor dem gewaltlosen Kämpfer für die unverletzlichen Rechte des Menschen. »Er war einer der größten Männer, den die Gemeinschaft der Hindus hervorgebracht hat«, schrieb Gandhis schärfster politischer Gegner Mohammed Ali Jinnah in seiner Beileidsbotschaft.

Das Ganze von Gandhis Persönlichkeit wirkt magisch auf uns nach, weit über die Grenzen der bloßen Überlieferung hinaus. »Der große Mann«, schreibt Jacob Burckhardt in seinen *Weltgeschichtlichen Betrachtungen*, »ist ein solcher, ohne welchen die Welt uns unvollständig erschiene, weil bestimmte große Leistungen nur durch ihn innerhalb seiner Zeit und Umgebung möglich waren und sonst undenkbar sind; er ist wesentlich verflochten in den großen Hauptstrom der Ursachen und Wirkungen. Sprichwörtlich heißt es: ›Kein Mensch ist unersetzlich.‹ – Aber die wenigen, die es eben doch sind, sind groß.«

Janusz Korczak
Für die Rechte der Kinder

von Klaus Klöckner

»Ich war damals fünf Jahre alt, und das Problem war unglaublich schwer: Was war zu tun, damit es die schmutzigen, verwahrlosten und hungrigen Kinder nicht mehr gab, mit denen ich auf dem Hof nicht spielen durfte; auf demselben Hinterhof, wo unter dem Kastanienbaum – in Watte gebettet – in einer metallenen Bonbondose mein erster geliebter, mir nahestehender Toter begraben lag, wenn es auch nur ein Kanarienvogel war. Sein Tod warf die geheimnisvolle Frage nach dem Bekenntnis auf. Ich wollte ein Kreuz auf seinem Grab errichten. Das Dienstmädchen sagte, das ginge nicht, weil es nur ein Vogel sei, also etwas Niedrigeres als ein Mensch. Sogar um ihn zu weinen sei Sünde. Soweit das Dienstmädchen. Und noch schlimmer war, daß der Sohn des Hausverwalters feststellte, der Kanarienvogel sei Jude gewesen. Ich auch. Ich bin auch Jude, und er – Pole und Katholik. Er würde ins Paradies kommen, ich dagegen, wenn ich keine häßlichen Ausdrücke gebrauchen und ihm immer folgsam im Haus stibitzten Zucker mitbringen würde, käme nach dem Tode zwar nicht gerade in die Hölle, aber irgendwohin, wo es ganz dunkel sei. Und ich hatte Angst in einem dunklen Zimmer. Tod – Jude – Hölle. Das schwarze jüdische Paradies. Es gab genug Grund zum Grübeln.«

Fast sechs Jahrzehnte waren vergangen seit jenem Erlebnis, als diese Sätze geschrieben wurden, in nächtlicher Stunde und in einer Zeit tiefster Not. Die Gründe zum Grübeln waren nicht weniger geworden, aber trauriger; und jetzt blieb kaum noch Zeit, sich schreibend der eigenen Existenz zu vergewissern, dem langen Leben und inständigen Wirken noch etwas anzufügen. Die drängenden Forderungen des Tages waren stärker als das Verlangen, noch soviel festzuhalten wie möglich, auf dem Papier. Für wen? »Ich möchte schlafen. Bevor mein Bienenstock

zu summen anfängt, schlafe ich noch eine kurze Stunde.«
Mein Bienenstock. Der das schreibt, im Jahre 1942, ist Leiter eines jüdischen Waisenhauses im Warschauer Getto. Das war der alte jüdische Wohnbezirk in der polnischen Hauptstadt, um den die deutschen Besatzer im Herbst 1940 eine Mauer gezogen hatten. Alle Juden Warschaus hatte man dort zusammengedrängt, vom Säugling bis zur Greisin, eine halbe Million Menschen auf gerade 400 Hektar, eingesperrt zum Sterben durch Hunger und Krankheit. »Tod – Jude – Hölle.« Und am Ende: »Das schwarze jüdische Paradies?«
Den Janusz Korczak, der in den Gettonächten des Frühsommers 1942 nach einem langen Leben als Schriftsteller, Arzt und Pädagoge zum erstenmal Tagebuch schreibt und Erinnerungen aus der Kindheit einbezieht, gab es in jenen Anfängen noch nicht: Der Fünfjährige, von dem er da erzählt, heißt noch Henryk Goldszmit. Er ist der Sohn eines Rechtsanwalts in Warschau, Kind einer jüdischen Familie, die ihr Judentum nicht verleugnet, aber auch nicht besonders herausstreicht: Schon seit Generationen verstehen die Goldszmits sich als Polen.
Ein wohlbehütetes Kind aus gutem Hause, wie man seinerzeit sagte. Dem man verbietet, mit den »schmutzigen, verwahrlosten und hungrigen Kindern« zu spielen, was in Henryk die Frage aufwirft (ob schon damals oder später, ist nicht entscheidend), was man gegen diese Ungerechtigkeit tun könne, gegen die Not. Sein ganzes Leben lang hat er um Antwort gerungen auf diese Frage – in einer beispielhaften Verbindung von Worten und Handeln.
Den Worten verdankt er den Namen, unter dem die Welt ihn kennt: Als 20jähriger wählte er für einen literarischen Wettbewerb den Namen einer Romanfigur als Pseudonym; durch einen Druckfehler wurde dann aus dem ursprünglichen »Janasz« ein Janusz Korczak, der ein namhafter Schriftsteller wurde. Die schriftstellerische Arbeit blieb ein wichtiger Teil seines Lebens und gerade auch seines pädagogischen Wirkens, mag auch anderes für die Nachwelt bedeutsamer geworden sein. Nicht unwichtig auch, daß Korczak durch publizistische Arbeiten sein Studium finanzieren konnte. Denn als Henryk siebzehn war, veränderte sich mit einem Schlag die Lage der Familie: Der Vater starb, und es stellte sich heraus, daß er das ganze Vermö-

gen verspielt hatte. Aus dem geräumigen Haus mit Dienstmädchen und Köchin, Kindermädchen und Gouvernante mußte man umziehen in eine einfache Mietwohnung; nun mußte plötzlich jeder etwas zum Unterhalt der Familie beitragen. Eine deprimierende Erfahrung sozialen Abstiegs: Was Henryk bislang nur schaudernd von außen beobachtet hatte, rückte bedrohlich auf den eigenen Leib.

Zwei Romane, die noch in der Studienzeit herauskamen, deuten schon in ihren Titeln auf die beiden Welten, die in der Person des Henryk Goldszmit und Janusz Korczak zusammenfielen: *Die Kinder der Straße* und *Das Kind des Salons*. Einzahl und Mehrzahl: Der Junge aus dem Großbürgertum begegnet dem Elend des städtischen Proletariats. »Das *Salonkind* gehörte seinerzeit zur revolutionären Literatur«, schreibt eine Bekannte Korczaks aus jener Zeit. »Korczaks Roman sagte der alten, verlogenen Welt des Geldes den Kampf an ... Erst viel später erfuhren wir, daß sich hinter dem Pseudonym Janusz Korczak der bescheidene Doktor Goldszmit verbarg und daß das *Salonkind* seine eigene Biographie war.«

Revolutionäre Literatur – worin sah Korczak die notwendige Revolution? Natürlich, wie alle fortschrittlichen Geister seiner Zeit in Polen und anderswo, im Kampf gegen das soziale Unrecht, in dessen Überwindung. Aber er begriff darüber hinaus, »daß es nicht erlaubt sei, Revolution zu machen, ohne an die Kinder zu denken«. Was von Janusz Korczak bleibt als Aufgabe für die Nachwelt, das ist diese Erkenntnis, und das ist über alle wichtigen Worte hinaus das praktische Tun dieses Mannes, der zu einem tatkräftigen Anwalt der Kinder wurde. Und mehr als das.

Der schriftstellerische Erfolg nutzte auch dem Ansehen des jungen Kinderarztes, der seine Fachausbildung im Ausland vervollkommnen konnte: in Berlin, Paris und London. Daß er sich im Warschauer Armenviertel niederließ und dort in einer Kinderklinik arbeitete, hinderte wohlhabende Kreise, darunter russische Offiziere und Beamte oder polnische Industrielle, nicht, ihn aufzusuchen. »Für Konsultationen bei den reichen Leuten in den reichen Straßen« verlangte er »wahre Professorenhonorare«, während er seine polnischen Patienten, die nur wenig Geld hatten, kostenlos behandelte, etwa »die Kinder von Sozialisten,

Lehrern, Journalisten, jungen Rechtsanwälten, sogar von Ärzten«. Von den Juden freilich mußte er, auch wenn sie arm waren, eine symbolische Kopeke verlangen (das war die kleinste russiche Münze), weil deren heiliges Buch, der Talmud, lehrte, »daß ein unbezahlter Arzt dem Kranken nicht hilft«. Die Aussicht auf eine Karriere als Modearzt konnte Korczak nicht befriedigen. Er hatte nicht vergessen, was er schon als Student bei der Sozialarbeit mit verwahrlosten Kindern begriffen hatte: »Solange wir nicht allen Menschen Brot und ein Dach über dem Kopf geben, dazu die Möglichkeit, sich geistig zu vervollkommnen, so lange dürfen wir uns nicht der Täuschung hingeben, wir verdienten den Namen ›Menschliche Gesellschaft‹!«
Auch einer anderen Ausgeburt menschlichen Elends durch menschliches Versagen mußte Korczak als Arzt begegnen: dem Krieg. Im Dienste des Zaren kam er im Russisch-Japanischen Krieg als junger Lazarettarzt bis in die Mandschurei. Kaum zehn Jahre später nahm er als Chefarzt eines Divisionslazaretts am Ersten Weltkrieg teil und gleich anschließend am Polnisch-Sowjetischen Krieg als Arzt der polnischen Armee in einem Seuchenlazarett in Lodz. Dort erlebte er in besonderer Intensität die Hilflosigkeit derer, die sich nicht wehren können; die Vergewaltigung des Menschen, vieltausendfaches Verwunden, Zerfetzen, Auslöschen des Lebendigen, Dahinmorden durch Lieblosigkeit, Hunger, Kanonen. Im Jahre 1918 erschien sein Buch, mit dem Janusz Korczak das schreiende Unrecht, die mörderische Verfassung der Welt mit dem Blick auf den Teil der Menschen anging, für den er sich zu allererst verantwortlich fühlte: *Wie man ein Kind lieben soll.* »Dieses Buch habe ich im Feldlazarett geschrieben, beim Donner der Geschütze.«
Schon längst verstand sich Korczak nicht mehr als bloßer Mediziner, der bei Gebrechen des Leibes hilft, sondern als Arzt in einem umfassenden Sinne. Das hat schon während des Studiums begonnen, als er der »Warschauer Wohltätigkeits-Gesellschaft« beitrat und aktiv Sozialarbeit leistete. Vor allem die Mitarbeit in sogenannten »Sommerkolonien« brachte ihm intensive Erfahrungen im Umgang mit Kindergruppen. Das waren ländliche Ferienheime, die Arbeiterkindern die Möglichkeit boten, sich in frischer Luft von der Enge der elenden Großstadtwohnungen zu erholen. »Den Sommerkolonien habe ich viel zu verdanken.

Hier begegnete ich zum ersten Male einer Kinderschar und lernte in selbständiger Arbeit das ABC der pädagogischen Praxis. Reich an Illusionen, arm an Erfahrungen, sentimental und jung, glaubte ich, vieles schaffen zu können, weil ich viel erreichen wollte.«

Aber die Wirklichkeit war enttäuschend: Korczak registrierte »erlittene Niederlagen«, litt unter dem Gespött derer, denen er doch helfen wollte. »Zorn und beleidigter Ehrgeiz« waren die ersten Reaktionen. Aber er gab nicht auf, zog selbstkritisch Bilanz, erkannte wichtige Grundsätze, die er später in seinem Buch *Wie man ein Kind lieben soll* zu Papier brachte: »Erkenne dich selbst, bevor du Kinder zu erkennen trachtest.« Und: »Ich habe begriffen, daß Kinder eine Macht sind, die man zur Mitwirkung ermuntern und durch Geringschätzung verletzen kann, mit der man aber auf jeden Fall rechnen muß.«

In den »Sommerkolonien«, schreibt Korczak an anderer Stelle, lerne der Heranwachsende »den Plan einer Schule für das Leben kennen und desgleichen die Aufgaben, die sie stellt.« Das war seit entfernt von dem, was man sonst gemeinhin unter »Schule« verstand, von den Zwangsanstalten, unter denen Kinder aus allen Schichten zu leiden hatten. Wo Kinder eher abgerichtet als gebildet wurden, in düsteren Gebäuden, die Kasernen glichen; wo stumpfsinnige Paukmethoden herrschten und harte Strafen für Furcht und Zittern sorgten. Auch Henryk Goldszmit hatte Schule so erfahren.

Darum wollte Korczak eine »Schule für das Leben« schaffen, für die Benachteiligten, Vernachlässigten, Verwahrlosten, für die Kinder derer, die ausgebeutet, geknechtet, entrechtet waren. Schon in normalen Zeiten – wenn es die je gegeben hatte – seien die Kinder »ein Proletariat auf kleinen Füßen, das mit der mühseligen Arbeit des Wachsens beschäftigt ist.« Um wieviel mehr in einer Zeit bitterster Not.

Anzuknüpfen war an das Werk der »Warschauer Wohltätigkeits-Gesellschaft«, die eine Fülle von Einrichtungen geschaffen und miteinander verbunden hatte: Auffangstationen und mehr. Das waren Kindergärten, -horte und -krippen; private Volks- und Oberschulen; Internate und Waisenhäuser, zu denen Lehrwerkstätten gehörten; Krankenhäuser, Ambulanzen und Sanatorien; Volksküchen und -bäder; Lesehallen, auch Sparkassen und

Büros zur Arbeitsvermittlung. Kurz: eine Verbindung von sozialer Fürsorge, geistiger Bildung, beruflicher Ausbildung und Praxis; eine Form von Selbsthilfe, die auszugleichen suchte, was der Staat versäumte; eine »Grundschule« der Pädagogik, wie Korczak es verstand und in die Tat umsetzte. Der Grundsatz des immerwährenden Lernens, den er mit Schülern und Schutzbefohlenen praktizierte, galt in gleicher Weise für ihn selbst: »Dies wissen wir, etwas anderes vermuten wir, jenes wissen wir noch nicht.« Sein Traum: daß aus dieser »Schule des Lebens« einmal die »Schule des Volkes« werde.

Das Jahr 1911 brachte die endgültige Entscheidung: Der Verein »Hilfe für Waisen« bat ihn, die Leitung eines neuerbauten Waisenhauses in der Krochmalnastraße zu übernehmen. Er nahm an und blieb dort – mit einigen Unterbrechungen – über drei Jahrzehnte bis zum erzwungenen Umzug ins Getto. »Dom Sierot«, das Haus der Waisen, wurde zur Aufgabe, zum Inhalt seines Lebens. Jedes geschriebene Wort seines umfangreichen literarischen Werks wurde erprobt, bestätigt, in Frage gestellt durch unermüdliches praktisches Tun.

Es ist hier nicht möglich, Korczaks Wirken auch nur zum geringen Teil zu beschreiben. »Zu sehen, zu fragen und zu sprechen«, wollte er die Kinder lehren. Das galt auch für ihn, und das heißt, daß Theorie aus Praxis erwuchs und sich wieder in Praxis zu bewähren hatte, beides also ständig zu verändern war. Die Kinder sollten lernen, wie man gemeinsam leben kann – und nicht: wie man für eine Gemeinschaft lebt. Es war eine Schule für das Leben – durch Selbsterfahrung.

In diesem Ganzen hat das gesprochene und geschriebene Wort seinen Sinn und seinen Ort. Darum sollen hier noch einige Grundsätze aus Korczaks *Magna Charta Libertatis* zitiert werden; bewußt übernahm er diese Bezeichnung einer 700 Jahre alten Urkunde aus der Geschichte der Menschenrechte. Korczaks »Grundgesetz für das Kind« ist vor allem in zweien seiner Bücher ausgedrückt: *Wie man ein Kind lieben soll* und *Das Recht des Kindes auf Achtung.* Drei Grundrechte, schreibt Korczak, habe er herausgefunden:

1. Das Recht des Kindes auf seinen Tod,
2. Das Recht des Kindes auf den heutigen Tag,
3. Das Recht des Kindes, so zu sein, wie es ist.

Die erste, gewiß provokant klingende Forderung meint nicht, man dürfe ein Kind unbedacht Gefahren aussetzen. Aber es gibt kein Leben ohne Wagnis; darum dürfen wir ein Kinder nicht dem Leben entziehen aus »Furcht, der Tod könne uns das Kind entreißen«: Totales Behüten verhindert ein Leben zur Freiheit hin. Ein schwieriger, notwendiger Gedanke, den das zweite Grundrecht weiterführt mit dem kritischen Blick auf jegliche Erziehung, die nur die Zukunft sieht. Wir haben nicht das Recht, den gegenwärtigen Moment der Verwirklichung einem künftigen aufzuopfern, die Kindheit zu übergehen. Einen Entwurf zu machen und den Menschen diesem Entwurf anzupassen: »Das Kind wird nicht erst Mensch, es ist schon einer.«
Darum das dritte Grundrecht: Wir müssen dem Kind dort begegnen, wo es sich befindet, es annehmen, wie es ist. »Du sollst dir kein Bildnis machen«, sagt die Bibel im Hinblick auf Gott. Max Frisch hat das auf den Menschen bezogen; er sieht »das Wunderbare in der Liebe« darin, »daß sie uns in der Schwebe des Lebendigen hält, in der Bereitschaft, einem Menschen zu folgen in allen seinen möglichen Entfaltungen ... Unsere Meinung, daß wir den andern kennen, ist das Ende der Liebe.« Korczak sagt: »Wir kennen das Kind nicht.« Das ist kein Mangel, sondern Bedingung der Liebe, Offenheit für Künftiges: ein Wagnis.
»Grund zum Grübeln«, bis zuletzt. Am 22. Juli 1942 begeht Janusz Korczak seinen letzten Geburtstag; 63 oder 64 Jahre wird er alt (wegen eines Versäumnisses seines Vaters hat er die genaue Jahreszahl nie erfahren). An diesem Tag beginnen die Deutschen das Warschauer Getto zu räumen, und das heißt: die Menschen in Vernichtungslager zu transportieren. »Endlösung der Judenfrage« ist die zynische Bezeichnung der Nazis für diesen Massenmord. Anfang August, der genaue Tag ist nicht bekannt, umstellen SS-Truppen auch das Waisenhaus: Alle sollen sich auf der Straße zum Abtransport versammeln. Über Einzelheiten gibt es unterschiedliche Aussagen, verständlich in diesen Stunden des Schreckens, der Todesangst. Korczak darf zurückbleiben. Doch er lehnt ab: Keinen Augenblick will er die Kinder verlassen. »Aber schon auf dem Umschlagplatz«, wird berichtet, »wurde Korczak von den Zöglingen getrennt und in einem anderen Waggon verstaut. Zeugen dieser Szene behaup-

ten, noch nie etwas Ergreifenderes gesehen zu haben.« Umschlagplatz, verstaut: Wörter aus dem Vokabular der Unmenschlichkeit.
Die Schiebetüren des Todeszuges werden geschlossen: hinter den 200 Kindern des Waisenhauses, hinter Janusz Korczak und seiner engsten Mitarbeiterin Stefania Wilczyńska und hinter ungezählten anderen, die im Vernichtungslager Treblinka den Tod finden. »Das Recht des Kindes auf seinen Tod« meint die Freiheit des Lebens. Dieses Recht und mit ihm das Leben haben die Herren und die Handlanger der Todesfabriken millionenfach ausgelöscht. Daß es über Asche und Gräber hinweg trotz-

Janusz Korczak

war das spätere Pseudonym für Henryk Goldszmit, der am 22. Juli 1878 oder 1879 als Kind einer polonisierten jüdischen Familie in Warschau geboren wurde. 1904 schloß er das medizinische Studium mit Approbation und Promotion ab. Schon während der Studienzeit gewann er pädagogische Erfahrungen durch Sozialarbeit und Betreuung von Kindern in »Sommerkolonien«. 1904/05 nahm er als Lazarettarzt am Russisch-Japanischen Krieg teil, ebenso 1914-18 am Ersten Weltkrieg und 1918/19 am Polnisch-Sowjetischen Krieg. 1911 gab er eine erfolgreiche Kinderarzt-Praxis auf, um das neugegründete Waisenhaus »Dom Sierot« in Warschau zu übernehmen, das er bis zum Ende leitete.
Mit dem Beginn seiner umfangreichen schriftstellerischen und publizistischen Arbeit – Aufsätze, Romane, Dramen, Kinderbücher, lehrhafte Bücher, biographische Aufzeichnungen, »Radioplaudereien« – nahm er das Pseudonym Janusz Korczak an.
1918 erschien »Wie man ein Kind lieben soll«, 1928 »Das Recht eines Kindes auf Achtung«; 1922/23 das Kinderbuch »König Hänschen I.«, dazu die Fortsetzung »König Hänschen auf der einsamen Insel«.
1934 und 1936 bereiste Korczak Palästina. 1934/35 Kinderprogramme im Rundfunk (»Der alte Doktor«). 1940 Zwangsumsiedlung des Waisenhauses ins Warschauer Getto, Anfang August 1942 Abtransport ins Vernichtungslager Treblinka. Todestag unbekannt. 1972 erhielt Janusz Korczak posthum den »Friedenspreis des Deutschen Buchhandels«.

dem besteht, bleibt für immer mit dem Namen dessen verbunden, der die Menschenrechte der Kinder mit seinem Tod besiegelt hat: Janusz Korczak.

Clemens August Graf von Galen
Gegen Willkür und Euthanasie

von Christian Feldmann

Am Abend des 30. Januar 1933 wälzte sich ein kilometerlanger Fackelzug durch das Brandenburger Tor in Berlin. Adolf Hitler, Führer der Nationalsozialisten, war zum Reichskanzler ernannt worden. Die Nazi-Propaganda sprach vom »Tag der Machtergreifung«. Es war das Ende der ungeliebten Republik und der Beginn der Diktatur in Deutschland. Hitler und die »Partei« beanspruchten von da an das uneingeschränkte Verfügungsrecht über jeden Deutschen.

Ein halbes Jahr nach der Machtübernahme durch die Nazis, am 5. September 1933, ernannte Papst Pius XI. den Pfarrer von St. Lamberti in Münster, Clemens August Graf von Galen, zum Bischof der Diözese Münster. Schon am Osterfest des nächsten Jahres sagte er der nationalsozialistischen Ideologie in einem aufsehenerregenden Hirtenbrief den Kampf an. Er wandte sich vor allem gegen die Rassenlehre des »neuen Heidentums«, wie er es nannte. Ein Mann, dessen Leben sich bis dahin in nichts von dem eines anderen Priesters und Seelsorgers unterschieden hatte, wurde mit diesem Hirtenbrief zu einem Wortführer der Christen in Deutschland.

Von seiner Abstammung und Erziehung her gehörte Graf von Galen jenen konservativen Kreisen an, die den Rechtsruck des Landes geistig mit vorbereitet hatten, die stolzen nationalen Töne und das harte »Durchgreifen« der neuen Herren zunächst mit Sympathie begleiteten, um sich dann sehr bald – aber zu spät – erschrocken und angeekelt vom Terrorsystem der braunen Barbaren abzuwenden. Gerade weil sie manche Sehnsüchte des neuen »Reiches« teilten, erkannten sie rasch und mit schmerzlicher Klarheit, welch himmelweiter Unterschied zwischen konservativen Phrasen und echten konservativen Werten besteht.

Graf von Galen war 1878 auf der westfälischen Burg Dinklage zur Welt gekommen. Seine Mutter war eine geborene Reichsgräfin von Spee. Die Galens standen auch in engen verwandtschaftlichen Beziehungen zu der alten Adelsfamilie des sozial engagierten Bischofs Ketteler. Nach dem Besuch des Humanistischen Gymnasiums studierte Clemens August in Fribourg in der Schweiz. Bald nach der Priesterweihe sorgte sein Onkel Weihbischof Maximilian von Galen dafür, daß er zum Domvikar und Bischöflichen Kaplan ernannt wurde.
Ein ruhiger Posten in der klerikalen Bürokratie war nun aber ganz und gar nicht das, was der junge Priester suchte. 1906 ging er als Kaplan nach St. Matthias in Berlin, mitten in die Großstadtseelsorge, in eine Pfarrei mit 30 000 Katholiken. Der Adelssproß aus Westfalen hat nie ein Hehl daraus gemacht, wie stark er der Tradition verhaftet war. Um so sympathischer wirkt die Aufgeschlossenheit, mit der er durchdachten Reformen – vor allem auf dem sozialen Gebiet – gegenüberstand. 25 Jahre arbeitete Galen in seiner Berliner Großstadtpfarrei. 1929 wechselte er nach Münster. Vier Jahre später war er Bischof.
In seinem ersten Hirtenbrief am Tag der Bischofsweihe nannte er die bedrohliche Situation bereits beim Namen und bekannte sich zu seiner Verantwortung: »Nicht Menschenlob, nicht Menschenfurcht soll jemals mich hindern, meine Pflicht zu erfüllen.« Bei mehreren Kundgebungen auf dem Münsteraner Domplatz geißelte er Rassismus und Kirchenfeindlichkeit der neuen Machthaber.
Im Kriegsjahr 1941 kam es zum großen Zusammenstoß: Am 12. Juli, unmittelbar nach den ersten schweren Luftangriffen auf Münster, drang die Gestapo in die beiden Niederlassungen der Jesuiten in der Bischofsstadt und in das Haus der Missionsschwestern von der Unbefleckten Empfängnis in Wilkinghege ein. Die Ordensangehörigen wurden aus Westfalen ausgewiesen, das Ordenseigentum eingezogen.
Sofort nach Bekanntwerden des Übergriffs begibt sich der Bischof zu den Ordenshäusern der Jesuiten. Einen jungen Gestapo-Mann, der vor dem Eingang des Ignatiushauses Wache steht und ihn fragt, was er hier suche, fährt er barsch an: »Ich bin der Bischof von Münster, wenn Sie es nicht wissen wollten; gehen Sie mal weg!« Den anwesenden Beamten der Geheimen

Staatspolizei wirft er Raub und Überfall vor, »Räuber« nennt er sie und ihre Auftraggeber.
Am darauffolgenden Sonntag steigt der Bischof auf die Kanzel und hält die Predigt, von der er glaubt, es werde seine letzte sein. Zu seinem Sekretär hat er noch gesagt: »Wenn man mich gleich nach der Predigt verhaftet, bringen Sie mir dann bitte etwas Kleidung und Wäsche ins Gefängnis!« In leidenschaftlicher Empörung protestiert er in dieser Predigt gegen die Beschlagnahme der Klöster und die Ausweisung der Ordensleute: »Keiner von uns ist sicher, daß er nicht eines Tages aus seiner Wohnung geholt, seiner Freiheit beraubt, in den Kellern und Konzentrationslagern der Gestapo eingesperrt wird.« Er fordert die gerichtliche Nachprüfung der Gestapo-Maßnahmen und macht auf das Gefühl der Rechtlosigkeit aufmerksam, das sich im deutschen Volk ausbreitet.
Die Menschen in der Kirche sind gebannt. Sie haben die Ansprache mit Pfui-Rufen und lauten Äußerungen der Zustimmung begleitet. Ganz Münster wartet auf die Verhaftung des Bischofs. Ein einziges kritisches Wort kann in jenen Tagen ja bereits das Todesurteil bedeuten. Aber die Gestapo versäumt ihre Stunde. Die Predigt ist völlig überraschend gekommen, die zuständigen Behörden sind wie vor den Kopf geschlagen. Am nächsten Tag ist es bereits zu spät. Abschriften der Predigt gehen durch ganz Deutschland. In einer fantastischen Solidarität arbeiten Ungezählte, deren Namen nie bekannt werden, an ihrer Verbreitung.
Sekretärinnen tippen nachts im Büro heimlich Durchschläge, in den Familien werden Abschriften mit der Hand verfertigt. Sogar die Vervielfältigungsapparate der Parteizentralen nimmt man unbemerkt in Anspruch. Vielen, die längst resigniert hatten, hat der furchtlose Bischof von Münster Mut zum Widerstand gegeben.
Unterdessen telegrafiert Galen an die Reichskanzlei des Führers, an Reichsmarschall Göring, verschiedene Minister und das Oberkommando der Wehrmacht – ohne Antwort zu erhalten. Die Gewaltaktionen gehen weiter. Patres, Brüder und Ordensschwestern müssen Westfalen verlassen. Der Bischof unterrichtet seine Zuhörer davon am nächsten Sonntag wieder von der Kanzel aus: »Wir stehen vor den Trümmern der inneren Volks-

gemeinschaft, die in diesen Tagen rücksichtslos zerschlagen wurde.« Sarkastisch nimmt er hier das von den Nazis ständig im Munde geführte Zauberwort von der neuen »Volksgemeinschaft« aufs Korn. Seine Parole für die entrechteten Christen in Deutschland: »Hart werden – fest bleiben!«

Auch diese zweite Predigt findet blitzschnell Verbreitung. Von der Front kommt das stärkste Echo. Obwohl die Weitergabe der Ansprachen stengstens verboten ist, wandert sie unter den Soldaten von Hand zu Hand, werden manchmal sogar vor versammelter Truppe verlesen.

Die Partei kann jetzt nicht mehr schweigen. Hastig wird eine massive Gegenpropaganda zur Rechtfertigung des Klostersturms gestartet: Die Ordensleute hätten Schwarzsender betrieben, heißt es beispielsweise. Aber das sind nur Rückzugsgefechte. Zehn Tage nach Galens zweiter Predigt untersagt das Führerhauptquartier in einem Geheimbefehl weitere Beschlagnahmungen von kirchlichem und klösterlichem Vermögen. Was manche Verteidiger von Feigheit und Anpassung gar nicht gern hören: Entschiedener Widerstand hatte im Dritten Reich bis weit in die Kriegsjahre hinein durchaus Erfolgschancen.

Aber schon vier Tage nach Hitlers Rückzieher geht Graf von Galen mit neuen Schreckensnachrichten an die Öffentlichkeit. Seine Predigt rüttelt ganz Deutschland auf. Das Reichspropagandaministerium bezeichnet seinen Protest später als den »wohl bisher stärksten Angriff auf die deutsche Staatsführung, der seit Jahrzehnten überhaupt vorgekommen ist.«

Atemlos lauschen die Menchen in der Münsteraner Lambertikirche den grauenvollen Tatsachen, die der Bischof bekanntgibt: »Seit einigen Monaten hören wir Berichte, daß aus Heil- und Pflegeanstalten für Geisteskranke auf Anordnung von Berlin Pfleglinge, die schon länger krank sind und vielleicht unheilbar erscheinen zwangsweise abgeführt werden. Regelmäßig erhalten dann die Angehörigen nach kurzer Zeit die Mitteilung, die Leiche sei verbrannt, die Asche könne abgeliefert werden.«

Als erster informiert Galen die Öffentlichkeit über den heimlichen Massenmord an »unproduktivem« Leben, »Euthanasie« genannt, der in Deutschland in diesen Monaten begonnen hat. In den Heil- und Pflegeanstalten Westfalens existieren komplette Listen für den systematischen Abtransport solcher

»unproduktiver Volksgenossen«. Für Galen die makabre Krönung faschistischer Weltanschauung:
»Man urteilt: Sie können nicht mehr Güter produzieren, sie sind wie eine alte Maschine, die nicht mehr läuft, sie sind wie ein altes Pferd, das unheilbar lahm geworden ist. Was tut man mit solch alter Maschine? Sie wird verschrottet. Was tut man mit einem alten Pferd, mit solch einem unproduktiven Stück Vieh?... Hast du, habe ich nur so lange das Recht zu leben, solange wir produktiv sind, solange wir von anderen als produktiv anerkannt werden?«
Und Galen warnt: Wenn einmal zugegeben werde, daß Menschen das Recht hätten, »unproduktive« Mitmenschen zu töten, dann sei grundsätzlich der Mord an den unheilbar Kranken freigegeben, an den Invaliden der Arbeit und des Krieges; »dann ist der Mord an uns allen, wenn wir alt und altersschwach und damit unproduktiv werden, freigegeben ... Dann ist keiner von uns seines Lebens mehr sicher. Irgendeine Kommission kann ihn auf die Liste der ›Unproduktiven‹ setzen, die nach ihrem Urteil ›lebensunwert‹ geworden sind. Und keine Polizei wird ihn schützen und kein Gericht seine Ermordung ahnden und den Mörder der verdienten Strafe überführen. Wer kann dann noch Vertrauen haben zu seinem Arzt? Vielleicht meldet er den Kranken als ›unproduktiv‹ und erhält die Anweisung, ihn zu töten.«
Jetzt geht ein Sturm der Entrüstung durch Deutschland. Galens Worte werden auch von vielen evangelischen Kanzeln verlesen. Während im Propagandaministerium und in der Reichskanzlei schon vorgeschlagen wird, den Bischof aufzuhängen, rät der fuchsschlaue Propagandaminister Goebbels zum Abwarten – er kennt die Stimmung in der Bevölkerung. Goebbels: Eine Rache dürfe man nie heiß genießen, sondern kalt. Der große Vergeltungsschlag soll nicht mitten im Krieg, sondern erst nach dem »Endsieg« geführt werden.
Der »Endsieg« ist nie gekommen. Bischof Galen bleibt unbehelligt. Seine Predigten machen währenddessen ihren Weg um die Erde. Innerhalb weniger Wochen sind sie in ganz Europa und in vielen Ländern der Welt verbreitet. Englische und amerikanische Zeitungen drucken die Ansprachen. Flugzeuge der Alliierten werfen sieben Millionen Exemplare über Deutschland ab.

Die Gegenpropaganda der Nazis hat kaum Erfolg. Wie die Leute denken, zeigt sich überdeutlich auf Galens Firmreise im Herbst 1941. Trotz Verbots der Parteileitung begleiten Hunderte auf Fahrrädern das Bischofsauto. Vor allem die jungen Leute lassen sich nicht abschrecken. Die Straßen in den Dörfern sind geschmückt wie sonst nicht mal an »Führers Geburtstag«. Die Gestapo, die dem Bischof ständig folgt, muß vor soviel Solidarität kapitulieren.

Der Verdienst all dieser Christen und das Verdienst des Bischofs von Münster ist es wohl, daß die Euthanasie, die Tötung wehrloser Geisteskranker, zwar nicht völlig eingestellt, aber doch nicht mehr im vorgesehenen Umfang fortgesetzt wurde. Als Galen seine berühmtgewordenen Predigten hielt, waren bereits an die 100 000 Kranke der Mordaktion zum Opfer gefallen.

Clemens August Graf von Galen

wurde am 16. März 1878 auf der Burg Dinklage im westfälischen Oldenburg geboren. In Fribourg/Schweiz studierte er zunächst Literatur, Geschichte und Philosophie, um sich ein Jahr später für den Priesterberuf zu entscheiden und 1898 im Theologenkonvikt der Jesuiten in Innsbruck einzutreten. Nach seiner Priesterweihe 1904 war er zunächst Domvikar und Bischöflicher Kaplan. 1906 wechselte er in die riesige Großstadtpfarrei St. Matthias nach Berlin über, war dort als Präses des Katholischen Gesellenvereins tätig und sorgte für den Bau eines modernen Gesellenheims am Anhalter Bahnhof. 1919 wurde er dort Pfarrer, 1929 ging er zurück in seine westfälische Heimat, nach Münster. 1933 ernannte ihn Papst Pius XI. zum Bischof von Münster. Anders als viele seiner Amtsbrüder ging Graf von Galen sofort auf Konfliktkurs zum nationalsozialistischen Regime. Berühmt wurden vor allem seine drei Predigten von 1941, in denen er Schikanen und Terrormaßnahmen der Nazis gegen die Kirche zurückwies und gegen die Euthanasie protestierte, die systematische Tötung von Geisteskranken. Sein Widerstand hatte zum Teil Erfolg. Nach dem Krieg ehrte ihn Papst Pius XII. mit der Kardinalswürde. Wenige Tage nach der Rückkehr aus Rom starb Galen am 22. März 1946.

Kurz vor dem ersten Weihnachtsfest nach Kriegsende ging die Nachricht um die Welt, daß Papst Pius XII. eine Anzahl neuer Kardinäle ernannt habe. Unter ihnen befand sich auch der Bischof von Münster. Bei seiner Rückkehr nach Deutschland am 16. März 1946 bereiteten ihm Zehntausende einen begeisterten Empfang. Am Abend des folgenden Tages erkrankte der Kardinal. Man stellte eine verschleppte Blinddarmentzündung fest. Am 22. März 1946 war Clemens August Graf von Galen tot.
Die Menschen, die ihn kannten, hatten ihn den »Löwen von Münster« genannt.

Kurt Tucholsky
Mit 5 PS gegen den Untertanengeist

von Rüdiger Siebert

»Ich werde nun langsam größenwahnsinnig – wenn ich zu lesen bekomme, wie ich Deutschland ruiniert habe. Seit zwanzig Jahren aber hat mich immer dasselbe geschmerzt: daß ich auch nicht einen Schutzmann von seinem Posten habe wegbekommen können.« Der das schreibt, 43jährig, gesundheitlich angeschlagen, im Innersten verletzt und verbittert, hat aufgegeben. Zwischen Klammern steht der Satz und eher beiläufig in einem langen Brief, den Kurt Tucholsky am 17. Mai 1933 aus seinem schwedischen Exil in Hindås bei Göteburg an Walter Hasenklever schickt, an den Lyriker und Dramatiker, den radikalen Pazifisten. Mit ihm verbindet ihn nicht nur politische Gesinnung, sondern dasselbe Geburtsjahr 1890 und im Abstand von fünf Jahren auch die letzte, die endgültige, unwiderrufliche Entscheidung, die ein Mensch treffen kann: der Freitod.
Nach der Machtergreifung der braunen Horden in Deutschland meldet sich Tucholsky nicht mehr zu öffentlichem, zu gedruckten Wort, mit dem er diese Katastrophe über Jahrzehnte hinweg zu verhindern gehofft hatte. »Ich habe damit nichts mehr zu tun«, bekennt er Hasenclever, nachdem ihn im August 1933 dieses Reich das Unrechtes ausgebürgert hatte. »Es geht mich nichts mehr an«, wird Schlußsatz seines als Journalist, Essayist, Satiriker, als Dichter und Redner geführten Kampfes für eine ganz andere Republik; und während der letzten Lebensjahre in Schweden vertraut er nur noch seinen privaten Aufzeichnungen und Briefen an Freunde, Kollegen und an den Bruder die von abgrundtiefem Haß auf die neuen Herren in Deutschland durchdrungene Selbsteinschätzung mit, diesen seinen Kampf verloren zu haben. »Man muß von vorn anfangen«, schreibt er am 15. Dezember 1935 an Arnold Zweig, dem letzten Adressaten, von dem er sich über das Scheitern hinaus verstanden weiß.

Tucholsky findet die Kraft zu dem Von-Vorn nicht mehr; vier Tage später nimmt er Gift. Am 21. Dezember 1935 stirbt Kurt Tucholsky. In der Unversöhnlichkeit von Geist und Macht ist er zu einem der prominentesten Opfer dieses Jahrhundert geworden – und gibt zugleich das packende, befruchtende Beispiel dafür, daß ein Geist von Tucholskyscher Wucht und Weitsicht die individuelle Ausweglosigkeit über die Zeiten hinweg zu sprengen vermag. Tucholsky ist auf geradezu erschreckende Weise aktuell geblieben.
Er ist bürgerlich-wohlhabender Herkunft, vom Elternhaus und juristischem Studium her eher eingestimmt, eine konventionelle Karriere zu durchlaufen, die Titel und Tantiemen einbringt und opportunistische Anpassung verlangt. Doch genau zu diesem Ja hat sich Tucholsky von frühester Jugend an nicht bereitfinden können. Das Nein, das gesellschaftliche Verhältnisse und die Inhaber von Macht ebenso in Frage stellt wie letztlich die eigene Existenz, wird zur zentralen Vokabel seines Leben.
Nein zum Krieg. Als Armierungssoldat durchleidet er die Schrecknisse des Weltkriegs Nr. 1, muß zu seinem Glück selbst keine Waffe tragen, durchschaut aber um so klarer den Wahnsinn dieses ersten globalen Versagens von Vernunft im 20. Jahrhundert. Nein zum Militär, das sich als Selbstzweck aufspielt und nach dem Fiasko des verlorenen Krieges dem von den meisten Deutschen nur halbherzig betriebenen Anlauf zur Demokratie die Knüppel dazwischenwirft, wo es nur geht. Nein zur Klassenjustiz, die mit militant-reaktionärer Gesinnung das rechte Auge wohlwollend schließt und mit dem linken um so unerbittlicher jeden verfolgt, der Menschenrechte als unteilbar und unabhängig vom Inhalt des Geldbeutels einzufordern gewillt ist. Nein zu einem Beamtenapparat, der seine Mitglieder für wichtiger hält als das Allgemeinwohl, dem sie zu dienen haben. Nein zu Politikern, deren Tun nichts anderes ist, so Tucholsky, als »die Durchsetzung wirtschaftlicher Zwecke mit Hilfe der Gesetzgebung«. Nein zu einer Amtskirche, die mit heuchlerischem Pathos ihr Paktieren mit den Mächtigen dieser Welt bemäntelt. Nein zu einem kapitalistischen Ausbeutersystem, das nur deshalb reibungslos funktionieren konnte, weil die Mehrheit der Tucholskyschen Zeitgenossen zu all dem schweigend oder in ausgesprochener Zustimmung ja sagte.

Mit dem Ja tat er sich stets schwer. Tucholsky ist in eine Epoche hineingeboren worden, in der historische, bis in die Gegenwart wirkende Weichenstellungen vollzogen wurden. Kaiserreich, Weimarer Republik, Drittes Reich. Die viereinhalb Jahrzehnte seines eigenen Lebens umspannen den Zusammenbruch einer inhaltslos gewordenen Monarchie, die Tragödie eines mißlungenen Versuches mit demokratischen Vorzeichen und den daraus resultierenden unaufhaltsamen Aufstieg deutschen Spießertums, das seine nabelschauende Mickrigkeit hinter Größenwahn und Rassismus versteckte. Dieser letztlich zu Mord und Duldung von Mord bereite Kleingeist, der zum Selbstschutz am liebsten Plüsch und Panzer um sich herum zu postieren pflegt, sieht in jedem Nein eine Herausforderung, die im Keim zu ersticken ist. Der notorische Nein-Sager Tucholsky hat es bitter erfahren müssen: »Nichts ist schwerer und nicht erfordert mehr Charakter, als sich in offenem Gegensatz zu seiner Zeit zu befinden und laut zu sagen: Nein!« Eine intellektuelle Geisteshaltung, die in Deutschland und überall auf der Welt in dieser Konsequenz nichts an Schärfe verloren hat.
Schon seine allererste gedruckte Arbeit trifft den Generalton seines Lebenswerkes. Im *Märchen*, das 1907 in der renommierten Berliner Satirezeitschrift *Ulk* erscheint, bringt er es in nur einem Dutzend Zeilen fertig, die tiefe Kluft zwischen Geist und Macht zu karikieren. Ein Kaiser besitzt eine Flöte, durch deren Löcher er die Fülle zeitgenössischer Kunst erblicken könnte: »... die ganze moderne Richtung war in der Flöte. Und was machte der Kaiser damit? Er pfiff drauf.« Auf welcher Seite der Kluft Tucholsky steht und zu kämpfen bereit ist, soll bald einem breiten Publikum bekannt werden.
Noch vor dem Ersten Weltkrieg kommt ein Bändchen heraus, das seinen Namen populär macht und dem 22jährigen die ersten Erfahrungen vom Ruch des Ruhms einbringt: *Rheinsberg – ein Bilderbuch für Verliebte*. Aus heutiger Sicht eine charmante, beneidenswert heitere Liebesgeschichte voller Witz; unterhaltsam, doch im Abstand von über sieben Jahrzehnten eher harmlos wirkend. Was da an Freigeist und erfrischender Offenheit im Umgang zwischen zwei jungen Menschen aufleuchtet und heute als so selbstverständlich erscheinen mag, war 1912 außerordentlich kühn und im eigentlichen Wortsinn fortschrittlich. Eine

sommerliche Geschichte, die aus dem von Tüllgardinen verhangenen Muff bürgerliche Moralität herausführte und verlogene, tabuisierte Sexualität in jugendlich-frecher Unbekümmertheit einfach ignorierte.
Während der Kriegsjahre wird Tucholsky zum Doktor der Rechte promoviert, und der Kontakt zu einer Berliner Publikation festigt sich, deren Herausgeber zur prägenden Persönlichkeit im Leben Tucholskys werden sollte. Es ist die *Schaubühne*, später *Weltbühne* mit dem weinroten Umschlag, von Siegfried Jacobsohn begründet und bis zu seinem Tod 1926 von ihm geführt: *Wochenzeitschrift für Politik, Kunst, Wirtschaft*, äußerlich unscheinbar im Schulheftformat und ohne optische Gags aufgemacht. Doch welch ein Inhalt! Es gibt keine erfülltere Fundgrube, um die Tiefen und Höhen der Zeitenläufe, die Tucholskys Leben bestimmten, in ihrer geistigen Breite aus deutscher Sicht nachzuspüren wie diese *Weltbühne*. Was Rang und Namen hatte in jener Geisteswelt, die als Nestbeschmutzer und Linksintellektuelle verteufelt wurden, griff für die *Weltbühne* und Siegfried Jacobsohn zur spitzen Feder. Für Tucholsky wurde das Blatt zum Forum, das seinen hellwachen Verstand zur Fünfteilung herausforderte. Neben seinem eigenen Namen schrieb er unter vier Pseudonymen, die jeweils einem anderen Teil seines Ichs zu unverwechselbarem Ausdruck verhalfen: Peter Panther, Theobald Tiger, Kaspar Hauser, Ignaz Wrobel. Leitartikler, Lyriker, politischer Publizist, Dichter pfiffiger Chansons, Theater- und Literaturkritiker, Gerichtsbeobachter, Reiseschriftsteller. Tucholsky ritt in allen Sätteln ein scharfes Tempo. Als eine Auswahl seiner Arbeiten im selbstgeschaffenen Autorenquintett 1928 bei Rowohlt erscheint, nennt er dieses Buch *Mit 5 PS*. Die 5 PS sind der Antrieb, mit dem er zwar zunehmend an Deutschland zweifelt und dessen Chancen, aus dem braunen Sumpf herauszukommen, immer geringer einschätzt, der ihn aber nicht, noch nicht erlahmen läßt, zu »schreiben, um eine Welt zu verändern«.
1924 kehrt er Berlin den Rücken, siedelt nach Paris und schreibt neben seinen 5-PS-Artikeln auch für die *Vossische Zeitung*, gewinnt Abstand von deutscher Enge und sieht aus der Distanz schließlich doch wieder schärfer, was sich da in der fernen Heimat zusammenbraut, die er als »Deutschland« haßt und als

Deutschland liebt. Während seiner Pariser Jahre lebt er auch in der lokalen Nachfolge des deutschen Scharfgeistes Heinrich Heine, dessen Erbe im 20. Jahrhundert keiner so konsequent und im literarischen Anspruch gültig fortzuführen herausgefordert gewesen war wie Tucholsky. Nach dem Tode Siegfried Jacobsohns übernimmt er für kurze Zeit in Berlin das Amt des Herausgebers der *Weltbühne*, das ihn freilich mehr belastet als erfüllt. Tucholsky war Autor, nicht Organisator. Die Redaktionsführung bleibt ebenso Intermezzo wie das Bankvolontariat drei Jahre zuvor, bei dem er in einem Berliner Finanzunternehmen den Abstand zur freien Schriftstellerei gesucht hatte, ehe er nach Frankreich ging.

1929 verlegt er seinen Wohnsitz nach Schweden. Dort entsteht knapp zwei Jahrzehnte nach dem *Rheinsberg* das zweite Buch, das Tucholskys gefühlsvolles, lebensbesingendes Ja in Literatur umsetzt: *Schloß Gripsholm*, diese wunderbare Feriengeschichte, die über weite Passagen die Sehnsucht nach Liebe, Harmonie und Geborgenheit eines Mannes ausdrückt, der leidvoll hat erfahren müssen, daß eben diese Ideale nur im glückhaften Ausschnitt seltener Tage und Nächte erfahren werden dürfen, weil – wie es Bertolt Brecht, einer seiner streitbaren Zeitgenossen, ätzend beklagte –: »die Verhältnisse nicht so sind«.

Die Verhältnisse ändern war das Lebensziel Tucholskys; und es ist aufschlußreich für das, was dieses Ziel ausmachte: Am Anfang und am Ende seines Kampfes als politischer Schriftsteller stehen diese beiden auf den ersten Blick so lockeren, duftigen Erzählungen von Verliebten. Zwischen *Rheinsberg* und *Gripsholm*, zwischen diesem begeisterten und begeisternden Ja zu den Menschen, zu ihren Gefühlen, ihren Träumen, steht das in vielen Hunderten von Artikeln, Glossen, Gedichten, Polemiken ausgerufene Nein zu den von den Menschen zu verantwortenden Verhältnissen, die all das gefährden, bedrohen, zerstören, was in *Rheinsberg* und *Gripsholm* besungen wird. Welch ein Spektrum schriftstellerischer Vielfalt! Von der scharfsinnigen Analyse machtpolitischer Abhängigkeiten bis zur liebenswerten Skizze aus dem Alltag der kleinen Leute, die unter eben diesen Zusammenhängen zu leiden haben, reicht der Bogen. Tucholsky schrieb mit Gift und Galle und mit Herzblut ebenso.

Er ließ sich in kein Korsett zwängen, weder gesellschaftlich, noch parteipolitisch, noch religiös. Ein freier Mann, der für seine geistige Unabhängigkeit den hohen Preis des Einzelkämpfers zu zahlen hatte; einigen Freunden vertraut, einigen Geistesgenossen zugetan, doch letztlich allein. Mit jungen Jahren bereits sagte er sich vom Judentum los. Seine Mitgliedschaft in der USPD (Unabhängige Sozialdemokratische Partei Deutschlands) blieb von kurzer Dauer. Er ging keine Koalitionen ein, suchte nicht opportunistisch nach Förderern seiner Karriere. Er hat es nicht nur seinen Feinden schwer gemacht, sondern auch seinen Bewunderern, die ihn in eine Schublade zwängen wollten und kein passendes Etikett finden konnten: Weder Kommunist noch Humorist trifft auf den fünffachen Tucholsky zu.

Gerade weil die 20er Jahre aus heutiger Sicht so gern nostalgisch verklärt werden, ist es ernüchternd, bei Tucholsky nachzulesen, was in jener Zeit nach dem Ersten Weltkrieg und vor dem düstersten Kapitel deutscher Geschichte geschah. Es gibt nur wenige Zeitzeugen seiner kritischen Potenz und kaum einen von solcher Weitsicht. 1922 beginnt er einen Kommentar über die Reichswehr und die erneute Militarisierung mit den Worten: »Dies soll hier nur stehen, um in acht Jahren einmal zitiert zu werden. Und auf daß Ihr dann sagt: Ja, das konnte eben keiner voraussehen!« Zu vieles hat er vorausgesehen, als daß er es ertragen konnte, die Schrecknisse seiner Prophetie auch noch selbst erleben zu müssen. Dem billigen, allzubilligen und niederschmetternden Triumph des Rechtgehabt-Habens ging er aus dem Wege.

Wie sehr Tucholsky das schlechte Gewissen seiner Zeit bloßgelegt hat, zeigte der jeweilige Aufschrei eben jener Leute, die von seinen Pointen, seiner Entlarvung, seinen politischen Urteilen aufgeschreckt waren. Ihm gelang es immer wieder, das aufzudecken, was den Fortbestand der Verhältnisse ermöglichte: Duckmäuser-Feigheit, Untertanen-Kriecherei, lauwarmes Sowohl-als-Auch. »Was darf die Satire?« fragt er in einem seiner berühmtesten Stücke und antwortet mit einem einzigen Wort: »Alles.« Die Folgen hat er zur Genüge erleben können: »Wenn einer bei uns einen guten politischen Witz macht, dann sitzt halb Deutschland auf dem Sofa und nimmt übel.« Mit seinem 5-PS-Gespann hat er halb Deutschland immer wieder in diese Ecke gedrängt und sich zum Feind gemacht. Spaß haben die

schon vorher nicht verstanden; aber nach 1933 blieb es dann nicht mehr beim Übelnehmen. Auch Tucholskys Bücher wurden ins Feuer der Unmenschen geworfen. Die Nationalsozialisten, die entschieden, wer guter und schlechter Deutscher und wer überhaupt keiner mehr sein durfte, strichen ihn ganz von der Bürgerliste. Eine größere Ehre konnten sie ihm nicht antun, wie es sich aus der Sicht nach dem Zweiten Weltkrieg darstellt.
Tucholsky und die Frauen und Männer seiner Denkart haben die Ungeheuerlichkeit des Dritten Reiches nicht verhindern, nicht einmal aufhalten, nicht einmal mildern können. Das macht die Tragik eines solchen Mannes aus, der das Unrecht wie kaum ein anderer in populäre Worte faßte, als er noch daran glaubte, es eben mit dieser Waffe und dem Vertrauen in die Vernunft der Menschen überwinden zu können. Er war die Stimme des anderen Deutschland, des Deutschland ohne Anführungszeichen. Bereits zu Lebzeiten erreichten seine Arbeiten eine weite Verbreitung, seine Bücher hohe Auflagen. Doch zur sensationellen Wirkung seines Werkes gehört die geradezu gierig-süchtige Aufnahme bei der Generation, die nach dem Zweiten Weltkrieg den zweiten Versuch mit der Demokratie in Deutschland wagte. Was seither von Tucholsky gedruckt wurde, übersteigt die Auflagen seiner Zeit um ein Vielfaches.
Wenn an dieser Stelle eine persönliche Anmerkung erlaubt ist: Der Autor dieser Zeilen, etwa so alt wie jener demokratische Neuanfang, entdeckte für sich als 15jähriger den Tucholsky mit seinen vier Pseudonymen. Ob das zu früh oder zu spät war, sei dahingestellt. Es war eine Offenbarung. An seinem Stil, an seinem Denken, an seiner intellektuellen Stoßkraft rieb und schärfte sich das eigene Wollen und Werten. Da ging Einfluß aus; das verlockte zur Nachahmung; das war Wegweiser bei den Schritten eigenen bescheidenen Schreibens. Als ich nun für diesen Beitrag über einen der großen Deutschen, die sich für die Durchsetzung der Menschenrechte ein Leben lang herumschlugen und sich bis zur Selbstaufgabe ihrer Existenz dafür einsetzten, in den alten Rowohltbändchen nachblätterte, die sich der 15jährige einst vom spärlichen Taschengeld gekauft hatte, da wehte mich wieder ein scharfer Geist an, der so ganz und gar nicht bloß historisch abzuhandeln und abzuhaken ist. Ob Tucholskys Lamento über den Lärm, die bittere Satire über

Amtsmißbrauch oder das Gedicht über die Gedankenlosigkeit derer, die meinen, es sei ja doch nichts zu ändern – mit einemmal wird bei der Lektüre die Jahreszahl des Entstehens unwichtig. Das alles ist Gegenwart. Ist hier und heute. Ist zeitgemäße Herausforderung. Leider? Leider!

Kurt Tucholsky

wurde am 9. Januar 1890 in Berlin geboren. Er entstammt einer jüdischen Familie; sein Vater ist Kaufmann, der schließlich eine führende Stellung im Berliner Geschäftsleben einnimmt. Besuch des Französischen Gymnasiums in Berlin; Abitur als sogenannter Externer. 1907 erste gedruckte Arbeit. 1911 »Austritt aus dem Judentum«, wie er selbst formuliert. Ein Jahr später »Rheinsberg – ein Bilderbuch für Verliebte«. 1915 Promotion zum Dr. jur. Noch vor dem Ersten Weltkrieg, den er als Armierungssoldat, später als Militärpolizist mitmacht, Kontakte zu der Wochenzeitschrift »Schaubühne«, die als »Weltbühne« unter ihrem Begründer Siegfried Jacobsohn das Sprachrohr der deutschen Linksintellektuellen bis zu Hitlers Machtergreifung wurde. Tucholsky schreibt darin unter vier Pseudonymen: Peter Panther, Theobald Tiger, Kaspar Hauser, Ignaz Wrobel. Mitarbeit an zahlreichen Zeitungen und Zeitschriften.
1923 Volontariat in einem Berliner Bankhaus, danach Übersiedlung nach Paris. Korrespondent für »Weltbühne« und »Vossische Zeitung«. 1927 das Reisebuch »Ein Pyrenäenbuch«, ein Jahr danach »Mit 5 PS«, eine Sammlung seiner Arbeiten. Zuvor als ungeliebtes Zwischenspiel nach dem Tode Siegfried Jacobsohns die Redaktionsleitung der »Weltbühne«, die 1927 an Carl von Ossietzky übergeht. 1929 Übersiedlung nach Schweden. 1931 »Schloß Gripsholm«. 1933 werden im Nazi-Deutschland auch seine Bücher verbrannt. Er ist einer der ersten, die ausgebürgert werden. Nach 1933 äußert sich Tucholsky nicht mehr öffentlich. Am 21. Dezember 1935 stirbt er in Hindås bei Göteburg an Gift, das er zwei Tage zuvor eingenommem hat. Grab auf dem Friedhof Mariefred bei Schloß Gripsholm.

Der Kreisauer Kreis
Suche nach einer neuen Ordnung

von Karl Rolf Seufert

Vor allem junge Menschen fragen mit Recht: Gab es denn keine Männer in den Jahren der braunen Diktatur, die sich der brutalen Gewaltherrschaft widersetzten? Denen Menschenwürde, Recht und Demokratie noch etwas bedeuteten, die aufbegehrten und nach einer humanen Ordnung verlangten?

Es gab sie. Es gab sie sogar von Anfang an, Einzelpersonen und Gruppen von Menschen. Es gab sie in den Jahren von Hitlers triumphalen Siegen bis hin zum Ende des Jahres 1944, als das Chaos alles verschlang.

Zwar bestand keine einheitliche Bewegung des Widerstandes, wohl aber gab es rund ein Dutzend oppositionelle Zentren – sozialistische und konservative, geistig vorbereitende und zur Tat drängende. Es war eine Elite aus allen Klassen, Traditionskreisen und Landschaften. Sie fanden sich in den christlichen Kirchen, in den unterdrückten, aber heimlich fortlebenden Parteien, im Bürgertum ebenso wie unter den Arbeiterführern und im Adel.

Gerade als Hitler sich schon als Herr Europas wähnte, in der Zeit um 1940, entstand aus der Freundschaft zweier Offiziere eine Widerstandsgruppe besonderer Art, der »Kreisauer Kreis«. Den Namen gab ihr die Gestapo nach dem schlesischen Dorf Kreisau, wo das Gut des Grafen Moltke lag, auf dem sich die Mitglieder der Widerstandsgruppe trafen.

Helmut James Graf von Moltke, ein Großneffe des Feldmarschalls Helmut von Moltke, des großen »Schweigers«, war Jurist mit dem Schwerpunkt Völkerrecht, außerdem Landwirt: »durch und durch ein Realist, schnell in der Erfassung des Kerns einer Situation und ungeduldig, wenn Worte oder Pläne die Tatsachen, das Ziel und die möglichen Mitteln außer acht ließen«, kennzeichnet ihn ein Freund.

Das Wissen um die Greuel überall in Europa, die täglichen Verstöße gegen alle Menschenrechte hatten ihn in den Widerstand getrieben. »So werden täglich sicher mehr als tausend Menschen ermordet, und Tausende deutscher Männer werden an den Mord gewöhnt. Und das alles ist noch ein Kinderspiel gegen das, was in Polen und Rußland geschieht. Darf ich denn das erfahren und trotzdem in meiner beheizten Wohnung sitzen und Tee trinken? Mache ich mich da nicht mitschuldig? Was sage ich, wenn man mich fragt: Und was hast du während dieser Zeit getan?« schrieb er in einem Brief vom 21. Oktober 1941, und er fährt fort: »Wie kann jemand so etwas wissen und dennoch frei herumlaufen? Mit welchem Recht?«
Der zweite, Peter Graf Yorck von Wartenburg, hatte gleichfalls Jura studiert, dann als Leutnant am Polenfeldzug teilgenommen und war 1942 zum Wehrwirtschaftsstab versetzt worden. Dort nutzte er seine Position, um Verbindungen für eine deutsche Opposition zu knüpfen.
Der Kreisauer Kreis unterscheidet sich von anderen Widerstandsgruppen dadurch, daß er keine direkten Umsturzpläne verfolgte und kein Attentat auf Hitler plante. Moltke und seine Freunde hielten es für unmöglich, den Umsturz mit Hilfe der Armee erfolgreich durchzuführen. Die Kunst, Politik zu machen oder gar eine Regierung zu stürzen, hatten deutsche Generale nie gelernt. Es lag auch nicht in ihrer Tradition. Das wußten alle im Kreisauer Kreis.
Sie fürchteten auch, durch eine gewaltsame Beseitigung Hitlers eine falsche Märtyrerlegende zu schaffen, wie sie nach dem Ersten Weltkrieg entstanden war. Vor allem jedoch waren sie davon überzeugt, daß das geistige Grundübel des Nationalsozialismus nur beseitigt werden könne, wenn sich das Regime selbst zugrunde richte. Nur die allerbittersten Erfahrungen würden die Menschen begreifen lassen, wohin der Nationalsozialismus sie gebracht habe. Gemeinsam mit seinen Freunden war Moltke auch in den Stunden von Hitlers höchsten Triumphen der Meinung, daß die menschenverachtende Hitlerdiktatur nur eine Episode in der deutschen Geschichte bleiben und die Niederlage mit Sicherheit kommen werde.
Die geistige und politische Vorbereitung für die Zeit nach dem Zusammenbruch hielten die Kreisauer für ihre wesentlichste

Aufgabe. Sie suchten nach einer neuen Ordnung, einer Ordnung, »wonach zu streben, wofür zu arbeiten, woran zu glauben, wofür neu zu beginnen« sich lohnen würde, wie es Moltke in einem Brief formulierte. Es war ihnen klar, daß der totalitäre Anspruch des Staates überwunden werden müsse und durch die Anerkennung der göttlichen Ordnung ersetzt werden könne – jener Ordnung, die »des Menschen inneres und äußeres Dasein trägt«. Weder das alte Selbstbewußtsein des Bürgertums noch marxistische Dogmen konnten ein neues Gemeinwesen tragen, davon waren alle überzeugt. Es war ihnen auch klar, daß die Zeit der alten Ideologien vorüber war. Sie hielten die Zusammenarbeit demokratischer Sozialisten und entschiedener Christen für notwendig und glaubten, daß nur die entschlossene Verwirklichung christlichen Lebensgutes den allmählichen Wiederaufbau ermöglichen werde.

An diesen Plänen für eine neue menschliche Ordnung waren Juristen, Theologen, Gewerkschaftsführer, Pädagogen, Wirtschaftsfachleute und Offiziere beteiligt. Man war unermüdlich im Diskutieren und wählte dabei Gesprächspartner mit entgegengesetzten Standpunkten. So diskutierte etwa ein Anhänger der Planwirtschaft mit einem Vertreter des privatwirtschaftlichen Wettbewerbs, ein Protestant mit einem Katholiken oder ein Kirchenmann mit einem Sozialisten. Die Ergebnisse stimmten die Sprecher mit den hinter ihnen stehenden Gruppen ab, und dies erwies sich als eine höchst brauchbare Arbeitsgrundlage. Gruppen, die gesellschaftlich, politisch und religiös noch weit voneinander entfernt waren, kamen auf diese Weise zu gemeinsamen Entscheidungen und stellten sich so auf die Forderungen der Zukunft ein.

Dabei hatten die Kreisauer auch Pläne für einen neuen Staatsaufbau, dazu Richtlinien für die Behandlung wirtschaftlicher und sozialer Probleme. Sie traten ein für die Mitverantwortung im Gemeinwesen wie im Betrieb. Es kann keine nationale Ehre geben, losgelöst von der Unterscheidung zwischen Gut und Böse, stellten sie fest. Nationale Ehre ist nur da, wo ein Volk sich durch sittliche Leistungen bewährt. Jede Gemeinschaft muß aufbauen auf der Achtung vor der Würde und den Freiheitsrechten der menschlichen Persönlichkeit. Das gilt sinngemäß auch für den Umgang mit fremden Völkern, deren Lebensrecht

sie zu respektieren hat. Es darf nicht einfach geschehen, daß die Interessen des eigenen Volkes den fundamentalen Unterschied zwischen Recht und Unrecht überdecken.
Insgesamt zielte die Arbeit jener Männer darauf, die Eingliederung Deutschlands in eine umfassende Ordnung vorzubereiten, in ein verändertes Europa, in dem die Souveränität der Nationalstaaten nur geringe Bedeutung haben sollte. Schon 1942 hatte Moltke in einem Brief an einen Freund geschrieben: »Für uns ist Europa weniger eine Frage von Grenzen und Soldaten, von komplizierten Organisationen oder großen Plänen. Europa nach dem Kriege ist die Frage: Wie kann das Bild des Menschen in den Herzen unserer Mitbürger aufgerichtet werden? Das ist eine Frage der Religion, der Erziehung, der Bindung an Arbeit und Familie, des richtigen Verhältnisses zwischen Verantwortung und Rechten.«
Aus Sicherheitsgründen wurde nur eine beschränkte Zahl von Mitgliedern eingeladen; andere standen im Hintergrund. In vielen Besprechungen, vor allem während der drei größeren Zusammenkünfte in Kreisau, wurde ein Programm aufgestellt für eine staatliche und wirtschaftliche Neuordnung des Reiches »nach dem Tage X«, das heißt nach dem Zusammenbruch des Nationalsozialismus und der Beendigung des Krieges.
Von den Mitgliedern sind nicht alle bekannt. Zum engeren Kreis zählten 19 Männer, darunter Gewerkschaftsführer wie Leber, Mierenhoff und Reichwein, Männer der evangelischen Kirche wie Gerstenmaier und Poelchau, auf katholischer Seite die Jesuitenpatres Delp, Rösch und König, die wiederum Verbindung mit den Bischöfen hielten. In der Erklärung der Fuldaer Bischofskonferenz vom September 1943 wird der Einfluß des Kreises deutlich. Hinzu kamen noch der Arbeiterführer Leuschner und der Pädagoge Adolf Reichwein. Auch der frühere Oberbürgermeister Goerdeler, der einer eigenen Widerstandsgruppe vorstand, beteiligte sich gelegentlich an den Diskussionen. Goerdeler war als erster Leiter einer deutschen Nachkriegsregierung anerkannt, doch die Kreisauer sahen in ihm nur eine Übergangslösung; sie setzten ihre Hoffnungen auf den SPD-Politiker Julius Leber (1891-1945) als künftigen Kanzler.
Doch dann kam das mißglückte Attentat vom 20. Juli 1944 des Grafen Stauffenberg. Hitler überlebte und erklärte noch am glei-

chen Abend über den Rundfunk, daß sich nur eine »ganz kleine Clique gewissenloser Offiziere« gegen ihn erhoben habe. Doch er selbst und seine Umgebung wußten, daß dies nicht den Tatsachen entsprach, daß es vielmehr eine bis dahin nie vermutete breite Opposition geben mußte.
Um so intensiver arbeitete nun die Geheime Staatspolizei. Sie setzte zur Aufklärung der Verschwörung eine Sonderkommission »Zwanzigster Juli« ein, die schon bald 400 Beamte umfaßte. Die Verhaftungen erfolgten in rascher Folge und erstreckten sich über das gesamte Machtgebiet Hitlers. Auch die Frauen und Kinder der Verdächtigen wurden aus ihren Wohnungen geholt und in Sippenhaft genommen. Es waren Tausende, die damals in die Gefängnisse und Konzentrationslager eingeliefert wurden.
Die Prozesse begannen am 7. August 1944. Um zu verhindern, daß einer der Angeklagten vor der Öffentlichkeit seine Beweggründe darlegte, wurde nur ein ausgewählter Kreis von Zuhörern zugelassen. Presse und Rundfunk berichteten selbstverständlich nur im Sinne Hitlers. Über alle weiteren Prozesse, die sich bis Kriegsende hinzogen, erfuhr die Öffentlichkeit nichts mehr. Die Hinrichtungen erfolgten in den meisten Fällen schon wenige Stunden nach der Urteilsverkündung.
Graf Moltke war schon im Januar 1944 verhaftet worden. Eine konkrete Anklage gab es nicht. Es war seine Haltung, die den Machthabern lästig geworden war, seine Einsprüche gegen völkerrechtswidrige Befehle, die schließlich zu seiner Überführung ins KZ-Ravensbrück führten. Eine direkte Lebensgefahr bestand nicht. Doch dann erfolgte das Attentat vom 20. Juli, und am 9. August wurden der Gestapo die ersten Fakten über den Kreisauer Kreis bekannt. Damit schwand für Moltke die Hoffnung, je die Freiheit wieder zu erlangen.
Er wurde am 23. Januar 1945 hingerichtet – nicht weil ihm eine aktive Teilnahme am Attentat nachgewiesen werden konnte, sondern weil er »als Christ gedacht habe«. Der Prozeß gipfelte in dem Ausspruch Freislers, der als Präsident des Volksgerichtshofes die Verhandlungen führte: »Das Christentum und wir Nationalsozialisten haben eines gemeinsam – und nur dies eine: Wir fordern den ganzen Menschen.«
Graf Yorck von Wartenburg befand sich in der Gruppe von Offi-

zieren, die in der Berliner Bendlerstraße zum Losschlagen bereitstanden. Er wurde noch am 20. Juli 1944 verhaftet und am 8. August hingerichtet.
Auch die anderen Mitglieder des Kreisauer Kreises fanden fast ausnahmslos den Tod, so die Sozialisten, Gewerkschaftler, die demokratischen Politiker, die Beamten und Juristen, die Theologen und Schriftsteller wie auch die Angehörigen des Adels.
Hitler wütete gegen die verhaßte »Aristokratenbande« und gab das Attentat als ein Verbrechen von Reaktionären aus. Doch die Namen der Opfer sprechen eine zu deutliche Sprache. »Aristokraten waren sie alle, Aristoi, die Besten; an Klasse und Stand gebunden waren sie nicht«, formulierte es Golo Mann.

Der Kreisauer Kreis

In der Widerstandsbewegung gegen Hitler und den Nationalsozialismus kommt dem Kreisauer Kreis eine besondere Rolle zu. Das Gut – der genaue Name war »Rittergut Kreisau, Nieder-Gräditz und Wierischau« in Schlesien – gab der Gruppe den Namen. Von Anfang an ging es den Mitgliedern um Grundfragen und Grundlagen eines Staatsaufbaus nach dem Zusammenbruch sowie um die Rolle eines demokratischen Deutschlands in einem geeinten Europa.
Initiator und zusammenhaltende Kraft war Helmut James Graf von Moltke, geboren am 11. März 1907. Mit ihm verband sich Peter Graf Yorck von Wartenburg, geboren am 13. November 1904. Zum »inneren Kreis« zählten 19 Mitglieder. Die drei in die Geschichte eingegangenen geheimen Zusammenkünfte fanden in der Zeit zwischen 1941 und 1943 statt. Allerdings entgingen nur wenige Dokumente und Zeugnisse der Kreisauer der Vernichtung während der letzten Kriegsmonate. Graf von Wartenburg wurde am 8. August 1944, Graf Moltke am 23. Januar 1945 in Berlin-Plötzensee hingerichtet.

Geschwister Scholl
Die Hoffnung der Weißen Rose

von Isolde Heyne

Manchmal entscheidet ein Zufall über Leben und Tod. Wäre am 18. Februar 1943 Jakob Schmied, Hausmeister der Münchner Universität, nur eine Minute später durch die Halle gegangen, hätten Hans und Sophie Scholl zwischen ihren Kommilitonen, die gerade aus den Vorlesungen strömten, untertauchen können.

Es waren nur noch wenige von den 1 800 Flugblättern übriggeblieben. Die meisten waren schon in den während den Vorlesungen menschenleeren Gängen verteilt worden: »Kommilitonen! Kommilitoninnen! Erschüttert steht unser Volk vor dem Untergang der Männer von Stalingrad. Dreihundertdreißigtausend deutsche Männer hat die geniale Strategie des Weltkriegsgefreiten sinn- und verantwortungslos in den Tod gehetzt . . .«

Hans und Sophie Scholl wollten die restlichen Flugblätter noch auf der Balustrade über dem Lichthof auslegen. Da wurden sie entdeckt. Verhaftung, Verhöre, Verurteilung.

Das Urteil des Volksgerichtshofes unter dem Vorsitz des extra aus Berlin angereisten Roland Freisler lautete für Hans und Sophie Scholl sowie für Christoph Probst auf Todesstrafe wegen Vorbereitung zum Hochverrat.

In einem weiteren Prozeß am 19. April 1943 gegen die Widerstandsgruppe »Weiße Rose« wurden außerdem zum Tode verurteilt: Professor Kurt Huber, Alexander Schmorell und Willi Graf. Andere Beteiligte erhielten langjährige Zuchthausstrafen.

Liest man allein die Fakten, wird schwer nachvollziehbar, weshalb die unerbittliche Härte des Naziregimes gerade diese Widerstandsgruppe traf, die sich selbst den Namen »Weiße Rose« gab und mit diesem Namen auch ihre Flugblätter unterzeichnete. Man darf auch nicht, wenn man von den Geschwistern Scholl spricht, den Anteil des Widerstandes der anderen

dieser Gruppe geringer einschätzen. Sie hatten alle das eine Ziel: Beendigung des sinnlosen Krieges, Sturz des Nationalsozialismus, ein menschenwürdiges Leben.
Manchen muten heute die Aktionen dieser kleinen Münchner Studentengruppe als vergebliches Opfer an. Dem muß man entgegenhalten, daß sie die Machthaber des Dritten Reiches immerhin so beschäftigten und verwirrten – und das in der sogenannten »Hauptstadt der Bewegung« –, daß die Gestapo immer umfangreichere Nachforschungen anstellen mußte, um die Urheber der Flugblätter und der an die Hauswände geschriebenen Parolen zu entdecken. Der geistige Widerstand gegen das NS-Regime breitete sich zunehmend aus, seit im Juni 1942 die ersten Flugblätter der »Weißen Rose« erschienen waren: »Wir schweigen nicht, wir sind Euer böses Gewissen; die Weiße Rose läßt Euch keine Ruhe!« So stand es in einem der Flugblätter, die die Menschen in Deutschland über den sinnlosen Krieg und die Opfer informierten, die zum Nachdenken und passiven Widerstand aufriefen.
Die Flugblätter der »Weißen Rose« konfrontierten die Deutschen mit den Greueln des Krieges, den Leiden der Menschen in den Konzentrationslagern; sie berichteten über die Niederlage von Stalingrad und über die Zerstörung der geistigen und materiellen Werte des deutschen Volkes.
Hans und Sophie Scholl waren kompromißlos und äußerst aktiv im Widerstand gegen den Nationalsozialismus. Sie hatten erkannt, daß die Fortsetzung des Krieges immer größere Opfer von der Bevölkerung verlangte und nur den Zielen der Machthaber diente. Gemeinsam mit anderen Mitgliedern der »Weißen Rose« suchten sie Verbindung zu Gleichgesinnten, spürten, daß alle Kräfte mobilisiert werden mußten, um den Widerstand auf breiter Front zu übertragen. Sie machten es sich nicht leicht. Um jede Formulierung ihrer Aufrufe wurde diskutiert, manchmal nächtelang. Sie nahmen persönliche Opfer und Gefahren auf sich, um die Flugblätter zu verteilen: in der Universität, durch Postversand, in Hausfluren und in Institutionen.
In nächtlichen Aktionen schrieben sie Parolen an Häuserwände in Münchens Innenstadt: »Freiheit! Nieder mit Hitler!«
Schließlich gelang es ihnen auch, Kontakte mit anderen Widerstandsgruppen, vor allem in Berlin, herzustellen. Die Hoffnung

wuchs, der Isolation durch Zusammenarbeit mit Gleichgesinnten zu entgehen. Sie wollten die Menschen in ganz Deutschland durch ihre Aktionen aufrütteln. Es war eine Hoffnung, die weiter wirkte als nur ein paar Monate, Hoffnung auf eine menschenwürdige Zukunft.

In den *Münchner Neuesten Nachrichten* erschien einen Tag nach der Vollstreckung des Urteils folgende Meldung: »Der Volksgerichtshof verurteilte am 22. Februar 1943 im Schwurgerichtssaal des Justizpalastes den 24 Jahre alten Hans Scholl, die 21 Jahre alte Sophie Scholl, beide aus München, und den 23 Jahre alten Christoph Probst aus Aldrans bei Innsbruck wegen Vorbereitung zum Hochverrat und wegen Feindbegünstigung zum Tode und zum Verlust der bürgerlichen Ehrenrechte. Das Urteil wurde am gleichen Tag vollstreckt ...«

Hans und Sophie Scholl wurden vom Elternhaus her zu selbständigem und humanistischem Denken erzogen. Sie wuchsen mit ihren Geschwistern Inge, Elisabeth und Werner in Forchtenberg und später in Ulm auf. Ihr Vater, Robert Scholl, war Pazifist. Er hatte im Ersten Weltkrieg den Dienst mit der Waffe verweigert und war deshalb einer Sanitätskompanie zugeteilt worden. Magdalene, die Mutter der Geschwister Scholl, entstammte einer religiösen Familie. Sie war vor ihrer Verheiratung Diakonissenschwester. Die Geschwister Scholl hatten eine sorglose und schöne Kindheit, geprägt durch Natur- und Heimatliebe, durch Literatur und Musik.

1930 wurde ihr Vater, lieberal und freigeistig wie er war, von seinem Amt als Bürgermeister der Stadt Forchtenberg abgewählt. Die Familie zog schließlich nach Ulm, wo sich Robert Scholl als Steuer- und Wirtschaftsprüfer niederließ.

Die Ideologie der Nationalsozialisten, die viel von Vaterland, Kameradschaft, Volksgemeinschaft und Heimat sprachen, beeindruckte, gegen die Warnung des Vaters, auch Hans und Sophie. Als Fünfzehnjähriger trat Hans Scholl der Hitlerjugend bei, er begeisterte sogar seine Geschister dafür. Aber bereits 1936 wich bei Hans Scholl diese Begeisterung einer großen Enttäuschung. Die Teilnahme als Fähnleinführer am Reichsparteitag in Nürnberg und eine spätere Auseinandersetzung mit einem HJ-Führer lösten das Abwenden von der NS-Ideologie aus. Hans Scholl wurde Mitglied der illegalen Ulmer Gruppe der

Bündischen Jugend und fand dort die Ideale, die er bei der Hitlerjugend vermißte. Wegen dieser Mitgliedschaft wurde Hans Scholl 1937 für einige Monate verhaftet, ebenso seine Geschwister Inge, Sophie und Werner. Während die Geschwister bald wieder entlassen wurden, unterzog die Gestapo Hans Scholl langen Verhören, um an weitere Namen und Adressen heranzukommen. Hans Scholl schwieg. Erst seinem Kompaniechef – Hans Scholl hatte sich freiwillig zum Wehrdienst gemeldet, um die Waffengattung aussuchen zu können –, gelang es, ihn freizubekommen.
Sophie Scholl beobachtete genau die Entwicklung ihres Bruders Hans, den sie sehr liebte. Sie spürte, wie er sich vom Elternhaus löste, bedingt auch durch seinen Einsatz beim Arbeitsdienst und im Wehrdienst sowie durch das Medizinstudium in München. Durch die Streitgespräche ihres Bruders mit dem Vater wurde sie sehr sensibel in der Einschätzung der Entwicklung Deutschlands, obwohl auch sie bei den Jungmädeln und im BDM organisiert war. Nach dem Abitur mußte sie zum Reichsarbeitsdienst, obwohl sie gehofft hatte, ihre Ausbildung und das Examen als Kindergärtnerin würden sie davon befreien. Auch vom Kriegshilfsdienst wird Sophie nicht verschont. Ihr innerer Widerstand wuchs, als sie während ihrer Zeit beim Reichsarbeitsdienst und beim Kriegshilfsdienst die große Kluft zwischen den Phrasen der politischen Machthaber und der Realität zu spüren bekam.
So war es nur folgerichtig, daß Sophie Scholl sich bei ihrem Studium in München im Mai 1942 der kleinen Widerstandsgruppe anschloß. Vorlesungen bei Professor Kurt Huber, der später ebenfalls Mitglied der »Weißen Rose« wurde, taten ein übriges.
Hinter der Widerstandsgruppe »Weiße Rose« vermutete die Gestapo eine große Organisation, denn die Flugblätter tauchten in verschiedenen Städten auf. In Wirklichkeit bestand die »Weiße Rose« aus wenigen jungen Menschen, die ihr Leben einsetzten, um die Menschen in Deutschland aufzurütteln.
»Aber sie waren zu wenige«, schrieb Helmut Gollwitzer in einem Begleitwort zu einem Buch über die »Weiße Rose«, »darum konnte es nicht gelingen, und recht behielten die Argumente derer, die sie warnten, weil der Nazismus nicht ... von innen stürzbar sei, sondern nur von außen, wie es dann auch geschehen ist ...«

Noch am Tage der Urteilsverkündung, am 22. Februar 1943 um siebzehn Uhr, wurde das Urteil gegen Hans und Sophie Scholl sowie Christoph Probst vollstreckt. Sie wurden unmittelbar nach der Verhandlung nach München-Stadelheim ins Vollstreckungsgefängnis gebracht. Eine letzte Begegnung der Geschwister und ihrer Eltern wurde erlaubt.
Später berichteten Gefängniswärter: »Sie haben sich so fabelhaft tapfer benommen. Das ganze Gefängnis war davon beein-

Geschwister Scholl

Hans Scholl
wurde am 22. September 1918 in Ingersheim geboren. Er wuchs mit vier Geschwistern in Forchtenberg und Ulm auf. Die Erziehung im Elternhaus war pazifistisch und liberal. Trotz gegensätzlicher Meinung zu seinem Vater trat Hans Scholl als Fünfzehnjähriger 1933 in die Hitlerjugend ein, wandte sich aber wenige Jahre später enttäuscht ab und wurde Mitglied der verbotenen Bündischen Jugend. Ein einschneidendes Erlebnis wurde die Verhaftung durch die Gestapo wegen dieser Mitgliedschaft. Arbeitsdienst, freiwillige Meldung zum Wehrdienst und Medizinstudium in München waren weitere Stationen in seinem Leben. Im Sommer 1942 tauchte das erste Flugblatt der »Weißen Rose« an der Münchner Universität auf. Hans Scholl war Mitglied dieser Widerstandsgruppe gegen den Faschismus.

Sophie Scholl
wurde am 9. Mai 1921 in Forchtenberg geboren. Wie ihr Bruder Hans durchlief sie eine Phase, in der sie sich von der Ideologie des Nationalsozialismus angesprochen fühlte. Persönliche Erlebnisse in der Familie, im Arbeitsdienst und beim Kriegshilfsdienst ließen sie jedoch innerlich bereit sein, sich bald nach der Aufnahme ihres Studiums in München 1942 der Widerstandsgruppe »Weiße Rose« anzuschließen. Bei einer Flugblattaktion in der Münchner Universität wurden die Geschwister Scholl am 18. Februar 1943 verhaftet und am 22. Februar 1943 wegen Hochverrates zum Tode durch Enthaupten verurteilt. Das Urteil wurde am gleichen Tag vollstreckt. Mit ihnen wurde Christoph Probst hingerichtet. Professor Kurt Huber, Willi Graf und Alexander Schmorell wurden am 19. April 1943 zum Tod verurteilt.

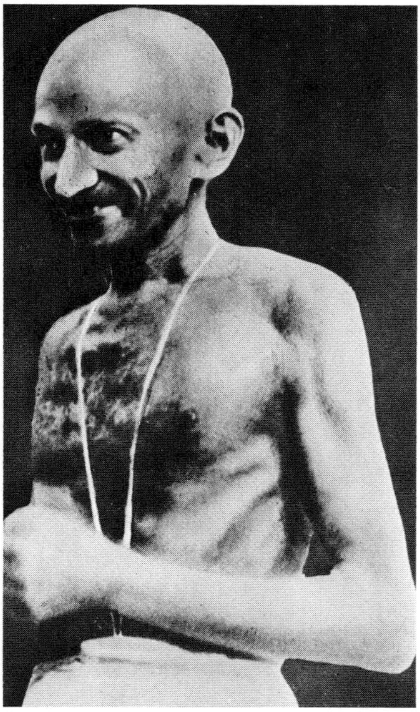

Kurt Tucholsky (links oben)
Mahatma Gandhi (rechts oben)
Janusz Korczak (links unten)

Hans Scholl (links oben)
Sophie Scholl (rechts oben)
Clemens August Graf von Garlen (rechts unten)

druckt ...« Sophie Scholl wurde zuerst zum Richtblock geführt, danach wurden ihr Bruder Hans und Christoph Probst enthauptet.
In der Gerichtsverhandlung hatte Sophie Scholl gesagt: »Was wir sagten und schrieben, denken ja so viele. Nur wagen sie nicht, es auszusprechen.«
Dafür, daß sie es taten, gingen sie in den Tod, in der Hoffnung, daß ihr Widerstand gegen das NS-Regime ein Anfang gewesen sei.

Raoul Follereau
Kämpfer gegen die Lepra

von Christian Feldmann

In einem Leprosenhaus findet er einen kleinen Jungen, etwa sieben Jahre alt, fast völlig gesund; nur einen winzigkleinen Fleck hat das Kind auf der Stirn. Ein beginnender Aussatz, den eine einfache Sulfon-Kur problemlos und für immer beseitigen könnte.

Doch das Kind ist nun einmal in das Leprosenhaus gekommen, und von dort kommt man nicht mehr heraus. Raoul Follereau versucht verzweifelt, den Arzt davon zu überzeugen, daß die Krankheit nicht ansteckend ist und das Kind die Anstalt verlassen kann. »Doch wenn es hier bleibt, inmitten all dieser von Aussatz verfaulten Wesen, ist es verloren ... Sehen Sie doch: Es ist noch so jung und kann noch lächeln! Öffnen Sie die Türe. Es muß doch eine Mutter haben. Es muß seine seine Mutter wiederhaben!«

Der Arzt blickt ihn entrüstet an. »Aber, mein Herr«, erwidert er, »hier ist es sehr glücklich. Wir haben ihm ein Fahrrad gekauft.«

Jahr um Jahr kämpft Raoul Follereau eine scheinbar aussichtlose Schlacht: nicht nur gegen die Krankheit Lepra, der man mit Medikamenten, gut geschultem Personal und modernen Heilstätten zu Leibe rücken kann, sondern mehr noch gegen die »andere Lepra«, wie er das formuliert, gegen Angst, Egoismus und Feigheit. Die Lepra, das ist eine Krankheit wie alle anderen auch, nicht ansteckender und genauso heilbar – außer im weit fortgeschrittenen Stadium. Aber eine panische Angst vor dem »Aussatz« verhindert besonders in den unterentwickelten Ländern oft jede Behandlung und verdammt die Kranken zu einem menschenunwürdigen Leben im Getto.

Dieser von seiner Idee besessene Franzose hat auf eine glänzende literarische Karriere verzichtet, um dreißig Jahre lang im Dienst der Leprakranken um die Welt zu hasten. Der Industriel-

lensohn Follereau war 17 Jahre alt, als sein erstes Buch veröffentlicht wurde. Später wurden seine Gedichte in der Comédie Française vorgetragen, etliche seiner Dramen erreichten über tausend Aufführungen.
Doch bald schon zeigte sich, daß der junge Follereau alles andere war als ein verspielter Schöngeist. Er gründete eine Liga zur »Verteidigung der christlichen Zivilisation gegen jede Barbarei« (Franzosen lieben es gern ein wenig pathetisch). Er unterstützte die »Kleinen Brüder und Schwestern Jesu«, die mit Slum-Bewohnern, Obdachlosen und Fabrikarbeitern zusammenleben. Und kurz vor Ausbruch des Krieges mit Deutschland veröffentlichte er eine mutige Artikelserie mit dem unmißverständlichen Titel *Hitler, das Gesicht des Antichristen*. Als die Nazis in Paris einmarschierten, ging Follereau in den Untergrund.
Doch auch unter so schwierigen Bedingungen blieb er aktiv und erfinderisch: In ungeheizten Sälen brachte er seine Idee einer »Stunde der Armen« unter die Leute. Jeder sollte bewußt eine Stunde pro Jahr für die Menschen am Rand der Gesellschaft arbeiten. Später, 1950, kamen so innerhalb eines einzigen Jahres 52,6 Millionen Franken zusammen.
Follereau erfand die »Aktion Dritter Schuh«: Die französischen Kinder sollten neben die beiden traditionsgemäß am Heiligen Abend unter den Kamin gestellten Schuhe einen dritten setzen, dessen Inhalt für die Kinder in Not bestimmt war. Ein paar Jahre darauf gingen in seiner Zentrale schon 80 000 Hilfspäckchen ein.
Als eine lebensgefährliche Sumpffieber-Epidemie Marokko heimsuchte, sammelten Follereau und seine Mitarbeiter in den Apotheken des besetzten, unter Rationierungsmaßnahmen leidenden Frankreich in wenigen Stunden 12 000 Dosen des lebensrettenden Chinin. Und schließlich entdeckte er die »schmerzlichste unterdrückte Minderheit der Welt«, wie er sie nannte: die Leprakranken.
Auf mehreren Reisen rund um den Erdball besuchte er überall die Leprastationen. Erschüttert begann er einen beispiellosen Feldzug gegen die Not, die er gesehen hatte. In den folgenden Jahren wird er zahllose Reden halten, Berge von Briefen schreiben, rund 50 Broschüren und Bücher verfassen, 102 Länder besuchen und, zusammen mit seiner Frau, weit über zwei Millionen

Kilometer zurücklegen – oft unter Lebensgefahr, unter unvorstellbaren Bedingungen.

Das Ehepaar Follereau will die Welt darüber aufklären, wie trostlos die Leprakranken in ihren Gespenstersiedlungen dahinvegetieren müssen, ohne Behandlung, ohne Heilungschancen, ohne menschliche Zuwendung, ausgestoßen und abgeschrieben wie Verfluchte.

In der Apotheke einer solchen Leprastation hat er genau drei Pakete Verbandszeug gefunden. »Man hebt sie der Merkwürdigkeit halber auf«, berichtet er sarkastisch, »denn die Wunden der Aussätzigen sind unbedeckt und blutig. Das Erstaunlichste ist übrigens, daß überhaupt eine Apotheke da ist. Denn die ›Anstalt‹ ist auf der Karte des Gesundheitsdienstes überhaupt nicht verzeichnet. Ein Gespenster-Leprosenhaus ... Wir fragen den Blinden: ›Wie steht's mit der Ernährung?‹ – ›Wir erhalten (von wem wohl) hundert Kilo Reis alle drei Monate.‹ Das macht – wenn ich richtig rechne – 50 Gramm Reis täglich für jeden Kranken.«

Beschämt notiert Follereau seine Begegnung mit der amputierten und fast gelähmten Frau, die sich dort im »Gespensterhaus« zu den Besuchern hinschleppt und seiner Frau ein Ei hinhält – ihr ganzer Reichtum. Zornig berichtet er vom einzigen, schüchtern geäußerten Wunsch eines blinden Leprakranken: eine Schaufel und eine Hacke, um die Toten begraben zu können; mit den halbverfaulten Händen gehe das nicht so gut ...

»Das Elend in der Welt muß sich in unser Fleisch einbrennen, unser Blut zum Kochen bringen«, hat sich Follereau damals geschworen. In 1200 Vortragsveranstaltungen bringt das Ehepaar Millionenbeträge zusammen. Damit werden neben dem ersten großen Behandlungszentrum mit 500 Betten an der Elfenbeinküste viele kleine Siedlungen errichtet, welche die bisherigen Leprosenhäuser ablösen und den Kranken ein menschenwürdiges Leben ermöglichen sollen.

Die Umwandlung solcher Gettos in Behandlungszentren und die Sicherung der Menschenrechte Lepröser durch ein internationales Statut fordert er 1952 in einer Botschaft an die Vereinten Nationen. Viele Ländern öffnen sich seine Appellen; das griechische Parlament zum Beispiel schafft die Absonderung der Leprakranken am 6. September 1955 per Gesetz ab.

Ein sentimentaler Idealist ist Raoul Follereau nie gewesen. »Es handelt sich nicht darum«, so stellt er klar, »zu den Leprakranken zu gehen aus abgeschmackten und lächerlichen romantischen Gefühlen heraus und mit einem Gesänglein des Mitleids auf den Lippen. Man muß sich vielmehr zum Dienst an ihnen verpflichten und durch unerläßliche Studien erworbenes Fachwissen mitbringen.«
Sein Humanismus ist immer mehr gewesen als ein unverbindliches »Seid nett zueinenander«. Solange es auf Erden noch einen unschuldig Hungernden, Verfolgten, Ausgestoßenen gebe, solange habe kein Mensch das Recht, müßig zu sein. Denn »niemand hat das Recht, allein glücklich zu sein«. So einfach ist das für Follereau, der nie ein Hehl aus seiner christlichen Orientierung macht: »Die Liebe sieht im Gesicht des Armen, des Leidenden, des Verfolgten das Gesicht Jesu.« Darum muß er helfen.
Eine solche Haltung ist meilenweit von bloßem Mitleid entfernt. Mitleid, »diese kränkliche Form der Liebe«, ist für Follereau immer bloß ein Vorwand. Nicht ein wenig von unserem Überfluß braucht der Arme, der Unglückliche neben uns, sondern daß wir seine Leiden teilen, seinen Groll, seine Freude, daß wir ihn in unser Dasein miteinbeziehen. Das hat auch etwas mit den Besitzverhältnissen, mit der Verteilung der Güter zu tun: »Liebe ohne Gerechtigkeit«, weiß Follereau, »ist wie ein blökender Hammel!«
Deshalb geht er gegen die Hartherzigkeit einer satten Wohlstandsgesellschaft an, die im Christentum bloß noch ein »Handbuch des Wohlverhaltens« sieht: »Seit 2000 Jahren ist christliche Zeitrechnung. Doch wann werden wir beginnen, Christen zu sein?« Entsetzt berichtet er von der Kirche in einem kleinen Dorf, in der es kein Weihwasserbecken mehr gibt. Man hat am Boden der Muschel Fleischfetzen von den verfaulenden Fingern der Aussätzigen gefunden, die – sorgfältig getrennt von den Gesunden – am Gottesdienst teilnehmen dürfen. »Anstatt sie nun zu behandeln, hat man das Weihwasserbecken weggenommen.«
Mit dem Wert eines einzigen Flugzeugträgers, so Follereau in seinen Aufrufen an die Weltöffentlichkeit, könnte man 400 000 Menschen ein Jahr lang ernähren. Er bittet US-Präsident Eisenhower und den sowjetischen Ministerpräsidenten Malenkov um

jeweils einen Bomber, »Todeswaffen in Lebenswerke umzukehren«. Denn mit dem Preis für zwei solcher Bomber könne man alle Aussätzigen der Welt pflegen.
Als die Appelle ohne Wirkung bleiben, bittet Follereau die Jugend um Hilfe. Ihr rät er: »Wenn Ihr essen wollt, sagt nicht: ›Ich habe Hunger‹, sondern denkt an die 400 Millionen junger Mädchen und junger Männer, die heute nichts essen werden. Denn die Hälfte der Jugend der Welt leidet Hunger. Wenn Ihr einen Schnupfen habt, sagt nicht: ›Mein Gott, ich bin so krank!‹, sondern denkt an all diejenigen, die leiden, an die 800 Millionen menschlicher Geschöpfe, die niemals einen Arzt gesehen haben. Und besonders an die 15 Millionen Leprakranken, die von der Welt verflucht sind und wovon noch 12 Millionen ohne Pflege, ohne Hilfe, ohne Liebe sind. Ihr Verbrechen? Sie sind krank ...«
Bei den jungen Menschen findet diese Botschaft ein fantastisches Echo: Drei Millionen Jugendliche aus 125 Ländern unterschreiben die Forderung an die Vereinten Nationen, jedes Land der Erde solle die Rüstungskosten eines Tages für den Kampf gegen Hunger, Seuchen und Slums zur Verfügung stellen.
Die meisten Politiker übergehen die Bitte mit Schweigen. Aber die Aktionen haben Aufmerksamkeit erregt. Follereaus Schlacht gegen die Lepra wird von da an mit steigendem Interesse verfolgt und unterstützt. Heute wird bereits jeder dritte der 15 bis 20 Millionen Aussätzigen in der Welt regelmäßig behandelt. Die internationalen Hilfswerke haben vor allem ein System umfassender Reihenuntersuchungen in den betroffenen Ländern aufgebaut, um die Kranken bereits im Frühstadium behandeln zu können. Mehr und mehr wird der Kampf gegen den Aussatz in die allgemeine Gesundheitspolitik eingegliedert, Maßnahmen zur Rehabilitation und sozialen Wiedereingliederung der Geheilten kommen hinzu.
Von einem »verfluchten Dorf« hat Raoul Follereau berichtet, auf der Landkarte gar nicht verzeichnet, dessen Bewohner für die Verwaltungskarteien als nicht geboren galten. »Sie existierten einfach nicht. Damit war alles gesagt.«
Zehn Jahre später: Der Welttag der Aussätzigen wird mit einem Fest gefeiert, der Präsident der Republik nimmt daran teil. »An der Spitze eines imposanten Zuges schreitet er auf der neuen Straße, die anstelle des schmachvollen kleinen Weges von einst

gebaut worden ist. Und hier fallen große Anschlagtafeln ins Auge. Darauf steht: ›Wir haben tausend Ölpalmen gepflanzt.‹ Und weiter: ›Wir haben 24 Hektar gerodet. Wir haben aus dem Nichts fruchtbare Felder angebaut.‹ Und noch weiter: ›Wir haben grünende Wiesen geschaffen.‹
Wer ist das: ›Wir‹? Die Aussätzigen.
Hier haben die Aussätzigen einen Namen, eine Identität, eine Familie und eine Zukunft. Sie haben durch ihre Arbeit wieder in die Gesellschaft zurückgefunden. Sie arbeiten: Also sind sie Menschen. Sie sind Menschen: Also singen sie.«

Raoul Follereau

wurde am 17. August 1903 im französischen Nevers geboren. Bereits mit 23 Jahren fand der junge Literat Eingang in die Comédie Française. 1942 gründete er mit der »Stunde der Armen« seine erste soziale Aktion, die in nur zehn Jahren über 250 Millionen Franken für zahllose Hilfswerke sammelte. Im Dienst der Leprakranken unternahm er 32 Weltreisen, besuchte er 102 Länder. 1952 forderte er von den Vereinten Nationen, ein internationales Leprakranken-Statut auszuarbeiten und die zahlreichen gefängnisähnlichen Leprosenhäuser in menschenwürdige Behandlungszentren umzuwandeln. 1954 hob er den »Welttag der Leprakranken« aus der Taufe. Drei Millionen Jugendliche aus 125 Ländern unterschrieben seine Bitte an die Vereinten Nationen, die Rüstungskosten eines Tages für den Kampf gegen die Lepra zu verwenden. 1958 wurde das Deutsche Aussätzigenhilfswerk gegründet, sechs Jahre später die Arbeitsgemeinschaft europäischer Leprahilfswerke – mit Follereau als Ehrenpräsidenten –, die mit einem Budget von jährlich rund 27 Millionen DM rund 600 Hilfsprojekte in der Dritten Welt unterstützt. Am 6. Dezember 1977 starb Follereau in Paris.

Robert Havemann
Für die Freiheit im Sozialismus

von Joachim Molsdorff

Für das Wintersemester 1963/64 kündigte der Professor für Physikalische Chemie an der Humboldt-Universität in Ost-Berlin, Nationalpreisträger der DDR des Jahres 1959, engagierter Kommunist und Widerstandskämpfer im Dritten Reich Robert Havemann eine Vorlesung unter dem Thema »Naturwissenschaftliche Aspekte philosophischer Probleme« an. Die Vorlesungen, deren erste am 18. Oktober 1963 und deren letzte am 10. Januar 1964 vor mehr als 1200 eingeschriebenen Studenten gehalten wurden, gingen weit über die angegebene Fragestellung hinaus und erregten nicht nur innerhalb der Universität erhebliches Aufsehen.

Auch die Staatspartei der DDR, die SED, interessierte sich für die Thesen ihres Parteimitglieds, indem sie prompt reagierte: Sie schloß Havemann aus der Partei aus und enthob ihn seines Lehrstuhls. Seither fristete er ein bescheidenes Dasein in einer Forschungsstelle, später als Staatspensionär, dessen Rente durch einen Ehrensold als Widerstandskämpfer aufgebessert wurde.

Aber mit seiner Vorlesungsreihe wie durch die Reaktion der SED rückte Havemann in das Licht des öffentlichen Interesses nicht nur der DDR, sondern auch der westlichen Welt. Er wurde der prominenteste Dissident der DDR, Vorbild und geistiger Ziehvater von Wolf Biermann, Jürgen Fuchs und vielen anderen und galt als das Symbol eines Sozialismus mit menschlichem Antlitz. Denn trotz des Umstands, daß »sein« Staat ihn – wie seinerzeit die Nationalsozialisten – des Amtes enthoben hatte und ihn mit Publikations- und Redeverbot belegte, hat Havemann seine Hoffnung auf einen menschlichen Sozialismus auch und gerade in der DDR niemals aufgegeben. Als er im Frühjahr 1982 starb, war der vielgeprüfte Mann keinen Schritt von seinen poli-

tischen Überzeugungen abgewichen und hatte den Glauben an den »ersten sozialistischen Staat deutscher Nation«, wie er die DDR etwas emphatisch bezeichnete, nicht verloren.
Der Mann, der im Oktober 1963 ans Katheder der Humboldt-Universität trat, um sich anscheinend mit einem naturwissenschaftlich-philosophischen Thema auseinanderzusetzen, das von Giordano Bruno bis Carl Friedrich von Weizsäcker zu den Standardthemen eines theoretischen Zugangs zu den Naturwissenschaften gehört, hatte bereits ein bewegtes, aber stets aufrechtes Leben hinter sich. 1910 als Sohn eines Lehrers in München geboren, war er schon als Student zur deutschen Arbeiterbewegung gestoßen, 1932 in die KPD eingetreten und in den letzten Jahren des Dritten Reiches Mitglied einer antifaschistisch-kommunistischen Widerstandsbewegung. 1935 hatte er im Fach Physikalische Chemie promoviert. 1943, kurz vor seiner Verhaftung, habilitierte er sich, obwohl er bereits seiner beruflichen Möglichkeiten beraubt war. Als Mitglied der illegalen »Europäischen Union« wurde er im Dezember 1943 verhaftet und vom Volksgerichtshof zum Tode verurteilt. Das Urteil wurde jedoch nicht vollstreckt, weil man erkannt hatte, daß Havemann als Wissenschaftler von Nutzen sein könnte.
1945 befreiten ihn Soldaten der Roten Armee aus dem Zuchthaus Brandenburg-Görden, in dem auch ein anderer, später berühmter Kommunist einsaß: Erich Honecker, seit 1971 Staatsratsvorsitzender der DDR und damit jener Politiker, an dessen politischer Praxis die Träume Robert Havemanns ebenso scheiterten wie bei Honeckers Vorgänger Walter Ulbricht.
Nach dem Krieg war Havemann Leiter der traditionsreichen Kaiser-Wilhelm-Gesellschaft in Berlin, aus der später die Akademie der Wissenschaften in der DDR gebildet werden sollte; und unmittelbar nach deren Gründung trat er in die SED ein, von der glaubte, daß sie die geistige und politische Kraft sein könnte, von der die Erneuerung Deutschlands von Grund auf erfolgen würde. Eine sozialistische Erneuerung gewißt, aber nach Havemanns Verständnis eine, in der Freiheit und Sozialismus keine Gegensätze bilden durften.
Havemanns Vorlesungen an der Humboldt-Universität sind Äußerungen eines Naturwissenschaftlers und Kommunisten, der keinen Hehl daraus macht, daß er die kapitalistische Gesell-

schaftsordnung für überlebt hält und ablehnt. Zugleich sind seine Ausführungen jedoch eine entschiedene, engagierte und kompromißlose Auseinandersetzung mit der eigenen Gesellschaft, welche selbst zehn Jahre nach Stalins Tod immer noch nicht bereit und in der Lage ist, sich geistig vom Stalinismus zu befreien. Seinen eigenen Worten zufolge ist es ihm nicht in erster Linie darum zu tun gewesen, kritiklose Zustimmung zu erlangen; vielmehr fordert Havemann zu Widerspruch und Zweifel auf: »Nur duch den Zweifel am Alten überwinden wir das Alte und bewahren uns doch seinen Reichtum, und nur durch den Zweifel am Neuen gewinnen wir das Neue und erhalten es am Leben.«

Man möchte meinen, daß eine derartige Absichterklärung einigermaßen bescheiden daherkommt, vor allem wenn sie aus dem Munde eines Naturwissenschaftlers stammt. Aber Havemann war sein Leben lang eben nicht nur Naturwissenschaftler, sondern zugleich auch politischer Mensch, ja Politiker (wenngleich stets ohne entsprechendes Amt); er wußte um die Verantwortung des Naturwissenschaftlers für Mensch und Natur ebenso um die Verantwortung des Intellektuellen für die Gesellschaft, in der und für die er lebte. Also nutzte er seine disparaten Kenntnisse und Einsichten, um seine Kritik an den herrschenden Verhältnissen in der DDR zu formulieren, die immer auch eine Kritik an der herrschenden Partei sein mußte. Eine begierig lauschende akademische Öffentlichkeit war ihm sicher.

Was Havemann unter dem zunächst unpolitisch klingenden naturwissenschaftlichen Titel seiner Vorlesungsreihe entwikkelte, war nichts weniger als eine Philosophie der Freiheit, wobei er geschickterweise einerseits naturwissenschaftliche Erkenntnisse und andererseits Positionen des Dialektischen und Historischen Materialismus neu zur Diskussion stellte. Dabei kam er zu ebenso überraschenden wie auch an sich einigermaßen banalen Aussagen. Nur: Banal war das, was Havemann entwickelte, bei genauerem Hinsehen eben doch nicht. Denn alles das, was er sagte, war nicht nur logisch und wohlbegründet, es war nicht nur mutig und engagiert zu Ende gedacht; er dachte als Kommunist über kommunistische Probleme nach und kam dabei unweigerlich zu einer Kritik an der Partei und einer Gesellschaft, die sich auf eben jene Fundamente beriefen, die

auch Havemann für sich in Anspruch nahm. Insofern konnte es kaum verwundern, daß die SED weniger Anstoß an Havemanns Versuch nahm, aus der Quantenmechanik gewonnene Einsichten auf die Dialektik von Zufall und Notwendigkeit, Wahrscheinlichkeit und Wirklichkeit zu übertragen; aber sie konnte sich in keinem Fall mit seinem kaum verschlüsselten Angriff auf die Parteidiktatur arrangieren und mit seinen Freiheitsvorstellungen, für die es in der Ideologie der SED ebenso wenig einen Platz gab wie in der DDR-Gesellschaft selbst.
In seiner zweiten Vorlesung, am 25.10.1963, hatte Havemann noch moderat formuliert: »Es ist eine Schwäche des Menschen, da er sich gegenüber allem, was unter ihm ist, sehr erhaben vorkommt, dafür aber auch alles, was über ihm ist, als hohe Majestät bewundert.« Fünf Wochen später wurde er noch deutlicher. Unter dem nur Naturwissenschaftlern zugänglichen Titel »Die Unvollständigkeit der Kopenhagener Deutung der Quantenmechanik« stellte Havemann Überlegungen an über Möglichkeit, Wirklichkeit und Kausalität, um dann nach einigen Anmerkungen über die Theorie der Elementarteilchen den Satz zu formulieren: »Erst dialektisches Denken gibt uns den Mut zum großen Wagnis, die Zukunft umzugestalten.«
Wer sich in der Literatur zum Dialektischen Materialismus, insbesonders bei Friedrich Engels und seiner *Dialektik der Natur*, ein wenig auskennt, weiß, daß Havemann damit nur eine Selbstverständlichkeit zum Ausdruck gebracht hat. Auch die folgenden Aussagen über Freiheit und Notwendigkeit sind keineswegs revolutionär oder auch nur neu; aber sie stehen in einem Kontext, der zu denken gibt. Denn hier kritisiert ein Marxist den in der DDR praktizierten Marxismus, der damit zu einem Scheinmarxismus abqualifiziert wird. »Freiheit, hat Hegel gesagt, ist Einsicht in die Notwendigkeit«, setzt Havemann ein. »Dieser Satz ist oft sehr einseitig, sehr mechanisch, sehr armselig interpretiert worden. Er hat dann den Charakter eines lehrerhaften Dünkels. Herablassend wird uns gesagt: Wenn ihr nicht einseht, was nun einmal Notwendigkeit ist – und diese Notwendigkeit hatten gewöhnlich diejenigen bestimmt, die das sagten –, so könnt ihr eben auch keine keine Freiheit haben und werdet dafür eingesperrt. – Freiheit könnte man sich also dadurch erkaufen, daß man freiwillig tut, was man tun muß,

obwohl man es gar nicht will.«
Eine Aussage wie diese war und ist nicht nur deshalb voller Brisanz, weil sie im Schatten der Berliner Mauer getroffen wurde, sondern auch deshalb, weil ihr Autor durchaus in der Lage war, Vergleiche zum Dritten Reich zu ziehen. Und Havemann scheute sich auch nicht, auf Kadavergehorsam und KZ-Parolen zu verweisen, um die bittere Ernsthaftigkeit seiner Aussagen zu unterstreichen. »Freiheit«, fuhr er fort, »ist nur erstrebenswert, ist nur moralisch, die nicht die Freiheit einzelner ist, sondern die Freiheit aller, die Freiheit für jeden Menschen, die jedem die Möglichkeit läßt, nach seinem Willen und nach seinen Wünschen zu entscheiden. Das ist Freiheit. Freiheit ist nicht in dem Sinne Einsicht in die Notwendigkeit, daß man jeweils nur eine einzige notwendige Sache tun kann. Sondern wahre Freiheit haben wir erst, wenn es für unser Tun und Lassen eine breite Skala von Möglichkeiten gibt. Je mehr man nicht tun darf, um so weniger Freiheit. Wir wollen eine Welt schaffen, in der allen Menschen immer mehr Möglichkeiten offenstehen, so daß jeder ganz nach seinem individuellen Streben handeln kann, nicht beschnitten und eingeengt durch Anordnungen, Befehle und Grundsätze.«
Das war deutlich, und vermutlich wird ihn jeder der 1200 anwesenden Studenten, aber auch die Herrschaften vom Staatssicherheitsdienst verstanden haben. Havemann nutzte seine rhetorischen Möglichkeiten wie auch seine Kenntnisse des Dialektischen Materialismus zu einer kaum verhüllten Kritik an der Politik der SED. Er gab sich als der ewig junge Marxist und Revolutionär zu erkennen, der sich auch von einer übermächtigen Partei nicht vorschreiben lassen wollte, was er zu denken hatte und was nicht. Freiheit, so hatte lange vor ihm Rosa Luxemburg einmal geschrieben, ist stets die Freiheit des Andersdenkenden. Havemann ergänzte diese Aussage nun dahingehend, daß er für einen Meinungspluralismus plädierte, auf dessen Folie erst Freiheit möglich sei. *Die* (staatlich verordnete) Freiheit gibt es nicht, das wußte er sowohl im Hinblick auf seine eigene politische Vergangenheit als auch in bezug auf die Wirklichkeit der DDR, die nicht zuletzt durch den Mauerbau jede Form der kritischen Auseinandersetzung mit dem System zu unterbinden versuchte. Vielleicht mußte einer erst durch die

Erfahrung des nationalsozialistischen Konzentrationslagers gegangen sein, um dennoch den Mut zu haben, gegen das etablierte System Vorbehalte anzumelden; vielleicht bedurfte es aber auch eines unerschütterlichen Glaubens an die Richtigkeit der Marxschen Thesen – und ihrer praktischen politischen Konsequenzen –, um wie Robert Havemann Schritt für Schritt aus den naturwissenschaftlichen Überlegungen heraus- und in die ideologiekritischen hineinzutreten.

Daß er sich dabei den Konflikt mit der Partei aufhalste, war ihm durchaus bewußt, denn am Ende seiner Vorlesung meinte er noch einigermaßen zuversichtlich: »Die Auseinandersetzung mit den alten in uns festgewachsenen Grundsätzen und Prinzipien, mit den vielerlei Überzeugungen und Vorurteilen, diese Auseinandersetzung wird dann in der zukünftigen Gesellschaft nicht mehr die Form bösartigen Streites haben. Sie wird nicht gelöst werden, indem man Leute einsperrt und ins Gefängnis steckt, weil sie anders denken. Wir werden miteinander ruhig reden und sachlich diskutieren in der Erkenntnis, daß in jedem von uns auch so ein Stück Überlebtes steckt, entstanden vor Jahrtausenden, tiefe Weisheit, aber vergangene, und alte und neue Irrtümer, nichts anderes als das so wunderbar Vollkommene und Unvollkommene des Menschlichen.«

Man steckte Havemann – darin hatte er recht – nicht ins Gefängnis, aber man belegte ihn mit Berufsverbot, um ihn mundtot zu machen. Man stellte ihn unter Hausarrest und ließ sein kleines Haus jahrelang systematisch beobachten, um sich seiner Gesprächspartner zu versichern. Ungeachtet dieser Repressalien hat Havemann weitergearbeitet, indem er sich verschiedentlich publizistisch zu Wort meldete, um seinen Traum von einer besseren, weil wirklich sozialistischen Gesellschaft nicht erlöschen zu lassen. So schrieb der 1980 eine »reale Utopie« mit dem Titel *Morgen*, ein eher bescheidenes Manifest seiner ungebrochenen politischen Hoffnungen, worin er mit den Menschen einer literarischen Fiktion fröhlich im Wartburg (DDR-Auto) in eine utopische, sozialistische Zukunftsgesellschaft knattert. Wichtiger demgegenüber ist sein autobiografischer Bericht *Fragen, Antworten, Fragen* (1970), worin er erneut den Stalinismus in der DDR kritisiert und die Allmacht der Partei an den Pranger stellt: »Bisher sind alle Versuche zur Überwindung des Stali-

nismus daran gescheitert, daß es nicht gelang, die stalinistische Struktur aufzulösen und durch eine moderne, demokratische zu ersetzen.« Ein Satz, der mit gewissen Abschwächungen auch aus der Feder des Generalsekretärs der KPdSU Michail Gorbatschow und damit aus dem Jahre 1987 stammen könnte, was einerseits auf die Kontinuität der etablierten Strukturen in sozialistischen Systemen, andererseits aber eben auch auf die Richtigkeit der Diagnose von Havemann verweist.
Systemkritik mit den Kategorien von Karl Marx: Dieser Aufgabe hat sich Havemann in den letzten 20 Jahren seines Lebens verschworen, nicht jedoch der Überwindung des Sozialismus in der DDR. Wenn er seine gezielten Aussagen nur in der Bundesrepublik veröffentlichen konnte, so heißt das nicht, daß er das

Robert Havemann

wurde am 11. März 1910 als Sohn eines Lehrers in München geboren. Er studierte in München und Berlin Chemie und war nach der Promotion am Kaiser-Wilhelm-Institut in Berlin tätig. 1933 trat er einer illegalen antifaschistischen Widerstandsgruppe bei. 1943 habilitierte er sich an der Universität Berlin, wurde jedoch im gleichen Jahr vom Volksgerichtshof zum Tode verurteilt. Wegen seiner naturwissenschaftlichen Qualifikationen erhielt er befristeten Vollstrekkungsaufschub, bis er 1945 von Soldaten der Roten Armee aus dem Zuchthaus Brandenburg-Görden befreit wurde.
Nach dem Krieg trat er der SED bei, arbeitete erneut am Kaiser-Wilhelm-Institut und war 1949 bis 1963 Mitglied der Volkskammer der DDR. 1950 bis zu seiner Zwangsemeritierung 1964 war er Professor für Physikalische Chemie an der Humboldt-Universität Berlin. 1964 wurde er wegen seiner Vorlesungen, die sich kritisch mit der DDR-Wirklichkeit und dem Machtanspruch der SED auseinandersetzten, aus der Partei ausgeschlossen; 1966 verlor er zudem die Mitgliedschaft in der Ost-Berliner Akademie der Wissenschaften. Um das Kontaktverbot zu westlichen Medien einzuhalten, wurde Havemann 1976 vorübergehend festgenommen; 1979 durfte er monatelang sein Haus in Fürstenwalde bei Ost-Berlin nicht verlassen; bis zu seinem Tod im Frühjahr 1982 wurde er ständig von der Staatssicherheitspolizei überwacht.

hiesige Gesellschaftssystem in irgendeiner Weise für zukunftsfähiger gehalten hätte; der Kapitalismus schien ihm stets unmoralisch.

Die Breitenwirkung Robert Havemanns in der DDR war ungleich bescheidener, als das die westlichen Medien gern wahrhaben wollten; aber er hat durch die Unerschrockenheit seiner Person und die Konsequenz seines politischen Denkens wesentlich zur Entwicklung der innersozialistischen Opposition in der DDR beigetragen. Er war so etwas wie eine Instituion, denn es ist ihm gelungen, die SED daran zu hindern, daß der Sozialismus in ihrem Sinne zerredet und das freiheitlich-utopische Element damit vernichtet würde. Wenn es in der DDR je die Personalisierung einer Hoffnung gab, dann war er diese.

Oscar Romero
An der Seite der Armen

von Christian Feldmann

San Salvador, in der Hauskapelle eines Krebskrankenhauses, am 24. März 1980: Mitten in einen Totengottesdienst hinein peitschen Schüsse. Die heimtückischen Dum-Dum-Geschosse – eine Munition, die im Körper explodiert – treffen den Zelebranten in den Kopf und ins Herz.
Gerade hat er in seiner Predigt gesagt: »Es ist zwecklos, sich selbst zu lieben, sich vor den Gefahren des Lebens zu hüten. Die Geschichte stellt die Menschen in diese Gefahren, und wer ihnen ausweichen will, verliert sein Leben. Wer sich dagegen aus Liebe zu Christus in den Dienst der anderen stellt, wird leben – wie das Weizenkorn, das stirbt, aber nur dem Schein nach. Stirbt es nicht, so bleibt es allein. Die Ernte setzt das Sterben voraus.
Erzbischof Romero, der Prediger, sackt am Altar zusammen. Blut rinnt ihm aus Mund und Ohren. Nach wenigen Minuten stirbt er auf dem Weg in die Poliklinik.
Das war am 24. März 1980. Tags zuvor hatte sich der Erzbischof mit einer unmißverständlichen Predigt in der Kathedrale von San Salvador sein Todesurteil gesprochen: Er zog einen klaren Trennungsstrich gegenüber den Unterdrückern seines Volkes, sprach ihnen das Christsein ab und rief Soldaten, Nationalgardisten und Polizisten offen zur Befehlsverweigerung auf: »Brüder, ihr gehört zu unserem Volk, ihr tötet eure eigenen Brüder unter den Bauern!«
Daraufhin heuerten die Mächtigen des Landes ihre bezahlten Killer an. Die Spuren der Scharfschützen, die in der allgemeinen Panik in einem roten Volkswagen entkamen, führten zweifelsfrei in die Militärkasernen, und US-Geheimdienstler sind sicher, daß der einstige Geheimdienstchef und Kopf der Terrororganisation »ORDEN«, Roberto D'Aubuisson, höchstpersönlich den

Mordbefehl gegeben hat. Aber anstatt das Attentat gründlich aufzuklären, durchsuchten die Behörden damals das Rechtshilfebüro des Erzbistums San Salvador und beschlagnahmten die Archive mit den Angaben über Verschwundene und Getötete.
Und diese makabren Unterlagen konnten in dem Land, das den verheißungsvollen Namen »El Salvador – der Erlöser« trägt, täglich ergänzt werden. Beinahe jeden Morgen fand man auf den Straßen Leichen mit Foltermalen. Allein in den drei Jahren nach Romeros Ermordung forderten der Krieg zwischen Militärjunta und Guerilleros, der von Polizei und Rollkommandos der Großgrundbesitzer ausgeübte Terror und die Gegengewalt der bewaffneten Volksorganisationen schätzungsweise 35 000 Menschenleben.

Die Familienclans im Präsidentenpalais von San Salvador trieben jahrzehntelang ihre Interessenpolitik auf dem Rücken der Landproletarier und Slumbewohner. Die Kirche – entschlossen auf der Seite des unterdrückten Volkes – zahlte in den letzten Jahren einen teuren Preis für ihr Engagement: Zu Dutzenden wurden Priester, Katechisten, Nonnen verfolgt, ausgewiesen, gefoltert, ermordet. »Tu was für dein Vaterland, töte einen Priester!« forderten Flugblätter auf den Straßen der Hauptstadt.

In dieser Situation ernannte Papst Paul VI. 1977 ausgerechnet den etwas weltfremden, auf Harmonie bedachten Oscar Arnulfo Romero zum Erzbischof von San Salvador. Rasch hatte der an der römischen Gregoriana ausgebildete Priester die Stufen der Karriereleiter erklommen: Bischofssekretär, Seminarrektor, Generalsekretär der Bischofskonferenz, Weihbischof, Bischof in Santiago de Maria. Dort kümmerte er sich wenig um die höchst lebendigen Basisgemeinden, pflegte statt dessen vertrauten Umgang mit Militärobristen und fällte einsame Entscheidungen in seiner wohlgefüllten Bibliothek.

Doch wenige Wochen bitterer Erfahrung in seinem neuen Bistum genügten, um diesen frommen, aber weltentrückten Mann eine umwerfende »Bekehrung« erleben zu lassen (das Wort hat er später selbst verwendet). Kaum war er Erzbischof, veranstalteten Nationalgardisten ein blutiges Massaker unter einer Menschenmenge, die in San Salvador gegen betrügerische Wahlmanipulationen protestierte. Die Demonstranten, die in die nächstgelegene Kirche hätten flüchten können, versuchte die Natio-

nalgarde auszuräuchern.
Romero hörte fassungslos, was geschehen war. Dann sagte er seinen Mitarbeitern ganz ruhig: »Jeder geht nach Hause und hilft den Menschen. Öffnet eure Türen allen, die sich in Gefahr glauben. Überprüft, ob sie wirklich verfolgt werden.«
Knapp zwei Wochen später wurden ein junger Jesuitenpater namens Rutilio Grande, ein fünfzehnjähriger Ministrant und ein siebzigjähriger Bauer auf dem Weg zum Gottesdienst erschossen – von Heckenschützen, die von der Organisation der Großgrundbesitzer bezahlt und mit Polizei-MPs bewaffnet waren. Pater Rutilio hatte in seinen Predigten die Macht einer Minderheit angeprangert, die den Armen zum Sklaven mache, und den Plantagenherren gesagt: »Wehe euch, ihr Heuchler, die ihr euch lauthals Katholiken nennt, und innen seid ihr schmutzige Bosheit! Ihr seid Kains und kreuzigt den Herrn, welcher umhergeht mit dem Namen des einfachen Landarbeiters.«
Monseñor Romero stand erschüttert vor den drei Leichen, die unter blutigen Leinenfetzen auf dem Boden von Pater Rutilois Pfarrkirche Aguilares lagen. Er begrub sie als Märtyrer hier im Gotteshaus, ohne auf die Genehmigung der Behörden zu warten. Bald darauf überfiel das Militär mit Fallschirmspringern, Panzern und Maschinengewehren das Dorf Aguilares. Die Soldaten durchsuchten alle Wohnungen, zerfetzten Bilder von Pater Rutilio, verhafteten jeden, der eine Bibel besaß. Die Pfarrkirche machten sie zu ihrem Hauptquartier, zerschossen den Tabernakel, zertraten die Hostien mit Stiefeln, stürzten den Mesner vom Kirchturm zu Tode.
In wenigen Monaten hatte der knapp sechzigjährige Priester Romero, der bisher so still und vorsichtig erschienen war, einen bis an die Wurzeln gehenden Lernprozeß durchgemacht. Er baute die katholische Radiostation und die diözesane Wochenzeitung *Orientación* aus, führte einen regelmäßigen »Dialog mit dem Volk« im Rundfunk und wurde zur Stimme derer, die keine Stimme hatten.
Seine Predigten wurden zur subversiven Information, die man im ganzen Land hörte. Über den Rundfunksender der Kirche erreichte Romero, wie man festgestellt hat, in El Salvador 73 Prozent der Landbewohner und 47 Prozent der Menschen in den Städten. Die Stimme des Erzbischofs tönte an jedem Sonntag-

morgen überall im Land aus Wohnungen, Autos und Transistorradios. Er legte das Evangelium aus und sprach vom Reich Gottes – aber er brachte es in Beziehung zur aktuellen Situation in El Salvador. Er gab Nachrichten aus den Dörfern und Basisgemeinden bekannt, brandmarkte Menschenrechtsverletzungen, nannte Mörder beim Namen, verlas lange Listen von Toten und Verschwundenen.
Ein Erzbischof, der sich im Kampf um soziale Gerechtigkeit verlor und Christus zum bloßen politischen Freiheitshelden machte? Ganz im Gegenteil. Romero wurde zum Propheten seines Landes, weil er dem Wort Gottes gehorchte und auch die soziale, gesellschaftliche Sünde sah.
»Haben Sie keine Angst vor der Politik!« ermunterte er seine Mitchristen: »Ich spreche ganz einfach als Hirte zu Ihnen, der mit seinem Volk die schöne und harte Wahrheit erfahren hat, daß der christliche Glaube uns nicht von der Welt trennt, sondern in sie einfügt; daß die Kirche kein schwer zugänglicher, von der ›Stadt‹ getrennter Ort ist, sondern Nachfolgerin des Jesus, der in der Stadt lebte, arbeitete, kämpfte und starb. Die Welt, der die Kirche dienen muß, ist für uns die Welt der Armen ...«
Nein, er war nie darauf aus, politische Theorien mit Bibelsprüchen zu verbrämen. Aber er fand in der Heiligen Schrift und im Glauben der kleinen Leute einen Gott, der die Schreie seines Volkes hört. Einen Gott, der will, daß die Menschen in Würde leben können. Romero: »Der Gott, zu dem wir uns bekennen, ist kein toter Gott; er ist ein lebendiger Gott, der den Schmerz von Gefolterten und Sterbenden mitempfindet, der mit uns fühlt, aktiv ist, arbeitet und die Geschichte lenkt.«
Seine Botschaft sei keine andere als die des Evangeliums: die Nähe Gottes anzukündigen und die Sünde anzuklagen. Deutlicher als andere sah er allerdings die Konsequenz dieser Nähe, ehrlicher als manche Mitbrüder gestand er sich ein, daß sich die individuellen Sünden der Menschen in El Salvador zu einem mörderischen System der sozialen Sünde addierten, stets neue Gewalt zeugend.
Über politische Ziele und Strategien könne es durchaus verschiedene Meinungen geben, gab der Erzbischof zu. Die Grundentscheidung über den Platz der Kirche aber müsse eindeutig

sein: »Entweder dienen wir dem Leben der Salvadoreños, oder wir sind an ihrem Tod mitschuldig.«

Diese Befreiungstheologie verkündete er auch den Christen aus den reichen Ländern, als sie ihm im Februar 1980 verschämt die Ehrendoktorwürde der Universität Löwen verliehen: Die Verfolgung in seiner Heimat gelte dem armen Volk, das heute der Leib Christi in der Geschichte sei. »Es ist das wie Jesus ans Kreuz geschlagene Volk, das wie der Knecht Gottes verfolgte Volk.« An der Seite der Armen sei deshalb der Platz Christi, in dieser »Welt ohne menschenwürdiges Antlitz«, dem »Sakrament« des leidenden Christus.

Romero wußte nur zu gut, daß die Kirche mit dieser Entscheidung auch das Schicksal der Armen wählte: Verfolgung und Tod. Die telefonischen Morddrohungen bei ihm zu Hause häuften sich. Doch er versicherte: »Ich werde mein Volk nicht verlassen«, und versprach: »Wenn sie mich töten, werde ich im Volk von El Salvador wieder auferstehen!«

Man legte ihm die Leichen von Erschossenen und zu Tode Gefolterten vor die Füße, wenn er sonntags in der Kathedrale Gottesdienst feierte. Romero brach in lautes Weinen aus und rief, nichts Wichtigeres gebe es für die Kirche als das Leben der Menschen und die Person der Armen. »Denn Jesus hat gesagt, alles, was man ihnen tue, sei ihm angetan. Und all dieses vergossene Blut, all diese Toten, das geht weit über jede Politik, das rührt an das Herz Gottes!«

Romero redete so unmißverständlich, daß jeder wußte: Diesen Mann konnten die Herrschenden nicht am Leben lassen. Zwei Wochen vor seinem gewaltsamen Tod sprach er darüber ganz offen in einem Interview:

»Als Christ glaube ich nicht an den Tod ohne Auferstehung ... Als Hirte bin ich durch Gottes Auftrag verpflichtet, mein Leben für die zu geben, die ich liebe, das sind als Salvadorianer, auch jene, die darauf aus sind, mich umzubringen. Sollten die Drohungen sich erfüllen, dann will ich Gott schon jetzt mein Blut anbieten für die Erlösung und Auferstehung von El Salvador.

Mein Tod sei, wenn er von Gott angenommen wird, für die Befreiung meines Volkes, und er sei ein Zeugnis für die Hoffnung auf die Zukunft. Ja, gebe Gott, daß diese Leute einsehen, wie sie ihre Zeit verschwenden: Ein Bischof mag sterben, doch die Kirche Gottes, das ist das Volk, wird niemals zugrunde gehen.«

Oscar Arnulfo Romero

wurde am 15. August 1917 in Ciudad Barrios (El Salvador) geboren. Er studierte in seinem Heimatland und in Rom, wurde 1942 zum Priester geweiht und arbeitete zunächst in der Pfarrseelsorge. Später wurde er Generalvikar seines Heimatbistums San Miguel. 1966 wählten ihn die salvadorianischen Bischöfe zum Generalsekretär ihrer Konferenz und zum Delegierten beim Lateinamerikanischen Bischofsrat. 1970 wurde er Weihbischof von San Salvador, 1975 Bischof der neugegründeten Diözese Santiago de Maria. 1977 kehrte er als Erzbischof in die Hauptstadt San Salvador zurück. Sein Einfluß auf die wichtige Generalversammlung der lateinamerikanischen Bischöfe im mexikanischen Puebla 1979 soll groß gewesen sein. Am 24. März 1980 wurde er während der Messe in einem Krankenhaus von San Salvador am Altar erschossen.

Nelson Mandela
Kämpfer gegen die Apartheid

von Hans-Martin Große-Oetringhaus

Im Büro der Anwaltskanzlei, in der Nelson Mandela als Gehilfe tätig war, arbeitete auch eine Schreibkraft, eine Weiße. »Sie hatte die Angewohnheit, mich um Arbeit zu fragen, wenn sie nichts zu tun hatte. Eines Tages diktierte ich ihr gerade etwas, als ein weißer Klient hereinkam. Dies war ihr offensichtlich peinlich, und um zu zeigen, daß ich nicht ihr Arbeitgeber war, nahm sie sechs Pence aus ihrer Geldtasche und sagte: ›Nelson, hol mir bitte Haarshampoo aus der Drogerie‹«.
So beschrieb Nelson Mandela in einer autobiographischen Notiz 1964 eine jener Alltagserfahrungen, die das Leben der Schwarzen in Südafrika charakterisierten. Die Apartheid, die politisch organisierte und gesetzlich verankerte Diskriminierung, Unterdrückung und Ausbeutung der schwarzen Mehrheit durch die weiße Minderheit, war für jeden Schwarzen tagtäglich erfahrbar, im Großen wie im Kleinen.
Der Kampf gegen die Apartheid und für die grundlegendsten Menschenrechte prägte das Leben dieses Mannes und ließ ihn zu einem der populärsten politischen Gefangenen der Welt werden. Obwohl ihn die weiße Apartheidsregierung jetzt seit fast einem Vierteljahrhundert hinter Gefängnismauern festhält und er seit 1964 für die Öffentlichkeit unsichtbar ist, ist er heute zweifellos einer der sichtbarsten schwarzen Führer Südafrikas. Die lebenslängliche Haft hat ihn nicht von der politischen Bühne verbannt. Statt dessen ist er zunehmend zu einer beherrschenden Figur in der südafrikanischen Politik geworden. Inzwischen wurde er auch weltweit zum Symbol für den Freiheitskampf der Schwarzen in Südafrika und mit mehr als einem Dutzend internationaler Auszeichnungen geeehrt. Zahlreiche Straßen und Plätze tragen heute seinen Namen. Die weiße Regierung Südafrikas dagegen versucht, ihn totzuschweigen.

Mandela betonte selbst immer wieder, daß er »nur einer von sehr vielen« sei. Darum läßt sich sein Portrait auch nur gleichzeitig mit der Geschichte des African National Congress (ANC) zeichnen.

Nelson Rolihlahla Mandela wurde am 18. Juli 1918 in einem kleinen Dorf bei Umtata in der Transkei geboren. Sein zweiter Vorname, Rolihlahla, sollte mehr als nur ein Name sein. Sinngemäß aus der Xhosa-Sprache übersetzt bedeutet er »Der, der uns auf Wichtiges vorbereiten wird«, »der, der uns leiten und führen wird«. Sein Vater war Unterhäuptling des Tembu-Volkes. Er starb, als Nelson zwölf Jahre alt war. Während seine Eltern niemals die Schule besucht hatten, konnte Nelson an der Fort-Hare-Universität und an der Johannesburger Witwatersrand-Universität Jura studieren. 1944 trat er der südafrikanischen Befreiungsbewegung ANC bei. Im gleichen Jahr wurde die Jugendliga des ANC gegründet. Mandela und Oliver Tambo, der seit 1960 im Exil lebende Präsident des ANC, waren maßgeblich am Aufbau dieser Unterorganisiation beteiligt.

Drei Jahre später wurde Mandela zum neuen Generalsekretär der Jugendliga gewählt. In dieser Funktion wandte er sich gegen die ihm zu vorsichtige und zögernde Politik der ANC-Führung und konnte ein Aktionsprogramm für den gesamten ANC durchsetzen. Das Programm forderte in aller Entschiedenheit die nationale Befreiung. Es bestand auf der Beendigung der weißen Vorherrschaft und der Apartheid, die sie garantieren sollte. Für die Afrikaner wurde das Recht auf Selbstbestimmung gefordert. Um diese Ziele zu erreichen, bekannte sich das Programm zu entschlosseneren Kampfformen: »Sofortiger und aktiver Boykott, Streik, ziviler Ungehorsam« und außerdem »die Vorbereitung und Planung eines eintägigen landesweiten Generalstreiks.«

Mandela war beeindruckt von den Methoden des passiven Widerstandes, dessen Tradition 1907 durch Mahatma Gandhi in Südafrika begründet worden war. (Gandhi war damals politischer Führer der in Südafrika lebenden Inder.) Mit seinen Freunden entwickelte er darum die »Defiance Campaign«. Während dieser Kampagne sollten die Menschen massenhaft, diszipliniert und mit strikt gewaltfreien Mitteln die Apartheidsgesetze gezielt mißachten. Diese Mißachtung der unrechtmäßigen

und menschenverachtenden Gesetze sollte deutlich machen, daß der ANC seinen Kampf nicht gegen die Weißen als Menschen führte, sondern gegen das System der weißen Vorherrschaft und Unterdrückung der Schwarzen. Die Schwarzen sollten sich demonstrativ einem Regime verweigern, das sie zunehmend in ihren elementaren politischen Rechten beschnitt.
Die Kampagne, die Mandela organisierte, begann am Morgen des 20. Juli 1952 in Porth Elisabeth. Zunächst waren es nicht mehr als 33 Menschen, die sich an der Aktion beteiligten. Doch noch am gleichen Tag breitete sie sich wie ein Lauffeuer über das ganze Land aus. »Afrikaner, Farbige, Inder und Europäer«, so erinnerte sich Mandela später, »folgten dem nationalen Aufruf und mißachteten die Paßgesetze, die Ausgangssperre und die für die Eisenbahn geltenden Vorschriften der Apartheidsgesetze. Bis zum Jahresende hatten sich 8 500 Menschen aller Rassen an der Verweigerungskampagne beteiligt.«
Diese Kampagne ließ die Mitgliederzahl des ANC sprungartig anwachsen. Innerhalb kurzer Zeit stieg sie von 7 000 auf 100 000. Zwar war kein einziges Gesetz beseitigt worden, und die Opfer waren groß. Tausende wurden verhaftet und vor Gericht gestellt oder verloren ihre Arbeit. Aber es wurden politische Kräfte freigesetzt, die wichtig für den weiteren Kampf waren. »Die Kampagne«, so stellte Mandela fest, »inspirierte unser Volk und ließ es von einer unterdrückten und unterwürfigen Gemeinschaft von ›Ja-Sagern‹ zu einer kämpferischen, entschlossenen Gemeinschaft von Kampfgefährten werden.«
Als Organisator der Kampagne war Mandela im ganzen Land bekannt und populär geworden. So wurde er im Oktober 1952 zum Präsidenten der ANC-Organisation von Transvaal gewählt. Doch zugleich stellten ihn die Weißen mit anderen politischen Führern vor Gericht und verurteilten ihn zu neun Monaten Gefängnis und Zwangsarbeit bei zwei Jahren Bewährung. Noch im gleichen Jahr wurde Mandela gebannt und durfte für sechs Monate an keiner öffentlichen Veranstaltung mehr teilnehmen und den Bezirk Johannesburg nicht verlassen.
Nelsen Mandela und Oliver Tambo hatten 1952 eine gemeinsame Anwaltspraxis in Johannesburg eröffnet. »Hätten wir nicht schon gegen die Apartheid ... rebelliert«, erklärte Tambo später, »hätten die Erfahrungen, die wir dort machten, uns schnell dazu

veranlaßt.« Ihr Büro wurde bald zu einer Zufluchtstätte für die große Zahl der Opfer der Apartheid. Bereits, daß Mandela und Tambo als erste Schwarze in Südafrika eine Anwaltskanzlei betrieben, war für die Weißen eine ungeheuerliche Herausforderung. Der Juristenverband machte ihnen Schwierigkeiten. Ständig wurden sie polizeilich überwacht. »Das Gesetz hatte mich«, so stellte Mandela fest, »zu einem Kriminellen gemacht, nicht wegen meiner Taten, sondern wegen meiner Überzeugung, wegen meiner Gesinnung, wegen meines Gewissens.«

Auf dem Volkskongreß von Kliptown 1955 wurde die Freiheitscharta, die bis heute das wichtigste programmatische Dokument des ANC geblieben ist, von über 2 800 Delegierten aller Rassengruppen verabschiedet. Genau drei Monate später führte die Polizei die bis dahin größte Razzia gegen Mitglieder der Befreiungsbewegung durch. An einem Wochenende wurden die Wohnungen von 500 Familien durchsucht. Bis Ende 1956 fanden über tausend derartige Überfälle der Polizei statt. Am 5. Dezember wurde Nelson Mandela im Morgengrauen aus seiner Wohnung geholt. Mit ihm wurden weitere 104 Afrikaner, 23 Weiße, 21 Inder und 7 Mischlinge verhaftet und wegen Hochverrats angeklagt. Darauf stand die Todesstrafe. Die Angeklagten wurden gegen Kaution freigelassen. Der Prozeß zog sich über fünf Jahre hin.

In dieser Zeit lernte Nelson Mandela Nomzamo Winnie Madikizela kennen. Von seiner ersten Frau Evelyn Ntoko lebte er seit 1955 getrennt. 1958 erhielt er vier Tage Sonderurlaub vom Hochverratsprozeß, um Winnie zu heiraten. Viel Zeit füreinander und für ein Familienleben ließen ihnen die Apartheid und der Kampf gegen sie kaum. In ihren Lebenserinnerungen schrieb Winnie Mandela: »Sein Engagement für die Sache seines Volkes füllt ihn ganz aus – und doch lebt er auch die Liebe zu Menschen, die ihm nahestehen, ganz und gar ... Das Verstehen, den Glauben, das Vertrauen, das er uns schenkt, die Liebe, die er ausstrahlt – das alles ist so stark, daß es einen trägt, auch wenn man es mit der ganzen Nation teilt.«

Während das Jahr 1960 für zahlreiche Länder Afrikas ein Jahr der Hoffnung wurde und sie in ihre Unabhängigkeit entließ, wurde es für Südafrika ein dunkles Jahr. Der ANC hatte für den 31. März zu einer landesweiten Kampagne gegen die Paßgesetze aufgerufen. Der Panafricanist Congress (PAC), der sich 1959 abgespalten hatte, hatte dagegen schon für den 21. März zu einer Anti-Paß-Demonstration aufgerufen. In Sharpeville schoß die Polizei sofort in die friedlich demonstrierende Menge. 69 Schwarze wurden getötet und mehr als 180 verwundet. Unter den Opfern befanden sich zahlreiche Frauen und Kinder. Wenige Stunden später ging die Polizei in Langa ähnlich brutal vor.

Diese Massaker ließen Mandela und seine Freunde daran zweifeln, daß die Kampfformen ihres Widerstandes angemessen seien. Die Morde lösten überall im Land einen Aufschrei der Empörung aus. Um den Protest einzudämmen, verhängte das Apartheidsregime den Ausnahmezustand. Mandela und die anderen Angeklagten des Hochverratsprozesses wurden wieder inhaftiert. ANC und PAC wurden verboten.

Vor Gericht betonte Mandela immer wieder, daß der ANC eine demokratische Gesellschaft auf nichtrassischer Grundlage wolle: »Wir sind nicht gegen die Weißen«, sagte Mandela, »wir sind gegen die Vorherrschaft der Weißen.« Der Prozeß endete 1961 mit dem Freispruch für die Angeklagten. Doch zum Feiern blieb ihnen keine Zeit. Mandela mußte sofort untertauchen.

Aus dem Untergrund organisierte Mandela einen Generalstreik. Doch je näher er rückte, desto brutaler ging die Regierung vor. Allein in der zweiten Maihälfte verhaftete die Polizei über zehntausend Afrikaner wegen der Paßgesetze. Einheiten der Armee besetzten mit Panzerwagen die Wohngebiete der Schwarzen.

Aufgrund der Erfahrungen dieses Jahres fragte sich Mandela: »Ist es politisch richtig, weiter Frieden und Gewaltlosigkeit zu predigen, wenn man es mit einer Regierung zu tun hat, deren barbarische Praktiken so viel Leid und Elend über die Afrikaner gebracht haben?« Als Antwort auf seine Frage gründete er den »Umkhonto We Sizwe« (Speer der Nation), eine militärische Organisation, die sich auf die neuen Bedingungen des Kampfes einstellen und dem zunehmenden Terror des Regimes eine organisierte, bewaffnete Gegengewalt durch Sabotageakte entgegensetzen sollte. Nelson Mandela wurde zum Oberkommandierenden ernannt. Er gab die strikte Anweisung, daß bei allen Aktionen auf keinen Fall Personen verwundet oder getötet werden sollten.

Im Dezember wurde »Umkhonto We Sizwe« erstmals aktiv. In drei Städten explodierten Bomben gegen Regierungseinrichtungen, die von den Schwarzen als Symbole der Apartheid und Rassendiskriminierung empfunden wurden. In einem gleichzeitig verbreiteten Flugblatt hieß es: »Wir ... waren immer bestrebt, die Befreiung unseres Landes ohne Blutvergießen zu erreichen. Das wollen wir immer noch. Selbst jetzt – zu diesem späten Zeitpunkt – hoffen wir immer noch, daß unsere ersten Aktionen jedermann aufrütteln ... Wir hoffen, daß wir die Regierung und diejenigen, die sie unterstützen, zur Vernunft bringen können, bevor es zu spät ist.«
Doch die Regierung dachte nicht an Umkehr. Statt dessen baute sie ihren Unterdrückungsapparat weiter aus und erließ verschiedene Gesetze, die die grundlegendsten Menschenrechte in Südafrika außer Kraft setzten.
Ende 1961 erhielt Mandela vom ANC den Auftrag, verschiedene Kontakte in Afrika und in London zu knüpfen. Er verließ illegal das Land. »Zum erstenmal in meinem Leben«, so sagte er später, »war ich ein freier Mann, frei von weißer Unterdrückung, frei von der Idiotie der Apartheid, frei von rassischer Überheblichkeit. Ich war frei von Polizeibelästigung, Erniedrigung und Demütigung. Wohin ich auch ging, ich wurde wie ein menschliches Wesen behandelt.«
Nach einem halben Jahr kehrte Mandela heimlich nach Südafrika zurück. Wenige Wochen später, am 5. August 1962, er steuerte gerade als Chauffeur verkleidet den Wagen eines weißen Freundes, geriet er in eine Polizeikontrolle. Er wurde verhaftet und später zu fünf Jahren Haft auf der Sträflingsinsel Robben Island bei Kapstadt verurteilt.
Die Aktionen von Umkhonto gingen weiter. Und obwohl die Anschläge eher symbolischen Charakter trugen und bewußt Menschenleben schonten, waren die Gegenmaßnahmen der weißen Regierung erbarmungslos. Die Gefängnisse füllten sich. Neue Gesetze führten die systematische Folter durch Elektroschocks, Schläge und Vergewaltigung ein. Am 12. Juli 1963 gelang der Polizei ein folgenschwerer Schlag gegen die Befreiungsbewegung. Sie stürmte die ANC-Farm in Rivonia, erbeutete wichtige Dokumente und nahm die gesamte Führung von ANC und Umkhonto gefangen, darunter auch Nelson Mandela. Er

wurde als »Angeklagter Nr. 1« mit anderen vor Gericht gestellt. Dort erklärte er: »Die Regierung gehört auf die Anklagebank, nicht ich.« Den Höhepunkt des Prozesses bildete seine berühmt gewordene Verteidigungsrede. Er erinnerte mit eindringlichen Worten an die Ursache des Befreiungskampfes: an das Leiden seines Volkes unter der Apartheid. Der Kampf des ANC »ist ein Kampf des afrikanischen Volkes, geboren aus seinem Leben und seinen Erfahrungen, es ist ein Kampf um das Recht zu leben. Diesem Kampf ... habe ich mich ein Leben lang gewidmet. Ich habe gegen die Vorherrschaft der Weißen und ich habe gegen die Vorherrschaft der Schwarzen gekämpft. Eine demokratische und freie Gesellschaft, in der alle friedlich und mit gleichen Möglichkeiten miteinander leben können, hat mir stets als Ideal vorgeschwebt. Es ist ein Ideal, für das ich leben und das ich verwirklichen möchte. Aber wenn es sein muß, bin ich bereit, für dieses Ideal zu sterben.«

Alle acht Angeklagten wurden am 12. Juni 1964 zu lebenslangen Zuchthausstrafen verurteilt und nach Robben Island gebracht, wo sie unter menschenunwürdigen Bedingungen inhaftiert wurden. Sie wurden in winzige Einzelzellen gesperrt und durften anfangs untereinander keinen Kontakt haben. Außer einer Matte und einer Matratze gab es zunächst keinerlei Mobiliar. Bis Mitte der siebziger Jahre mußten sie schwere körperliche Arbeiten im Steinbruch oder Straßenbau verrichten. In der Anfangszeit durften die Gefangenen nur jedes halbe Jahr einen halbstündigen Besuch von engsten Verwandten erhalten. Nelson und Winnie Mandela konnten sich dann nur durch eine Glaswand sehen und über ein Telefon unterhalten. Dabei wurde jedes Wort aufgezeichnet. Hinter beiden standen jeweils drei Beamte, die das Gespräch genau kontrollierten. Es war den beiden strengstens untersagt, über Politik zu reden. Mandela und seine Mitgefangenen wurden systematisch von Informationen abgeschirmt. Nachrichten erhielten sie nur, wenn neue politische Gefangene nach Robben Island gebracht wurden. Und immer wenn sich die Haftbedingungen verschärften und die Schikanen zunahmen, ahnten sie, daß »draußen« etwas vorgefallen sein mußte.

Als 1976 ein neuer Schub vor allem jugendlicher Gefangener auf ihrer Insel ankam, erfuhren sie von dem Soweto-Aufstand. Dort hatte sich der Protest der Schüler gegen die Apartheidserziehung zur Demonstration gegen die Apartheid schlechthin entwickelt. Sie war von der Polizei blutig niedergeschlagen worden. Über tausend Schwarze, zum großen Teil Kinder und Jugendliche, wurden bei den Unruhen getötet.

Winnie Mandela wurde mehr und mehr zu einer tragenden Figur des Widerstandes. Das Apartheidsregime brachte sie darum selbst ins Gefängnis, bannte sie später und dachte sich zahlreiche Schikanen aus.

1982 wurden Nelson Mandela und die anderen Rivonia-Häftlinge in das Hochsicherheitsgefängnis von Pollsmoor bei Kapstadt verlegt. Damit wollte die Regierung den Einfluß dieser Männer auf die jungen Häftlinge unterbinden, die Mandela im Gefängnis weitergebildet hatte. »Die Insel war ja schon«, so berichtete Winnie Mandela, »zu einer Art Mandela-Universität geworden – Jugendliche, die mit fünf Jahren Schuldbildung auf die Insel gekommen waren, verließen sie mit Abschlußexamen.« Als Mandela verlegt wurde, kam dieses Programm zum Erliegen. Die weiße Regierung versuchte, Mandela bewußt in ihre Politik einzubauen. Sie bot ihm die Freilassung an, wenn er auf Gewalt als Mittel des Kampfes bedingungslos verzichten würde. Mandela durchschaute diese Politik und lehnte ab: »Der bewaffnete Kampf wurde uns von der Regierung aufgezwungen. Und wenn sie will, daß wir ihn aufgeben, so liegt das ganz in ihrer Hand. Sie müssen uns legalisieren, uns wie eine politische Partei behandeln und mit uns verhandeln. Bis sie das tun, werden wir mit dem bewaffneten Kampf leben müssen.«

»Ich schätze meine Freiheit hoch«, ließ er von seiner Tochter Zindzi im Februar 1985 auf einer Massenveranstaltung in Soweto verlesen. »Aber noch höher schätze ich die Eure. Zu viele sind gestorben, seit ich ins Gefängnis gegangen bin. Zu viele haben wegen ihrer Freiheitsliebe gelitten. Ich bin es ihren Witwen, ihren Waisen, ihren Müttern und ihren Vätern schuldig, die um sie getrauert und geweint haben. Nicht nur ich habe in diesen langen, langen vergeudeten Jahren gelitten. Ich liebe das Leben nicht weniger als Ihr. Aber ich kann mein Geburtsrecht nicht verkaufen, um die Freiheit zu erlangen. Ich bin im Gefängnis als Vertreter des Volkes und des verbotenen Afrikanischen Nationalkongresses.«

Diese Haltung ist charakteristisch für Mandela. Sogar ein großer Teil der Jugend fühlte sich einem solchen Mann verbunden, obwohl sie ihn nie gehört oder gesehen hat. Viele waren ja noch nicht einmal geboren, als er ins Gefängnis ging. Mandela hat große Opfer für die Beseitigung der Apartheid gebracht. Auch seine zornigen Erben werden noch zahlreiche Opfer bringen müssen, bis sie frei sein werden.

Nelson Mandela

wurde am 18. Juli 1918 in Umtata (Transkei/Südafrika) als Sohn eines Häuptlings geboren. Nach der Schule studierte er Jura. 1944 trat er dem ANC bei und beteiligte sich bereits im selben Jahr aktiv an der Gründung der Jugendliga des ANC. 1952 eröffnete er mit seinem Freund und Kampfgefährten Oliver Tambo eine Rechtsanwaltspraxis in Johannesburg. Im gleichen Jahr organisierte er die »Kampagne zur Nichtbeachtung der Apartheidsgesetze«, wurde Präsident des ANC in Transvaal und stellvertretender Präsident des ANC in Südafrika. Neun Jahre später organisierte er einen Streik gegen die einseitige Ausrufung der »Republik Südafrika« durch die weiße Minderheitsregierung und mußte noch im gleichen Jahr in den Untergrund gehen.

Nach einer illegalen Reise durch verschiedene afrikanische Länder und nach Großbritannien wurde er 1962 in Südafrika verhaftet und 1964 wegen seiner politischen Aktivitäten zu lebenslänglichem Zuchthaus verurteilt. Bis 1982 hielt man ihn bei schwerer Zwangsarbeit auf der Sträflingsinsel Robben Island gefangen. Der Kontakt zur Außenwelt und zu seiner Familie wurde fast gänzlich unterbunden. Dann wurde er in das Pollsmore-Gefängnis bei Kapstadt verlegt.

Trotz seiner fast einviertel Jahrhundert dauernden Gefangenschaft haben ihn die Schwarzen in Südafrika nicht vergessen. Er ist der anerkannte Führer des ANC, einer der beherrschenden Figuren südafrikanischer Politik und damit wohl einer der populärsten politischen Gefangenen der Welt.

Martin Luther King
Unbewaffnete Liebe

von Christian Feldmann

Keiner, der 1963 den Sternmarsch von einer Viertelmillion Bürgerrechtlern zum Washingtoner Lincoln-Denkmal am Bildschirm miterlebte, wird diese Demonstration für die Gerechtigkeit jemals vergessen können: 250 000 Farbige und Weiße, die voller Entschlossenheit anständige Wohnungen, gerechte Löhne und das Ende der Rassentrennung an den Schulen forderten und die alten Spirituals der Negersklaven sangen. Keiner wird den Augenblick vergessen, als der junge Baptistenpfarrer Martin Luther King am Fuß des Lincoln-Denkmals seine Vision von einer guten Zukunft für alle Menschen in den Himmel rief:
»Ich habe einen Traum«, sagte King, »daß eines Tages auf den roten Hügeln von Georgia die Söhne früherer Sklaven und die Söhne einstiger Sklavenhalter miteinander am Tisch der Gerechtigkeit sitzen werden.
Ich habe einen Traum, daß meine vier kleinen Kinder eines Tages in einer Nation leben werden, in der man sie nicht nach ihrer Hautfarbe, sondern nach ihrem Charakter beurteilen wird.
Ich habe einen Traum, daß diese Nation eines Tages aufstehen wird und der wahren Bedeutung ihrer Verfassung gemäß leben wird: ›Wir halten diese Wahrheiten für selbstverständlich: Alle Menschen sind gleich geschaffen.‹
Laßt die Freiheit erschallen von den mächtigen Bergen New Yorks. Laßt die Freiheit erschallen von den hohen Alleghenies in Pennsylvania. Laßt die Freiheit erschallen von den schneebedeckten Rocky Mountains in Colorado! Laßt die Freiheit erschallen von jeder Erhebung und jedem Maulwurfshügel in Mississippi. Von überall her laßt die Freiheit erschallen ... Dann werden wir eher den Tag erreichen, an dem alle Kinder Gottes, schwarze und weiße Menschen, Juden und Heiden, Protestanten und Katholiken, sich die Hände reichen und mit den Worten

des alten Negro-Spirituals singen können: ›Endlich frei! Endlich frei! Dank dem allmächtigen Gott, wir sind endlich frei‹«

Pastor King war damals längst zur unbestrittenen Führungs- und Symbolfigur der Bürgerrechtsbewegung geworden. Aber seine vielschichtige Persönlichkeit entzieht sich einer vorschnellen Einordnung. An der Universität war er ein auffallend eleganter Student gewesen, ein guter Tänzer; er hatte in Theologie und Philosophie promoviert und wurde später zum Ehrendoktor etlicher Universitäten ernannt. In einem einzigen Jahr, so hat man ausgerechnet, legte er 750 000 Meilen zurück und hielt 250 Reden.

Aber wer ihn aus der Nähe kennenlernte, entdeckte einen eher scheuen, ernsten, fast melancholischen Menschen, selbstkritisch bis zur Selbstquälerei, sensibel, unter Haß und Unverständnis seiner Gegner leidend. Der strahlende Redner King war fotoscheu und fühlte sich in großen Menschenansammlungen gar nicht wohl. Die Leute hingen an seinen Lippen, weil er glaubwürdig sprach und lebte – nicht weil er sich zum Volkstribunen geeignet hätte.

Seine Überzeugungskraft bezog King aus einem aufrüttelnden Glauben. Er machte ihn stark, seine Ängste zu überwinden. Der junge Pastor las das Evangelium nicht, um frommen Genuß daraus zu schöpfen und sich aus den Widrigkeiten der Welt zurückzuziehen. Die Bibel war ihm eine empörende Lektüre.

»Vor zweitausend Jahren sagte eine Stimme aus Betlehem, daß alle Menschen gleich sind«, so faßte er das Ergebnis seines Schriftstudiums zusammen. »Sie sagte, Recht werde triumphieren. Jesus von Nazaret schrieb keine Bücher, er besaß kein Eigentum, das ihm Einfluß verlieh. Er hatte keine Freunde an den Höfen der Mächtigen. Aber er änderte den Kurs der Menschheit mit den Armen und Verachteten allein.«

Doch warum nahm man diese Botschaft nicht ernst? Warum sperrte man die schwarzen Brüder aus den weißen Kirchen und die Kinder der Farbigen aus dem weißen Religionsunterricht aus? »Was würde Jesus, käme er heute wieder, den Bürgern von Alabama sagen?« stand als unausgesprochene Frage hinter all seinen Kanzelworten und Vorträgen.

Martin Luther King gebrauchte die geläufigen religiösen Bilder

Robert Havemann 2. v. l. (oben)
Oscar Romeros Beerdigung (unten)

XIV Martin Luther King

und theologischen Redewendungen ausgesprochen sparsam. Aber seine nüchternen Handlungsanweisungen für den politischen Kampf, seine Appelle an Bürgersinn und Zivilcourage entpuppten sich oft genug als getreue Übersetzung des Evangeliums in die gesellschaftliche Wirklichkeit.
Denn auch der politische Bereich, das war für King klar, gehört zum Arbeitsfeld eines Christen – wenn der Glaube nicht zu einer »Religion der Nichtstuer« entarten soll: »Es ist nicht falsch, über Straßen zu reden, in denen Milch und Honig fließt«, so nahm er solche Prediger einer bloß innerlichen Frömmigkeit mit ihren nostalgischen Bildern aus der Bibel aufs Korn. »Aber Gott hat uns befohlen, uns um die Slums hier unten zu sorgen und um seine Kinder, die nicht einmal drei ausreichende Mahlzeiten pro Tag erhalten. Es ist nicht falsch, über das neue Jerusalem zu reden, aber eines Tages muß ein Prediger Gottes über das neue New York, das neue Atlanta, das neue Los Angeles, das neue Philadelphia und das neue Memphis in Tennessee reden! Das ist unsere Aufgabe.«
Ja, eine Kirche, die hinter ihren bunten Glasfenstern zu Rassismus und sozialem Unrecht schweige, eine solche Kirche habe Christus im Stich gelassen.
Voll in der Frohbotschaft wurzelte die tragende Idee der mit dem Namen King verbundenen Protestbewegung: Liebe und Gewaltlosigkeit. Leidenschaftlich für die vorenthaltenen Rechte kämpfen, aber sich nie zu Verschlagenheit, Haß und Gewalt hinreißen lassen – das war sein ganzes Programm.
Am Ende des gewaltlosen Widerstandes ersehnte er als große Vision nicht den Sieg der Farbigen über die Weißen, sondern das friedliche, von Vernunft und Gerechtigkeit bestimmte Zusammenleben beider Rassen. In der Gedankenwelt Kings ist gewaltloser Widerstand die praktische Seite der Liebe. Der Gegner soll nicht vernichtet, sondern zum Nachdenken gebracht werden. Das Ziel sind Aussöhnung und Freundschaft.
»Gewaltlosigkeit ist Macht«, darauf beharrte Dr. King, »aber sie ist der richtige und gute Gebrauch der Macht.« Unbewaffnete Liebe sei die einzige Möglichkeit, die tödliche Kettenreaktion von Haß und wieder Haß, von Gewalt und Gegengewalt zu durchbrechen. Unbewaffnete Liebe bedeutete für ihn jene radikale Veränderung, die sich nicht darauf beschränkt, Herren und

Knechte einfach auszutauschen, sondern die dahinterstehenden falschen Selbstverständlichkeiten in Frage stellt: Muß es das überhaupt geben, Herren und Knechte, die Zweiteilung der Gesellschaft in jene, die zu bestimmen, und die anderen, die zu gehorchen haben?
»Wenn wir vergeben«, sagte King, »so bedeutet das nicht, daß wir so tun, als wäre nichts geschehen, oder daß wir eine böse Tat nicht mehr beim Namen nennen. Vielmehr bedeutet es, daß eine böse Tat nicht mehr als Barriere die Verbindung stört.« Der Pastor King war alles andere als ein verrückter Schwächling. Die Tapferkeit zum Frieden verlange ungleich mehr Mut als die Tapferkeit zum Krieg, erklärte er ruhig seinen Kritikern.
Welch unwahrscheinliche Kraft in solch einer Haltung steckt, wurde spätestens 1965 bei der großen Demonstration von Birmingham deutlich. Betend und singend marschierte eine Gruppe Farbiger, geführt von ihren Geistlichen, auf eine Polizeitruppe zu, die kurz vorher ihre Hunde auf demonstrierende Kinder gehetzt und fast tausend Minderjährige verhaftet hatte.
Entgeistert mußte der für seine Brutalität berüchtigte Einsatzleiter der Polizei feststellen, wie seine Männer links und rechts vor der betenden Menge zurückwichen, vor dieser kleinen Schar, die gegen die unmenschliche Rassentrennung in Schulen, Gaststätten und Waschräumen auf die Straße gegangen war.

Begonnen hatte die ganze Bewegung in Montgomery, der Hauptstadt des US-Staates Alabama, einer Bastion der Rassentrennung. Farbige und Weiße durften doch nicht zusammen im Taxi fahren, in den Bussen waren die Sitze streng voneinander getrennt. Wenn die Plätze für die Weißen nicht ausreichten, mußten ihnen die schwarzen Fahrgäste Platz machen, andernfalls drohte ihnen die Verhaftung.
Die fünfzehnjährig Schülerin Claudette Colvin wurde aus dem Bus gezerrt, mit Handschellen gefesselt und ins Gefängnis gebracht, weil sie sich geweigert hatte, einem weißen Fahrgast ihren Sitz abzutreten. Einen anderen Farbigen zwang der Busfahrer mit gezogener Pistole zum Aussteigen, weil er kein passendes Kleingeld hatte.
Aber erst als die farbige Näherin Rosa Parks, eine freundliche, ruhige Frau mittleren Alters, 1954 aus demselben Grund verhaf-

tet wurde, begannen sich die Schwarzen Montgomerys gemeinsam und geschlossen zu wehren. 381 Tage lang gingen sie zu Fuß, fuhren per Anhalter, ritten manchmal sogar auf Maultieren zur Arbeit; durch das schwarzen Viertel von Montgomery fuhren leere Busse. Die Autobesitzer unter den Schwarzen gründeten eine Art alternativer Beförderungsgesellschaft, um ihre Mitbürger zum Arbeitsplatz zu bringen und den Busboykott über Wochen und Monate hinweg zu ermöglichen.
Doch viele Schwarze verzichteten sogar auf solche Erleichterungen, um ihren Protest deutlich zu machen: Einer der genannten Fahrer stoppte eines Tages neben einer alten Frau, die offensichtlich nicht besonders gut zu Fuß war. »Steig ein, Großmutter«, ermunterte er sie, »du brauchst nicht zu laufen!« Sie lehnte das Angebot fröhlich ab: »Ich laufe nicht für mich, ich laufe für meine Kinder und Kindeskinder.«
381 Tage hielten die Schwarzen von Montgomery ihren Busboykott eisern durch, dann war das Busunternehmen am Rand des wirtschaftlichen Ruins. Und das von den Schwarzen mobilisierte Oberste Bundesgericht der Vereinigten Staaten erklärte die Rassentrennung in den Bussen für verfassungswidrig.
Aus dem Bürgerrechtskomitee von Montgomery erwuchs eine Bewegung, die den ganzen amerikanischen Süden erfaßte und überall in den Städten – unterstützt von immer mehr Weißen – um die Bürgerrechte und den ungehinderten Zugang zu Schulen, Kultureinrichtungen und Gaststätten kämpfte, getragen von einem felsenfesten Glauben.
Pastor King, 26 Jahre alt, war damals gerade neu nach Montgomery berufen worden und hatte sich wie selbstverständlich an die Spitze der Boykottbewegung gesetzt. Er formulierte, was ihm und seinen Mitbürgern die Kraft zum Durchhalten gab:
»Wenn unsere Tage verdunkelt sind und unsere Nächte finsterer als tausend Mitternächte, so wollen wir stets daran denken, daß es in der Welt eine große, segnende Kraft gibt, die Gott heißt. Gott kann Wege aus der Ausweglosigkeit weisen. Er kann das dunkle Gestern in ein helles Morgen verwandeln. Darauf gründet sich unsere Hoffnung, bessere Menschen zu werden. Darin liegt unser Auftrag, zu versuchen, eine bessere Welt zu schaffen.«

Am 4. April 1968 wurde der 39jährige Baptistenpfarrer von einem jungen Weißen erschossen, der drei Stunden lang mit einem Zielfernroh-Gewehr auf ihn gewartet hatte.
Kings Sarg wurde auf einem Bauernkarren, den ein Maultiergespann zog, zum Friedhof gefahren. Es war das traditionelle Begräbnis der armen Südstaatler.
Er wünsche keine lange Beerdigung und keine großen Grabreden, hatte er, der um seine ständige Gefährdung wußte, ein paar Monate vorher geäußert. Nur das solle irgend jemand erwähnen, wenn es einmal soweit sei: »Martin Luther King versuchte, die Menschen zu lieben.«

Martin Luther King

wurde am 15. Januar 1929 als Sohn eines Pastors in Atlanta im amerikanischen Bundesstaat Georgia geboren. Zunächst wollte er Arzt oder Rechtsanwalt werden. 1948 schloß er sein Soziologiestudium ab, begann dann aber ein zweites Studium als Theologe. 1954 machte er seine Doktorarbeit und wurde Pastor in Montgomery (Alabama). Bereits ein Jahr später wählte ihn der Bürgerausschuß, der dort aus Protest gegen die Rassentrennung einen erfolgreichen Busboykott organisierte, zu seinem Präsidenten.
1956 wurde King zum erstenmal verhaftet und zu einer Geldstrafe verurteilt, Attentäter verübten einen Bombenanschlag auf sein Haus. 1957 gründete er zusammen mit 115 weiteren Schwarzenführern die »Southern Christian Leadership Conference«, eine Bürgerrechtsbewegung, die sich überall im Süden der USA ausbreitete. King wurde immer wieder verhaftet, gewann aber als Führer der Bürgerrechtler und entschiedener Gegner des Vietnam-Kriegs zunehmenden Einfluß auch auf Weiße. Am 28. August 1963 hielt er beim Sternmarsch nach Washington seine berühmteste Rede. 1964 erhielt er in Oslo den Friedensnobelpreis. Am 4. April 1968 wurde er in Memphis (Tennessee) ermordet.

Alexander Dubček
Der Prager Frühling

von Joachim Molsdorff

Es war der Prager Literaturwissenschaftler und Kafka-Spezialist Eduard Goldstücker, der auf dem Höhepunkt des Prager Frühlings nichtsahnend die Worte sprach: »Selbst wenn uns morgen – sagen wir – ein Erdbeben hinwegfegen sollte, wird das bisher Geschehene nie mehr aus der Geschichte verschwinden.« Wenige Monate später sollte es dennoch verschwinden. Und zwar durch just jene politische Macht, die sich seit dem Amtsantritt Michail Gorbatschows im März 1985 darum bemüht, ebenfalls grundlegende Reformen in der sozialistischen Wirtschaftsgesellschaft durchzuführen. Man hat endlich erkannt, daß die traditionelle Zentralverwaltungswirtschaft mit ihrem starren Planungsdiktat nicht länger taugt und zudem den Wünschen der Bevölkerung längst nicht mehr gerecht werden kann.

Zwanzig Jahre nach dem Ende des Prager Frühlings kommt es geradezu einer heimlichen Rehabilitation Alexander Dubčeks gleich, wenn Gorbatschow vor dem Zentralkomitee der KPdSU verkündet: »Wir brauchen die Demokratie wie die Luft zum Atmen«, um dann fortzufahren: »Unter Umgestaltung (der sowjetischen Gesellschaft) verstehen wir die entschlossene Überwindung stagnierender Prozesse, das Beseitigen all dessen, was bremst, sowie die Schaffung eines zuverlässigen und wirksamen Mechanismus zur Beschleunigung der sozialökonomischen Entwicklung der sowjetischen Gesellschaft ... Umgestaltung – das ist das Sichstützen auf das lebendige Schöpfertum der Massen, das ist die allseitige Entwicklung der Demokratie und der sozialistischen Selbstverwaltung und die Förderung von Initiativen, von Selbständigkeit, die Stärkung der Disziplin und Ordnung, die Erweiterung der Offenheit, Kritik und Selbstkritik in allen Bereichen des gesellschaftlichen Lebens; das ist ein Höchstmaß an Achtung der Werte und Würde der Persönlichkeit.«

Man weiß nicht, was Alexander Dubček gedacht oder empfungen haben mag, als er diese Passage der Rede Gorbatschows vom 27. Januar 1987 gelesen hat, aber man weiß, wie er, den man 1970 aus der Partei ausgeschlossen und in die innere Verbannung in das slowakische Bratislawa geschickt hatte, darauf reagierte: Er legte vor dem Prag-Besuch Gorbatschows im Frühjahr 1987 dem sowjetischen Generalsekretär in einem Schreiben seinen damaligen Reformkurs dar, um auf die unübersehbaren Parallelen hinzuweisen, die sich zwischen dem Prager Frühling und Gorbatschows Politik der Umgestaltung ergeben. Dubčeks nichtveröffentlichter Brief soll fünf Seiten umfaßt haben, die noch einmal die Reformpolitik von 1968 verteidigten und Gorbatschow zu seinem Reformkurs beglückwünschten ...

Fünfzehn Jahre lang hatte der Altstalinist Novotny in Prag regiert, bis er am 5. Januar 1968 sang- und klanglos abgewählt und durch den damals 47jährigen Senkrechtstarter der Partei, Alexander Dubček, ersetzt wurde, Mit Novotny ging eine Epoche der Geschichte der Tschechoslowakei zu Ende, die durch Unterdrückung, Terror und wirtschaftliche Schwierigkeiten gekennzeichnet war. Dubček wollte einen radikalen Schlußstrich unter diese Epoche setzen, er wollte eine Revolution von oben machen, die allmählich zu einer von unten werden sollte.

Es konnte den jungen Parteiführer jedoch kaum verwundern, daß die Mehrheit der Bevölkerung zunächst durchaus mißtrauisch bis ablehnend auf den neuen Kurs der Partei reagierte. Konnte Dubček es schaffen, sich gegen die Dogmatiker und Altstalinisten in der Partei durchzusetzen? Und was würde Moskau dazu sagen? Vielleicht wußte Dubček dies im Augenblick seiner Amtsübernahme selbst nicht, aber er wollte auch kein zweites Ungarn (1956). Reformen, das wußte er, waren nur möglich, wenn man sie langsam, behutsam einleitete und mit den Partnern des Warschauer Paktes in jeder Hinsicht abstimmte.

Dubček wollte nichts überstürzen, obwohl er sicher war, daß seine auf Reformen bedachte Politik bei der Mehrheit der Bevölkerung zunächst stillschweigende, dann offene Anerkennung finden würde. Immerhin hatten sich in den Jahren vor 1968 Schriftsteller, Wissenschaftler und Intellektuelle für eine Demokratisierung und Liberalisierung des sozialistischen Systems der CSSR ausgesprochen. Und es war ein Literat, Ludvig Vaculik, der das *Manifest der 2000 Werke* verfaßt hatte, das von 70 prominenten Persönlichkeiten des öffentlichen Lebens unterzeichnet wurde und wie kein zweites Dokument die Phase der Demokratisierung der CSSR einleitete. Was in diesem Manifest gefordert wurde, von der Öffnung der Partei in Richtung auf die Bevölkerung bis hin zur Rede- und Pressefreiheit, das alles sollte in jenem kurzen Prager Frühling verwirklicht werden, um dann erneut das Opfer des Dogmatismus zu werden, der auch mit den Bannerträgern des Liberalisierungsprozesses radikal aufräumte.

Am 5. April 1968 veröffentlichte die Kommunistische Partei der Tschechoslowakei (KPTCH) nach langen innerparteilichen Debatten und nach Berücksichtigung der Interessen des »großen Bruders« Sowjetunion ihr *Aktionsprogramm*, das von der These ausging, der Klassenkampf sei beendet, und die Phase des friedlichen Aufbaus des Sozialismus könne jetzt beginnen: »Nun ist die Zeit gekommen, in der die Kommunisten an die Wandlung im gesamten Leben der Partei, den Weg zum Aufbau der neuen Gesellschaft gehen ...« Die Partei dürfe nicht länger mehr kommandieren, sie dürfte nur noch leiten und müsse ihren Führungsanspruch in der Zukunft erst noch verdienen. Mit der Demokratisierung des Staates und aller seiner Teilbereiche müsse ernst gemacht werden: »Wir wollen an den Aufbau eines neuen, zutiefst demokratischen und den tschechoslowakischen Bedingungen entsprechenden Modells der sozialistischen Gesellschaft herangehen. Eigene Erfahrungen und marxistische wissenschaftliche Erkenntnisse führen uns jedoch einmütig zu dem Schluß, daß diese Ziele nicht auf alten Wegen und unter Anwendung von Mitteln erreicht werden können, die sich längst überlebt haben, durch grobe Methoden, die uns ständig zurückwerfen ... Nun fällt auch uns die Aufgabe zu, uns den Weg unter unbekannten Bedingungen zu bahnen, zu experimentieren und der sozialistischen Entwicklung einen neuen Charakter zu geben ... als ein Land, das vor dem Antlitz der internationalen kommunistischen Bewegung die Verantwortung dafür trägt, daß es eine relativ hochentwickelte materielle Basis, ein ungewöhnliches Niveau der Bildung und Kultur des Volkes und unbestreitbare demokratische Traditionen zugunsten des Sozialismus und Kommunismus zu nutzen versteht. Niemand

könnte uns verzeihen, wenn wir diese Chance versäumten und dieser Möglichkeit entsagen würden ...«
Es besteht kein Zweifel, daß Passagen wie diese aus der Feder Dubčeks selbst stammten. Und es besteht ebensowenig Zweifel daran, daß es ihm in seinem Reformprogramm nicht darum ging, den Sozialismus in der Tschechoslowakei abzuschaffen. Vielmehr erinnerte er in seinem politischen Programm an die Grundintentionen des Marxismus, an Freiheit und Versöhnung mit der Natur, an die Verwirklichung der Menschenrechte, an die Notwendigkeit, politische Perspektiven auf dem Hintergrund der realen gesellschaftlichen und politischen Gegebenheiten eines Landes zu entwickeln. Und er appellierte mit seinem Progamm vor allem daran, daß der Sozialismus, den Marx und er meinten, ein Humanismus sei; nicht jedoch, wie in der Sowjetunion vorexerziert und unter Novotny kopiert, ein raffiniertes System der Unterdrückung und Ausbeutung der Arbeiterklasse durch ihre eigene Partei. Was hier formuliert wurde und in ein konkretes politisches Programm umgesetzt werden sollte, entzündete die Hoffnung des tschechoslowakischen Volkes. So durfte es nicht verwundern, daß Dubčeks Initiative zur Umgestaltung von Partei und Gesellschaft nicht nur in der CSSR auf lebhaftes Interesse stieß, sondern auch im westlichen Ausland, wo da und dort Erwartungen wach wurden, es könnte in der CSSR ein Sozialismus entwickelt werden, der auch für den Westen attraktiv sein könnte – zumindest als Modell; immerhin war das Jahr von Dubčeks Reformkurs das Jahr der westeuropäischen Studentenbewegung.
In Moskau, Warschau und Ost-Berlin dagegen wurde man nervös. Formulierte man zunächst noch zaghafte Kritik am *Aktionsprogramm* und der Politik Dubčeks, so wurde man unter dem 7. Juli 1968, also wenige Wochen nach Dubčeks Veröffentlichung des Reformprogramms, bereits deutlicher: Man sei besorgt über die revisionistische tschechoslowakische Politik, und die SED verbot rasch die Verbreitung der *Prager Volkszeitung* in der DDR, um eine mögliche Ansteckungsgefahr im Keim zu ersticken. Um seinen Kurs zu erläutern, reiste Dubček wiederholt nach Moskau, wobei er sich offensichtlich der Illusion hingab, den sowjetischen Ministerpräsidenten Kossygin von der Notwendigkeit und Richtigkeit des eigenen Kurses überzeugen

zu können. Bei der Konferenz zwischen der Sowjetunion und der Tschechoslowakei im slowakischen Cierna am 29. Juli wollte er nicht das Äußerste heraufbeschwören. Dubček versprach daher, den Demokratisierungsprozeß in der CSSR zu bremsen, also nicht aufzugeben, sondern lediglich zu verlangsamen. Wenn man ihm eines Fehlers bezichtigen sollte, so liegt er hier: Er glaubte in allem Ernst, den sowjetischen Gesprächspartner überzeugen und beruhigen zu können. Dabei übersah er eine generationenalte Praxis der KPdSU, selbst den Ton in den osteuropäischen Staaten anzugeben, sich mit Initiativen aus den Satellitenländern jedoch nicht oder doch zumindest kaum abzugeben. Demgegenüber hatte Kossygin sofort das Gefährliche, weil so überaus Attraktive des Dubček-Kurses erkannt und beschlossen, diesem ein rasches Ende zu bescheren.
Bereits im Juni 1968, als Moskau, Warschau und Ost-Berlin schriftlich ihre Besorgnis über den Prager Frühling äußerten, fanden Manöverübungen der Warschauer-Pakt-Staaten statt, und völlig unüblicherweise zogen die sowjetischen Panzer nach Beendigung der Manöver nicht vom tschechoslowakischen Staatsgebiet ab. Verständlich also, daß die Prager Regierung ultimativ den Abzug der ausländischen Truppen forderte und es in einem weiteren Schreiben ablehnte, sich in Warschau Vertretern der Sowjetunion, Polens, der DDR, Bulgariens und Ungarns zu stellen und sich über die »Bekämpfung der konterrevolutionären Gefahr in der CSSR« belehren zu lassen. Gestützt auf die Zustimmung seines Volkes und in der Gewißheit, das gesamte Zentralkomitee seiner Partei einschließlich der konservativen Mitglieder hinter sich zu haben, war Dubček in der Lage, sich gegen die Sowjetunion und die anderen Warschauer-Pakt-Staaten zu behaupten. Am 3. August 1968 kam es zu einer neuen eintägigen Ostblockgipfelkonferenz in Bratislawa, wo Dubček sich lächelnd, neben Breschnew stehend, fotografieren ließ. Als im Abschlußkommuniqué der entscheidende Satz vom »Recht auf einen eigenen Weg zum Sozialismus« stand, da mag Dubček in der Tat geglaubt haben, die Spannungen seien ausgestanden, Goliath sei durch David besiegt, jetzt könne der Prager Frühling auch im Herbst fortgesetzt werden.
Siebzehn Tage später, am 21. August 1968, rollten die Panzer derer, die sich zynisch sozialistische Brudernationen nannten,

über die tschechoslowakische Grenze nach Prag. Das Land wurde besetzt, die Spitzen von Partei und Staat verhaftet, nach Moskau gebracht, wo man ihnen die Leviten las und sie anschließend nach Prag zurückkehren ließ. Schließlich wurden sie ihrer Posten enthoben, und man schickte sie, wenn schon nicht in die Wüste, so doch – wie im Falle Dubček – immerhin auf so unpolitische Posten wie den eines Sägewerksdirektors.
229 Tage hatte der Traum Alexander Dubčeks und der meisten Tschechoslowaken gedauert, um dann im Blut sinnloser, aber auch heldenhafter Opfer und unter den Tränen des erneut unterdrückten Volkes einer neuen harten Wirklichkeit zu weichen. Wieder einmal hatten die Panzerketten die Wege der Freiheit zerstört und die Hoffnungen auf einen humanen Sozialismus zerschlagen.
Dubček und seine Parteifreunde Smirkowski, Swoboda und Černik waren keine Wirrköpfe oder Dissidenten; sie waren keine Revisionisten oder Technokraten, sondern Politiker, die das Menschliche in der Politik wiederherstellen wollten, wenngleich sie den Sozialismus niemals aufkündigen wollten. Sie hatten freilich erkannt, daß die Wege des Sozialismus nicht mehr mit den Methoden des Stalinismus oder Neostalinismus begangen werden konnten. Sie wußten, daß der Sozialismus Ende der sechziger Jahre längst an einer Wendemarke angekommen war und daß seine Attraktivität nicht von der dogmatischen Härte, wohl aber von seinem Ziel herrührte, Gerechtigkeit für alle etablieren zu wollen. Ihr Fehler, wenn es denn einer ist, bestand darin, daß sie die realen Kräfteverhältnisse im sozialistischen Lager vollkommen falsch eingeschätzt haben. So mußten sie nicht an innenpolitischen Krisen scheitern, wohl aber an der in Bratislawa kreierten Breschnew-Doktrin, die von der Theorie der begrenzten innenpolitischen Souveränität sozialistischer Länder ausging.
Im Lichte der heutigen Erfahrung gehört es zu den Ironien der jüngsten Geschichte, daß Breschnew selbst nur drei Jahre nach dem Ende des Prager Frühlings, auf dem XXIV. Parteitag der KPdSU im Februar 1971, sagte: »Wer die Kritik unterschätzt und ignoriert, der verurteilt sich im voraus zu einem Fiasko.«
Dubčeks Politik hat diese Einsicht nicht retten können und ihn selbst auch nicht, aber immerheit scheint der mittlerweise pen-

sionierte einstige Parteichef durch die jüngsten Entwicklungen in der Sowjetunion selbst daran erinnert zu werden, daß man einen Menschen zwar vernichten kann, seine auf Veränderung der Gesellschaft ausgerichteten Ideen jedoch nicht: Die Richtigkeit von Dubčeks Ideen und Politik steht heute erneut auf dem Prüfstand. Ob es dem tschechoslowakischen Politiker eine Genugtuung ist, daß dieser jetzt in der Sowjetunion aufgerichtet wurde, in jenem Land, das ihn vor 20 Jahren als Konterrevolutionär vertrieb?

Alexander Dubček

wurde am 27.11.1927 in Uhroveć, Slowakei, geboren und war nach der Schule als Maschinenschlosser beschäftigt. Mit Unterbrechungen war er nach 1951 Mitglied der Nationalversammlung der CSSR in Prag, 1963 wurde er Erster Sekretär der Slowakischen KP, 1968 Erster Sekretär der KPTCH. Er ist der Begründer des tschechoslowakischen Reformkurses nach der Ära Novotny, der unter dem Namen Prager Frühling in die Geschichte eingegangen ist. Dubček setzte sich für umfangreiche Demokratisierungs- und Liberalisierungsmaßnahmen in Partei und Gesellschaft ein und bemühte sich um eine Versöhnung von Arbeiterklasse und Intelligenz in der CSSR.

Nach dem Einmarsch der Warschauer-Pakt-Truppen am 21.8.1968 wurde er seines Parteipostens enthoben, um 1970 für kurze Zeit Botschafter seines Landes in der Türkei zu werden. Im selben Jahr wurde er aller seiner Ämter enthoben und Leiter eines Sägewerks in der Nähe seines Geburtsortes. Schließlich wurde er, um einen radikalen Schlußstrich unter die von ihm propagierte Politik zu ziehen, auch noch aus der Partei ausgeschlossen und in die innere Verbannung geschickt.

Seither hat man kaum von ihm gehört: 1974 beschwerte er sich in einem Schreiben, daß er ständig unter Polizeiüberwachung stehe. Ende 1985 meldete er sich erneut zu Wort, um nach einem »Spiegel«-Interview des Führers des konservativen Flügels der KPTCH, Vasil Bilak, die »historische Wahrheit über den Prager Frühling« richtigzustellen. Daß Dubček nach wie vor von der Richtigkeit seiner Politik überzeugt ist, deutet sein Schreiben an KPdSU-Chef Michail Gorbatschow vom Frühjahr 1987 an. Vielleicht gibt die Geschichte Dubček doch bald recht.

Lech Walesa/Solidarność
Der Traum von der Freiheit

von Uwe Weller

Die Geschichte Polens ist wie ein Meer: ständig in Bewegung, in Veränderung, in Unruhe; und sie ist eine Geschichte der Schübe und Wechselbeziehungen, ein ununterbrochenes Auf und Ab. Das gilt auch für Polens jüngste Geschichte, die oft eine Geschichte des Versuchs gewesen ist, sich gegen den großen Bruder Sowjetunion zu wehren wie auch gegen dessen Emissäre im eigenen Land. Die Besonderheit Polens besteht wohl auch darin, daß neue historische Schübe wiederholt von der Basis der Gesellschaft, von der polnischen Bevölkerung selbst eingeleitet wurden, nicht aber von der Partei- und Staatsführung, die deshalb – und das ist ein Einzelfall in den kommunistischen ostmitteleuropäischen Staaten – durch den Druck von unten aus allen Fugen geraten war.

In Kenntnis dessen, was etwa zum Sturz des Parteichefs Gomulka Ende 1970 geführt hat, erhalten die Ereignisse, welche den sogenannten Polnischen Frühling eingeleitet haben (1956), eine schon pikante Note. Hier wie dort standen Arbeiterunruhen am Beginn der polnischen Umstrukturierungsmaßnahmen und des Versuchs, der wirtschaftlichen und sozialen Entwicklung des Landes eine neue Richtung zu geben. Die blutigen Arbeiterunruhen, die in Posen schon im Juni 1956 ausbrachen, verlangten nicht nur Brot, sondern auch Freiheit. Und als die Bauern ihrer Unzufriedenheit über die allzu rasche Kollektivierung der Landwirtschaft Luft machten, war der noch vor kurzem in Haft gehaltene Wladyslaw Gomulka der Mann, dem die Liberalisierung Polens anvertraut wurde. Vermutlich hat allein das Vertrauen, das die polnische Arbeiterschaft ihm entgegenbrachte, Polen vor einem Aufstand und einem ähnlichen Schicksal wie Ungarn bewahrt. Die Frage, ob die mit dem Polnischen Oktober verbundenen Hoffnungen erfüllt wurden oder nicht, ist

für den Zeithistoriker schwer zu beantworten. Fest steht jedenfalls, daß die Periode der Liberalisierung in Polen spätestens drei Jahre danach, im Oktober 1959, mit Gomulkas Wendung gegen den »Revisionismus« ein Ende fand; ein *terminus technicus*, der in sozialistischen Ländern stets dann verwendet wird, wenn es gilt, mißliebige Strömungen im Land zu eliminieren.
Man möchte das Ende von Gomulkas politischer Laufbahn, das – wie seinen Anfang – auch wieder Arbeiterunruhen verursacht haben, als ein spezifisches polnisches Phänomen betrachten. Immerhin hatte der agile Parteichef 14 Jahre lang in allen Krisensituationen seinen Gegnern und Kritikern nachweisen können, daß Polen weder Bewegungsspielraum noch genügend äußere Sicherheit hätte, um sich konsquente Reformen leisten zu können. Noch 1968 hatte er auf diese Weise den Ansturm der Technokraten und Nationalisten abwehren können. Aber als sich die innere Frustration nicht mehr mit äußerer Bedrohung rechtfertigen ließ, ging die Rechnung nicht mehr auf, sein außenpolitischer Erfolg mit dem Oder-Neisse-Vertrag könne die unpopuläre Erhöhung der Lebensmittelpreise aufwiegen.
Der polnische Philosoph Leszek Kolakowski, der 1968 seine Warschauer Professur verlor und seither in Oxford lehrt, hat deshalb auch in einem Rundfunkinterview Anfang März 1971 mit Recht betont: »Es sieht alles so aus, als ob die Dezember-Ereignisse in Polen die gerade Fortsetzung der Studentenrevolte vom März 1968 seien ... Diesmal war der Versuch, die regierende Gruppe der alten Kommunisten durch eine andere zu ersetzen, erfolgreich. Aber der Sinn der Ereignisse überschreitet weit diese Änderungen im Apparat. Zum erstenmal trat in solchem Maßstab die Arbeiterklasse als selbstbewußte politische Kraft auf die nationale Szene. Ihr kann jetzt bewußt sein, daß sie imstande ist, durch ihren Druck Zugeständnisse vom regierenden Apparat zu erzwingen – eine Erfahrung, die gewiß nicht verlorengehen wird, unabhängig vom Umfang der unmittelbaren Erfolge.«
Wie recht Kolakowski mit dieser Diagnose hat, läßt sich im Licht der jüngsten Erfahrungen unschwer nachvollziehen. Gomulkas Nachfolger Edward Gierek stieg wie sein Vorgänger durch eine Bewegung von unten auf; jener Gierek, der 30 Jahre seines Lebens in Frankreich und Belgien verbracht hat, der

de Gaulle bewunderte, der den Westen beneidete und nun zum Krisenmanager seines Landes bestellt wurde. Gomulka hatte vierzehn, Gierek zehn Jahre Zeit, um den Versuch zu unternehmen, die polnische Gesellschaft mit dem politischen System zu versöhnen. Ähnlich wie Gomulka ist auch er an der schlichten Tatsache gescheitert, daß er sich außerstande sah, die Preise für die Grundnahrungsmittel stabil zu halten. Im Gegenteil: Politisch überaus unklug, sollten die Lebensmittelpreise gewissermaßen über Nacht verdoppelt werden. Da machte die polnische Arbeiterschaft erneut nicht mehr mit.

Schon im Laufe des Jahres 1979 hatten sich in Polen oppositionelle Gruppen und Bewegungen außerhalb der offiziellen Partei- und Gewerkschaftslinie etabliert; unter anderem eine Gruppe, die sich für die Einrichtung freier Gewerkschaften in Polen aussprach und diese Forderung auch in einer *Charta der Arbeitsrechte* am 40. Jahrestag des deutschen Überfalls auf Polen, am 1. September 1979, veröffentlichte. Einer der Unterzeichner dieser Charta hieß Lech Walesa, von Beruf Elektromonteur in einer Werft in Danzig (Gdansk).

Als am 1. Juli 1980 die massiven Preiserhöhungen die polnische Bevölkerung überraschten und verärgerten, war dem sich zwischen Partei und Bevölkerung anbahnenden Konflikt bereits eine Kette bedrohlicher Konflikte vorausgegangen. So bedurfte es angesichts des massiven Autoritätsverfalls der Polnischen Vereinigten Arbeiterpartei und ihres Führers Gierek nur noch eines äußeren Anlasses, um das Faß zum Überlaufen zu bringen. Daß die Partei selbst es gewesen ist, die in Unkenntnis der Irritationen innerhalb der Bevölkerung den Auslöser für den Konflikt geliefert hat, deutet auf einen peinlichen Dissens zwischen Partei und Gesellschaft hin. Wie bereits vor mehr als zehn Jahren wollten die polnischen Arbeiter die massiven Preiserhöhungen nicht einfach hinnehmen, sondern reagierten seit Juli 1980 mit Streiks; zunächst in Lublin, dann in Swidnik, um sich schließlich auf die Gebiete um Danzig und Stettin auszudehnen, womit der Streik von einem Tag auf den anderen eine neue Dimension erhielt.

Selbst wenn unberücksichtigt bleibt, daß nach dem Selbstverständnis sozialistischer Staaten Streiks nicht zulässig sind (da die Arbeiterschaft, so die Argumentation, nicht gegen ihre eigenen politischen Vertreter streiken könne – und müsse), so entwickelte sich dennoch eine große Streikwelle. Zunächst stellten die Arbeiter noch sozialpolitische Forderungen, wie die Rücknahme der Preiserhöhungen und die Verbesserung der Gehaltsstruktur. In Danzig und Stettin, als die Werftarbeiter die führende Rolle in der Streikbewegung übernahmen, kam es aber rasch zu allgemeinpolitischen Forderungen, die sich neben sozial- und wirtschaftspolitischen auch mit systempolitischen Fragen auseinandersetzten. Sprecher der Streikenden wurde der zehn Jahre zuvor schon einmal hervorgetretene Lech Walesa, der zum Vorsitzenden der Danziger Streikkomitees gewählt wurde.

Obwohl noch ein junger Mann, brachte Walesa eine Reihe von Eigenschaften mit, die ihn für die neue, schwere Aufgabe geradezu prädestinierten: Er war unerschrocken, mutig, hatte einigermaßen klare politische Vorstellungen und keine Angst vor der Parteielite. Da er bereits 1970 einem Streikkomitee auf der Danziger Leninwerft angehört hatte, als dessen Delegierter er an einem Treffen mit dem damaligen Parteichef Gierek teilgenommen hatte (am 24./25. Januar 1971), war er nicht unerfahren in der Umsetzung von Streikparolen in politische Forderungen. Zwar hatte ihn die offiziöse Gewerkschaftsleitung wegen eben dieses Engagements 1976 aus seinem Beruf entlassen, so daß er anschließend in zwei weiteren Betrieben arbeiten mußte; aber das alles konnte sein Engagement in keiner Weise beeinträchtigen. Seit 1978 gehörte Walesa der Redaktion einer illegal erscheinenden Arbeiterzeitung an, hatte die *Charta der Arbeiterrechte* mitunterzeichnet und galt allgemein als der Mann der Stunde, auf den sich Sympathien und Hoffnungen gleichermaßen konzentrierten.

Walesa war (und ist) ein Mann mit bedeutendem politischen Instinkt. Er verstand es, das ihm entgegengebrachte Vertrauen als Grundlage seines politischen Mandats zu nutzen und an der Spitze des rasch gegründeten Überbetrieblichen Streikkomitees (MKS) Forderungen zu formulieren, die man der Partei- und Regierungsspitze bei Verhandlungen übergeben wollte. Der Forderungskatalog des Überbetrieblichen Streikkomitees umfaßte zunächst 16 Positionen, um dann auf 21 Forderungen erweitert zu werden. Es ging um wirtschaftliche und soziale Probleme, um

die Kritik der bisherigen Praxis der Zentralverwaltungswirtschaft in Polen. Aber es ging noch um sehr viel mehr: Erstmals in der Geschichte des Landes (und in der Geschichte eines sozialistischen Landes) wurde die Forderung nach Brechung des Gewerkschaftsmonopols durch die Partei aufgestellt. Kurz: Das Überbetriebliche Streikkomitee forderte von der Partei das Zugeständnis, eine unabhängige Gewerkschaft gründen zu können, um die Interessen der polnischen Arbeiter notfalls auch gegen die Positionen von Partei und staatlicher Gewerkschaft durchzusetzen. Damit nicht genug, verlangten die 21 Forderungen die Beteiligung der Öffentlichkeit an einem Wirtschaftsprogramm, die Aufhebung der Funktionärsprivilegien, allgemeine und direkte Lohnerhöhungen, bessere Versorgung mit Konsumgütern, Freilassung aller politischen Gefangenen, Zugang der Kirche zu den Massenmedien, Aufhebung der Zensur, Veröffentlichung autorisierter Berichte über die Streiks, das verfassungsmäßige Recht auf Streik, Senkung des allgemeinen Rentenalters, Mutterschaftsurlaub, Verkürzung der Wartezeit auf Wohnungen, Einführung von arbeitsfreien Samstagen, Wiedereinsetzung beziehungsweise Rehabilitation aller Menschen, die wegen ihrer Teilnahme an den Arbeiterunruhen 1970 und 1976 relegiert worden waren und noch einiges mehr.
Man kann sich kaum einen Katalog denken, der mehr Forderungen hätte enthalten können; man kann daraus aber auch entnehmen, wie viele ungelöste Probleme in der polnischen Gesellschaft lauerten. Nicht zu übersehen ist jedoch auch, daß es für jedes gesellschaftlich-politische System unmöglich sein muß, die Fülle solcher Forderungen sofort umzusetzen. Dennoch haben Walesa und sein Danziger Komitee, unterstützt durch das Streikkomitee von Stettin, das Unmögliche versucht. Daß sich die Führung von Staat und Partei dazu bequemte, keinen geringeren als ihren Ministerpräsidenten und Vizepremierminister Mieczyslaw Jagielski am 26. August 1980 auf das Gelände der Lenin-Werft zu schicken, um mit Arbeiterführer Walesa zu verhandeln, läßt zumindest die Vermutung zu, daß die politische Führung des Landes überhaupt nicht mehr wußte, wie sie Herr der Lage bleiben sollte.
Man einigte sich nach nur fünf Tagen, am 31. August 1980, auf ein Verhandlungspapier, das als Danziger Vereinbarung in die

Alexander Dubček mit Bergarbeitern

Bundespräsident Weizsäcker bei Andrej Sacharow (oben)
Lech Walesa (unten)

Geschichte eingehen dürfte, womit der Streik beendet wurde und die Partei zugestand, einige der 21 Forderungen zu übernehmen, vor allem die Forderung nach einer parteiunabhängigen Gewerkschaft. Als Walesa zusammen mit Ministerpräsident Jagielski den Versammlungsraum verließ, jubelten ihm die Arbeiter zu und skandierten seinen Vornamen; daß er der Führer der neuen, unabhängigen Gewerkschaft werden mußte, stand schon überhaupt nicht mehr zur Diskussion.

Die Danziger Vereinbarung war noch kaum abgeschlossen, als sich die Gewerkschaft Solidarność bereits etablierte und von einem wahren Massenandrang überrollt zu werden drohte. Innerhalb weniger Wochen, genauer: bis zum November 1980, traten von 16 Millionen polnischen Arbeitern nicht weniger als 10 Millionen Männer und Frauen der neuen Gewerkschaft bei. Die »alte« Gewerkschaft war dadurch von einem Tag auf den anderen zur Bedeutungslosigkeit verurteilt, der Solidarność jedoch eine ungeahnte – und in einem kommunistischen Land gefährliche – Bedeutung zugekommen, die den Konflikt mit der politischen Elite in keiner Weise verhindern konnte. Selbstbewußt, aber auch überraschend schlicht, stellte sich die neue Gewerkschaft der polnischen und internationalen Öffentlichkeit vor, indem sie in ihrem Programm darauf hinwies, daß es ihr gleichermaßen »um Gerechtigkeit, Demokratie, Wahrheit, Gesetzlichkeit, Menschenwürde, Meinungsfreiheit, um die Verbesserung der Republik, nicht dagegen nur um Brot, Butter und Wurst« ginge. Dann heißt es weiter:

»Die Gewerkschaft Solidarność vereinigt in sich viele gesellschaftliche Strömungen, vereint Menschen mit unterschiedlichen Weltanschauungen und unterschiedlichen politischen und religiösen Überzeugungen, unabhängig von der nationalen Herkunft. Uns verband der Protest gegen die Ungerechtigkeit, gegen den Mißbrauch der Macht und die Monopolisierung des Rechts darauf, das Tun des gesamten Volkes ausdrücken und bestimmen zu dürfen. Uns verband der Protest dagegen, daß der Bürger durch den Staat wie sein Eigentum behandelt wurde, daß die arbeitende Bevölkerung im Konflikt der authentischen Interessenvertretung beraubt war; uns verband der Protest gegen die Selbstgefälligkeit der Regierenden, besser wissen zu wollen, wieviel Freiheit den von ihnen Regierten zuzuteilen ist, gegen die Belohnung eines unbedingten politschen Gehorsams anstelle von Eigeninitiative und der Selbsttätigkeit des Handelns. Uns verband die Ablehnung der Lüge im öffentlichen Leben, die Unzufriedenheit über die Verschwendung der Ergebnisse der schweren und geduldigen Arbeit des Volkes.«

Ernste Worte und schwere Wort, gewiß, aber auch Worte von Idealisten und Träumern, die glaubten, eine Liberalisierung und Demokratisierung gegen die Interessen der herrschenden Macht (und die der Sowjetunion!) erzwingen und wenn es sein mußte erstreiken zu können. Solidarność bemühte sich in der Tat um nicht weniger, als in Polen eine offene und demokratische Gesellschaft zu schaffen, Sozialismus und Humanismus zu versöhnen, die Partei von ihrem Allmachtsanspruch herunterzuholen und den Rechten der Arbeiter in einem Staat, der sich Arbeiterstaat nannte, zum Nachdruck zu verhelfen. Aber Walesas und der Solidarność' Vorstellungen gingen weit, allzu weit über die politischen Aktionsmöglichkeiten Polens hinaus, sie verlangten zu viel in einer zu kurzen Zeit. Man überschätzte die eigene Durchsetzungsfähigkeit und organisatorische Geschlossenheit und ließ sich eher vom Pathos der neuen Bewegung als durch ein nüchternes politisches Kalkül prägen. Aber auch in Unterschätzung der Intaktheit der Sicherheitsdienst- und Polizeistrukturen des Landes wurde die Gewerkschaftsführung völlig überrascht, als am 13. Dezember 1981 das Kriegsrecht über das Land verhängt wurde, nachdem sich der neue Parteichef General Jaruzelski geweigert hatte, weiteren gewerkschaftlichen Forderungen nachzukommen.

Solidarność wurde verboten, ihre Aktivisten verhaftet oder interniert, das Streik- und Demonstrationsrecht aufgehoben, die gesetzlich verbrieften Rechte aus den Jahren 1980 und 1981 zurückgenommen. Polen kehrte wieder einmal zu seiner verhaßten Normalität zurück, der Traum war aus.

Und Walesa? Walesa blieb die Hoffnung, daß ein einfacher Elektromonteur jenseits des Partei- und Staatsapparates in der Lage sein könne, die Interessen seiner Landsleute zu definieren und politisch umzusetzen. Indes, auch Papstzuspruch und Nobelpreis haben die kalte Logik der Politik, deren Opfer nun auch Walesa geworden war, nicht unterlaufen können. Aber eine Hoffnung bleibt immer: Es scheint bezeichnend, daß sich die

Reste der Solidarność-Bewegung im Untergrund an einen Satz von Pilsudski erinnerten: »Besiegt werden und nicht unterliegen – das ist der Sieg.«

Lech Walesa/ Solidarność

Im Umfeld des VIII. Parteitags der Polnischen Vereinigten Arbeiterpartei im Frühjahr 1980 wurden in Polen drastische Preiserhöhungen angekündigt, welche landesweite Proteste hervorriefen. Bereits im Spätsommer 1979 hatten sich Gewerkschafter, unter ihnen der Danziger Elektromonteur Lech Walesa, in einer »Charta der Arbeiterrechte« für eine Verbesserung des wirtschaftlichen und politischen Lebens ausgesprochen. Durch die neue Preispolitik kam es in den polnischen Hafenstädten Stettin und Danzig zu Streiks, die von überbetrieblichen Streikkomitees geleitet wurden, an deren Spitze wiederum Walesa stand. Zunächst 16, dann 21 Forderungen wurden der Parteiführung des Landes vorgelegt, aus denen die sogenannte Danziger Vereinbarung vom 31.8.1980 hervorgegangen ist – ein Kompromiß, der zwischen Ministerpräsident Jagielski und Arbeiterführer Walesa ausgehandelt worden war. Wichtigstes Ergebnis war die Zulassung einer freien Gewerkschaft, Solidarność, als deren Führer wiederum Walesa fungierte.
Immer weitergehende Forderungen, unterstützt durch eine Vielzahl von Streiks, veranlaßten die Regierung unter Führung des neuen Parteichefs Jaruzelski, die Solidarność zu verbieten, indem am 13.12.1981 das Kriegsrecht über Polen verhängt wurde. Die Danziger Vereinbarung wurde aufgehoben, führende Gewerkschafter verhaftet oder interniert. Walesa, der sich verschiedentlich des Zuspruchs des Papstes versichern konnte und 1982 den Friedensnobelpreis erhielt, muß sich seither jeder politischen und gewerkschaftlichen Tätigkeit enthalten.

Andrej Dimitrijewitsch Sacharow
Für die Zukunft der Menschheit

von Uwe Weller

Im Umfeld der historischen Sitzung des Zentralkomitees der KPdSU am 27. Januar 1987, auf der Parteichef Michail Gorbatschow seine programmatische Rede über die Umgestaltung der sowjetischen Gesellschaft gehalten hatte, kam es einer kleinen Sensation gleich, als sich die Fernsehkameras auf einen älteren, weißhaarigen Herrn richteten. Der hatte sich bisher bescheiden im Hintergrund gehalten. Nun aber wurde er gefragt, was er von dem neuen Kurs der Kommunistischen Partei seines Landes halte: Andrej Sacharow, der mehr als sechs Jahre in Gorkij in der Verbannung gelebt hatte, war kurz vor Jahreswende in die sowjetische Hauptstadt zurückgekehrt. Er durfte wieder Interviews geben und nun auch vor Fernsehkameras treten, um zu demonstrieren, daß sich in der Sowjetunion tatsächlich so etwas wie die Politik der *Glasnost*, der Öffentlichkeit und Demokratisierung anbahnte. Sacharow, der lange Gemiedene und Tabuisierte, erschien für einige Augenblicke sogar auf den sowjetischen Fernsehschirmen.

Der Bürgerrechtler als Katalysator der neuen sowjetischen Politik: Sacharow applaudierte dem neuen sowjetischen Parteiführer, als dieser von »unseren neuen Zugängen zu den humanen Problemen im Korb 3 von Helsinki« sprach, um ihn wenige Tage später vor westlichen Journalisten zu kritisieren, weil dieser die politischen Gefangenen in der Sowjetunion nur begnadige, ohne sie zu rehabilitieren. Mancher sowjetische Bürgerrechtler dachte da ein wenig anders, beispielsweise Jurij Orlow, der aus langjähriger Haft in die USA entlassen wurde und der meinte, die Sowjetunion könne sich unter Gorbatschow bis zum Ende des Jahrhunderts in eine demokratische Gesellschaft verwandeln.

Es spricht für den moralischen Rigorismus Sacharows, daß er

ohne Aufdringlichkeit und Rechthaberei seine grundsätzlichen Zweifel selbst dann anmeldet, wenn sich auch seine persönliche Situation unter der neuen innenpolitischen Lage gebessert hat. Gleichzeitig weist er deutlich darauf hin, daß der Begriff Demokratisierung der Sowjetgesellschaft immer etwas anderes bedeuten muß als etwa der gleiche Sachverhalt in westlichen Gesellschaftssystemen. Schließlich ist Sacharow, den man in gewisser Hinsicht als den Havemann der Sowjetunion bezeichnen kann, durch sein persönliches Schicksal als Bürgerrechtler und Vorkämpfer für die Menschenrechte integer und geprüft genug. So kann er stets darauf aufmerksam machen, daß der Kampf für die Bürgerrechte in der sowjetischen Gesellschaft notwendigerweise die Bereitschaft einschließt, sich selbst zu opfern, wenn es sein muß. Zu groß scheint (oder schien?) die Furcht des mächtigen Sowjetstaates vor abweichenden Meinungen zu sein; vor allem, wenn sich diese nicht nur auf innersowjetische Probleme beziehen, sondern zu Fragen von internationaler Bedeutung wie Abrüstung und Entspannung Stellung nehmen, also so etwas wie eine private Außenpolitik markieren.
Die Furcht der sowjetischen Führung vor abweichenden Meinungen scheint immanenter Bestandteil des Systems zu sein. Jedenfalls ist dies die Auffassung von Lew Kopelew, selbst Bürgerrechtler, Dissident und engagierter Literaturwissenschaftler: »Der übermächtige Sowjetstaat herrscht über viele Millionen gehorsamer Bürger, vortrefflich organisierter Parteigenossen und Jungkommunisten. Diesem Staat dienen Hunderttausende erfahrener Funktionäre, Propagandisten, Pädagogen, Journalisten und sonstiger ›ideologischer Kader‹. Die großangelegte Staatspropaganda-Maschine wird reichlich finanziert, ist bestens technisch ausgerüstet und wird von zahllosen gewieften Fachleuten bedient. Und doch scheint es, als ob sie machtlos sei gegenüber den wenigen mutigen und ehrlichen Menschen, die über solche Probleme und Tatsachen zu berichten versuchen, die von den staatlichen Medien verzerrt oder verschwiegen werden. Der Staat zieht es vor, statt Diskussionen Polemiken zu führen, die Opponenten verhaften und in geheimen Gerichten aburteilen zu lassen.«
Andrej Sacharow ist, ohne es im eigentlichen Sinne zu wollen, so etwas wie das Gewissen seiner Nation geworden. Zugleich ist

er ein wesentlicher Prüfstein der neuen Politik. Sicher ist das der neuen sowjetischen Führung bewußt. Immerhin gehörte schon einiger Mut dazu, den jahrelang Verbannten aus der Versenkung herauszuholen und der Öffentlichkeit zu präsentieren, wo sich Sacharow, wie erwähnt, keineswegs parteikonform verhalten hat, sondern »auf seiner Linie« geblieben ist.

1921 in Moskau geboren, war Sacharow nach seinem Studium Mitarbeiter in einer Forschungsgruppe, die sich mit der Herstellung thermonuklearer Waffen beschäftigte. Er gilt – um den unschönen Begriff aufzunehmen – als Vater der sowjetischen Wasserstoffbombe, hat sich aber darüber hinaus mit den verschiedensten physikalischen Forschungsaufgaben beschäftigt. Mit 32 Jahren war er bereits Mitglied der renommierten Akademie der Wissenschaften und galt dort als *primus inter pares*, als außergewöhnlich qualifizierter Naturwissenschaftler. Er genoß alle Privilegien, die in der sowjetischen Nomenklatura vorgesehen sind, erhielt mehrfach den Lenin-Orden und wurde dreimal als Held der sozialistischen Arbeit ausgezeichnet: eine Bilderbuch-Karriere also, wenn sich nicht Sacharow eines Tages mit den politischen und militärischen Konsequenzen seiner Forschungen auseinandergesetzt hätte. Das begann im Jahre 1953, als die erste sowjetische thermonukleare Bombe gezündet wurde – Sacharows Bombe.

Ähnlich wie bei Karl Jaspers oder Carl Friedrich von Weizsäkker begann sich Sacharow mit der Frage auseinanderzusetzen, welche Bedeutung der Bombe in einem möglichen Nuklearkrieg zukomme, um zu der naheliegenden Erkenntnis zu gelangen, daß es einen derartigen Fall wegen der sonst zu erwartenden katastrophalen Konsequenzen nicht geben dürfe. Die Bombe, der nukleare Krieg, so Sacharows erste Einsicht, müsse eine Unmöglichkeit bleiben, und es sei die vordringliche Aufgabe des Wissenschaftlers, diese zu verhindern. Sacharow war die gesellschaftspolitische Verantwortung, die er auf sich geladen hatte, weil er die Bombe für die Sowjetunion möglich gemacht hatte, so deutlich, daß er sich aus dem elfenbeinernen Turm des Labors herausbewegte und die Öffentlichkeit suchte, um diese vor den möglichen Gefahren für die Menschheit zu warnen. Man darf heute davon ausgehen, daß er der Initiator des Gedankens gewesen ist, Atomversuche in der Luft, unter Wasser und im

Weltraum zu verbieten. Und damit der Initiator des Moskauer Vertrags von 1963, der von Kennedy und Chruschtschow unterzeichnet wurde.
Von hier aus war es für Sacharow nur ein kleiner Sprung, sich allgemein zu politischen Fragen zu äußern, wobei er sich interessanterweise zunächst zu internationalen Problemen, wie Abrüstung und friedliche Koexistenz (ab 1968), und später zur Menschenrechtsproblematik (ab 1970) äußerte, um schließlich die konkreten Lebensbedingungen in der Sowjetgesellschaft zu kritisieren. Daß Sacharow im Rahmen dieser zunächst sehr allgemeinen Überlegungen für eine Annäherung von kapitalistischen und sozialistischen Systemen plädierte und sich für Demokratisierung, Entmilitarisierung und Fortschritt einsetzte, liegt auf der Hand; daß er aber 1970 an der Gründung eines Komitees für Menschenrechte in der UdSSR beteiligt war, welches innerhalb der Sowjetunion eine ungeheure moralische Bedeutung erlangen konnte, demonstriert sein wachsendes gesellschaftspolititsches Engagement wie auch seinen Mut, sich gegen die offizielle Sprachregelung von Partei und Staat zu stemmen. Zugleich macht Sacharows Entwicklung jedoch deutlich, daß sein Kampf für Menschenrechte und gegen Aufrüstung nicht auf die innere Struktur der Sowjetunion beschränkt sein konnte, sondern internationale Bedeutung erlangen mußte. So war es in gewisser Hinsicht nur konsequent, daß er 1975 den Friedensnobelpreis erhielt – stellvertretend für viele sowjetische Bürgerrechtler und Dissidenten.
In der Begründung des Nobel-Komitees des Norwegischen Parlaments hieß es denn auch zutreffend, Sacharow habe auf überzeugende Weise betont, daß die unverletzlichen Rechte des Menschen die einzige sichere Grundlage für eine ehrliche und dauerhafte Zusammenarbeit zwischen den Völkern seien. Es sei ihm gelungen, unter schwierigen Bedingungen der Achtung jener Werte, die alle Menschen guten Willens verteidigen, mehr Geltung zu verschaffen: »Sacharows Wahrheitsliebe und sein fester Glaube an die Unantastbarkeit der Person, sein Kampf gegen Gewalt und Brutalität, sein mutiges Eintreten für die Freiheit des Geistes, seine Selbstlosigkeit und seine überzeugend gefestigte Menschlichkeit machten ihn zur Stimme des Menschheitsgewissens, zu einem Rufer, den die Welt heute so dringend

braucht. Sein Streben nach Gerechtigkeit, Wahrheit und Liebe wendet sich an alle Menschen auf Erden.«

Es mag sein, daß Sacharow über das leise Pathos dieses Dokuments gelächelt haben mag, denn seine konkrete Lebenssituation war alles andere als beispielhaft. So durfte er den Nobelpreis nicht entgegennehmen, und fünf Jahre später, 1980, wurde er zudem nach Gorkij, in einen sowjetischen Sperrbezirk, verbannt, wo er allenfalls durch Hungerstreiks die Weltöffentlichkeit auf sein und das Schicksal vieler sowjetischer Bürgerrechtler hinweisen konnte. In einem erschütternden Brief an den Präsidenten der Akademie der Wissenschaften vom 15. Oktober 1984 hat Sacharow eindringlich von den Bedingungen, unter denen er und seine Frau Jelena Bonner leben mußten, Kenntnis gegeben. Damit wurde erneut deutlich, daß der Kampf um die Verwirklichung von Menschen- und Bürgerrechten in autoritären Gesellschaften ein Kampf ist, der die Preisgabe des eigenen Lebens nicht ausschließen kann.

In seinen Gedanken über Fortschritt, friedliche Koexistenz und geistige Freiheit, die schlicht als *Memorandum* bezeichnet wurden und 1968 – im Jahr des Prager Frühlings – erschienen sind, äußerte sich der Wissenschaftler Andrej Sacharow zum erstenmal systematisch zu jenen Fragen und Problemen, die ihn seither nicht mehr losgelassen haben. Ausgehend von der Überlegung, daß wissenschaftliches Denken eine Methode sei, die auf der »grundlegenden Erforschung von Tatsachen, Theorien und Ansichten« beruhe und eine unvoreingenommene, in ihren Forderungen leidenschaftslose offene Diskussion voraussetze, geht Sacharow von zwei Grundtatsachen des gegenwärtigen internationalen Lebens aus: von der Uneinigkeit der Menschheit, die angesichts der militärischen Möglichkeiten auf deren Zerstörung hinauslaufe, und von der Notwendigkeit unbedingter geistiger Freiheit. Die Gefahren, denen sich die Menschheit ausgesetzt sehe, bestünden demnach einerseits in der Bedrohung durch den thermonuklearen Krieg, durch die Zunahme des Hungers in der Welt, durch Rassismus, Nationalismus, Militarismus und diktatorische Regime. Andererseits jedoch in der Bedrohung der geistigen Freiheit: »In der modernen Gesellschaft (Sacharow drückt sich hier bewußt allgemein aus, weil das Problem nicht ein spezifisch sowjetisches, sondern eines der

verwalteten Welt schlechthin ist) ist ... die Gedankenfreiheit auf dreifache Weise gefährdet: durch das gezielte Opium der Massenkultur, durch die feige und egoistische kleinbürgerliche Ideologie und durch den verkalkten Dogmatismus bürokratischer Oligarchie und deren Lieblingswaffe, die ideologische Zensur. Die Gedankenfreiheit bedarf daher der Verteidigung durch alle denkenden und aufrichtigen Menschen.«
Das sind offene Worte, aus denen auch zu entnehmen ist, daß Sacharow keineswegs der Auffassung ist, Menschen- und Bürgerrechte seien das Betätigungsfeld einiger Intellektueller und Wissenschaftler. Vielmehr verweist er darauf, daß »jeder ehrliche und denkende Mensch« aufgefordert ist, sich für die Verwirklichung der Menschenrechte einzusetzen, womit ein spezifischer Ton in der Publizistik Sacharows angeschlagen wird, der sich in beinahe allen seinen Äußerungen nachweisen läßt: die Hoffnung darauf, daß sich die Dinge des Menschen und der Welt zum besseren ändern könnten. So formuliert er am Schluß seines *Memorandums »Die Begründung der Hoffnung«:* es müsse durch einen weltumfassenden Willen möglich sein, die Uneinigkeit zu überwinden; die Widersprüche und Unterschiede zwischen den kapitalistischen und sozialistischen Staaten abzubauen; Politik, Wirtschaft und Kultur in wissenschaftlich-demokratischer Weise zu entwickeln; und schließlich gründet er seine Hoffnung auf »das Nichtvorhandensein unüberwindlicher Hindernisse in der Entwickung von Produktionskräften in den beiden Wirtschaftssystemen der Welt, die widrigenfalls unabwendbar zur Sackgasse der Verzweiflung und des Abenteuers führen müssen«.
Auch in seiner nicht gehaltenen Nobelpreis-Rede plädiert Sacharow für Frieden, Fortschritt, Menschenrechte, wobei er Gedanken aufnimmt, die bereits in seiner Artikelserie *Den Frieden retten* vorformuliert worden sind. Auch hier wiederum zeigt er sich nicht nur als Wissenschaftler und Warner angesichts der atomaren Apokalypse, sondern als unverbesserlicher Optimist, der zur Hoffnung keine Alternative sieht. Als moralische Institution, die er durch seinen unerschrockenen Einsatz zwangsläufig geworden war, scheute sich Sacharow auch nicht, Bewertungen über die internationalen Abrüstungs- und Entspannungskonferenzen abzugeben, womit er erneut seine politische Mit-

verantwortung unter Beweis stellte.
Der Tenor blieb sich indes stets gleich: Sacharow zeichnete nüchtern und emotionslos die Gefahren auf, denen die Welt zusteuerte, um dann Überlegungen anzustellen über die friedliche Zukunft der Menschheit. Damit hat er der internationalen Menschenrechtsbewegung, die sich zunehmend auf ihn berief, große Dienste erwiesen. Auch wenn in westlichen Medien da und dort eine gewisse Müdigkeit im Umgang mit dem Fall »Sacharow« zu beobachten gewesen ist, weil man irrtümlicher-

Andrej Dimitrijewitsch Sacharow

wurde am 21. Mai 1921 in Moskau geboren. Nach seinem Studium war er Ingenieur in einem Rüstungsbetrieb. 1948 wurde er einer Forschungsgruppe für thermonukleare Waffen zugeteilt. Nach kurzer Zeit wurde er deren Leiter, um 1953 Mitglied der Akademie der Wissenschaften zu werden. Ausgezeichnet mit dem Stalin-Preis, zweifacher Lenin-Orden-Träger und dreifacher Held der sozialistischen Arbeit, genoß er alle Privilegien eines renommierten sowjetischen Wissenschaftlers. 1953 begann sich Sacharow mit den Folgen seiner wissenschaftlichen Forschungen zu beschäftigen, engagierte sich für die Ächtung der Atomversuche und für eine Politik der friedlichen Koexistenz.
1970 gründete er das Komitee für Menschenrechte und entwickelte Vorschläge zu einer Liberalisierung der Sowjetgesellschaft. 1975 erhielt er den Friedensnobelpreis. Am 22. Januar 1980 wurde Sacharow auf offener Straße in Moskau verhaftet und ohne Gerichtsurteil nach Gorkij in die Verbannung gebracht, wo er verschiedentlich durch Hungerstreiks, der letzte datiert vom 2.5.1984, auf das Schicksal der Bürgerrechtler in der Sowjetunion aufmerksam machte.
Nach dem Amtsantritt des neuen sowjetischen Parteichefs Gorbatschow im März 1985 besserten sich die äußeren Lebensbedingungen Sacharows; Anfang 1987 trat er erstmals in Moskau wieder öffentlich in Erscheinung. Sein Kampf für Freiheit, Frieden und Abrüstung ist gekoppelt mit dem Versuch, einen wissenschaftlich begründeten Beitrag zur Demokratisierung der Sowjetunion zu leisten.

weise der Meinung war, Sacharow befasse sich ausschließlich mit innersowjetischen Problemen. Davon kann gewiß nicht die Rede sein, selbst wenn sich unschwer nachweisen läßt, daß viele seiner kritischen Anmerkungen über die Sowjetgesellschaft jene Stichworte enthalten, deren sich überraschenderweise Michail Gorbatschow bedient, um eben diese Gesellschaft zu demokratisieren. Kann sich Sacharow mehr wünschen? Ja, er kann, und er hat das in seinem Essay 1977 mit dem bezeichnenden Titel *Furcht und Hoffnung* unmißverständlich getan:
»Die Zukunft der Menschheit hängt davon ab, daß überall Menschen guten Willens, die von moralischen Prinzipien geleitet sind, mit energischen, öffentlichen, klug geplanten Aktionen in Erscheinung treten. Gesetzlosigkeit und Einschränkungen der Menschenrechte können auf diesem Planeten ebensowenig toleriert werden wie Krieg, Hunger und Armut. Das Schicksal jedes einzelnen von uns und unser aller gemeinsames Schicksal stehen auf dem Spiel.«

Allgemeine Erklärung der Menschenrechte
Körbe voller Hoffnung

von Joachim Molsdorff

Am 10. Dezember 1948 nahm die Generalversammlung der Vereinten Nationen in New York ohne Gegenstimmen, aber bei Stimmenthaltung der kommunistischen Staaten, Saudi-Arabiens und Südafrikas die *Allgemeine Erklärung der Menschenrechte* an, welche den Inhalt der einzelnen Menschenrechtsgarantien festlegte, ohne indes völkerrechtlich verbindlich zu sein. Seither haben sich zahlreiche Beschlüsse der Vereinten Nationen, zuletzt die Folterkonvention vom 10. Dezember 1984, andere amtliche Erklärungen, Staatsverfassungen und die Schlußakte der Konferenz über Sicherheit und Zusammenarbeit in Europa (KSZE) auf den inneren Kern der Menschenrechtserklärung berufen. So läßt sich feststellen, daß heute beinahe alle internationalen Erklärungen zur Freiheit der Person auf eben dieser Menschenrechtserklärung basieren.

So sehr eine derartige Entwicklung zu begrüßen ist, es besteht – und darin ist man sich auch bei den Vereinten Nationen einig – kein Anlaß zur Freude. Zunächst ist schon einmal das Datum der Menschenrechtserklärung schockierend: So spät, möchte man meinen, haben sich die Staaten auf eine internationale Vereinbarung zur Menschenrechtsproblematik eingelassen, nachdem jeder Blick in die Geschichte der politischen Philosophie lehrt, daß sich die Menschheit vermutlich schon sehr lange mit Menschenrechtsfragen auseinandergesetzt hat. Gewiß, so beunruhigend das späte Datum sein muß, es geschah nicht ohne Grund, daß sich die Begründer der Vereinten Nationen unmittelbar nach der moralischen und militärischen Katastrophe in Europa mit der Menschenrechtsproblematik auseinandergesetzt haben. Nicht nur im Schatten des größten und brutalsten Krieges dachte man wieder einmal über die unabdingbaren Rechte der Menschen nach; die erste Hälfte des 20. Jahrhunderts war darüber hinaus auch das Zeitalter der Barbarei, des Völkermordes, des Totalitarismus, des internationalen Irrationalismus, der Folter und der Hiroshima-Bombe. Die Liste ließe sich beinahe beliebig verlängern, und: Sie ließe sich aktualisieren. Das eigentlich Bestürzende an der Tatsache, daß die Erklärung der Menschenrechte erst in der Mitte des 20. Jahrhunderts international anerkannt wurde, ist ja weniger der späte Termin. Vielmehr ist es der Umstand, daß bis auf den heutigen Tag Anlaß zur Sorge darüber besteht, daß eben diese elementaren Rechte des Menschen in allzu vielen Ländern der Erde mit Füßen getreten werden, wie die Jahresberichte von *amnesty international* mit unerbittlicher Genauigkeit festhalten ...

Dabei ist die Suche des Menschen nach unabdingbaren Grundpositionen des politischen Handelns sehr viel älter, als der Begriff Menschenrechte nahezulegen scheint. Es trifft auch nicht zu, wenn in einer Dokumentation über die Menschenrechte ausgeführt wird, vor wenigen Jahrzehnten sei der Begriff beinahe noch unbekannt gewesen. Immerhin konnten sich die Initiatoren der Resolution 217 (III) der UN-Vollversammlung durchaus auf eine Reihe beachtlicher Vorläufer stützen, nur mit dem Unterschied (und dieser ist entscheidend), daß die Menschenrechte zu internationalen Standards erklärt wurden. In der Präambel der Menschenrechtserklärung ist es in die folgenden Worte gefaßt:

»Da die Anerkennung der allen Mitgliedern der menschlichen Familie innewohnenden Würde und ihrer gleichen und unveräußerlichen Rechte die Grundlage der Freiheit, der Gerechtigkeit und des Friedens in der Welt bildet ..., verkündet die Generalversammlung die vorliegende Allgemeine Erklärung der Menschenrechte als das von allen Völkern und Nationen zu erreichende gemeinsame Ideal, damit jeder einzelne und alle Organe der Gesellschaft sich diese Erklärung stets gegenwärtig halten und sich bemühen, durch Unterricht und Erziehung die Achtung dieser Rechte und Freiheiten zu fördern und durch fortschreitende Maßnahmen im nationalen und internationalen Bereich ihre allgemeine und tatsächliche Anerkennung und Verwirklichung bei der Bevölkerung sowohl der Mitgliedstaaten wie der ihrer Oberhoheit unterstehenden Gebiete zu gewährleisten.«

Die UN-Mitglieder sahen sich also sehr wohl in der Tradition bisherigen Menschenrechtserklärungen. Aber sie sahen sich auch im Angesicht der menschlichen Möglichkeit, die totale Unmenschlichkeit zu verwirklichen. Um dieser Tendenz Einhalt zu gebieten, bekannte man sich erneut zu dem Gedanken, wonach menschliches politisches Handeln auf eine sittliche Grundlage mit internationalem Charakter gestellt werden muß. Die traditionellen sittlichen Instrumente wie Christentum und Humanismus ließen sich international ebensowenig durchsetzen, wie sie in den europäischen Nationalstaaten Diktaturen nicht verhindern konnten. Das sittliche Bewußtsein der Menschheit und der Völker war also gefragt, und ein alter Begriff rückte erneut in den Mittelpunkt des politischen Denkens: der Begriff Freiheit. Die sittliche Verantwortung des handelnden Menschen und seiner Freiheit rückten – wir müssen sagen: wieder einmal – in den Vordergrund der politischen Ethik. Damit wurde gleichermaßen deutlich, daß die Erklärung der UN-Vollversammlung sich in der Tat in den Kontext anderer Bemühungen einreiht, die sich ebenfalls um die Frage rankten, was denn nun die unabdingbaren Rechte des Menschen seien.

Nach Menschenrechten, definiert als die »Gesamtheit derjenigen idealen Ansprüche, welche der Mensch als solcher gegen den Staat erhebt und deren Gewährleistung er vom Staat verlangt« (diese Definition stammt aus *Meyers Konversationslexikon* von 1897!), hat die Menschheit wohl schon seit dem Beginn moderner Staatlichkeit gefragt: Der *Dekalog* (die Zehn Gebote), das politische Philosophieren der alten Griechen, das christliche Prinzip der *caritas*, die *Magna Charta Libertatum*, die *Bill of Rights*, die *Déclaration des droits de l'homme*, die amerikanische Verfassung von Thomas Jefferson, Roosevelts vier Freiheiten (die Freiheit der Rede und der Sprache, die Freiheit der Person, Gott auf ihre eigene Weise zu verehren, die Freiheit von Not und Furcht in der Welt), das alles sind gewiß Meilensteine in der Entwicklung des Menschenrechtsgedankens. Meilensteine auf einem langen Weg, der nur zu oft ein Irrweg gewesen zu sein schien. Dennoch, oder genauer gerade deshalb, kommt der Menschenrechtserklärung der Vereinten Nationen wie auch beispielsweise der *Europäischen Konvention der Menschen-*

rechte eine besondere Bedeutung zu, weil sie erstmals international greift (dabei allerdings auch auf ein allgemeingültiges Menschenbild verzichten muß und sich auch keiner speziellen Philosophie verpflichtet wissen darf).

Menschenrechte als dem Menschen angeborene und unveräußerliche Rechte, an deren oberste Stelle die menschliche Freiheit trat, wurden erstmal explizit definiert in der französischen *Erklärung der Menschen- und Bürgerrechte* vom 26. August 1789, zu Beginn der Französischen Revolution. Geistesgeschichtlicher Hintergrund waren Aufklärung und Rationalismus, aber auch humanistische Prinzipien und, nicht zu vergessen, das Aufbegehren der neuen Klasse gegen die staatlichen Prinzipien des *ancien régime*. Der Text dieser ersten Menschenrechtserklärung wurde, um ihm politisches Gewicht zu verschaffen, am 3. September 1791 in die französische Verfassung aufgenommen. Der erste Satz lautete programmatisch: »Der Mensch wird frei und gleich an Rechten geboren und bleibt es.« Und Artikel 2 erklärte: »Das Ziel aller politischen Gesellschaften ist die Erhaltung der natürlichen und unveräußerlichen Rechte des Menschen. Diese Rechte sind die Freiheit, das Eigentum, die Sicherheit und das Recht des Widerstandes gegen willkürliche Bedrückung.« Die übrigen der insgesamt nur 17 Artikel umfassenden Menschenrechtserklärung legten die Grundlinien der Verfassung fest, bestimmten die Prinzipien der öffentlichen Gewalt, für deren Unterhalt die Staatsbürger eine ihren Möglichkeiten entsprechende Steuer aufzubringen hätten; verpflichteten den König auf die Verfassung; verwiesen auf Möglichkeiten der politischen Mitbestimmung, um dann noch einmal auf den Begriff Freiheit vorzustoßen, der schlicht als das Recht bezeichnet wurde, alles das zu tun, was anderen nicht schadet. Was nicht ausdrücklich verboten wurde, so besagte etwa Artikel 5, durfte auch nicht behindert werden. Im übrigen ging diese Menschenrechtserklärung davon aus, daß sie für die Gesamtheit der französischen Nation (!) verpflichtend sei.

Freiheit und Gerechtigkeit, Verfassung und Ordnung sind demnach die Grundlagen einer auf Menschenrechten basierenden Politik. Der Neubeginn des politischen Denkens im Umfeld der Französischen Revolution erstreckte sich auf das ganze Europa des 19. Jahrhunderts. Der hohe Rang dieser Menschenrechtserklärung wird vielleicht durch den Hinweis am deutlichsten, daß sie in die amerikanische Verfassung ebenso eingearbeitet wurde, wie sie stets als Grundlage des politischen Liberalismus diente und somit eine unabsehbare Wirkung zeitigte; daß dessen ungeachtet die realen Rechte des Menschen weit hinter den hier formulierten Forderungen blieben, ist eine andere Geschichte, genauer: die Geschichte Europas seit der Französischen Revolution bis heute.

Standen Aufklärung und Rationalismus an der Wiege der *Déclaration des droits de l'homme*, so war es die Katastrophe des alten Europa nach dem Ende des Zweiten Weltkriegs und die Einsicht, daß die internationale Politik nach Hiroshima auf eine andere Grundlage gestellt werden mußte, welche die Mitgliedsstaaten der Vereinten Nationen dazu veranlaßte, sich 150 Jahre nach der Französischen Revolution erneut mit der Menschenrechtsproblematik auseinanderzusetzen. Dabei war nicht nur die Internationalität des Gremiums von Bedeutung, sondern auch das in den folgenden vier Jahrzehnten unablässige Bemühen, eben diesen Menschenrechten zum Erfolg zu verhelfen.

Man sage nicht, daß die Vereinten Nationen angesichts der seit dem Zweiten Weltkrieg erfolgten Friedensverletzungen, Rechtsbrüche und anderer Konflikte in und zwischen Staaten und Nationen erfolglos geblieben seien. Zum einen muß darauf hingewiesen werden, daß die Vereinten Nationen über die Menschenrechtserklärung hinaus Resolutionen beschlossen haben, um den Geist der Menschenrechtserklärung in politische Praxis umzumünzen: Am 7. März 1966 gelang es, das *Internationale Übereinkommen zur Beseitigung jeder Form der Rassendiskriminierung* zu verabschieden, womit ein wesentlicher Beitrag zur Dekolonisierung und Unabhängigkeit der meisten Länder der Dritten Welt geleistet wurde. Und als größter Erfolg in den Bemühungen der Weltorganisation um die internationalen Menschenrechtsgarantien muß das Zustandekommen zweier umfassender Konventionen gewertet werden, die am 19. Dezember 1966 über bürgerliche und politische Rechte einerseits und über wirtschaftliche, soziale und kulturelle Rechte andererseits verabschiedet wurden. Mit diesen Konventionen ist es den Vereinten Nationen gelungen, den notwendigerweise sehr allgemein gehaltenen Menschenrechtskatalog von 1948 zu präzisie-

ren. Daß inzwischen mehr als 70 Staaten diese Konventionen unterzeichnet und damit anerkannt haben, spricht immerhin für das weltweite Bemühen um die Verwirklichung von Menschenrechten.
Zugleich, und das ist die andere Seite des Problems, ist es kein Geheimnis, daß die Qualität von Menschenrechten nicht eine Frage der Formulierung, ja nicht einmal eine der Begründung ist, sondern eine der politischen Praxis, des politischen Willens. Was die UN-Generalversammlung am 10. 12. 1948 auf knapp sechs Druckseiten verabschiedete, konnte und durfte nur der allgemeinste Rahmen einer politischen und moralischen Neuorientierung sein. In ihren 30 Artikeln bietet die *Allgemeine Erklärung der Menschenrechte* einen Katalog von Selbstverständlichkeiten, die in der Geschichte der Menschheit eben keineswegs Selbstverständlichkeiten gewesen sind:
»Alle Menschen sind frei und gleich an Würde und Rechten geboren«, heißt es in Artikel 1. »Sie sind mit Vernunft und Gewissen begabt und sollen einander im Geiste der Brüderlichkeit begegnen.« Deshalb verbieten sich Diskriminierungen jeder Art (Art. 2), wie auch das Leben jedes Menschen geschützt sein muß (Art. 3). Bekannte, weil aus der Zeit der Französischen Revolution stammende Forderungen werden noch einmal formuliert, so die nach dem Verbot der Sklaverei (Art. 4) oder die nach dem Verbot der Folter (Art. 5). Der Anspruch auf Rechtsschutz, auf Schutz vor Verhaftung und Ausweisung, das Asylrecht, die Freizügigkeit und Auswanderungsfreiheit werden erneut als Menschenrechte definiert, aber auch die Freiheit der Eheschließung, die Freiheit der Religionsausübung, die Versammlungsfreiheit, die soziale Sicherheit, die Freiheit des Kulturlebens und das Recht auf Arbeit und gleichen Lohn.
»Keine Bestimmung der vorliegenden Erklärung«, heißt es in der Ausführungsvorschrift (Art. 30), »darf so ausgelegt werden, daß sich daraus für einen Staat, eine Gruppe oder eine Person irgendein Recht ergibt, eine Tätigkeit auszuüben oder eine Handlung vorzunehmen, welche auf die Vernichtung der in dieser Erklärung angeführten Rechte und Freiheiten abzielen.«
Es ist also nicht wenig, was dieser Menschenrechtskatalog enthält, aber es gehört zu den bestürzenden Tatsachen der zweiten Hälfte des 20. Jahrhunderts, daß trotz der Erfahrungen zweier

Weltkriege, trotz Hiroshima, trotz der internationalen Krisenherde die Fähigkeit der Politiker nicht größer geworden sind, diesem elementaren Katalog einigermaßen gerecht zu werden. Oder vielleicht doch? Immerhin hat es in den vergangenen Jahrzehnten eine Fülle internationaler Konferenzen gegeben, die sich, unabhängig von der jeweiligen konkreten Fragestellung, immer auch mit Menschenrechtsproblemen auseinandergesetzt haben; so etwa auch die Konferenz über Sicherheit und Zusammenarbeit in Europa (KSZE), die in ihrer Schlußakte vom 1. August 1975 erneut auf die internationale Verpflichtung zur Einhaltung der Menschenrechte verwiesen hat. Da die Probleme

Allgemeine Erklärung der Menschenrechte

Als Resolution 217 (III) am 10.12.1948 durch die Generalversammlung der Vereinten Nationen angenommen, besteht sie aus 30 Artikeln, die sich mit allen wesentlichen Forderungen der allgemeinen Menschenrechte befassen. Nach der französischen »Déclaration des droits de l'homme et du citoyen« vom 26.8.1789, die zunächst nur für Frankreich galt, aber das gesamte liberale Denken des 19. Jahrhunderts beeinflußt hat, ist die Menschenrechtserklärung der Vereinten Nationen erstmals der internationale Versuch der Fixierung von Menschenrechten. In den letzten 40 Jahren wurden die allgemeinen Grundsätze dieser Erklärung durch bedeutende Konventionen ergänzt, beispielsweise durch den »Internationalen Pakt über bürgerliche und politische Rechte« (19.12.1966), den »Internationalen Pakt über wirtschaftliche, soziale und kulturelle Rechte« (19.12.1966), das Übereinkommen gegen Rassendiskriminierung (7.3.1966), das internationale Übereinkommen gegen die Apartheid (30. 11.1973) sowie die Erklärung über den Schutz vor Folter (9.12.1975). Dissidenten, politisch Verfolgte und Menschenrechtsvertreter haben sich bis auf den heutigen Tag auf die Menschenrechtserklärung der Vereinten Nationen berufen, aber auch auf die »Europäische Konvention zum Schutze der Menschenrechte und Grundfreiheiten« (4.11.1950) und auf die Schlußakte der KSZE-Konferenz in Helsinki vom 1.8.1975.

der Welt nun einmal größer geworden sind, packte man alles in sogenannte Körbe, in die man greifen kann, wenn man die Menschenrechtsprobleme heute kennenlernen will. So heißt in es *Korb 3* über »Zusammenarbeit in humanitären und anderen Bereichen«: »In dem Wunsche geleitet, zur Stärkung des Friedens und der Verständigung zwischen den Völkern und zur geistigen Bereicherung der menschlichen Persönlichkeit ohne Unterschied von Rasse, Geschlecht, Sprache oder Religion beizutragen«, spricht sich dieser Korb für menschliche Kontakte, internationalen Austausch und Reiseerleichterungen aus, um das gegenseitige Mißtrauen abzubauen.

Auch hier also sehr elementare, gleichsam banale Forderungen, deren besonderes Kennenzeichen jedoch auch darin besteht, daß sie eben keinesfalls bereits Selbstverständlichkeiten sind. Deshalb zu verzweifeln käme einer Selbstaufgabe der Menschheit gleich. Statt dessen wäre darauf zu verweisen, daß Menschenrechtserklärungen, ob von den französischen Revolutionären oder den Vertretern bei den Vereinten Nationen formuliert, stets von der Hoffnung getragen werden, die Welt – und damit wir alle – könnten uns zur Humanität, zur Freiheit und Gerechtigkeit entwickeln. So gesehen, stellen die Menschenrechte von 1948 auch nicht den Schlußakkord der Menschheit dar, sondern im Gegenteil die Aufforderung an uns alle, den Beginn einer neuen, anderen Geschichte einzuleiten.

Anhang

Die Zehn Gebote

Dann gab Gott dem Volk seine Gebote. Er sagte:
1. »Ich bin der Herr, dein Gott! Ich habe dich aus Ägypten herausgeführt, ich habe dich aus der Sklaverei befreit. Neben mir gibt es für dich keine anderen Götter.
2. Fertige dir kein Gottesbild an. Mach dir auch kein Abbild von irgend etwas im Himmel, auf der Erde oder im Meer. Wirf dich nicht vor fremden Göttern nieder und diene ihnen nicht. Denn ich, der Herr, dein Gott, verlange von dir ungeteilte Liebe. Wenn sich jemand von mir abwendet, dann bestrafe ich dafür auch seine Kinder, sogar noch seine Enkel und Urenkel. Wenn mich aber jemand liebt und meine Gebote befolgt, dann werde ich ihm und seinen Nachkommen Liebe und Treue erweisen über Tausende von Generationen hin.
3. Mißbrauche nicht den Namen des Herrn, deines Gottes, denn der Herr wird jeden bestrafen, der das tut.
4. Vergiß nicht den Tag der Ruhe; er ist ein besonderer Tag, der dem Herrn gehört. Sechs Tage in der Woche hast du Zeit, um deine Arbeit zu tun. Der siebte Tag aber soll ein Ruhetag sein. An diesem Tag sollst du nicht arbeiten, auch nicht deine Kinder, deine Sklaven, dein Vieh oder der Fremde, der bei dir lebt. In sechs Tagen hat der Herr Himmel, Erde und Meer mit allem, was lebt, geschaffen. Am siebten Tag aber ruhte er. Deshalb hat er den siebten Tag der Woche gesegnet und zu seinem Tag erklärt.
5. Ehre Vater und Mutter! Dann wirst du lange in dem Land leben, das dir der Herr, dein Gott gibt.
6. Morde nicht!
7. Zerstöre keine Ehe!
8. Beraube niemand seiner Freiheit und seines Eigentums!
9. Sage nichts Unwahres über deine Mitmenschen!
10. Suche nichts an dich zu bringen, was einem anderen gehört, weder seine Frau noch seine Sklaven, Rinder oder Esel, noch irgend etwas anderes, das ihm gehört.«

(2 Mose 20,1 – 17)

Magna Charta Libertatum (1215)

Johann, von Gottes Gnaden König von England ... den Erzbischöfen, Bischöfen, Äbten, Grafen, Freiherrn, Richtern, Förstern, Vizegrafen, Pröpsten, Dienern und allen Amtleuten und allen seinen Getreuen Heil. Ihr sollt wissen, daß Wir auf Eingebung Gottes und zum Heile Unserer Seele und der aller Unserer Vorgänger und Unserer Erben, zur Ehre Gottes und zur Erhöhung der heiligen Kirche und zu Mehrung Unseres Königreiches auf den Rat Unserer ehrwürdigen Väter (zwei Erzbischöfe, sieben Bischöfe, zwei Geistliche) und der edlen Männer (drei Grafen, zwölf Edle) und anderer Unserer Getreuen

1. Gott zugestanden und durch diese Unsere vorliegende Urkunde für Uns und Unsere Erben in Ewigkeit bestätigt haben, daß die englische Kirche frei sei und ihre Rechte unversehrt, ihre Freiheiten unverletzt habe. Und so wollen Wir, daß dies beachtet werde. Das folgt daraus, daß Wir die Freiheit der Wahlen, die der englischen Kirche für ganz besonders nützlich erachtet wird, aus lauterem und freiem Willen, bevor die Zwietracht zwischen Uns und Unseren Edlen entstanden war, zugestanden und durch diese Urkunde bestätigt haben, und erlangt haben, daß sie durch Papst Innozenz III. bestätigt wird. Wir werden sie beachten und wollen, daß sie von Unseren Erben in Ewigkeit guten Glaubens beachtet wird. Wir haben auch allen freien Menschen Unseres Königreiches für Uns und Unsere Erben in Ewigkeit zugestanden, daß alle nachstehend aufgeführten Freiheiten ihnen und ihren Erben von Uns und Unseren Erben zu halten und zu wahren sind.

12. Eine Umlage oder Beihilfe soll in Unserem Königreich nur durch den allgemeinen Reichstag Unseres Königreiches auferlegt werden, außer als Lösegeld Unseres Körpers oder um Unseren erstgeborenen Sohn zum Ritter zu machen oder um Unsere erstgeborene Tochter einmal zu verheiraten. Und hierfür soll nur eine angemessene Beihilfe geschehen. So soll auch von der Stadt London die Beihilfe geschehen.

13. Und die Stadt London soll alle alten Freiheiten und ihre freien Bräuche zu Wasser wie zu Lande behalten. Außerdem wollen Wir und gestehen zu, daß alle anderen Städte, Burgen, Dörfer und Häfen alle ihre Freiheiten und freien Bräuche behalten.

14. Um einen allgemeinen Reichstag Unseres Königreiches zu halten, der eine Beihilfe in anderen als den drei vorgenannten Fällen bewilligen oder eine Umlage bewilligen soll, werden wir die Erzbischöfe, Bischöfe, Äbte, Grafen und größeren Herren durch Unsere versiegelten Briefe entbieten lassen. Und außerdem werden Wir durch Unsere Landrichter und Amtsleute alle die, die von Uns unmittelbar abhängig sind, im allgemeinen entbieten lassen an einen bestimmten Tag und binnen einer Frist von mindestens 40 Tagen und an einen bestimmten Ort. Und Wir werden in allen Aufgebotsbriefen den Grund des Aufgebots angeben. Und nachdem das Aufgebot so geschehen ist, wird an dem bezeich-

neten Tag die Verhandlung nach dem Rat derer, die anwesend sein werden, vor sich gehen.

15. Wir gestehen nicht zu, daß irgendein anderer eine Beihilfe von seinen freien Untertanen nehme, außer Lösegeld seines Körpers oder um seinen erstgeborenen Sohn zum Ritter zu machen oder um seine erstgeborene Tochter einmal zu verheiraten.

16. Niemand soll gezwungen werden, von seinem Ritterlehen oder einem anderen freien Lehngut eine größere Abgabe zu leisten, als er seither schuldig war.

17. Gewöhnliche Gerichtstage sollen nicht an Unseren Hof gezogen werden, sondern an irgendeinem bestimmten Ort abgehalten werden.

20. Ein freier Mann soll für ein geringes Vergehen nur entsprechend der Art des Vergehens mit einer Geldstrafe belegt werden. Für ein großes Vergehen soll er entsprechend der Größe des Vergehens, doch vorbehaltlich seines Lebensunterhaltes, mit einer Geldstrafe belegt werden. Ein Kaufmann soll auf gleiche Weise vorbehaltlich seines Warenlagers und ein Bauer soll auf die gleiche Weise vorbehaltlich seines Inventars mit einer Geldstrafe belegt werden, wenn sie Unserer Strafe verfallen sind. Und keine der vorgenannten Strafen soll auferlegt werden, es sei denn durch den Eid rechtschaffener Männer der Nachbarschaft.

21. Grafen und Herren sollen nur durch ihresgleichen mit Geldstrafen belegt werden und nur nach Art ihres Vergehens.

39. Kein freier Mensch soll ergriffen, gefangengelegt, aus seinem Besitz vertrieben, heimatlos gemacht, geächtet oder auf eine andere Weise zugrunde gerichtet werden, und Wir werden über ihn nicht gehen noch über ihn schicken außer durch rechtmäßiges Urteil seiner Standesgenossen oder nach Landrecht.

40. Wir werden keinem Recht und Gerechtigkeit verkaufen, verweigern oder verzögern.

45. Wir werden zu Richtern, Vögten, Landrichtern und Amtsleuten nur solche ernennen, die das Gesetz des Königreiches kennen und es gut beachten wollen.

60. Alle diese vorgenannten Bräuche und Freiheiten, die Wir in Unserem Königreich, soviel an Uns liegt, den Unseren zu halten angestanden haben, sollen alle in Unserem Königreich, Geistliche wie Weltliche, soviel an ihnen liegt, den Ihren halten.

So wollen Wir und verordnen fest, daß die englische Kirche frei sei, und daß den Menschen in Unserem Königreich die vorgenannten Freiheiten, Rechte und Zugeständnisse wohl und in Frieden, frei und ruhig, voll und unversehrt für sich und ihre Erben von Uns und Unseren Erben in allen Dingen und Orten in Ewigkeit, wie vorgeschrieben ist, gehalten und bewahrt werden. Es ist so von Unserer Seite und von seiten der Herren beschworen, daß Wir alles Vorgenannte guten Glaubens und ohne Hintergedanken bewahren werden. In Anwesenheit der vorgenannten und vieler anderer Zeugen. Gegeben durch Unsere Hand auf der Wiese Runingmede zwischen Windsor und Stanes am 15. Juni im 17. Jahre Unseres Königtums.

Die Französische Verfassung vom 3. September 1791

Erklärung der Rechte des Menschen und Bürgers

Nachdem die Repräsentanten des Volkes, konstituiert als *Nationalversammlung*, erwogen haben, daß die Unkenntnis, das Vergessen oder die Mißachtung der Rechte des Menschen die alleinigen Ursachen des öffentlichen Unglücks und der Verderbtheit der Regierungen sind, so haben sie beschlossen, in einer feierlichen Erklärung die natürlichen, und unveräußerlichen und geheiligten Menschenrechte darzulegen, damit diese Erklärung allen Gliedern des gesellschaftlichen Verbandes ständig gegenwärtig sei und sie ohne Unterlaß an ihre Rechte und Pflichten erinnern möge; damit die Handlungen der *gesetzgebenden* und die der *ausübenden* Macht, wenn sie in jedem Augenblick mit dem Endzweck aller politischen Satzungen verglichen werden können, mehr geachtet werden und damit die Ansprüche der Bürger des Staates, welche künftig auf einfache und unwidersprechliche Grundsätze gegründet sein sollen, sich immer auf die Wahrung der Verfassung und das allgemeine Wohl richten mögen.
Daher erkennt und erklärt die Nationalversammlung, in Gegenwart und unter dem Schutze des höchsten Wesens, folgende *Rechte des Menschen und des Bürgers:*

1. Die Menschen werden frei und gleich an Rechten geboren und bleiben es. Die gesellschaftlichen Unterschiede können nur auf den gemeinsamen Nutzen gegründet sein.
2. Der Endzweck aller politischen Vereinigung ist die Erhaltung der natürlichen und unabdingbaren Menschenrechte. Diese Rechte sind die Freiheit, das Eigentum, die Sicherheit, der Widerstand gegen Unterdrückung.
3. Der Ursprung aller Souveränität liegt seinem Wesen nach beim Volke. Keine Körperschaft, kein einzelner kann eine Autorität ausüben, die nicht ausdrücklich hiervon ausgeht.
4. Die Freiheit besteht darin, alles tun zu können, was einem andern nicht schadet. Also hat die Ausübung der natürlichen Rechte jedes Menschen keine Grenzen als jene, die den übrigen Gliedern der Gesellschaft den Genuß dieser nämlichen Rechte sichern. Diese Grenzen können nur durch das Gesetz bestimmt werden.
5. Das Gesetz hat nur das Recht, solche Handlungen zu verbieten, die der Gesellschaft schädlich sind. Alles, was durch das Gesetz nicht ver-

boten ist, kann nicht verhindert werden, und niemand kann genötigt werden, zu tun, was das Gesetz nicht verordnet.

6. Das Gesetz ist der Ausdruck des allgemeinen Willens. Alle Staatsbürger sind befugt, zur Feststellung desselben persönlich oder durch ihre Repräsentanten mitzuwirken. Es soll für alle das gleiche sein, es mag beschützen oder bestrafen. Da alle Bürger vor seinen Augen gleich sind, so können sie gleichmäßig zu allen Würden, Stellen und öffentlichen Ämtern zugelassen werden auf Grund ihrer Fähigkeiten und ohne anderen Unterschied, als den ihrer Tugenden und Talente.

7. Kein Mensch kann angeklagt, in Haft genommen oder gefangengehalten werden, als in den durch das Gesetz bestimmten Fällen und in den Formen, welche es vorgeschrieben hat. Diejenigen, welche willkürliche Befehle veranlassen, ausfertigen, vollziehen oder vollziehen lassen, sollen bestraft werden; jeder Bürger hingegen, vorgeladen oder festgenommen kraft des Gesetzes, soll gleich gehorchen; er macht sich durch Widerstand strafbar.

8. Das Gesetz soll nur solche Strafen festsetzen, welche unbedingt und offenbar nötig sind, und niemand kann bestraft werden, als kraft eines vor Begehung des Verbrechens eingesetzten, verkündeten und rechtlich angewandten Gesetzes.

9. Da jeder Mensch so lange für unschuldig erachtet wird, bis er für schuldig erklärt ist, so soll, wenn seine Verhaftung für unumgänglich gehalten wird, alle Härte, die nicht notwendig wäre, um sich seiner Person zu versichern, durch das Gesetz streng unterbunden werden.

10. Niemand soll wegen seiner Ansichten, auch nicht wegen der religiösen, beunruhigt werden, sofern ihre Äußerung die durch das Gesetz errichtete öffentliche Ordnung nicht stört.

11. Die freie Mitteilung der Gedanken und Meinungen ist eins der kostbarsten Rechte des Menschen. Jeder kann mithin frei sprechen, schreiben, drucken, mit Vorbehalt der Verantwortlichkeit für den Mißbrauch dieser Freiheit in den durch das Gesetz bestimmten Fällen.

12. Die Verbürgung der Menschen- und Bürgerrechte erfordert notwendig eine öffentliche Macht. Diese Mascht ist also eingesetzt für den Vorteil aller, und nicht für den besonderen Nutzen derer, denen sie anvertraut ist.

13. Für die Unterhaltung der öffentlichen Macht und für die Kosten der Verwaltung ist ein gemeinschaftlicher Beitrag unerläßlich; dieser soll unter alle Bürger des Staates im Verhältnis ihres Vermögens auf gleiche Weise verteilt werden.

14. Alle Bürger des Staates sind berechtigt, entweder selbst oder durch ihre Repräsentanten, sich von der Notwendigkeit des öffentlichen Beitrages zu überzeugen, ihn frei zu bewilligen, seine Verwendung zu überwachen sowie Anteil, Umlage, Eintreibung und Dauer zu bestimmten.

15. Die Gesellschaft ist befugt, von jedem öffentlichen Beamten Rechenschaft über seine Amtsführung zu verlangen.

16. Jede Gesellschaft, in der weder die Garantie der Rechte zugesichert noch die Trennung der Gewalten festgelegt ist, hat keine Verfassung.
17. Da das Eigentum ein geheiligtes und unverletzliches Recht ist, so kann niemand dessen beraubt werden; es wäre denn, daß die öffentliche, gesetzlich festgestellte Notwendigkeit es klar erforderte, und unter der Bedingung einer gerechten und vorsorglich festgesetzten Entschädigung.

Die Beschlüsse in der Paulskirche vom 4. 4. 1848

Grundrechte und Forderungen des deutschen Volkes

Die Versammlung empfiehlt, mit ihrer grundsätzlichen Zustimmung, dem konstituierenden Parlamente zur Prüfung und geeigneten Berücksichtigung die nachstehenden Anträge, welche bestimmte Grundrechte als geringstes Maß deutscher Volksfreiheit verlangen, und die im deutschen Volke lebenden Wünsche und Forderungen aussprechen.
Gleichstellung der politischen Rechte, ohne Unterschied des Glaubensbekenntnisses, und Unabhängigkeit der Kirche vom Staate.
Volle Preßfreiheit.
Freies Vereinigungsrecht.
Petitionsrecht.
Eine freie volksvertretende Landesverfassung mit entscheidender Stimme des Volksabgeordneten in der Gesetzgebung und Besteuerung und mit Verantwortlichkeit der Minister.
Gerechtes Maß der Steuerpflicht nach der Steuerkraft.
Gleichheit der Wehrpflicht und des Wehrrechts.
Gleiche Berechtigung aller Bürger zu Gemeinde- und Staatsämtern.
Unbedingtes Auswanderungsrecht.
Allgemeines deutsches Staatsbürgerrecht.
Lehr- und Lernfreiheit.
Schutz der persönlichen Freiheit.
Schutz gegen Justizverweigerungen.
Unabhängigkeit der Justiz.
Öffentlichkeit und Mündlichkeit der Rechtspflege und Schwurgerichte in Strafsachen.
Ferner:
Ein vollständiges Kreditsystem mit Ackerbau- und Arbeiterklassen.
Schutz der Arbeit durch Einrichtungen und Maßregeln, um Arbeitsunfähige vor Mangel zu bewahren, Erwerblosen lohnende Beschäftigung zu verschaffen, die Verfassung des Gewerb- und Fabrikwesens den Bedürfnissen der Zeit anzupassen.
Schulunterricht für alle Klassen, Gewerbe und Berufe aus Staatsmitteln.
Anerkennung endlich der Auswanderung als Nationalangelegenheit und Regelung derselben zum Schutze der Auswanderer.

Erklärung der Menschenrechte vom Zweiten Demokratenkongreß in Berlin vom 30. 10. 1848

1. Der Zweck jedes politischen Gemeinwesens ist die Wahrung der natürlichen und unverjährbaren Rechte des Menschen und die Entwicklung aller seiner Fähigkeiten.
2. Die wichtigsten Menschenrechte sind die, für die Erhaltung seiner Existenz und seiner Freiheit zu sorgen.
3. Diese Rechte stehen allen Menschen gleichmäßig zu, wie groß auch die Verschiedenheit ihrer körperlichen und geistigen Kräfte sei. Die Gleichheit der Rechte ist von der Natur eingesetzt; die Gesellschaft, weit entfernt, ihr Eintrag zu tun, wahrt sie bloß gegen den Mißbrauch der Gewalt, welcher sie untergräbt.
4. Die Freiheit ist die jedem Menschen zukommende Macht, nach seinem Gutdünken alle seine Fähigkeiten anzuwenden; sie hat zur Richtschnur die Gerechtigkeit, zur Schranke die Rechte der anderen, die Natur zur Grundlage und das Gesetz zur Schutzwehr.
5. Das Recht, sich friedlich zu versammeln, das Recht, seine Meinungen durch die Presse und auf jede andere Art kundzugeben, sind so notwendige Folgerungen aus dem Grundgesetz der menschlichen Freiheit, daß das Bedürfnis, sie zu verkündigen, das Dasein des Despotismus oder die frische Erinnerung an dieselbe voraussetzt.
6. Das Eigentum ist das Recht jedes Bürgers, nach seinem Belieben den ihm vom Gesetz verbürgten Anteil an Gütern zu verwenden.
7. Das Eigentumsrecht ist, wie alle Rechte, begrenzt durch die Verpflichtung, die Rechte anderer zu achten.
8. Es kann weder der Sicherheit, noch der Freiheit, noch der Existenz, noch dem Eigentum unserer Nebenmenschen Eintrag tun.
9. Jeder Handel, der dieses Prinzip verletzt, ist wesentlich unerlaubt und unsittlich.
10. Die Gesellschaft ist verpflichtet, für das Auskommen aller ihrer Mitglieder zu sorgen, sei es nun, daß sie ihnen Arbeit verschafft, oder daß sie den Arbeitsunfähigen Existenzmittel sichert.
11. Die unentbehrlichsten Hilfsmittel für denjenigen, dem das Nötigste fehlt, sind eine Schuld dessen, der Überfluß hat. Das Gesetz hat die Art der Abtragung dieser Schuld zu bestimmen.
12. Die Bürger, deren Einkünfte nicht das zur Bestreitung ihres Unterhaltes Nötige übersteigen, sind nicht verpflichtet, zu den öffentlichen Ausgaben beizutragen; die anderen müssen dieselben in gesteigertem Verhältnis, je nach dem Betrag ihres Vermögens übernehmen. (Progressive Einkommensteuer).
13. Die Gesellschaft muß mit allen ihren Kräften die Frotschritte der allgemeinen Bildung befördern und den Unterricht allen Bürgern zugänglich machen.

14. Das Volk ist souverän; die Regierung ist sein Werk und sein Eigentum, die Beamten sind seine Diener. – Das Volk kann seine Regierung beliebig ändern und seine Bevollmächtigten abberufen.
15. Das Gesetz ist der freie und feierliche Ausdruck des Volkswillens.
16. Das Gesetz muß für alle gleich sein.
17. Das Gesetz kann nur verbieten, was dem Gemeinwesen schädlich ist, und nur gebieten, was demselben nützt.
18. Jedes Gesetz, welches die unverjährbaren Rechte des Menschen verletzt, ist durchaus ungerecht und tyrannisch, es ist kein Gesetz.
19. In jedem freien Staate muß das Gesetz hauptsächlich die öffentliche und persönliche Freiheit gegen die Gewalt der Regierenden sicherstellen. Jede Einrichtung, welche nicht das Volk als gut und die Behörden als bestechlich voraussetzt, ist fehlerhaft.
20. Kein Teil des Volkes kann die Macht des ganzen Volkes ausüben; aber der Wunsch, den er ausspricht, muß beachtet werden, als der Wunsch eines Teiles des Volkes, welcher zum allgemeinen Willen beizutragen hat. Jede Abteilung des versammelten Souveräns muß das Recht haben, ihren Willen mit vollständiger Freiheit auszusprechen; sie ist durchaus unabhängig von allen eingesetzten Behörden und befugt, ihre Beratungen selbständig zu ordnen und zu überwachen.
21. Alle Bürger sind zu allen Ämtern zulässig, ohne einen anderen Unterschied, als den der Tugenden und der Talente, ohne einen anderen Rechtsanspruch, als das Vertrauen des Volkes.
22. Alle Bürger haben ein gleiches Recht zur Ernennung der Bevollmächtigten des Volkes und zur Bildung der Gesetze beizutragen.
23. Damit diese Rechte nicht bloßer Schein und die Gleichheit nicht ein Trugbild sei, muß die Gesellschaft ihre Beamten besolden und dafür sorgen, daß die Bürger, die von ihrer Arbeit leben, den öffentlichen Versammlungen, wohin das Gesetz sie beruft, beiwohnen können, ohne ihre eigene oder ihrer Familie Existenz zu gefährden.
24. Jeder Bürger muß gewissenhaft der Obrigkeit und ihren Agenten gehorchen, wenn sie die Organe oder die Vollzieher des Gesetzes sind.
25. Aber jede Handlung gegen die Freiheit, gegen die Sicherheit oder das Eigentum eines Menschen, der von irgend jemandem, selbst im Namen des Gesetzes, außer den gesetzlich vorgeschriebenen Fällen und Formen, begangen wird, ist willkürlich und nichtig; schon die Achtung vor dem Gesetze verbietet, sich ihr zu fügen; und wenn sie gewaltsam vollzogen werden soll, so ist es erlaubt, sie mit Gewalt zurückzuweisen.
26. Das Recht, an die Inhaber der Staatsgewalt Bittschriften zu richten, steht jedermann zu. Diejenigen, an welche sie gerichtet sind, müssen über den Inhalt derselben erkennen, aber sie können die Ausübung dieses Rechtes niemals verbieten, beschränken oder bestrafen.

27. Der Widerstand gegen die Unterdrückung folgt notwendig aus den allgemeinen Menschenrechten.
28. Der ganze Gesellschaftskörper ist unterdrückt, wenn ein einziges seiner Glieder unterdrückt wird. Jedes Glied ist unterdrückt, wenn der Körper unterdrückt wird.
29. Wenn die Regierung die Rechte des Volkes verletzt, so ist die Empörung das heiligste Recht und die unumgänglichste Pflicht für das Volk und für alle seine Teile.
30. Wenn einem Bürger der Schutz der Gesellschaft mangelt, so tritt er in den Naturzustand zurück, selbst alle seine Rechte zu verteidigen.
31. In beiden Fällen ist der sogenannte »gesetzliche Widerstand« gegen die Unterdrückung nur der spitzfindigste Kunstgriff und die schlaueste Maske der Reaktion.
32. Die öffentlichen Ämter sind weder als Auszeichnungen, noch als Belohnungen anzusehen, sondern als Pflichten gegen den Staat.
33. Die Vergehen der Beamten müssen streng und schnell bestraft werden. Niemand kann sich für unverletzlicher ausgeben als die andern Bürger.
34. Das Volk hat das Recht, alle Handlungen seiner Bevollmächtigten zu kennen; sie müssen ihm genaue Rechenschaft ablegen und sich achtungsvoll seinem Urteil unterziehen.
35. Die Menschen aller Völker sind Brüder, und die verschiedenen Völker sollen sich gegenseitig nach Kräften unterstützen, wie Bürger eines Staates.
36. Wer eine Nation unterdrückt ist der Feind aller Nationen.
37. Diejenigen, welche ein Volk bekriegen, um die Fortschritte der Freiheit zu hemmen und die Rechte der Menschen zu vernichten, müssen überall verfolgt werden, nicht wie gewöhnliche Feinde, sondern wie Meuchelmörder und rebellische Räuber.
38. Die Aristokraten, die Tyrannen, wer sie auch sein mögen, sind Sklaven, welche sich gegen den Herrn der Erde, genannt Menschengeschlecht, und gegen den Gesetzgeber der Welt, genannt Natur, empört haben.

Allgemeine Erklärung der Menschenrechte der Vereinten Nationen (UN) vom 10. 12. 1948

Artikel 1

Alle Menschen sind frei und gleich an Würde und Rechten geboren. Sie sind mit Vernunft und Gewissen begabt und sollen einander im Geiste der Brüderlichkeit begegnen.

Artikel 2

Jedermann hat Anspruch auf die in dieser Erklärung proklamierten Rechte und Freiheiten ohne irgendeine Unterscheidung, wie etwa nach

Rasse, Farbe, Geschlecht, Sprache, Religion, politischer oder sonstiger Überzeugung, nationaler oder sozialer Herkunft, nach Vermögen, Geburt oder sonstigem Status.
Weiter darf keine Unterscheidung gemacht werden auf Grund der politischen, rechtlichen oder internationalen Stellung des Landes oder Gebietes, dem eine Person angehört, ohne Rücksicht, darauf, ob es unabhängig ist, unter Treuhandschaft steht, keine Selbstregierung besitzt oder irgendeiner anderen Beschränkung seiner Souveränität unterworfen ist.

Artikel 3

Jedermann hat das Recht auf Leben, Freiheit und Sicherheit der Person.

Artikel 4

Niemand darf in Sklaverei oder Leibeigenschaft gehalten werden; Sklaverei und Sklavenhandel sind in allen ihren Formen verboten.

Artikel 5

Niemand darf der Folter oder grausamer, unmenschlicher oder erniedrigender Behandlung oder Strafe unterworfen werden.

Artikel 6

Jedermann hat das Recht, überall als rechtsfähig anerkannt zu werden.

Artikel 7

Alle Menschen sind vor dem Gesetz gleich und haben ohne Diskriminierung Anspruch auf gleichen Schutz durch das Gesetz. Alle haben Anspruch auf gleichen Schutz gegen jede Diskriminierung, welche die vorliegende Erklärung verletzen würde, und gegen jede Aufreizung zu einer derartigen Diskriminierung.

Artikel 8

Jedermann hat Anspruch auf einen wirksamen Rechtsbehelf bei den zuständigen innerstaatlichen Gerichten gegen Handlungen, die seine ihm nach der Verfassung oder nach dem Gesetz zustehenden Grundrechte verletzen.

Artikel 9

Niemand darf willkürlich festgenommen, in Haft gehalten oder des Landes verwiesen werden.

Artikel 10

Jedermann hat in voller Gleichberechtigung Anspruch darauf, daß über seine Ansprüche und Verpflichtungen und über jede gegen ihn erhobene strafrechtliche Anklage durch ein unabhängiges und unparteiisches Gericht in billiger Weise und öffentlich verhandelt wird.

Artikel 11

(1) Jeder wegen einer strafbaren Handlung Angeklagte hat Anspruch darauf, als unschuldig zu gelten, bis seine Schuld in einem öffentlichen Verfahren, in dem er alle für seine Verteidigung notwendigen Garantien gehabt hat, gemäß dem Gesetz nachgewiesen ist.
(2) Niemand darf wegen einer Handlung oder Unterlassung verurteilt werden, die zur Zeit ihrer Begehung nach inländischem oder nach internationalem Recht nicht strafbar war. Ebenso darf keine schwerere

Strafe als die im Zeitpunkt der Begehung der strafbaren Handlung angedrohte Strafe verhängt werden.

Artikel 12

Niemand darf willkürlichen Eingriffen in sein Privatleben, seine Familie, seine Wohnung und seinen Schriftverkehr oder rechtswidrigen Beeinträchtigungen seiner Ehre und seines Rufes ausgesetzt werden. Jedermann hat Anspruch auf rechtlichen Schutz gegen solche Eingriffe oder Beeinträchtigungen.

Artikel 13

(1) Jedermann hat das Recht, sich innerhalb eines Staates frei zu bewegen und seinen Wohnsitz frei zu wählen.

(2) Jedermann hat das Recht, jedes Land einschließlich seines eigenen zu verlassen und in sein Land zurückzukehren.

Artikel 14

(1) Jedermann hat das Recht, in anderen Ländern vor Verfolgung Asyl zu suchen und zu genießen.

(2) Dieses Recht kann im Fall einer Verfolgung wegen echter nichtpolitischer Verbrechen oder wegen Handlungen, die gegen die Ziele und Grundsätze der Vereinten Nationen verstoßen, nicht in Anspruch genommen werden.

Artikel 15

(1) Jedermann hat Anspruch auf eine Staatsangehörigkeit.

(2) Niemandem darf seine Staatsangehörigkeit willkürlich entzogen noch ihm das Recht versagt werden, seine Staatsangehörigkeit zu wechseln.

Artikel 16

(1) Männer und Frauen im heiratsfähigen Alter haben ohne Beschränkung auf Grund der Rasse, der Staatsangehörigkeit oder der Religion das Recht, eine Ehe einzugehen und eine Familie zu gründen. Sie haben gleiche Rechte bei der Eheschließung, während der Ehe und bei Auflösung der Ehe.

(2) Eine Ehe darf nur im freien und vollen Einverständnis der künftigen Ehegatten geschlossen werden.

Artikel 17

(1) Jedermann hat das Recht, allein oder in Gemeinschaft mit anderen Eigentum zu haben.

(2) Niemand darf willkürlich seines Eigentums beraubt werden.

Artikel 18

Jedermann hat das Recht auf Gedanken-, Gewissens- und Religionsfreiheit; dieses Recht umfaßt die Freiheit, seine Religion oder seine Weltanschauung zu wechseln, sowie die Freiheit, seine Religion oder seine Weltanschauung allein oder in Gemeinschaft mit anderen, öffentlich oder privat durch Unterricht, Ausübung, Gottesdienst und Beachtung religiöser Bräuche zu bekunden.

Artikel 19

Jedermann hat das Recht auf Freiheit der Meinung und der Meinungsäußerung; dieses Recht umfaßt die unbehinderte Meinungsfreiheit und die Freiheit, ohne Rücksicht auf Staatsgrenzen Informationen und Gedankengut durch Mittel jeder Art sich zu beschaffen, zu empfangen und weiterzugeben.

Artikel 20

(1) Jedermann hat das Recht auf Versammlungs- und Vereinigungsfreiheit zu friedlichen Zwecken.

(2) Niemand darf gezwungen werden, einer Vereinigung anzugehören.

Artikel 21

(1) Jedermann hat das Recht, an der Gestaltung der öffentlichen Angelegenheiten seines Landes unmittelbar oder durch frei gewählte Vertreter teilzunehmen.

(2) Jedermann hat unter gleichen Bedingungen das Recht auf Zugang zu öffentlichen Ämtern in seinem Lande.

(3) Der Wille des Volkes bildet die Grundlage für die Autorität der öffentlichen Gewalt; dieser Wille muß durch wiederkehrende, echte, allgemeine und gleiche Wahlen zum Ausdruck kommen, die mit geheimer Stimmabgabe oder mit einem gleichwertigen freien Wahlverfahren stattfinden.

Artikel 22

Jedermann hat als Mitglied der Gesellschaft Recht auf soziale Sicherheit und hat Anspruch darauf, durch innerstaatliche Maßnahmen und internationale Zusammenarbeit unter Berücksichtigung der Organisation und der Hilfsmittel jedes Staates in den Genuß der für seine Würde und die freie Entwicklung seiner Persönlichkeit unentbehrlichen wirtschaftlichen, sozialen und kulturellen Rechte zu gelangen.

Artikel 23

(1) Jedermann hat das Recht auf Arbeit, auf freie Berufswahl, auf angemessene und befriedigende Arbeitsbedingungen sowie auf Schutz gegen Arbeitslosigkeit.

(2) Alle Menschen haben ohne jede Diskriminierung das Recht auf gleichen Lohn für gleiche Arbeit.

(3) Jedermann, der arbeitet, hat das Recht auf gerechte und günstige Entlohnung, die ihm und seiner Familie eine der menschlichen Würde entsprechende Existenz sichert und die, wenn nötig, durch andere soziale Schutzmaßnahmen zu ergänzen ist.

(4) Jedermann hat das Recht, zum Schutz seiner Interessen Gewerkschaften zu bilden und solchen beizutreten.

Artikel 24

Jedermann hat Recht auf Arbeitspausen und Freizeit einschließlich einer angemessenen Begrenzung der Arbeitszeit sowie auf regelmäßigen bezahlten Urlaub.

Artikel 25

(1) Jedermann hat das Recht auf einen für die Gesundheit und das Wohlergehen von sich und seiner Familie angemessenen Lebensstandard, einschließlich ausreichender Ernährung, Bekleidung, Wohnung, ärztlicher Versorgung und notwendiger sozialer Leistungen, sowie ferner das Recht auf Sicherheit im Falle von Arbeitslosigkeit, Krankheit, Invalidität, Verwitwung, Alter oder von anderweitigem Verlust seiner Unterhaltsmittel durch unverschuldete Umstände.

(2) Mütter und Kinder haben Anspruch auf besondere Hilfe und Unterstützung. Alle Kinder, eheliche und außereheliche, genießen den gleichen sozialen Schutz.

Artikel 26

(1) Jedermann hat das Recht auf Bildung. Der Unterricht muß zum mindesten in der Elementar- und Grundstufe unentgeltlich sein. Der Elementarunterricht ist obligatorisch. Fach- und Berufsschulunterricht müssen allgemein verfügbar sein, und der Hochschulunterricht muß nach Maßgabe ihrer Fähigkeiten allen in gleicher Weise offenstehen.

(2) Die Bildung muß auf die volle Entfaltung der menschlichen Persönlichkeit und auf die Stärkung der Achtung vor den Menschenrechten und Grundfreiheiten gerichtet sein. Sie muß Verständnis, Toleranz und Freundschaft zwischen allen Völkern und allen rassischen oder religiösen Gruppen fördern und die Tätigkeit der Vereinten Nationen zur Aufrechterhaltung des Friedens unterstützen.

(3) Die Eltern haben ein vorrangiges Recht, die Art der Bildung zu wählen, die ihren Kindern zuteil werden soll.

Artikel 27

(1) Jedermann hat das Recht, am kulturellen Leben der Gemeinschaft frei teilzunehmen, sich an den Künsten zu erfreuen und am wissenschaftlichen Fortschritt und dessen Errungenschaften teilzuhaben.

(2) Jedermann hat das Recht auf Schutz der geistigen und materiellen Interessen, die sich für ihn als Urheber von Werken der Wissenschaft, Literatur oder Kunst ergeben.

Artikel 28

Jedermann hat das Recht auf eine soziale und internationale Ordnung, in der die in dieser Erklärung ausgesprochenen Rechte und Freiheiten voll verwirklicht werden können.

Artikel 29

(1) Jedermann hat Pflichten gegenüber der Gemeinschaft, in der allein die freie und volle Entwicklung seiner Persönlichkeit möglich ist.

(2) Jedermann ist bei der Ausübung seiner Rechte und Freiheiten nur den Beschränkungen unterworfen, die das Gesetz ausschließlich zu dem Zweck vorsieht, die Anerkennung und Achtung der Rechte und Freiheiten anderer zu sichern und den gerechten Anforderungen der Moral, der öffentlichen Ordnung und des allgemeinen Wohles in einer demokratischen Gesellschaft zu genügen.

Artikel 30
Nichts in dieser Erklärung darf dahin ausgelegt werden, daß es für einen Staat, eine Gruppe oder eine Person das Recht begründet, eine Tätigkeit auszuüben oder eine Handlung zu begehen, die auf die Abschaffung der in dieser Erklärung ausgesprochenen Rechte und Freiheiten hinzielt.

Internationales Übereinkommen zur Beseitigung jeder Form von Rassendiskriminierung vom 7. 3. 1966 (UN)

Artikel 2
(1) Die Vertragsstaaten verurteilen die Rassendiskriminierung und verpflichten sich, mit allen geeigneten Mitteln unverzüglich eine Politik der Beseitigung der Rassendiskriminierung in jeder Form und der Förderung des Verständnisses unter allen Rassen zu verfolgen; zu diesem Zweck

a) verpflichtet sich jeder Vertragsstaat, Handlungen oder Praktiken der Rassendiskriminierung gegenüber Personen, Personengruppen oder Einrichtungen zu unterlassen und dafür zu sorgen, daß alle staatlichen und örtlichen Behörden und öffentlichen Einrichtungen in Einklang mit dieser Verpflichtung handeln,
b) verpflichtet sich jeder Vertragsstaat, eine Rassendiskriminierung durch Personen oder Organisationen weder zu fördern, noch zu schützen, noch zu unterstützen,
c) trifft jeder Vertragsstaat wirksame Maßnahmen, um das Vorgehen seiner staatlichen und örtlichen Behörden zu überprüfen und alle Gesetze und sonstigen Vorschriften zu ändern, aufzuheben oder für nichtig zu erklären, die eine Rassendiskriminierung – oder dort, wo eine solche bereits besteht, ihre Fortsetzung – bewirken.
d) verbietet und beendigt jeder Vertragsstaat jede durch Personen, Gruppen oder Organisationen ausgeübte Rassendiskriminierung mit allen geeigneten Mitteln einschließlich der durch die Umstände erforderlichen Rechtsvorschriften,
e) verpflichtet sich jeder Vertragsstaat, wo immer es angebracht ist, alle eine Rassenintegrierung anstrebenden vielrassigen Organisationen und Bewegungen zu unterstützen, sonstige Mittel zur Beseitigung der Rassenschranken zu fördern und allem entgegenzuwirken, was zur Rassentrennung beiträgt.

(2) Die Vertragsstaaten treffen, wenn die Umstände es rechtfertigen, auf sozialem, wirtschaftlichem, kulturellem und sonstigem Gebiet besondere und konkrete Maßnahmen, um die angemessene Entwicklung und einen hinreichenden Schutz bestimmter Rassengruppen oder ihnen angehörender Einzelpersonen sicherzustellen, damit gewährlei-

stet wird, daß sie in vollem Umfang und gleichberechtigt in den Genuß der Menschenrechte und Grundfreiheiten gelangen. Diese Maßnahmen dürfen in keinem Fall die Beibehaltung ungleicher oder getrennter Rechte für verschiedene Rassengruppen zur Folge haben, nachdem die Ziele, um derentwillen sie getroffen wurden, erreicht sind.

Artikel 3

Die Vertragsstaaten verurteilen insbesondere die Segregation und die Apartheid und verpflichten sich, alle derartigen Praktiken in ihren Hoheitsgebieten zu verhindern, zu verbieten und auszumerzen.

Artikel 4

Die Vertragsstaaten verurteilen jede Propaganda und alle Organisationen, die auf Ideen oder Theorien hinsichtlich der Überlegenheit einer Rasse oder einer Personengruppe bestimmter Hautfarbe oder Volkszugehörigkeit beruhen oder die irgendeine Form von Rassenhaß und Rassendiskriminierung zu rechtfertigen oder zu fördern suchen; sie verpflichten sich, unmittelbare und positive Maßnahmen zu treffen, um jedes Aufreizen zur Rassendiskriminierung und alle rassisch diskriminierenden Handlungen auszumerzen; zu diesem Zweck übernehmen sie unter gebührender Berücksichtigung der in der Allgemeinen Erklärung der Menschenrechte niedergelegten Grundsätze und der ausdrücklich in Artikel 5 des vorliegenden Übereinkommens genannten Rechte unter anderem folgende Verpflichtungen:

a) jede Verbreitung von Ideen, die sich auf die Überlegenheit einer Rasse oder den Rassenhaß gründen, jedes Aufreizen zur Rassendiskriminierung und jede Gewalttätigkeit oder Aufreizung dazu gegen eine Rasse oder eine Personengruppe anderer Hautfarbe oder Volkszugehörigkeit sowie jede Unterstützung rassenkämpferischer Betätigung einschließlich ihrer Finanzierung zu einer nach dem Gesetz strafbaren Handlung zu erklären,
b) alle Organisationen und alle organisierten oder sonstigen Propagandatätigkeiten, welche die Rassendiskriminierung fördern und dazu aufreizen, als gesetzwidrig zu erklären und zu verbieten und die Beteiligung an derartigen Organisationen oder Tätigkeiten als eine nach dem Gesetz strafbare Handlung anzuerkennen,
c) nicht zuzulassen, daß staatliche oder örtliche Behörden oder öffentliche Einrichtungen die Rassendiskriminierung fördern oder dazu aufreizen.

KSZE-Schlußakte vom 1. 8. 1975 *(Auszug)*

VII. Achtung der Menschenrechte und Grundfreiheiten, einschließlich der Gedanken-, Gewissens-, Religions- oder Überzeugungsfreiheit

Die Teilnehmerstaaten werden die Menschenrechte und Grundfreiheiten, einschließlich der Gedanken-, Gewissens-, Religions- oder Überzeugungsfreiheit für alle ohne Unterschied der Rasse, des Geschlechts, der Sprache oder der Religion achten.

Sie werden die wirksame Ausübung der zivilen, politischen, wirtschaftlichen, sozialen, kulturellen sowie der anderen Rechte und Freiheiten, die sich alle aus der dem Menschen innewohnenden Würde ergeben und für seine freie und volle Entfaltung wesentlich sind, fördern und ermutigen.

In diesem Rahmen werden die Teilnehmerstaaten die Freiheit des Individuums anerkennen und achten, sich allein oder in Gemeinschaft mit anderen zu einer Religion oder einer Überzeugung in Übereinstimmung mit dem, was sein Gewissen ihm gebietet, zu bekennen und sie auszuüben.

Die Teilnehmerstaaten, auf deren Territorium nationale Minderheiten bestehen, werden das Recht von Personen, die zu solchen Minderheiten gehören, auf Gleichheit vor dem Gesetz achten; sie werden ihnen jede Möglichkeit für den tatsächlichen Genuß der Menschenrechte und Grundfreiheiten gewähren und werden auf diese Weise ihre berechtigten Interessen in diesem Bereich schützen.

Die Teilnehmerstaaten anerkennen die universelle Bedeutung der Menschenrechte und Grundfreiheiten, deren Achtung ein wesentlicher Faktor für den Frieden, die Gerechtigkeit und das Wohlergehen ist, die ihrerseits erforderlich sind, um die Entwicklung freundschaftlicher Beziehungen und der Zusammenarbeit zwischen ihnen sowie zwischen allen Staaten zu gewährleisten.

Sie werden diese Rechte und Freiheiten in ihren gegenseitigen Beziehungen stets achten und sich einzeln und gemeinsam, auch in Zusammenarbeit mit den Vereinten Nationen, bemühen, die universelle und wirksame Achtung dieser Rechte und Freiheiten zu fördern.

Sie bestätigen das Recht des Individuums, seine Rechte und Pflichten auf diesem Gebiet zu kennen und auszuüben.

Auf dem Gebiet der Menschenrechte und Grundfreiheiten werden die Teilnehmerstaaten in Übereinstimmung mit den Zielen und Grundsätzen der Charta der Vereinten Nationen und mit der Allgemeinen Erklärung der Menschenrechte handeln. Sie werden ferner ihre Verpflichtungen erfüllen, wie diese festgelegt sind in den internationalen Erklärungen und Abkommen auf diesem Gebiet, soweit sie an sie gebunden sind, darunter auch in den internationalen Konventionen über die Menschenrechte.

Erklärung über den Schutz aller Personen vor Folter und anderer grausamer, unmenschlicher oder erniedrigender Behandlung oder Strafe vom 9. 12. 1975

Die Generalversammlung der Vereinten Nationen nahm am 9. 12. 1975 folgende Erklärung über den Schutz aller Personen vor Folter und anderer grausamer, unmenschlicher oder erniedrigender Behandlung oder Strafe als Leitprinzip für alle Staaten und sonstigen Machtorgane an:

Die Generalversammlung,

- von der Erwägung geleitet, daß die Anerkennung der angeborenen Würde sowie der gleichen und unveräußerlichen Rechte aller Mitglieder der menschlichen Familie nach den in der Charta der Vereinten Nationen verkündeten Grundsätzen die Grundlage der Freiheit, der Gerechtigkeit und des Friedens in der Welt bildet,
- in der Erwägung, daß sich diese Rechte aus der angeborenen Würde der menschlichen Person ergeben,
- ferner eingedenk der Verpflichtung der Staaten aufgrund der Charta, insbesondere aufgrund von Artikel 55, die allgemeine Achtung und Verwirklichung der Menschenrechte und Grundfreiheiten zu fördern,
- im Hinblick auf Artikel 5 der Allgemeinen Erklärung der Menschenrechte und Artikel 7 des Internationalen Pakts über staatsbürgerliche und politische Rechte, die beide vorschreiben, daß niemand der Folter oder grausamer, unmenschlicher oder erniedrigender Behandlung oder Strafe unterworfen werden darf,
- nimmt die dieser Entschließung als Anhang beigefügte Erklärung über den Schutz aller Personen vor Folter und anderer grausamer, unmenschlicher oder erniedrigender Behandlung oder Strafe als Leitprinzip für alle Staaten und sonstigen Machtorgane an.

Anhang

Artikel 1

1. Unter Folter im Sinne dieser Erklärung ist jede Handlung zu verstehen, durch die einer Person von einem Träger staatlicher Gewalt oder auf dessen Veranlassung hin vorsätzlich starke körperliche oder geistig-seelische Schmerzen oder Leiden zugefügt werden, um von ihr oder einem Dritten eine Aussage oder ein Geständnis zu erzwingen, sie für eine tatsächlich oder mutmaßlich von ihr begangene Tat zu bestrafen oder sie oder andere Personen einzuschüchtern. Nicht darunter fallen Schmerzen oder Leiden, die sich lediglich in einem mit den Mindestbestimmungen über die Behandlung von Strafgefangenen zu ver-

einbarenden Maß aus gesetzlich zulässigen Zwangsmaßnahmen ergeben, diesen anhaften oder als deren Nebenwirkung auftreten.

2. Die Folter ist eine verschärfte Form absichtlicher grausamer, unmenschlicher oder erniedrigender Behandlung oder Strafe.

Artikel 2

Jede Folterung oder jedwede andere grausame, unmenschliche oder erniedrigende Behandlung oder Strafe ist ein Verstoß gegen die Menschenwürde und als Verleugnung der Ziele der Charta der Vereinten Nationen sowie als Verletzung der in der Allgemeinen Erklärung der Menschenrechte verkündeten Menschenrechte und Grundfreiheiten zu veruteilen.

Artikel 3

Kein Staat darf Folter oder andere grausame unmenschliche oder erniedrigende Behandlung oder Strafe zulassen oder dulden. Außergewöhnliche Umstände wie Krieg oder Kriegsgefahr, innere politische Unstabilität oder sonstige wie auch immer geartete öffentliche Notstandssituationen dürfen nicht als Rechtfertigung für Folter oder andere grausame, unmenschliche oder erniedrigende Behandlung oder Strafe geltend gemacht werden.

Artikel 4

Jeder Staat trifft im Einklang mit dieser Erklärung wirksame Maßnahmen, um zu verhüten, daß es im Bereich seiner Hoheitsgewalt zu Folterungen und anderer grausamer, unmenschlicher oder erniedrigender Behandlung oder Strafe kommt.

Artikel 5

Bei der Ausbildung des Strafvollzugspersonals sowie anderer Träger staatlicher Gewalt, die für Häftlinge verantwortlich sein können, ist sicherzustellen, daß das Verbot der Folter und anderer grausamer, unmenschlicher oder erniedrigender Behandlung oder Strafe vollständig behandelt wird. Dieses Verbot ist gegebenenfalls auch in die allgemeinen Vorschriften und Anweisungen über die Pflichten und Aufgaben aller anderen Personen aufzunehmen, die unter Umständen mit der Bewachung oder Behandlung solcher Häftlinge zu tun haben.

Artikel 6

Jeder Staat unterzieht in seinem Hoheitsgebiet die Verhörmethoden und -praktiken sowie die Vorkehrungen für die Bewachung und Behandlung von Häftlingen einer regelmäßigen Überprüfung, um jeden Fall von Folterung oder anderer grausamer, unmenschlicher oder erniedrigender Behandlung oder Strafe zu verhüten.

Artikel 7

Jeder Staat stellt sicher, daß alle Folterhandlungen im Sinne von Artikel 1 nach seinem Strafrecht als Straftaten gelten. Das gleiche gilt für Handlungen, die eine Beteiligung oder Mittäterschaft an bzw. eine Anstiftung zu einer Folterung oder den Versuch einer solchen darstellen.

Artikel 8
Wer angibt, durch einen Träger staatlicher Gewalt oder auf dessen Veranlassung einer Folter oder einer anderen grausamen, unmenschlichen oder erniedrigenden Behandlung oder Strafe unterworfen worden zu sein, hat das Recht auf Anrufung der zuständigen Behörden des betreffenden Staates und auf unparteiische Prüfung seines Falles durch dieselben.

Artikel 9
Wo immer ein hinreichender Grund zu der Annahme besteht, daß eine Folterhandlung im Sinne von Artikel 1 begangen wurde, haben die zuständigen Behörden des betreffenden Staates, auch wenn keine Klageerhebung erfolgt ist, unverzüglich eine unparteiische Untersuchung durchzuführen.

Artikel 10
Wenn sich aufgrund einer Untersuchung gemäß Artikel 8 oder Artikel 9 der Verdacht einer Folterhandlung im Sinne von Artikel 1 ergibt, wird nach nationalem Recht ein strafrechtliches Verfahren gegen den oder die mutmaßlichen Täter eingeleitet. Erhärtet sich der Verdacht anderer Formen grausamer, unmenschlicher oder erniedrigender Behandlung oder Strafe, wird ein straf- bzw. disziplinarrechtliches oder sonstiges geeignetes Verfahren gegen den oder die Tatverdächtigen eingeleitet.

Artikel 11
Ist eine Folterhandlung oder eine andere grausame, unmenschliche oder erniedrigende Behandlung oder Strafe nachweislich durch einen Angehörigen des öffentlichen Dienstes oder auf dessen Veranlassung hin erfolgt, sind dem Opfer Wiedergutmachung und Entschädigung nach nationalem Recht zu gewähren.

Artikel 12
Aussagen, die nachweislich aufgrund von Folter oder anderer grausamer, unmenschlicher oder erniedrigender Behandlung oder Strafe erfolgt sind, dürfen in keinem Verfahren als Beweis gegen die betreffende Person oder irgendeine andere Person verwandt werden.

Erklärung über die Beseitigung aller Formen von Intoleranz und Diskriminierung aufgrund der Religion oder der Überzeugung vom 25. 11. 1981

Artikel 1
1. Jedermann hat das Recht auf Gedanken-, Gewissens- und Religionsfreiheit. Dieses Recht umfaßt die Freiheit, eine Religion oder jedwede Überzeugung eigener Wahl zu haben, und die Freiheit, seiner Religion oder Überzeugung allein oder in Gemeinschaft mit anderen, öffentlich oder privat, durch Gottesdienst, Brauchtum, Praxis und Lehre Ausdruck zu verleihen.

2. Niemand darf durch Zwang in seiner Freiheit beschränkt werden, eine Religion oder Überzeugung seiner Wahl zu besitzen.
3. Die Freiheit zur Äußerung einer Religion oder Überzeugung unterliegt nur jenen Beschränkungen, die vom Gesetz vorgeschrieben und notwendig sind, um die öffentliche Sicherheit, Ordnung, Gesundheit oder Moral oder die Grundrechte und Freiheiten anderer zu schützen.
Artikel 2
1. Niemand darf durch einen Staat, eine Institution, eine Gruppe von Personen oder eine Einzelperson aufgrund seiner Religion oder Überzeugung diskriminiert werden.
2. Für die Zwecke dieser Erklärung gilt als „Intoleranz und Diskriminierung aufgrund der Religion oder der Überzeugung" jegliche Unterscheidung, Ausschließung, Beschränkung oder Bevorzugung aufgrund der Religion oder der Überzeugung, deren Zweck oder Wirkung darin besteht, die Anerkennung, Inanspruchnahme oder Ausübung der Menschenrechte und Grundfreiheiten auf der Grundlage der Gleichberechtigung zunichte zu machen oder zu beeinträchtigen.
Artikel 3
Die Diskriminierung zwischen Menschen aufgrund der Religion oder der Überzeugung stellt eine Beleidigung der Menschenwürde und eine Verleugnung der Grundsätze der Charta der Vereinten Nationen dar und ist als Verletzung der in der Allgemeinen Erklärung der Menschenrechte verkündeten und in den Internationalen Menschenrechtspakten im einzelnen niedergelegten Menschenrechte und Grundfreiheiten sowie als Hindernis für freundschaftliche und friedliche Beziehungen zwischen den Nationen zu verurteilen.
Artikel 4
1. Alle Staaten haben wirksame Maßnahemn zu ergreifen, um Diskriminierung aufgrund der Religion oder der Überzeugung bei der Anerkennung, Ausübung und Inanspruchnahme der Menschenrechte und Grundfreiheiten auf allen Gebieten des bürgerlichen, wirtschaftlichen, politischen, sozialen und kulturellen Lebens zu verhindern und zu beseitigen.
2. Alle Staaten haben sich mit allen Kräften darum zu bemühen, zum Verbot jeglicher derartigen Diskriminierung Gesetze zu erlassen oder erforderlichenfalls aufzuheben sowie alle geeigneten Maßnahmen zur Bekämpfung von Intoleranz aufgrund der Religion oder Überzeugung zu ergreifen.
Artikel 5
1. Die Eltern bzw. der gesetzliche Vormund eines Kindes haben das Recht, das Familienleben im Einklang mit ihrer Religion oder Überzeugung und im Hinblick auf die sittlichen Erziehungsziele zu gestalten, nach denen ihrer Meinung nach das Kind erzogen werden sollte.
Jedes Kind hat auf religiösem oder weltanschaulichem Gebiet das Recht auf Zugang zu einer den Wünschen seiner Eltern bzw. des gesetzlichen Vormunds entsprechenden Erziehung und darf nicht

gezwungen werden, auf religiösem oder weltanschaulichem Gebiet gegen die Wünsche seiner Eltern oder seines gesetzlichen Vormunds unterrichtet zu werden, wobei das Wohl des Kindes immer oberste Leitlinie bleibt.

3. Das Kind ist von allen Formen der Diskriminierung aufgrund der Religion oder der Überzeugung zu schützen. Es soll im Geist der Verständigung, Toleranz und Freundschaft zwischen den Völkern, des Friedens und der weltweiten Brüderlichkeit, der Achtung für die Religions- oder Überzeugungsfreiheit anderer und im klaren Bewußtsein aufgezogen werden, daß seine Kräfte und Begabungen in den Dienst an seinen Mitmenschen gestellt werden sollten.

4. In Fällen, in denen ein Kind nicht unter der Obhut seiner Eltern oder eines gesetzlichen Vormunds steht, sind in religiösen oder weltanschaulichen Fragen ihre ausdrücklichen Wünsche oder jeder andere Nachweis ihrer Wünsche gebührend zu berücksichtigen, wobei die oberste Leitlinie immer das Wohl des Kindes bleibt.

5. Die Ausübung einer Religion oder Überzeugung, in der ein Kind erzogen wird, darf unter Berücksichtigung von Artikel 1 Absatz 3 dieser Erklärung weder seine körperliche oder geistige Gesundheit noch seine volle Entfaltung beeinträchtigen.

Artikel 6

Im Einklang mit Artikel 1 und vorbehaltlich von Artikel 1 Absatz 3 dieser Erklärung schließt das Recht auf Gedanken-, Gewissens-, Religions- und Überzeugungsfreiheit unter anderem die folgenden Freiheiten ein:

a) im Zusammenhang mit einer Religion oder Überzeugung einen Gottesdienst abzuhalten oder sich zu versammeln sowie hierfür Versammlungsorte einzurichten und zu unterhalten;
b) entsprechende Wohltätigkeitseinrichtungen oder humanitäre Institutionen zu gründen und zu unterhalten;
c) die für die Riten oder Bräuche einer Religion oder Überzeugung erforderlichen Gegenstände und Geräte in angemessenem Umfang herzustellen, zu erwerben und zu gebrauchen;
d) auf diesen Gebieten einschlägige Publikationen zu verfassen, herauszugeben und zu verbreiten;
e) an hierfür geeigneten Orten eine Religion oder Überzeugung zu lehren;
f) freiwillige finanzielle und andere Spenden von Einzelpersonen und Institutionen zu erbitten und entgegenzunehmen;
g) im Einklang mit den Erfordernissen und Maßstäben der jeweiligen Religion oder Überzeugung geeignete Führer und Leiter auszubilden, zu ernennen, zu wählen oder durch Nachfolge zu bestimmen;
h) im Einklang mit den Geboten seiner Religion oder Überzeugung Ruhetage einzuhalten sowie Feiertage und Zeremonien zu begehen;
i) in religiösen oder weltanschaulichen Fragen auf nationaler und internationaler Ebene Beziehungen zu Einzelpersonen und Gemeinschaften aufzunehmen und zu unterhalten.

Literaturhinweise

ALEXANDER II. von RUSSLAND – *Stöckl, Günther:* Russische Geschichte, Stuttgart 1962
Geyer, Dietrich: Wirtschaft und Gesellschaft im vorrevolutionären Rußland, Köln 1975

CESARE BONESARIO BECCARIA – *Beccaria:* Über Verbrechen und Strafen, Leipzig 1870
Leder, Karl Bruno: Todesstrafe, München 1986

GIORDANO BRUNO – *Blumenberg, Hans:* Aspekte der Epochenschwelle, Frankfurt/M 1976
Stern, Fred B.: Giordano Bruno, Vision einer Weltsicht, Meisenheim 1977
Bloch, Ernst: Vorlesungen zur Philosopie der Renaissance, Frankfurt/M 1972

PEDRO CLAVER – *A. Lunn:* Saint in the Slave Trade, London 1935
P. Piron: L'Héroique Claver, Namur 1953
A. Valtierra: El Santo que libertó una raza, Bogotá 1954
ders: San Pedro Claver, Cartagena ²1964
J. Schenk: Der Apostel einer großen Stadt, Regensburg 1954

EDUARD DOUWES DEKKER – siehe MULTATULI

ALEXANDER DUBCEK – *Shawcross, William:* Dubcek, New York 1971
Vesely, Ludvik: Dubcek, München 1970
Weller, B. Uwe: Der große Augenblick in der Zeitgeschichte, Bayreuth 1976

HENRI DUNANT – *Dunant, Henri:* Eine Erinnerung an Solferino, Zürich, 4. Auflage 1961
Heudtlass, Willy: J. Henri Dunant. Gründer des Roten Kreuzes, Urheber der Genfer Konvention. Eine Biographie in Dokumenten und Bildern, unter Mitarbeit von Walter Gruber, Stuttgart [u. a.], 4. Auflage 1985
Krug von Nidda, Roland: Henri Dunant. Genie der Menschlichkeit, Tübingen 1959
Christ, Felix: Henri Dunant. Leben und Glauben des Rotkreuzgründers, Hamburg 1979

RAOUL FOLLEREAU – Die Liebe treibt mich. Impulse für den Tag, Mainz 1978
Follereau: Revolution der Nächstenliebe, Freiburg 1968

CLEMENS AUGUST GRAF VON GALEN – *Max Bierbaum:* „Nicht Lob nicht Furcht". Das Leben des Kardinals von Galen nach unveröffentlichten Briefen und Dokumenten, Münster [9]1984
Günter Beaugrand: Kardinal Graf von Galen, Aschaffenburg 1985

MAHATMA GANDHI – *Collins, Larry und Lapierre, Dominique:* Gandhi. Um Mitternacht die Freiheit, München 1987[4]. Goldmann TB 6759
Fischer, Louis: Gandhi. Prophet der Gewaltlosigkeit, München 1986[8]. Heyne Biographien 109.
Rau, Heimo: Mahatma Gandhi, München 1970. Rovoro Mon 172.

TIBERIUS UND GAIUS GRACCHUS – *H. v. Rimscha:* Die Gracchen. Charakterbild einer Revolution und ihrer Gestalten, München 1947
M. Crawford: Die römische Republik, München 1985

GREGOR VON TOURS – *Buchner Rudolf (Hrsg):* Gregor von Tours, Zehn Bücher Geschichten. Lat. und deutsch, Band 1 und 2 der ‚Ausgewählten Quellen zur deutschen Geschichte des Mittelalters'. (Ost) Berlin (Ruetten und Loening) o. J. Lizenzausg.: Wissensch. Buchges. Darmstadt

HAMMURAPI – *Ulmer Friedrich:* Hammurapi und seine Zeit, Leipzig 1907
Driver und Miles: The babylonian Laws, Oxford 1955
Scharff/Moortgat: Ägypten und Vorderasien im Altertum, München 1950

ROBERT HAVEMANN – *Havemann, Robert:* Dialektik ohne Dogma? Reinbek 1964
Havemann, Robert: Fragen, Antworten, Fragen, Reinbek 1972
Havemann, Robert: Morgen. Die Industriegesellschaft am Scheideweg, Frankfurt/M 1982
Fricke, Karl Wilhelm: Opposition und Widerstand in der DDR, Köln 1984

HEINRICH IV. VON FRANKREICH – *Heinrich Mann:* Die Jugend des Königs Henri Quatre, Berlin und Leipzig 1935 (mehrfach aufgelegt)
Margarete von Valois: Erinnerungen. Deutsch von Alfred Semerau, München (Georg Müller) 1913
Duc de Levis-Mirepoix: Henri IV, roi de France et de Navarre, Paris 1971
Philippe Erlanger: La Vie quotidienne sous Henri IV. Paris (Hachette) o. J. (mehrfach aufgelegt)

ADAM VON ITZSTEIN – siehe *Paulskirche*

JESUITENREDUKTIONEN VON PARAGUAY – *Caraman, Philip:* „Ein verlorenes Paradies. Der Jesuitenstaat in Paraguay." München 1979.
Konetzke, Richard: „Süd- und Mittelamerika I. Die Indianerkulturen Altamerikas und die spanisch-portugiesische Kolonialherrschaft." Frankfurt 1965. (Fischer Weltgeschichte. Band 22)

JESUS – Das Neue Testament der Bibel, besonders die vier Evangelien von Matthäus, Markus, Lukas und Johannes. Eine gute Einführung bieten die Bände der Wuppertaler Studienbibel, Wuppertal 1981

Josef Blank: Jesus von Nazareth, Freiburg 1972
Ethelbert Stauffer: Jesus war ganz anders, *Hamburg 1967*
Hanna Wolff: Jesus der Mann, Stuttgart 1975

IMMANUEL KANT – *Kronenberg, Moritz:* Kant. Sein Leben und seine Lehre, München 1987
Ritzel, Wolfgang: Immanuel Kant. Zur Person, Bonn 1975
Weyand, Klaus: Kants Geschichtsphilosophie, Köln 1963

MARTIN LUTHER KING – *Stephen B. Oates:* Martin Luther King. Kämpfer für Gewaltlosigkeit, Ernst Kabel Verlag Hamburg 1984; als Taschenbuch 1986 beim Wilhelm Heyne Verlag München
Martin Luther King. Ein Traum lebt weiter. Ausgewählt und eingeleitet von Susanne Schaup. Herderbücherei Freiburg 1986
Coretta Scott King: Mein Leben mit Martin Luther King. Stuttgart 1970

JANUSZ KORCZAK – Korczak. Das Kind lieben. Ein Lesebuch von Erich Dautzenroth und Adolf Hampel, Frankfurt am Main 1984
Erich Dautzenroth: Ein Leben für Kinder. Janusz Korczak. Leben und Werk, Gütersloh 1981
Janusz Korczak mit Selbstzeugnissen und Bilddokumenten, dargestellt von Wolfgang Pelzer, Reinbek bei Hamburg 1987 (rowohlts monographien 362)

KREISAUER KREIS – *Ger van Roon:* Neuordnung im Widerstand (Der Kreisauer Kreis innerhalb der deutschen Widerstandsbewegung), München 1967
Günter Schmölders: Personalistischer Sozialismus (Die Wirtschaftsordnungskonzeption des Kreisauer Kreises), Köln und Opladen 1969

HANS KUDLICH – *G. Stangler (Hrsg.):* Hans Kudlich und die Bauernbefreiung in Niederösterreich, Wien 1983
F. Prinz: Hans Kudlich, München 1962

BARTOLOMÉ DE LAS CASAS – *Bartolomé de Las Casas:* Kurzgefaßter Bericht von der Verwüstung der Westindischen Länder, hrsg. von Hans Magnus Enzensberger, Frankfurt a. M. 1966
Höffner, Joseph: Kolonialismus und Evangelium. Spanische Kolonialethik im Goldenen Zeitalter, 3., verb. Aufl., Trier 1972
Schneider, Reinhold: Las Casas vor Karl V. Szenen aus der Konquistadorenzeit, mit einem Nachwort von Edwin M. Landau, Frankfurt a. M. 1979

GOTTHOLD EPHRAIM LESSING – Gotthold Ephraim Lessing. Das dichterische Werk, 2 Bände, München 1979 (dtv 6103) Gotthold Ephraim Lessing in Selbstzeugnissen und Bilddokumenten, dargestellt von Wolfgang Drews, Reinbek bei Hamburg 1962 (rowohlts monographien 75)
Dieter Hildebrand: Lessing. Biographie einer Emanzipation, München/Wien 1979

SEBASTIAN LOTZER – *Adolf Waas:* Die Bauern im Kampf um Gerechtigkeit, München 1964

Horst Buszello: Der deutsche Bauernkrieg von 1525 als politische Bewegung, Berlin 1969

MAGNA CHARTA LIBERTATUM – *Lau, Friedrich:* Die Entstehungsgeschichte der Magna Charta, Hamburg 1857
Franz, Günther: Staatsverfassungen, München 1950
Sternberger, Dolf: Drei Wurzeln der Politik, Frankfurt/M 1984

NELSON MANDELA – *Mandela, Winnie:* Ein Stück meiner Seele ging mit ihm (rororo 5533), Reinbek
Falk, Rainer: Nelson Mandela – Biographisches Portrait mit Selbstzeugnissen (Pahl-Rugenstein Verlag), Köln 1986
Weiss, Ruth/Oesterle, Hannelore: Mandela zornige Erben – Kampf um die Macht in Südafrika (Peter Hammer Verlag), Wuppertal 1987
Benson, Mary: Nelson Mandela (Hamish Hamilton), London 1986. Deutsche Übersetzung Hamburg 1987, (rororo rotfuchs)

MENSCHENRECHTSERKLÄRUNG – *Heidelmeyer, Wolfgang:* Die Menschenrechte, Paderborn 1977
Simma, Bruno und Fastenrath, Ulrich: Menschenrechte. Ihr internationaler Schutz, München 1985

THOMAS MORUS – *Richard Marius: „Thomas Morus", Zürich 1987*
Thomas Morus: „Über die beste Staatsverfassung und die neue Insel Utopia", München 1987

MOSE – Das Alte Testament, Band 2 – 5 der Bücher des Mose
Wuppertaler Studienbibel, Bücher des Mose, Wuppertal 1982
Moshe Pearlman: Auf den Spuren des Moses, Olten 1979

MULTATULI – *Multatuli:* „Max Havelaar", letzte deutsche Ausgabe in Manesse-Verlag, Zürich (vergriffen). Die erste deutsche Übersetzung von Wilhelm Spohr erschien bereits um die Jahrhundertwende; weitere Übersetzungen folgten. Heute ist Multatuli im deutschsprachigen Bereich nur noch antiquarisch zu haben. Die niederländische Gesamtausgabe der „Volledigen Werken" ist noch nicht abgeschlossen, gegenwärtig bis zum 16. Band gediehen.

FRIDTJOF NANSEN – *Fritz Wartenweiler:* Fridtjof Nansen, Zürich, 1961
Julius Büdel: Fridtjof Nansen, Die Großen der Weltgeschichte, Band IX, Zürich
Hermann Gerstner: Die Mutigen, Gerabronn und Crailsheim 1978

PAULSKIRCHE – *Thomas Nipperdey:* Deutsche Geschichte 1800 – 1866 Bürgerwelt und starker Staat, München
Hartmut Bookmann: Mitten in Europa – Deutsche Geschichte, Berlin 1984

OSCAR ROMERO – *Plácido Erdozain:* San Romero de America. Das Volk hat dich heilig gesprochen. Die Geschichte des Bischofs Oscar A. Romero von San Salvador. Mit einem Vorwort von Norbert Greinacher, Wuppertal 1981

Oscar A. Romero: Für die Armen ermordet. Wie der Erzbischof von San Salvador das Evangelium verkündet hat. Mit einem Vorwort von Emil J. Stehle, Freiburg 1982

JEAN-JAQUES ROUSSEAU – *Carlo Schmid:* Europa und die Macht des Geistes, München o. J.
Hans Joachim Störig: Weltgeschichte der Philosophie, Stuttgart o. J.

ANDREJ D. SACHAROW – *Sacharow, Andrej:* Den Frieden retten, München 1985
Sacharow, Andrej: Ausgewählte Texte, München 1986
Bonner, Jelena: In Einsamkeit vereint, München 1986

FRIEDRICH VON SCHILLER – *Burschell, Friedrich:* Friedrich Schiller, Rowohlts Monographien 14. Hamburg 1958
Glaser, Horst Albert (Hrsg.): Deutsche Literatur. Eine Sozialgeschichte. Bd. 4 und Bd. 5. Reinbek 1980

GESCHWISTER SCHOLL – *Verhoeven/Krebs:* Die Weiße Rose
Inge Scholl: Die weiße Rose
Vinke: Das kurze Leben der Sophie Scholl

EMMANUEL JOSEPH SIEYÈS – *Sieyès, Emmanuel Joseph:* Politische Schriften 1788 – 1790, Darmstadt – Neuwied 1975
Sieyès, Emmanuel Joseph: Das ist der Dritte Stand? Berlin 1924
Gall, Lothar: Liberalismus, Köln 1976

SOLIDARNOŚŹ – siehe WALESA

SOLON – *K. Hoenn:* Solon, Staatsmann und Weiser, Wien 1948
W. Pohlenz: Gestalten aus Hellas, München 1950

FRIEDRICH VON SPEE – *Joachim Friedrich Ritter:* Friedrich von Spee, Trier.
Michael Sievernich SJ: Friedrich von Spee – Priester, Poet und Prophet, Frankfurt, 1986
Friedrich Spee: Cautio Criminalis, München 1983
Walter Rupp: Friedrich von Spee, Mainz 1986

TECUMSEH – *Norman B. Wood:* Die großen Häuptlinge der Indianer
Peter Farb: Die Indianer, Entwicklung und Vernichtung eines Volkes
Miloslav Stingl: Indianer ohne Tomahawks

CHRISTIAN THOMASIUS – *Christian Thomasius:* Über die Folter, Weimar 1960
Hermann Schreiber: Die Zehn Gebote. Volksausgabe, Düsseldorf 1981
Christian Thomasius: Vom Laster der Zauberei u. a. DTV 2170
Christian Thomasius: Deutsche Schriften. Ph. Reclam (Nr. 8369)

KURT TUCHOLSKY – Gesamtwerk ist Rowohlt Verlag, Reinbek bei Hamburg
Raddatz, Fritz J.: Tucholsky. Eine Bildbiographie, München 1961
Schulz, Klaus-Peter: Kurt Tucholsky in Selbstzeugnissen und Bilddokumenten, Hamburg 1959

Zwerenz, Gerhard: Kurt Tucholsky. Biographie eines guten Deutschen, München 1979

VOLTAIRE – Voltaires Candide bei Reclam und bei DTV. Sammelausgaben seiner Romane und Erzählungen im Insel-Taschenbuch. Philosophische Briefe bei Ullstein (35 223).
Das *Zeitalter Ludwigs XIV* hat der Verlag Lolthar Borowski in einer gebd. Ausgabe herausgebracht. Über Voltaire: *Hermann Schreiber:* ›Frankreichs große Jahrhunderte‹, Damals-Vlg. Gießen 1986

LECH WALESA – *Dross, Armin Th.:* Polen – Freie Gewerkschaften im Kommunismus? Reinbek 1980
Bingen, Dieter u. a.: Polen 1980. Erste Analysen der Entwicklungen nach den Streiks, Köln 1980

WEISSE ROSE – siehe GESCHWISTER SCHOLL

WILLIAM WILBERFORCE – *Kranz, Gisbert:* Sie lebten das Christentum. Achtundzwanzig Biographien, Augsburg 1973, S. 124 – 134
Warner, Oliver: William Wilberforce and his Times, London 1962
Pollock, John: Wilberforce, London 1977

ZENON VON KITION – *Gigon, Olaf u. C. Bradford Welles:* »Griechenland. Die hellenistische Welt.« Propyläen Weltgeschichte. 3. Bd. 2. Halbband. Frankfurt, 1962
Tarn, William: »Die Kultur der hellenistischen Welt«. Darmstadt 1966